CGI로 C-언어 정복

이 현 창 · 이 종 언 공저

도서출판 상 학 당

머 리 말

우리 생활에서 구체적으로 "이러이러하게 사용한다"라는 정확한 지적을 할 수는 없지만 막연하게 "영어만 잘하면 어떻게든 유리하다"라는 통념이 있듯이 C-언어 또한 구체적으로 지적을 할 수는 없지만 공학 부문에서는 잘하면 유리하다는 것이 있다. 즉 여러모로 편리하게 사용할 수 있는 강력한 도구임은 분명하나 이것이 영어와 비슷해 열심히 노력해도 잘 되지를 않는다.

저자 본인은 원래 소프트웨어 전공자가 아니라 순수한 하드웨어 전공자이다. 그러한 저자가 이 책을 집필하게 된 이유는 저자 본인이 C-언어를 배우기 위해 상당시간 노력을 해 봤지만 잘 되지 않았고, "다시 공부해 봐야지" 하는 마음으로 이 책 저 책을 폈다가 다시 덮기를 거의 6년가량 했다. 분명히 대부분의 C-언어 책에서는 C-언어의 특징을 소개하면서 "C-언어는 쉽다"라 되어 있는데, 어째서 나는 이리도 안돼는 것인지... 책을 펴면 C-언어에 관해 나열된 단어들은 모두 아는 것 같다. for()문이 이렇고, while()문이 이렇고 등등... 그런데 막상 프로그램을 짜 보려 하면 아무 생각도 들지 않았다.

저자의 이러한 경험을 바탕으로 초보자들이 겪는 어려움의 원인을 나름대로 분석하고 이를 해결해 보려는 시도로 만들어진 것이 본서이다. 물론, 본서에서 사용하는 방법이 사람에 따라 최고의 것은 결코 아닐 것이다. 그러니까 하나의 주제에 대해 많은 책과 저자들이 존재하는 것이리라. 이 책은 저자 본인이 비전문가 입장에서 기술한 것이라는 것이 특징(?)이라면 특징일 것이다. 오히려, 전문가들께서 본서를 보면 아마도 웃음이 나올만한 유치한 수준일는지도 모를 일이다. 또한 이론적으로 잘못된 내용이 있을 수 있음을 본인도 인정한다. 하지만 이 책이 저자와 같이 C-언어 습득에 있어서 오랜 시간 고생을 해 온 분들에게 조금이나마 위로(?)와 도움이 되었으면 하는 마음 간절하다.

이 책에서는 다른 C-언어 관련 서적들과는 약간 다른 형식을 취하고 있다. 일반 C-언어 관련 서적은 명령어를 습득해 나가는 순으로 되어 있지만 본서는 작성해야 할 목표 프로그램을 먼저 제시하고 그 프로그램을 구성하기 위해 필요로 하는 명령을 그때그때 배우는 형식으로 되어 있다. 이러한 구성은 어찌 보면 다소 산만하게 느껴질 수도 있으므로 이 책을 다 읽은 후에는 다른 C-언어 서적을 읽어 지식을 체계적으로 정리하기를 강력히 권하는 바이다.

본서의 또 하나의 특징이자 어찌 보면 단점이라 할 수 있는 것은 실습을 위해 약간의 하드웨어가 동원된다는 것이다. 동네에서 자주 보는 버려진 PC 하나를 입수해, 약간의 노력을 들여 서버로 사용하고 내가 사용 중인 PC와 연결해 실습을 해 나가는 방식이다. 필자도 이 부분은 독자들이 약간 어려움을 겪지 않을까 생각되지만 주위에 컴퓨터에 대해 잘 아는 분의 도움을 받아 한번 해 보는 것도 좋은 경험이 되리라 생각한다. 이 내용에 대해서는 본서 마지막에 부록으로 간단히 정리해 놓았다.

지면 관계상 본서에 포함시키지 못한 내용들이 몇몇 있는데, 여건이 허락되면 이들을 모아 다음 권을 꾸며볼 계획도 있다.

끝으로, 본서가 출판되기까지 큰 도움을 주신 도서출판 상학당 남승우 사장님, 송일복 상무님을 비롯한 직원 여러분께 진심으로 감사를 드리며, 이러한 책이 출판되기까지 모든 아이디어와 여건을 제공해 주시고 물심양면으로 지원을 아끼지 않으신 저의 하나님 아버지께 한없는 감사의 말씀을 올립니다.

저자 씀

차 례

제 1 장

서 론

1. 이 책의 학습법
2. 인터넷(Internet)

이 장에서는 본서를 읽어나가는 데 있어서 필요로 하는 기본지식과 네트워크에 관한 기본적인 용어 등에 관해 다룬다.

1. 이 책의 학습법

1) C-언어 학습법의 분석

(1) 본서가 나오기까지

머리말에서도 밝혔듯이 필자는 하드웨어 전공, 그 중에서 회로 전공이다. 즉 전공 자체만으로는 C-언어와 거의 상관이 없다(필자는 주로 어셈블리 언어와 베이직 언어를 사용한다). 그러나 C-언어란 엔지니어 분야에 있어서 훌륭하고 강력한 도구이기 때문에 잘 익혀두면 여러모로 상당히 편리함에는 틀림없다. 그러나 이 C-언어라는 것이 생각처럼 잘 익혀지지 않는 것이 또한 사실이다. 필자도 C-언어를 배워보려고 6년 가까이 고생을 해 봤지만 어찌 된 일인지 잘 되지 않았다. 책을 얼마간 보고나면 도무지 흥미가 끌리는 것도 아니고, 어떤 성취감도 없고, 특히 당장에 내 자신이 아쉬운 것이 없으므로 쉽게 포기했다.

그리고 시간이 얼마 지나서 다시 마음을 가다듬고 의욕 있게 공부를 시작해 보지만 역시 얼마 지나서 또 포기하고, 다시 시작하고 또 포기하기를 수도 없이 반복했다. 여러 종류의 책을 수차례 보다보니 for( )문, while( )문, 변수, 포인터 등등 이러한 문장들이 나오면 그 단어의 뜻과 사용법은 안다. 그러나 막상 프로그램을 짜려면 전혀 조립이 되지 않고 아무런 생각이 들지 않았다. 분명히 대부분의 C-언어 책에 보면 C-언어의 특징 중 먼저 꼽는 것은 "C-언어는 쉽다"라는 것인데, 이제서 나는 이리도 어려운지...

오랫동안 이러한 고생을 하다가 어떤 계기가 있어 단 2개월 만에 갑자기 C-언어 프로그램을 짜기 시작하였다. 내가 원하는 대로 프로그램이 구성되고 실행되며 내 자신이 놀랍고 대견(?)했다. 그런데 본인이 맡고 있는 학생들을 유심히 살펴보니 분명히 C-언어 교과목을 배웠지만 그 상태가 나의 과거 모습과 비슷하다는 것을 발견했다. (사실, 본인의 전공이 하드웨어이기 때문에 학생들의 하드웨어 지식 수준만 관심이 있어 왔다) 그래서 내 자신을 비롯해 학생들이 어떠한 점에서 이렇게 C-언어 습득이 어렵고 마음대로 구현이 되지 않는지를 학자의 직업의식이 발동해 분석해 보았다. 또한 내 자신이 어떻게 2개월 만에 C-언어 프로그래밍을 마음대로 할 수 있게 되었는지 그 과정과 원인도 분석해 보았다. 개략적인 원인을 분석하고 해결 방안을 찾아내 간단한 교안을 만든 후 소수의 학생들을 대상으로 방과 후 특강 형식으로 이를 적용해 보았는데, 의외로 성과가 좋았다. 10여명을 대상으로 시작해 9명 정도가 C-언어에 대해 상당한 지식을 갖추게 되었던 것이다(실제 정규 수업에서 이 정도 성과를 올리는 것은 상당히 고무적인 일이다). 교안을 더 수정해 그 다음 해에도 다시 특강 형식으로 수업을 진행하며 문제점을 보완하고 부족한 점을 보충해 나갔다. 이렇게 약 3년 정도를 시행했을 때 학생들의 반응이 상당히 좋아 본인의 하드웨어 교과목 하나를 폐지하고 이 내용을 정규 과목으로 편성해 수년간 시행하면서 사용하던 교안을 나름대로 수정하고 보완한 것이 이 서적의 탄생 배경이다. 결론적으로 말하자면, 필자도 비전문가 입장에서 겪었던 어려운 점을 반영해 본서를 집필했다는 것이다.

(2) C-언어 학습의 문제점

앞서 소개한 바와 같이 C-언어의 습득은 극소수를 빼고는 이상하리만치 안 되는 것이 사실이다. C-언어 학습 교재들이 잘못된 것도 아니고, 그것을 가르치는 분들이 잘못된 것도 아니며, 여러분이 무엇인가 모자라서 그런 것은 더더욱 아니다. 모두가 훌륭한 서적들이고 훌륭한 선생님들이다. 그런데 무엇이 잘못된 것인가? 필자가 경험하기로는 교재를 쓰신 분과 이를 가르치시는 분들은 그야말로 그 분야의 "전문가"들이다. 그러다 보니 필자와 같은 완전 초보자들과는 너무나 수준 차이가 나기 때문이 큰 원인이었던 것 같다. 또한 무엇보다 가장 큰 원인은 "C-언어가 원래 이렇게 생겼기 때문"이다. C-언어는 OS를 개발하거나 시스템 프로그램을 작성하기 위해 만들어진 언어이기 때문에 성질 자체가 원래 이렇다. 따라서 현재의 전문가들 같이 "소질"이 기본적으로 있는 분들은 쉽게 습득이 되지만 소질이 다른 사람은 상당히 어렵게 느껴지는 것이다. 마치 문과생이 수학이 어렵고, 이과생이 국사, 세계사가 어려운 것처럼...

다음은 필자가 직접 경험했던 C-언어 학습이 잘 안되는 문제점들을 나름대로 분석한 것을 정리한 것이다.

① C-언어는 어렵다

C-언어는 어셈블리언어를 제외한 다른 언어에 비해 분명히 어렵다. 예를 들어 베이직 언어(비주얼 베이직뿐만 아니라 원조 베이직)나 파스칼 언어등과 비교하면 상당히 어렵다. 그러나 일반적인 C-언어 서적에서는 쉽다고 강조하는데, 소질이 없는 사람들에게는 결코 쉽지 않은 언어이다. C-언어 서적에서 "C-언어는 쉽다"라 표현한 것은 아마도 필자와 같은 비전문가들이 처음부터 겁먹을까봐 용기를 북돋아 주기 위한 것으로 생각이 든다. 필자는 하드웨어 전공이기 때문에 주로 어셈블리 언어와 베이직 언어를 주로 사용하는데, (종종 PASCAL, LOGO나 FORTH를 사용하기도 한다) 지금 봐도 C-언어는 어렵다. 그러나 어려운 만큼 기능이 강력한 것 또한 사실이다. 그러다보니 이를 배우려 하는 학습자는 책에서는 "C-언어는 쉽

다"라고 하는데 자신은 어렵게 느껴지므로, 이는 자신이 문제가 있는 것으로 생각해 오히려 쉽게 포기하도록 만드는 것 같다. 남들은 다 쉽다는데 나만 어려우니...

처음부터 솔직하게 C-언어는 어렵다고 인식시켜 준다면 비록 아예 시작조차 하지도 않고 포기하는 사람도 있겠지만, 학습자가 어려운 내용을 접하더라도 '원래부터 어려운 것'이라는 생각이 있다면 쉽게 포기하지 않고 이해하기 위해 더욱 노력했을 지도 모를 일이다.

② 실행결과의 시각적 효과

C-언어 학습에 어려움을 겪는 것 중 또 하나는 C-언어 프로그램의 실행 결과가 일반적으로 글자 위주로 진행되어 시각적 효과가 없으므로 학습자의 성취감이 그다지 크지 못하다는 것이다. 이에 따라 한번 작성한 프로그램을 더 이상 변경하거나 응용할 만한 요소도 발견되지 않으며 학습자의 욕구도 발생하지 못해 단순히 교습자의 지시에 의해 따라하는 형식이 될 수밖에 없다(C-언어가 원래 이렇다). 따라서 프로그래밍의 가장 중요한 요소인 학습자의 응용 능력이 배양되기 어렵고 이는 지속적인 학습 의욕 또한 저하시키는 결과를 초래하는 것 같다.

이러한 결점들은 교재나 교습자의 문제에 있다는 것 보다는 C-언어의 특성 상 본질적으로 나타나는 문제이므로 단독으로 C-언어만을 학습하는 것은 학습자로 하여금 상당한 노력과 인내를 필요로 한다. 시각적 효과를 노리기 위해 그래픽 기법을 동원하기도 하는데, 이는 고전적 C-언어에는 없는 기능이므로 활용할 수 없고, C-언어의 고유 기능이 아니므로 응용에도 한계가 발생한다.

③ 뚜렷한 목표가 없다

일반적인 C-언어 교습은 최종적인 목표를 제시하기 어렵고 그저 막연한 예세, 예를 들어 1부터 10까지 더하기, 구구단 프로그램, 급여 계산과 같은 예제를 사용할 수밖에 없으므로 학습자의 학습 의욕을 고취시키기 어렵고 그 학습 효과 또한 떨어지는 것 같다. 그러나 이 또한 C-언어의 특성 상 필연적인 현상으로서 그래픽 등 고급 기법을 동원한다 할지라도 이에 대한 적당한 예제 구성이 어려우며, 설령 그래픽 예제를 구성한다 할지라도 그 구현이 상당히 어렵고 컴퓨터 기종에 지나치게 의존하므로 C-언어 고유의 특징인 이식성이나 호환성 면에서 바람직하지 않다. 즉 내가 무엇을 위해, 어떤 목표를 위해 C-언어를 공부해야 하는지 명확한 목표제시가 어렵기 때문에 학습자도 막연한 상태에서 공부를 해야만 한다. 한마디로 말해서, "내가 꼭 이 프로그램을 만들고 싶다"라는 의욕이 없으므로 어떤 프로그램이 완성되더라도 이를 변경해 보려고 하거나 다른 곳에 응용해 보려는 의욕에 한계가 발생한다.

(3) 문제점의 해결 방안

이상에 나열한 문제점들을 해결하기 위해 필자 나름대로 다른 (약간은 엉뚱한) 방법을 생각해 보았다.

① HTML(Hyper-Text Mark-up Language)

인터넷 홈-페이지를 만드는데 사용하는 HTML이라는 언어가 있다. 이에 대해서는 이미 잘 아는 독자도 있으리라 생각되는데, 이를 이용하면 그 자리에서 홈-페이지를 작성해 곧바로 결과를 확인할 수 있다. 전문적으로 말하자면 HTML언어는 인터프리터형 언어이기 때문에 문서를 작성하다 "이 정도면 결과가 어떻게 나타날까?" 하고 궁금하면 익스플로러 같은 브라우저에서 불러보면 바로 결과가 나타난다. 설령 작성한 문서의 뒷부분에 오류가 있다 할지라도 이 앞부분 까지는 결과가 나타난다. 더구나 그 결과는 글자 크기, 색상, 표, 그림 등 다양한 수단을 이용하기 때문에 C-언어의 글자 위주 결과에 비교할 수 없을 만큼 흥미롭다. 나타나는 결과가 이렇다보니 시키지 않아도 학습자 자신이 글자의 크기나 색상을 변경해 보기도 하고 표나 화면 바탕색을 변경해 보는 등 변경 및 응용의 욕구가 자연히 발생한다.

이에 비해 C-언어는 어떠한가? 우선 C-언어는 컴파일러형 언어이기 때문에 어느 정도 프로그램이 완성되지 않으면 프로그램 실행은커녕 컴파일조차도 되지 않는다. 프로그램 앞쪽은 모두 정상적이라도 뒤쪽에 하나라도 오류가 있다면 컴파일은 거부된다. 즉 작성 과정이 지루하고 따분하며, 프로그램 작성이 완료된 후 컴파일 때 어떤 오류 메시지가 뜰 것인지 두려움부터 앞서는 것이 사실이다. 또한 어렵게 컴파일 과정을 넘겼다 하더라도 막상 실행을 시키면 컴퓨터가 다운된다든지 오동작을 했을 때 어느 부분에서 그러한 결과가 발생한 것인지 찾기가 대단히 어렵다.

② HTML + C-언어

만약 앞서 소개한 HTML과 같은 언어와 C-언어를 혼합해 사용할 수 있다면 어떨까? 즉 C-언어로 작성한 프로그램의 출력이 HTML로 나타나고 그 결과가 홈-페이지의 형태로 나타난다면 실행 결과에 대한 시각적 효과가 크게 좋아질 수 있다. 또한 홈-페이지 화면을 변경하기 위해서는 C-언어를 변경해야 하기 때문에 나의 필요에 의해 자연스럽게 C-언어를 변경해야 하는 과정을 거치므로 변경과 응용의 동기가 충분히 부여될 수 있다.

필자가 목격한 경험을 든다면, 학생들이 단순히 C-언어만으로 수업을 할 때는 수업이 끝나자마자 앞 다투어 먼저 가려고 하는 것을 자주 본다. 반면 HTML의 경우 수업이 끝났음에도 불구하고 자기 홈-페이지를 더 고치고 치장(?)하려고 실습실에서 나가라 해도 버티는 경우가 많다. 이것이 학습의 동기유발이다.

③ HTML + C-언어 + 유닉스

앞서 소개한 C-언어를 이용한 HTML 발생은 터보-C나 볼랜드-C 등을 이용해 HTML 파일을 만드는 것으로 충분하지만, 여기에 약간의 유닉스 지식을 가미하면 가상적인 홈-페이지가 아닌 실제의 홈-페이지 제작이 가능하기 때문에 상당한 동기유발이 가능하다. 즉, 단순히 HTML 문서만을 만들어 이를 브라우저로 확인하는 것과, 자신이 작성한 HTML 문서를 실제 웹-서버에 올린 후 서버로부터 자신의 홈-페이지를 확인하는 것은 흥미 유발에 상당한 차이가 있는데, 이는 직접 경험해 보지 않은 사람은 결코 알 수 없다

④ CGI 프로그래밍

이상에서 소개한 HTML, C-언어, 약간의 유닉스 지식이 총 망라된 것으로 CGI라는 것이 있는데, 이를 이용하면 위 3가지 요소를 모두 활용할 수 있으면서도 흥미를 유발하는 유용한 예제들을 제작할 수 있다. 예를 들어 내 홈-페이지에 방문자 카운터를 제작해 장착하고, 몸무게와 신장을 입력하면 비만도를 판정해 주며, 다른 사람이 글을 남길 수 있는 방명록을 직접 제작해 운영하고, 간단한 설문조사 및 결과를 표시해 주며, 쇼핑 카트를 흉내 낼 수도 있다. 이러한 흥미로운 예제를 제작함으로써 내가 C-언어 프로그래밍을 해야 하는 목표가 확실해지고 그 결과를 꼭 보고 싶으며, 작성된 결과를 확인하고 이를 변경시키고 싶은 욕구가 발생한다.

이러한 과정을 지속하다 보면 자신도 모르는 사이에 C-언어가 몸에 배어 있음을 확인할 수 있다.

2) 이 책을 공부하는 방법

본서를 공부하는 데에는 앞서 소개한 바와 같이 다른 툴의 힘을 약간 빌리면 훨씬 효과적이면서 흥미로운 C-언어 학습을 할 수 있다. 이를 위해 약간의 하드웨어를 준비해야 하는데, 경험삼아 한번쯤은 해 볼만 하다.

(1) 준비사항

① 웹-서버용 PC의 준비

본서의 부록 부분을 참조하며 웹-서버용 간단한 PC를 준비하는데, 펜티엄 II

정도면 충분하고도 남는다. 약간의 노력(CD로 부트시키는 작업)만 한다면 386, 486 PC에서도 잘 동작한다.

② 유닉스 OS의 준비

웹-서버를 운영하기 위해 유닉스가 필요한데(사실 윈도우에 IIS를 설치해도 되지만 가장 표준형을 사용해 본다) 인터넷에서 무료로 쉽게 구할 수 있는 리눅스(Linux)를 이용한다. 본서에서 사용할 기능은 지극히 제한적이기 때문에 구버전도 상관없다. 리눅스의 설치법에 관해서는 그 버전이 수시로 변화하고 종류도 많기 때문에 다음 주소의 필자 홈-페이지 중 저서 소개 코너에 올려 놓았다.

http://upgrade.kongju.ac.kr

네트워크 속도가 허락된다면 리눅스 CD도 올려놓을 생각이다.

(2) 학습법

본서를 학습하는데 있어서 간단한 유의사항이 있는데, 이를 지키면서 학습하면 더 효과적이다.

① 리스트를 직접 입력하라

어떤 저서들을 보면 그 서적에서 사용하는 프로그램 리스트를 디스켓이나 CD에 담아 배포하기도 하는데 본서에서는 그리하지 않았다. 귀찮더라도 교재에 있는 프로그램을 여러분 손으로 직접 입력한다. 프로그램 리스트를 입력하지 않고 눈으로만 보아서는 프로그램을 자세히 살필 수 없어 겉도는 학습밖에 되지 않는다. 즉, 하나하나 직접 입력하면서 프로그램의 구석구석을 빠짐없이 살펴볼 수 있다. 또한 잘못 입력해 그 오류를 찾아내는 동안에 실력이 붙는다.

② 마지막 완성된 리스트만을 입력하려 하지 말라

이 교재는 리스트를 점차로 추가해 가면서 실습해 성취감을 얻으면서 진행하도록 최대한 배려했기 때문에 성질만 급해 가장 마지막 리스트를 입력해 결과만을 보려고 하지 말라. 많은 량에 질려버린다. 또한 진행 과정 중에 실력이 붙는 것이지 리스트만 입력해 실행된다 해서 실력이 붙는 것이 아니다.

③ 필히 다른 C-언어 서적을 참조하라

본서는 머리말에서도 밝혔듯이 C-언어를 체계적으로 학습하는 것이 아니라 여러분의 학습동기를 유발시키는 점에 중점을 두었기 때문에, 어떤 주제가 주어지면 그것을 제작하기 위해 필요로 하는 단편적인 지식을 그때그때 소개해 진행하고 있다. 따라서 본서를 진행 중은 물론 본서를 끝마친 후라도 체계적인 지식은 되지 못하고, 또한 필자도 여러분들과 마찬가지로 비전문가 입장에서 집필한 것이기 때문에 이론적으로 오류가 있을 수 있다('이론적 오류'란 프로그램을 작성해서 동작하기는 하지만 이론적으로 또는 정통적인 방법이 아닌 것을 의미한다). 따라서 필히 다른 C-언어 서적을 참조하여 체계적인 지식을 갖추도록 노력해야 한다.

(3) 앞으로는

① 시리즈 2권의 준비

본서를 실재 서적으로 꾸미다 보니 필자가 사용했던 상당히 편리한 테크닉인 PSSI기법을 지면관계상 넣지 못했다. 이 기법은 필자와 필자의 처가 함께 개발해 논문으로 발표했던 것인데, CGI에 의해 홈-페이지를 구성하는데 있어서 대단히 편리한 기법이므로 꼭 소개하고 싶다. 이 이외에도 몇 가지 예제가 더 있었으나 이 역시 지면 관계상 넣지 못했다(모두 편집하면 약 600페이지가 넘어가고, 아래에 소개하는 사전류를 포함하면 거의 800페이지 가까이 될 것 같다). 따라서 본서에서 미처 넣지 못했던 여러 가지 내용들을 기회가 된다면 마저 정리해 2권을 꾸밀 생각을 하고 있다.

② C-언어 사전 준비

필자가 C-언어를 공부할 당시에는 물론 현재도 C-프로그래밍을 할 때는 항상 옆에 두는 것이 C-언어 사전(?)이다. C-언어는 기종에 따라 약간의 방언이 존재하고, 각 명령이나 함수의 사용법이 대단히 복잡하고 다양하기 때문에 이러한 사전을 열람하는 것이 필수적이다. 영어를 사용할 때 영어 사전이 필수적이듯이... 그러나 불행하게도 필자는 아직까지 C-언어 사전과 같은 종류의 서적이 발간된 경우는 보지 못했고, 비매품으로 발행된 2권(매킨토시용 C-언어 'Think-C'의 라이브러리 레퍼런스와 'Turbo-C'의 레퍼런스 매뉴얼)과 나머지는 인터넷 검색에 의존하고 있다. 일반 C-언어 전문 서적에서는 뒷면의 찾아보기를 참조해 해당 내용을 찾아보기는 하나 명령이나 함수의 모든 옵션과 용법, 그리고 사용 예까지 상세히 기록하기란 쉽지 않기 때문에 큰 도움이 되지는 못했다. 따라서 본서의 2권을 집필할 기회가 된다면 완전하지는 못하겠지만 나 자신을 위해서라도 C-언어 사전을 정리해 넣고 싶다. 그리고 HTML 태그들도 또한 많은 옵션들이 있는데 이에 관한 정보는 그야말로 찾기가 정말 어렵다. 따라서 이에 관해서도 간단한 사전을 정리하고 싶다.

마지막으로 정리한다면, 본서는 웹용 프로그램 제작에 관한 지식을 배우는 의미도 있겠지만 근본적인 목적은 C-언어를 보다 흥미롭고 효과적으로 배우기 위해 다른 도구들을 응용한 것이다.

2. 인터넷(Internet)

본 절에서는 앞으로 이 책을 학습하는데 있어서 필수적인 기본 용어들에 관해 간단히 살펴본다.

1) 인터넷의 개념

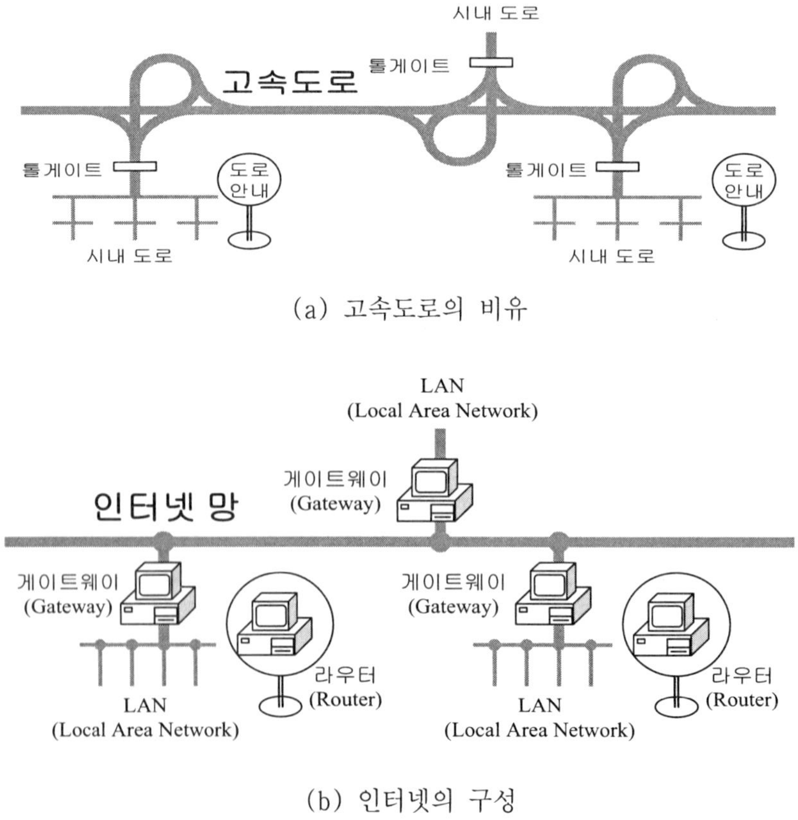

[그림 1-1] 인터넷의 구성 개념

인터넷이란 전 세계의 컴퓨터가 네트워크로 연결되어 있어 세계 어느 곳의 컴퓨터라도 서로 접속하여 데이터를 주고받을 수 있는 연결망을 말한다. 현재 이러한 인터넷을 통해 전자 메일, 홈-페이지 접속 등 다양한 용도에 이용하고 있다. 전 세계를 잇고 있는 인터넷망은 [그림 1-1](a)와 같이 고속도로에 비유할 수 있다.

[그림 1-1]과 같은 고속도로와의 비교를 통해 인터넷에서 자주 사용되는 용어를 설명한다.

2) 용어 설명

(1) 서버와 클라이언트(Server/Client)

서버와 클라이언트는 컴퓨터들의 역할을 지칭하는 것으로서, 서버는 데이터를 공급하는 측, 클라이언트는 데이터를 요구하고 공급받는 측을 뜻한다. 이는 컴퓨터의 상황에 따라 달라질 수 있는데, 현재 내가 사용하는 컴퓨터가 다른 컴퓨터로부터 데이터를 받아오면 (예를 들어 어떤 홈-페이지를 방문) 내 컴퓨터는 클라이언트가 되는 것이고, 그 홈-페이지를 공급해 준 컴퓨터는 서버가 된다. 반대로, 내 컴퓨터의 데이터를 동료가 가져가고 있다면 내 컴퓨터는 서버가 되고 동료의 컴퓨터는 클라이언트가 된다.

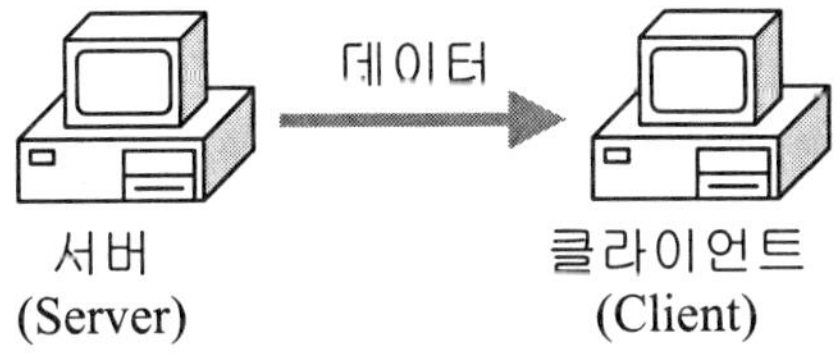

[그림 1-2] 서버와 클라이언트

(2) LAN(Local Area Network)

[그림 1-1]의 고속도로 비유에서, 고속도로와는 별개로 각 도시마다 자체의 도로망을 가지고 있는데, 컴퓨터 망에서도 하나의 건물이나 하나의 단체들은 자체적으로 네트워크를 형성하고 있고, 이를 LAN(지역 네트워크)이라 한다. 즉, LAN이란 고속도로 비유에서 본다면 각 도시에 해당하는 네트워크이며, 만약 데이터를 같은 LAN 내부에서 교환할 때(즉, 같은 건물 내 등)에는 인터넷 망을 통하지 않고 자체 LAN에서 해결 가능하므로 고속도로에 해당하는 인터넷 망을 이용할 필요가 없어 인터넷 망이 붐비는 것을 해소할 수 있다.

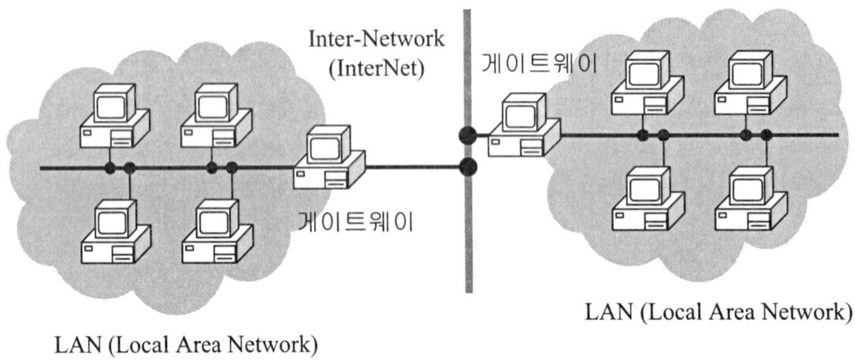

[그림 1-3] LAN의 개념

(3) 게이트웨이(Gateway)

[그림 1-1](a)에서, 고속도로를 이용하려면 고속도로의 원활한 소통과 관리를 위하여 도로의 아무 곳에서나 출입하지 않고 꼭 톨게이트를 거쳐야만 가능하다. 이와 마찬가지로 인터넷 망에서도 인터넷에 합류하는 톨게이트 역할을 하는 기계(컴퓨터)가 있으며, 이를 게이트웨이(gateway)라 한다. 즉, 데이터는 게이트웨이를 통해서 인터넷 망으로 나가고 들어온다. 예를 들어, 한 건물 내의 네트워크에서 다른 건물의 네트워크로 데이터를 전송하려면 내 건물의 게이트웨이를 통해서 인터넷 망으로 나간 후, 다른 건물의 게이트웨이를 통해서 그 건물의 네트워크로 진입한다(고속도로를 이용하는 것과 비교하면 이 과정을 쉽게 이해할 수 있다).

(4) 라우터(Router)

우리가 다른 도시의 어느 곳을 찾아가려 할 때, 우선은 '어느 도로를 따라 고속도로로 진입한다. 어느 톨게이트에서 빠져나가서 그 도시의 어느 도로를 따라가면 찾을 수 있다'라는 계획을 가지고 찾아 나선다. 이때 찾아가는 도로는 여러 가지가 있을 수 있다. 이와 마찬가지로, 어느 컴퓨터에서 데이터를 다른 컴퓨터로 전송하려 할 때, '어느 네트워크 경로를 거쳐 상대방 컴퓨터에 도착한다.'라는 일종의 도로 안내 역할을 하는 컴퓨터가 라우터이다. 즉, 라우터는 컴퓨터들이 어느 경로를 따라 데이터를 전송해야 할지를 알려주며, 일반 도로와 마찬가지로 어떤 도로가 현재 공사 중이라면 다른 도로로 우회할 수 있도록 안내역할을 한다.

(5) DNS(Domain Name Server)

DNS란 컴퓨터의 주소를 알려주는 것으로서, 이에 관해서는 인터넷 주소체계를 알아야 설명이 가능하므로 다음절에서 자세히 다룬다.

(6) PPP(Point-to-Point Protocol)

이는 일반적으로 전화선을 이용한 보이스-모뎀이나 ADSL 인터넷 접속에서 자주 사용되는 용어로서, 전화를 이용해 네트워크를 구성하면 모뎀(MODEM)이라는 장비를 사용하여 전화선을 통해 데이터를 주고받을 수 있는데, 전화의 특성 상 한 곳에만 전화를 걸 수 있으며, 따라서 [그림 1-4]와 같은 접속이 형성된다.

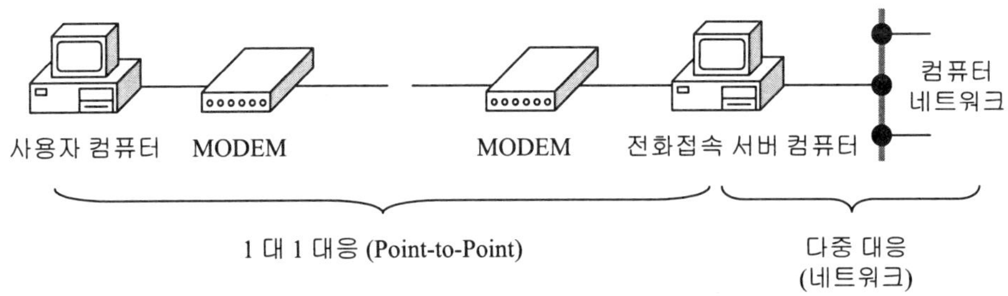

[그림 1-4] PPP 구성 (전화접속 구성) 예

그림에서 살펴보면, 사용자 컴퓨터는 다중의 네트워크와 직접 상대하는 것이 아니라 오로지 전화접속용 서버 컴퓨터와 1대 1로만 상대하고 있기 때문에 이 경우 1대 1로 접속되는 두 대의 컴퓨터 사이에서만 통용되는 통신 규약(protocol)이 있어야 하며, 이를 약자로 PPP라 한다.

3) 인터넷의 주소체계

인터넷 주소체계는 도메인 주소, IP 주소, 하드웨어 주소의 3단계로 구성되어 있다. 이러한 내용을 처음 접할 때는 이해가 어려우므로 다음과 같은 비유로 설명할 수 있다.

어떤 사람, 예를 들어 길동이네의 집을 지칭해 부를 때는 일반적으로 "길동이네"라는 대표명을 부른다. 그러나 그 집으로 우편을 보내려면 "서울시 XX구 XX동 123번지"라는 구체적 주소를 사용해야 한다. 한편 길동이네 집은 지구상의 좌표에서 위도 XX도, 경도 XX도의 위치에 있을 것인데, 이것이 지구상의 절대적인 위치이다. 이를 정리하면 <표 1-1>과 같다.

〈표 1-1〉 주소 지정의 예

	비 유	컴퓨터 주소	예
대표 명	길동이네	도메인 명	upgrade.kongju.ac.kr
실제 주소	서울시 XX구 XX동 123번지	IP 주소	210.125.218.117
절대 주소	위도 XX도, 경도 XX도	하드웨어 주소	3C:59:2F:84:6D:F7

(1) 하드웨어 주소(Hardware address)

하드웨어 주소란 각 컴퓨터마다 내장된 LAN 장치에 고유하게 할당된 번호를 말한다. 이는 12자리의 16진수로 구성된 복잡한 번호('Eithernet'의 경우)로서, 같은 LAN 그룹 내의 컴퓨터들은 주로 이 주소를 사용하여 교신한다.

(2) IP 주소(IP address)

앞서 설명한 하드웨어 주소는 같은 LAN 내에서만 통용되는 번호이고, 인터넷의 경우에는 전 세계에 있는 LAN이나 다른 네트워크들과 모두 접속되어 있으므로 어떤 네트워크에서든지 공통적으로 사용할 수 있는 주소체계가 필요하며, 이를 위해 고안된 것이 IP(Internet Protocol) 주소이다. IP 주소는 0부터 255까지의 숫자 4개가 조합되어 만들어진다. 예를 들어, 210.125.218.117이라는 식으로 각 숫자들은 점으로 구분해 구성된다.

(3) 도메인 명(Domain Name)

일반적으로 우리는 어떤 사람의 주소를 일일이 기억하지 않고, 단지 '길동이네'라든지 '상학당'이라는 식으로 대표 명칭을 사용하다가 실제로 필요한 경우 주소를 찾아서 사용한다. 즉, '상학당'이라면 실제로는 '서울시 동작구 사당3동 220-43번지'라는 주소를 사용한다. 이와 마찬가지로, 앞서 설명한 IP주소가 인터넷에서 사용되는 주소이지만, 주소가 단지 숫자의 조합으로 구성되어 있어 기억하기 어렵고 주소만 가지고는 어떤 곳인지 알기 어려우므로 IP 주소 대신 영문자로 된 이름을 사용한다. 이를 도메인 이름(domain name)이라 하며 도메인 이름을 만드는 체계는 국가 명을 사용하는 것과 국가 명이 생략된 두 가지 형태가 있다.

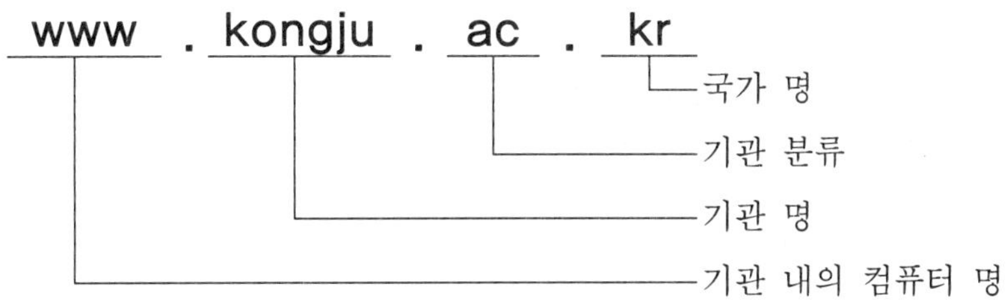

(a) 국가명을 사용한 도메인 이름 체계

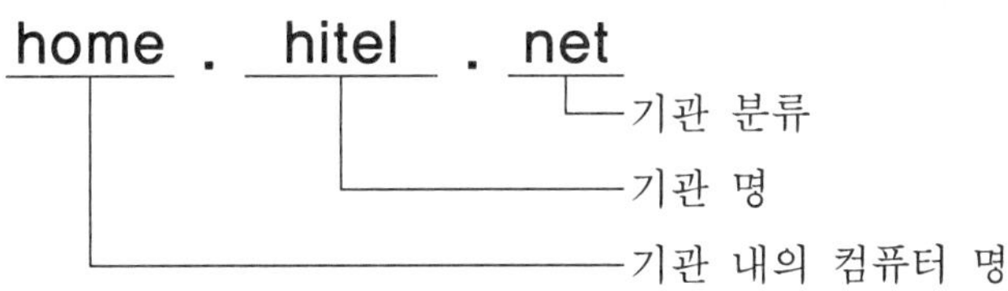

(b) 국가명이 생략된 도메인 이름 체계

[그림 1-5] 도메인 이름의 체계

① 국가 명

국가 명은 그 나라 명칭의 약자를 사용하며, 그 중 몇 가지 예를 들면 <표 1-2>와 같다.

〈표 1-2〉 도메인의 국가 명 예

도메인 이름	국 가	도메인 이름	국 가
.kr	한국(Korea)	.sg	싱가포르(Singapore)
.jp	일본(Japan)	.fr	프랑스(France)
.de	독일(Germany)	.se	스웨덴(Sweden)
.au	호주(Australia)	.it	이태리(Italy)
.ca	카나다(Canada)	.ru	러시아(Russian Federation)
.nl	네덜란드(Netherlands)	.br	브라질(Brazil)

② 기관 분류

기관 분류는 접속할 컴퓨터가 속해있는 기관이 어떤 성격의 기관인지를 나타내는 것으로 예를 들면 <표 1-3>과 같다.

〈표 1-3〉 도메인의 기관 명 예

국가명 생략 도메인 명	국가명 사용 도메인 명	기관 분류
.edu	.ac	교육기관 (Academy)
.com	.co	회사 (Company)
.gov	.go	정부기관 (Government)
.org	.or	법인 단체 (Organization)
.net	.nm	네트워크 관련 기관 (Network)
.mil		군사기관 (Military)
	.re	연구기관 (Research)
	.pe	개인 (Personal)

③ 기관 명

접속할 컴퓨터가 속해있는 기관의 명칭으로서, 위의 예에서는 '국립 공주대학교'를 약자로 한 것이다.

④ 컴퓨터 명

컴퓨터의 명칭을 나타내는 것으로서, "www.kongju.ac.kr"은 '한국에 있는 국립 공주대학교 내의 www라는 컴퓨터'라는 뜻이 된다. 한 기관 내에서는 여러 대의 컴퓨터가 있으므로 이들 각자에 컴퓨터 명칭을 붙인 예는 <표 1-4>와 같다.

〈표 1-4〉 도메인의 기관 명 예

www.kongju.ac.kr	국립 공주대학교 내의 'www'라는 컴퓨터
upgrade.kongju.ac.kr	국립 공주대학교 내의 'upgrade'라는 컴퓨터
itbbs.kongju.ac.kr	국립 공주대학교 내의 'itbbs'라는 컴퓨터

(4) DNS(Domain Name Server)

앞서 설명한 도메인 명으로 실제의 인터넷 주소를 찾아주는 컴퓨터로서, 기본적은 동작은 [그림 1-6]과 같다.

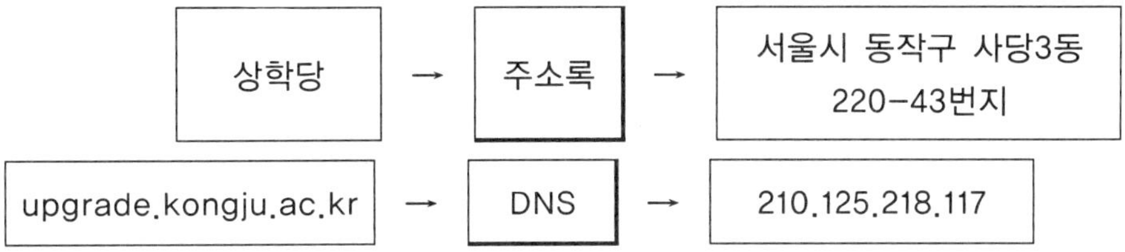

[그림 1-6] DNS의 기본 동작

그림에 나타낸 바와 같이 DNS는 우리가 사용하는 주소록과 비슷하다. 즉 사람의 이름 등을 주소록에서 찾으면 그 주소를 알아내고, 이 주소를 이용하여 우편 등을 전달한다. 마찬가지로 인터넷에서도 도메인 명으로 인터넷 접속을 하면, 컴퓨터는 우선 DNS에 문의하여 IP주소를 알아내고, 이 주소를 이용하여 인터넷 통신을 행한다.

4) 인터넷의 종류

인터넷은 여러 종류의 데이터 전송방법을 사용하고 있다. 이들에 관한 개념의 비유를 [그림 1-7]에 나타내었다.

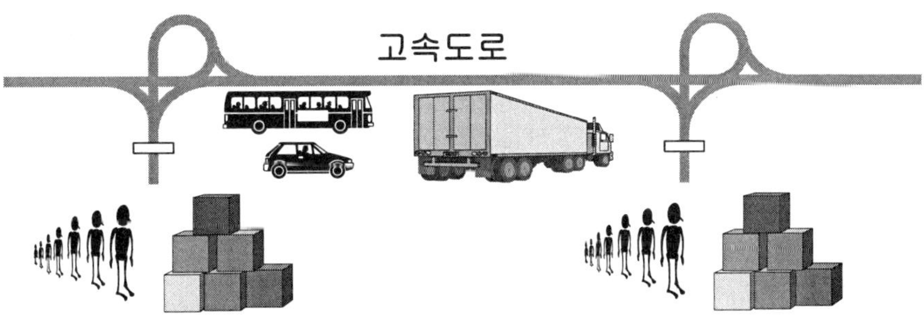

[그림 1-7] 고속도로를 이용한 운송수단

우리는 일상생활에서 같은 고속도로를 이용하더라도, 이동시킬 대상체에 따라 운송 수단이 <표 1-5>와 같이 정해진다.

꼭 이렇게 운송해야 하는 것은 아니지만(승용차로 화물을 운송할 수도 있다), 가급적 이렇게 운송을 해야 효율적일 것이다. 이와 마찬가지로 인터넷에서도 같은 인터넷 망을 이용하더라도 여러 가지 운송수단을 이용할 수 있는데, 이의 개념도를 [그림 1-8]에 나타내었다([그림 1-7]과 비교하며 살펴보라).

〈표 1-5〉 고속도로 운송수단의 예

이동 대상체	운송 수단
몇 명의 사람	승용차
많은 사람	버스
화물	트럭

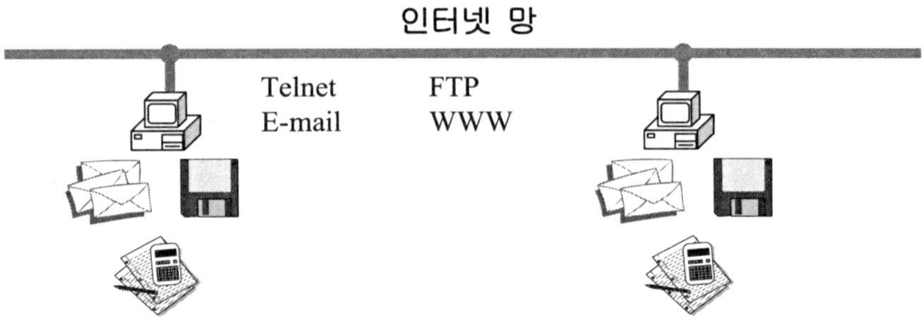

(a) 데이터 전송의 예

이동 대상체	이동 수단	사용 프로그램
타 컴퓨터의 제어, 글자 중심의 대화	Telnet	Telnet, Netterm ...
전자 편지	E-mail	Netscape, Outlook ...
파일	FTP	FTP, WS_FTP ...
홈-페이지	WWW	Netscape, Explorer ...

(b) 데이터 운송수단의 예

[그림 1-8] 인터넷의 운송수단 개념도

[그림 1-8]에 나타낸 바와 같이 인터넷을 이용하여 데이터를 전송하는데 있어서 여러 가지 운송수단이 사용되고 있다. 이는 앞서 고속도로의 예와 마찬가지로 꼭 이렇게 해야만 하는 것은 아니지만 가급적 이러한 운송수단을 이용하는 것이 효율적이다.

(1) Telnet

Telnet은 먼 거리에 떨어져있는 다른 컴퓨터를 제어하는 용도로 주로 사용되고,

또한 글자 중심의 대화용으로서도 많이 사용되고 있다. 주로 사용되는 프로그램으로는 윈도우에 내장된 telnet이나 인터넷에서 구할 수 있는 netterm 등이 있다.

[그림 1-9]는 telnet을 이용하여 'chollian.net'에 접속한 예이다.

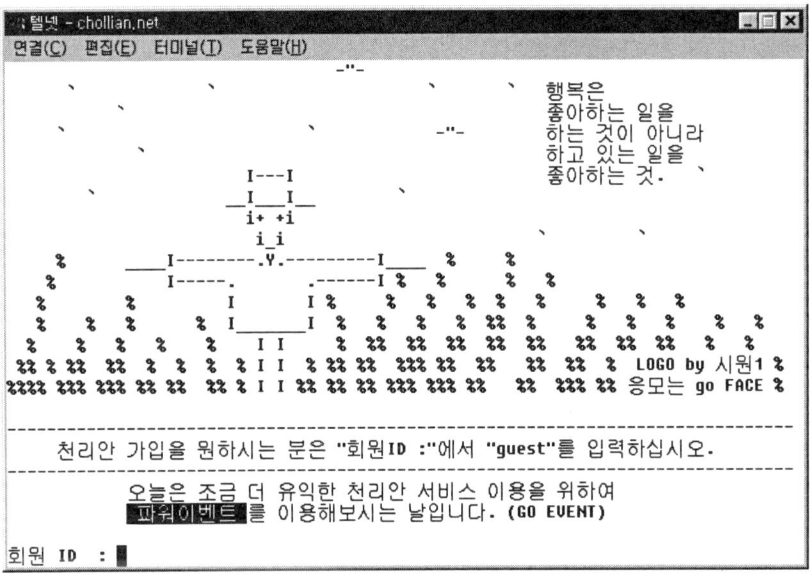

[그림 1-9] Telnet을 이용한 천리안 접속화면 예

telnet을 실행시키려면 윈도우 좌측 하단의 [시작] 메뉴를 누르고 [실행...]을 선택하면 [그림 1-10]과 같은 화면이 나타나는데, 여기에 'telnet'이라 입력하고 '확인'을 누르면 telnet의 빈 창이 나타난다.

[그림 1-10] [실행...] 메뉴에 의한 창

[연결] 메뉴를 누르고 [원격 시스템...]을 선택하면 그림 1-11과 같은 창이 나타나며, '호스트 이름'칸에 'chollian.net'를 입력하고 '연결'을 누르면 천리안에 접속된다.

[그림 1-11] 텔넷 접속 창

연 습 문 제

i) 천리안에 접속한 후 'guest'라는 이름으로 입장하여 천리안의 이곳저곳을 구경해 보라.

ii) telnet을 이용하여 나우누리에 접속해 이곳저곳을 구경해 보라. 나우누리의 주소는 'nownuri.net'이다.

iii) telnet을 이용하여 하이텔에 접속해 이곳저곳을 구경해 보라. 하이텔의 주소는 'home.hitel.net'이다.

(2) FTP(File Transfer Protocol)

FTP는 앞서 소개한 telnet과는 달리 파일단위의 데이터를 전송하는데 사용되며, 사용하는 소프트웨어는 윈도우에 내장된 FTP가 있는데, 일일이 명령어를 입력하여 파일을 주고받기 때문에 불편하여 이를 개선한 'WS_FTP'나 'Cute FTP'가 많이 사용된다. 이들 중 윈도우 FTP와 'WS_FTP'에 대하여 간단히 소개한다.

① 윈도우 FTP

윈도우에 내장된 FTP는 텔넷과 마찬가지로 문자 중심으로 명령을 주고받는다. FTP를 실행시키려면 윈도우 좌측 하단의 [시작] 메뉴를 누르고 [실행...]을 선택하면 [그림 1-12]와 같은 화면이 나타난다. 만약 데이콤의 보라넷에 연결하려면 여기에 'ftp ftp.bora.net'이라 입력한다.

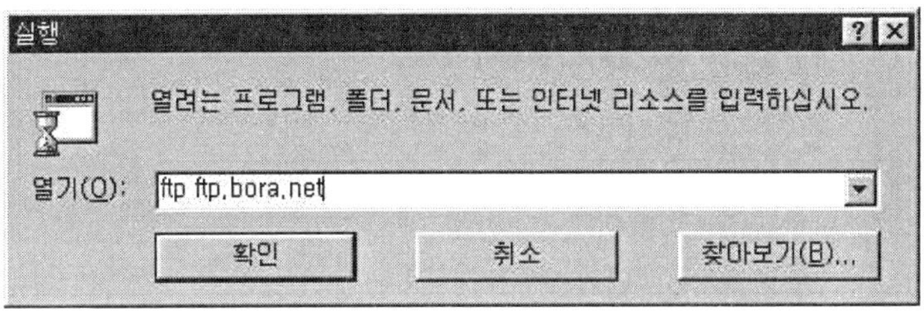

[그림 1-12] [실행...] 메뉴에 의한 창

보라넷에 연결되면 [그림 1-13]과 같은 문장이 나타난다.

```
Connected to ftp.bora.net.
220 ProFTPD 1.2.2rc1 Server (FTP.Bora.Net) [ftp3.bora.net]
User (ftp.bora.net:(none)):
```

[그림 1-13] 보라넷에 접속된 FTP 내용

이 사이트에 계정이 있으면 이를 입력하고 없다면 일반적으로 FTP 사이트들은 특정 계정 없이도 일반인들이 드나들 수 있도록 'anonymous'(앞서 telnet에서 천리안의 'guest' ID와 같은 것)라는 계정을 허용하므로 이를 입력하면 [그림 1-14]와 같이 비밀번호를 물어온다.

```
Connected to ftp.bora.net.
220 ProFTPD 1.2.2rc1 Server (FTP.Bora.Net) [ftp3.bora.net]
User (ftp.bora.net:(none)): anonymous
331 Anonymous login ok, send your complete email address as your
password.
Password:
```

[그림 1-14] 보라넷의 anonymous 접속

일반 사용자는 비밀번호 대신 E-mail 주소를 입력하면 되며, E-mail 주소를 입력하고 나면 [그림 1-15]와 같이 접속되었음을 알리는 메시지가 나타나고 사용자의 명령을 기다린다.

```
Connected to ftp.bora.net.
220 ProFTPD 1.2.2rc1 Server (FTP.Bora.Net) [ftp3.bora.net]
User (ftp.bora.net:(none)): anonymous
331 Anonymous login ok, send your complete email address as your
password.
Password:
230-

    Welcome to BORANet FTP Archive Site
    ----------------------------------------------------
    BORANet DACOM, Seoul, Korea    http://www.bora.net
                                   http://www.dacom.net


    You are from 210.125.211.39 and
    391th user of 2000 Maximum users on Wed Oct 24 16:17:25 2001 KST.

    정기 PM : 매주 화요일 05h-07h
    Weekly PM : 05h-07h, Tuesday (KST)

    If you have any problem, please contact ftpadm@bora.net
    Thank you for the visit and have a nice day!

230 Anonymous access granted, restrictions apply.
ftp>
```

[그림 1-15] 보라넷에 접속된 화면

명령어에 관해 궁금한 점이 있으면 언제든지 'help' 명령어를 입력하면 도움말을 얻을 수 있다. 예를 들어 'ls'라는 명령어에 대해 궁금하면 'help ls'라 입력한다. [그림 1-16]은 'help' 명령어만을 입력했을 때 나타나는 화면이다.

```
ftp> help
Commands may be abbreviated.  Commands are:

!             delete        literal       prompt        send
?             debug         ls            put           status
append        dir           mdelete       pwd           trace
ascii         disconnect    mdir          quit          type
bell          get           mget          quote         user
binary        glob          mkdir         recv          verbose
bye           hash          mls           remotehelp
cd            help          mput          rename
close         lcd           open          rmdir
ftp>
```

[그림 1-16] 'help'를 입력했을 때의 화면

② WS_FTP

앞서 살펴본 윈도우의 FTP는 일일이 FTP 명령어를 입력해야 하는 방식인데 비해 WS_FTP는 화면에서 마우스에 의해 윈도우와 마찬가지의 조작을 통해 FTP를 실행할 수 있다. 'WS_FTP'는 'www.ipswitch.com'의 'download'에서 입수할 수 있다. WS_FTP에는 여러 가지 버전이 있는데, 학교나 학생 개인용으로 사용하려면 WS_FTP LE 버전을 권한다. LE버전은 기능상 약간의 제약이 있기는 하지만 동의서에 학교나 학생임을 표시하면 무한정 계속 사용할 수 있도록 허가되어 있다. WS_FTP 프로그램을 기동하면 처음 화면에 [그림 1-17]과 같은 창이 나타난다.

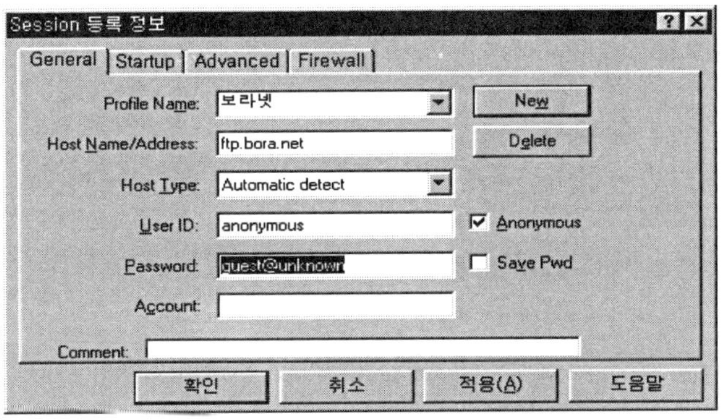

[그림 1-17] WS_FTP의 기동화면

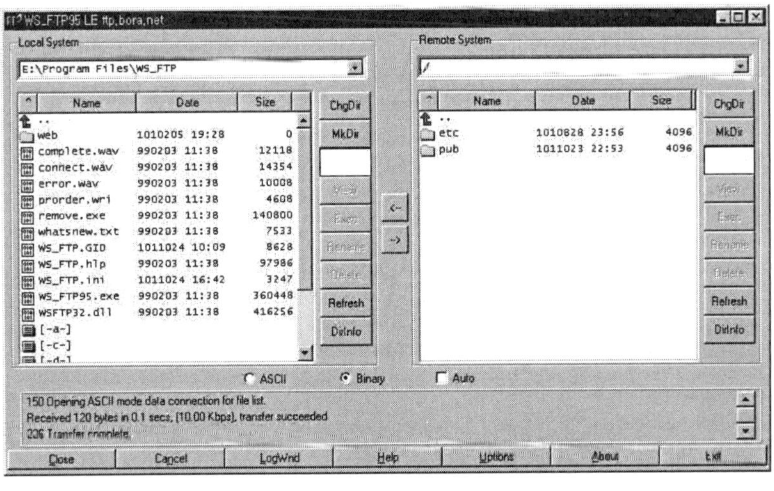

[그림 1-18] WS_FTP를 이용한 보라넷 접속 화면

앞서 방문했던 보라넷을 등록하기 위해 'New'를 누르면 창의 칸들이 모두 비워진다. [그림 1-17]과 같이 입력하고서 '확인'을 누르면 보라넷으로 진입하며, 이때 WS_FTP창은 [그림 1-18]과 같이 된다.

[그림 1-18]에 나타난 바와 같이 WS_FTP 전체 화면은 크게 좌우 2개로 구성되어 있으며, 왼쪽은 Local System, 즉 나의 컴퓨터 상황을 보여주는 곳이고 오른쪽은 Remote System, 즉 내가 접속한 상대편 컴퓨터의 상황을 보여준다. [그림 1-18]에 폴더 모양의 디렉토리 중에서 'pub'라는 디렉토리로 이동하려면 'pub' 글자를 2번 클릭하며 [그림 1-19]와 같은 화면이 나타난다. 이때 화면 하단의 작은 창([그림 1-20])에서는 앞서 FTP에서 우리가 입력해야 할 명령을 WS_FTP가 자동으로 입력하고, 이에 따라 수신된 결과들을 표시하고 있으므로 이를 살펴보면 FTP의 동작 상태를 알 수 있다.

이와 같은 방법으로 내가 원하는 프로그램이나 데이터가 있는 디렉토리를 찾아갈 수 있으며, 원하는 파일이 발견되면 이를 마우스로 클릭하여 선택하고서 화면 가운데의 데이터 복사 단추 (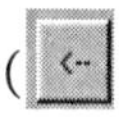)를 누르면 나의 컴퓨터 측으로 복사된다. 만약 나의 컴퓨터에서 다른 디렉토리에 저장하고 싶다면 왼쪽 화면부분의 디렉토리를 이동하면서 원하는 디렉토리가 표시되도록 한 후 복사 단추를 누른다.

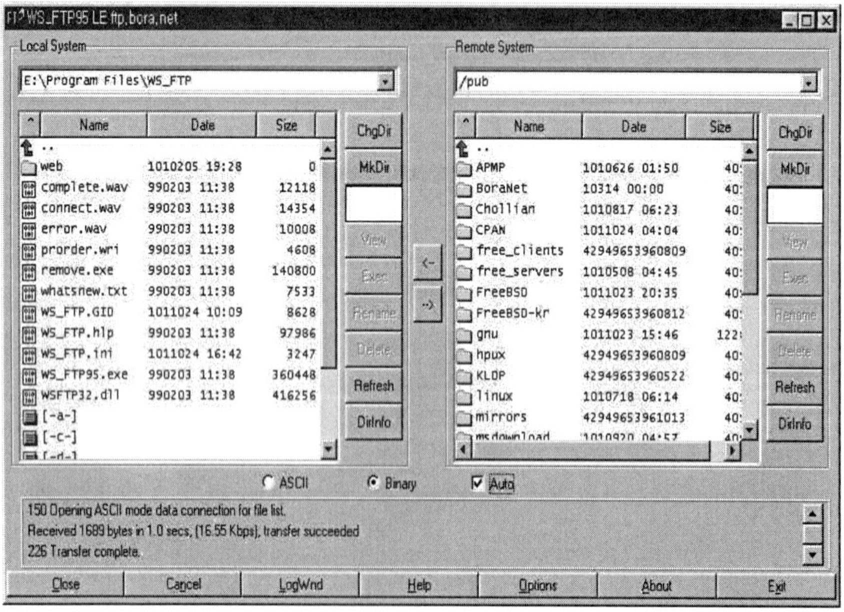

[그림 1-19] 'pub' 디렉토리로의 이동

[그림 1-20] WS_FTP의 상황 표시 줄

연 습 문 제

i) 한국통신의 FTP 사이트 주소는 'ftp.kornet.nm.kr'이다. 이곳에 anonymous 계정으로 접속해 보라.

ii) 서울대학교의 FTP 사이트 주소는 'ftp.snu.ac.kr'이다. 이곳에 anonymous 계정으로 접속해 보라.

(3) E-mail

E-mail은 인터넷을 이용해 편지를 주고받는 시스템으로서, 단순한 문자 편지뿐만 아니라 그림이나 동영상 등을 보낼 수 있으며, 특히 프로그램이나 데이터 등 파일을 첨부하여 보낼 수 있다. 또한 일반 편지는 주고받는 데에 며칠씩 걸리고 비용이 들지만 E-mail은 주고받는 시간은 단 몇 초 만에 가능하고 별도의 비용이 들지 않는다는 큰 장점이 있다.

이러한 E-mail을 주고받기 위해서는 '메일 서버'라는 것이 필수적인데, 이 서버는 내게 전달되어 오는 메일을 받아서 보관하는 역할을 한다. 이는 우리가 실제로 편지를 보내는 경우에 비교히면 그 역할은 쉽게 알 수 있는데, 일반 편지를 보내는 경우에는 아무 곳에서나 보낼 수 있지만 편지를 받을 때에는 일정한 주소와 우편함이 있어야만 한다. 메일 서버에서는 이러한 자신의 주소를 가지고 있고 편지를 보관할 수 있는 편지함 기능이 있다.

E-mail을 우리가 받아보기 위해서는 다음과 같은 E-mail의 전송원리를 알아둘 필요가 있다.

[그림 1-21]에 나타낸 바와 같이 메일을 전송하기 위해서는 전송을 위한 메일 서버를 경유하며, 메일을 받기 위해서는 우편함 역할을 하는 메일 서버로부터 보관된 메일을 가져온다. 일반적으로는 하나의 서버에서 메일을 보내기도 하고 받기도 하도록 구성되어 있다.

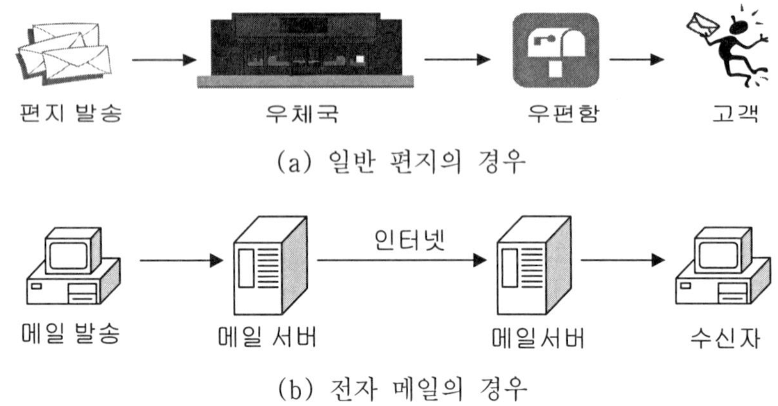

[그림 1-21] E-mail의 전송과정

메일을 주고받기 위해서는 일반 우편과 마찬가지로 메일 주소가 필수적인데, 이는 [그림 1-22]와 같은 형식으로 표현된다.

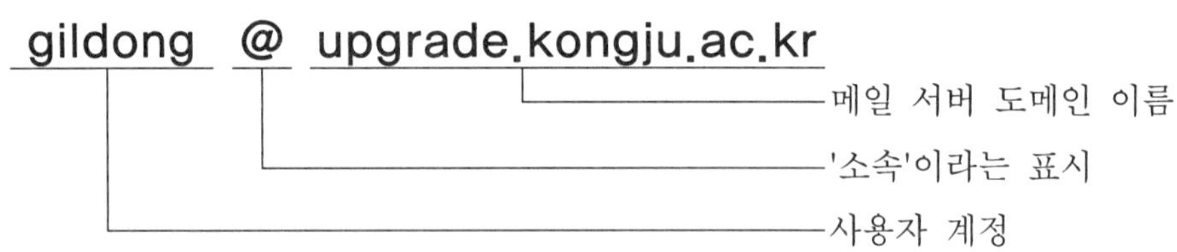

[그림 1-22] 메일 주소의 형식

메일 주소의 형식은 [그림 1-22]에 나타낸 바와 같이 메일 서버의 도메인 이름이나 IP주소가 있고 이 앞에 '@'자를 붙여 사용자를 나타내도록 되어 있다. 여기서, '@'의 의미는 일반 주소를 적을 때 '서울시 .... 번지 홍길동씨 **댁 내** 김철수'라는 식으로 소속의 표시이다.

메일 서버들이 인터넷을 통해 메일을 주고받는 과정까지는 여기서 자세히 다룰 필요는 없지만(정확하게는 'SMTP'라는 것을 이용한다), 메일 서버와 사용자 컴퓨터 사이에서의 관계, 특히 메일 서버에 수신된 메일을 꺼내보는 것은 서버에 보관된 데이터를 가져오는 것이기 때문에, 다른 사람들이 훔쳐갈 수도 있고 여러 가지 '보안'의 문제가 있어 쉽게 허용되어서는 안된다. (이는 마치 우리 우편함의 우편물을 다른 사람이 가져갈 수 있는 경우와 마찬가지이다) 따라서 보관된 메일을 가져오는 방법에 따라 Web-mail과 POP3의 2가지 방법이 현재 가장 많이 사용되고 있다.

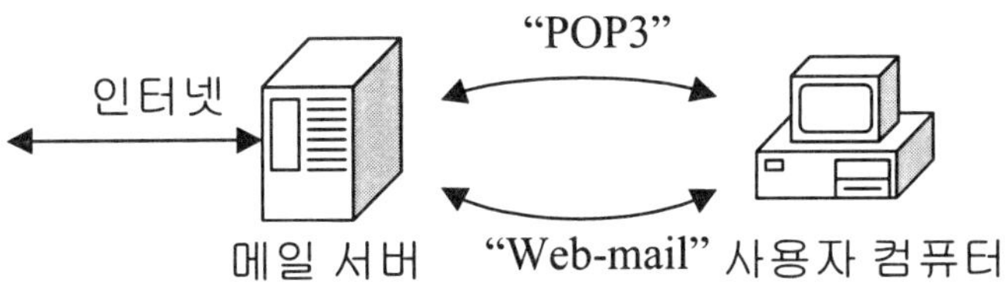

[그림 1-23] 메일서버와의 접속 방법

기본적인 방법은 POP3이지만, 사용법이 간단한 Web-mail부터 먼저 설명한다.

① Web-mail

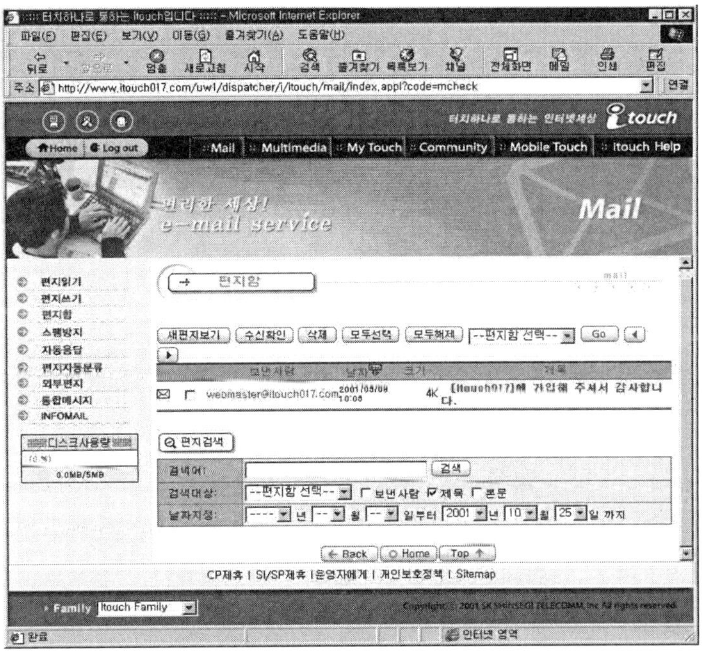

[그림 1-24] Web-mail 서비스의 예

앞서 E-mail의 전송과정에서 보듯이 메일을 전송하거나 받아보기 위해서는 꼭 메일 서버가 필요하고, 특히 수신된 메일을 보기 위해서는 서버에 꼭 계정과 비밀번호가 있어야만 한다. 그러나 일반 사용자들이 서버의 계정을 얻는 것이 쉬운 일이 아니기 때문에 인터넷 홈-페이지에서 메일 서비스를 해 주는 곳이 생겨났으며, 이 홈-페이지를 통해 메일을 주고받을 수 있도록 한 것이 Web-mail이다. 즉, 사용자는 메일을 주고받을 때 별다른 프로그램 없이 홈-페이지에 접속하여 자신의 ID와 비밀번호를 입력하면 홈-페이지 제작사의 메일 서버를 이용해 메일을 사용할 수 있다. [그림 1-24]는 이러한 Web-mail 서비스를 하고 있는 화면을 나타낸 것이다.

② POP3

POP이란 Post Office Protocol의 약자로서, 그 의미에서 보듯이 우편용 통신 규약을 말한다. 그 중 세 번째로 개정된 규약이 POP3이고 종종 POP2가 사용되기도 한다. POP3를 이용하면 메일 서버와 내 컴퓨터 사이에서 나에 관한 정보(계정, 비밀 번호 등)가 서버로 전송되고, 서버는 나의 신원이 확인되면 받아두었던 메일을 내 컴퓨터로 전송해 준다. 이러한 POP3를 이용한 메일 프로그램으로는 넷스케이프(Netscape) 메신저와 Outlook Express, MS- exchange, 혼글에 내장된 혼메일 등이 있다. 이들 중 윈도우에 내장되어 입수하기 쉬운 Outlook express를 많이 사용하고 있으나, 이는 최근의 인터넷 바이러스 확산용으로 자주 이용당하므로 그다지 권장하고 싶지 않은 프로그램이다. 혼글에 내장된 혼메일은 Outlook express의 기능이 복잡하고 사용법이 어려운 점을 감안하여 Outlook express의 기능을 불러와 넷스케이프 메신저 기능과 매우 유사하게 구성한 것으로서 편리하고 유용하게 사용할 수 있다.

그림 1-25에 넷스케이프 메신저에 의한 메일 수신 예를 나타내었다.

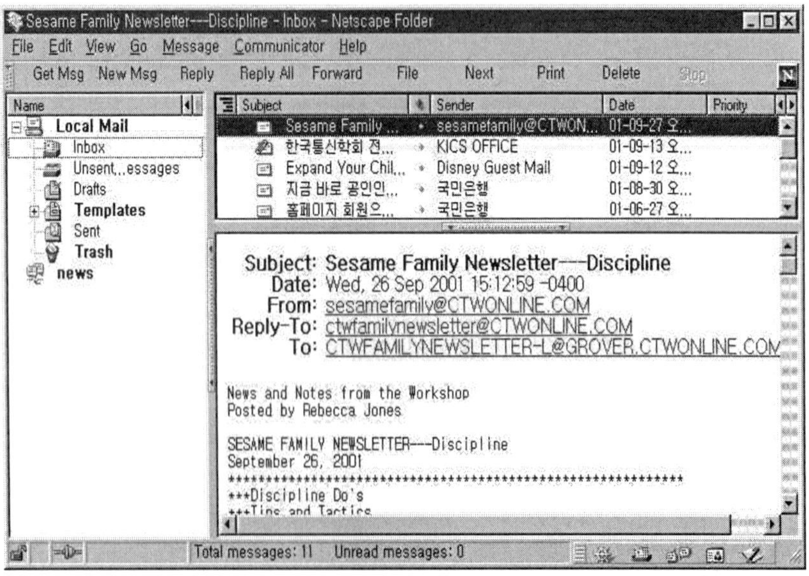

[그림 1-25] 넷스케이프 메신저의 메일 수신 화면

(4) WWW(World Wide Web)

WWW는 약해서 Web(웹)이라 부르기도 하고 홈-페이지라 부르기도 하는, 현재 인터넷에서 가장 많이 사용하는 서비스이다. 웹을 사용하기 위한 프로그램을 '브라우저(browser)'라고 하며, 현재 가장 많이 사용되고 있는 것은 넷스케이프와 익스플로러이다. 그런데, 이 브라우저들은 서로 간에 공통적으로 지원하는 요소가 있는가 하면 일부 기능은 서로 다른 점이 있어 일부 홈-페이지에서는 작동에 이상이 발생하는 경우가 있다(이러한 사용자의 편의를 위해서 홈-페이지 제작자는 모든 브라우저에서 공통적으로 가동될 수 있는 홈-페이지를 구성해 주는 것이 서비스 측면에서 바람직하다).

① 넷스케이프(Netscape)

넷스케이프는 인터넷 홈-페이지의 원조 격이라 할 수 있는 MOSAIC이라는 프로그램에서 발전된 것으로서, 이 프로그램은 홈-페이지 열람뿐만 아니라 메일 기능과 홈-페이지 제작 기능까지 함께 내장하고 있다. 특히, 홈-페이지를 제작하여 그 성능을 시험할 때, 작성한 홈-페이지 소스를 색상별로 분류해 보여주기 때문에 홈-페이지 제작 시에 대단히 편리한 기능을 제공한다. [그림 1-26]에 넷스케이프에 의한 홈-페이지 접속 예를 나타내었다.

[그림 1-26] 넷스케이프를 이용한 홈-페이지 접속 화면

② 익스플로러(Explorer)

익스플로러는 윈도우에 함께 내장된 브라우저로서, 넷스케이프에 비해 기능이 단순하기 때문에 실행 속도가 훨씬 빠르다. 또한 넷스케이프는 인터넷이나 별도의 CD를 통해 입수하여 설치해야 하나 익스플로러는 윈도우가 설치될 때부터 함께 설치되므로 별도의 설치과정 없이도 즉시 사용할 수 있다는 편리함이 있다. [그림 1-27]에 익스플로러를 이용하여 홈-페이지에 접속한 예를 나타내었다.

[그림 1-27]을 살펴보면 앞서 살펴본 넷스케이프의 화면과 비교하여 볼 때, 전혀 차이가 없음을 알 수 있다. 이와 같이 넷스케이프를 이용하던, 아니면 익스플로러를 이용하던 동일한 화면을 얻을 수 있는 홈-페이지가 좋은 홈-페이지에 속한다(예를 들어, 유닉스 시스템 등에서는 익스플로러라는 브라우저가 없다).

[그림 1-27] 익스플로러를 이용한 홈-페이지 접속 화면

제 2 장

홈-페이지의 구성

1. 홈-페이지의 구성 방법
2. HTML 태그
3. 웹-서버에 설치

이 장에서는 인터넷 홈-페이지를 구성하기 위한 HTML언어를 다루고 이를 통해 작성된 홈-페이지를 서버에 전송해 공개하는 과정을 다룬다.

1. 홈-페이지의 구성 방법

1) 홈-페이지 관련 용어

이 단원을 학습하는데 있어서 자주 사용되는 홈-페이지 관련 기본 용어를 살펴본다.

① HTML(Hyper-Text Mark-up Language)

홈-페이지를 제작하기 위한 언어의 이름이다. C-언어와 같은 컴파일 언어가 아니고 작성 도중 그 자리에서 결과 확인이 가능한 인터프리터 언어이며, 고급 언어와 같은 루프 기능이나 변수 기능 등은 없고 홈-페이지를 구성하는데 필요한 단순한 명령으로 된 언어이다.

② 웹 문서(Web document)

HTML로 구성된 파일을 일컫는 말로서 일반적으로 확장명은 '.html'로 되어있고, 윈도우에서는 이 파일을 더블-클릭하면 자동으로 익스플로러 프로그램이 동작해 이 문서를 해석하고 실행한다. 인터넷 홈-페이지도 서버로부터 이러한 웹 문서가 전달되어 온 것이다.

③ WWW(World Wide Web)

FTP, Telnet등 많은 인터넷 종류 중 HTML로 구성된 웹 문서에 의한 홈-페이지로 정보를 전달하는 방법.

④ 브라우저(Web Browser)

HTML 메시지를 해석해 홈-페이지로 재구성 해 주는 프로그램의 장르 명칭으로서, 넷스케이프(Netscape), 익스플로러(Explorer), 모자익(Mosaic) 등이 있다. (마치, 워드프로세서의 장르에 훈글, MS-Word, 메모장 등이 있듯이...)

2) 홈-페이지의 구성 방법

인터넷 홈-페이지는 기본적으로 HTML이라는 언어를 이용해 구성된 텍스트 파일이다. 따라서 홈-페이지를 작성하고 편집하는 도구는 윈도우에 내장된 메모장 정도로 충분하며, 이를 이용한 홈-페이지의 구성 과정을 [그림 2-1]에 나타내었다.

[그림 2-1] 홈-페이지의 구성 과정

[그림 2-1]에 나타낸 바와 같이 메모장이나 또는 기타 워드프로세서(가급적 기능이 단순한 것이 좋다)를 이용해 홈-페이지를 구성하는 문서(이를 웹 문서라 한다)를 작성한다. 이 때 웹 문서의 파일 확장자는 '.html'로 부여한다. 이를 익스플로러나 넷스케이프 같은 웹 브라우저를 이용해 읽어 들이면 웹 문서를 해독해 HTML 명령대로 화면을 구성한다. 따라서 홈-페이지의 화면을 변경하려면 웹 문서를 메모장 등으로 편집해 저장하고 다시 브라우저에서 읽어야 하는데, 이때 브라우저의 "다시 읽기(reload)", 또는 "새로 고침" 기능을 이용하면 편리하다.

웹 문서를 구성하는 방법은 기본적으로 이상과 같은 과정을 거치나, 이를 편리하게 하기 위해 "나모 웹 에디터"나 "넷스케이프 컴포저" 등을 사용할 수도 있다. 그러나 웹 문서의 구조를 완전히 알기 위해서, 또한 앞으로 본 서를 공부하며 배울 CGI 프로그램을 위해서도 메모장을 이용해 직접 편집하는 것이 바람직하다.

3) 윈도우의 옵션 변경

앞으로의 학습을 위해 필요한 윈도우의 몇 가지 옵션을 변경해 편리하게 사용하도록 한다.

(1) 확장자가 보이도록 설정

만약 윈도우에서 파일명의 확장자(".hwp", ".html" 등의 글자)가 나타나지 않는다면 윈도우 설정에서 확장자가 보이도록 변경할 수 있다.

① 윈도우-XP 계열

i) 임의의 폴더를 열고 "도구" 메뉴 중 "폴더 옵션"을 선택한다.

ii) "보기" 탭을 선택하고 "알려진 파일 형식의 파일 확장명 숨기기"를 해제한다. ([그림 2-2](a))

iii) "확인" 단추를 누른다.

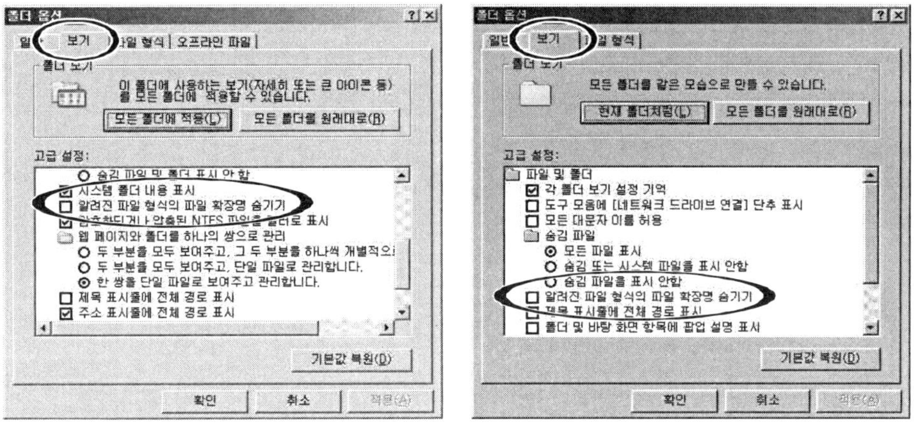

(a) 윈도우-XP 계열에서의 설정　　　(b) 윈도우-98 계열에서의 설정

[그림 2-2] 확장명이 보이도록 설정

② 윈도우-98 계열

i) 임의의 폴더를 열고 "보기" 메뉴 중 "폴더 옵션"을 선택한다.
ii) "보기" 탭을 선택하고 "알려진 파일 형식의 파일 확장명 숨기기"를 해제한다. ([그림 2-2](b))
iii) "확인" 단추를 누른다.

(2) 웹 문서 파일의 편집 연결

웹 문서 파일(".html" 파일)은 윈도우에서 기본적으로 익스플로러 파일로 설정되어 있기 때문에, 이 파일을 마우스로 더블 클릭하면 자동으로 익스플로러에서 실행된다. 우리는 이 파일을 편집할 필요가 있기 때문에 이에 편리하도록 메뉴를 변경하고자 한다.

① 윈도우-XP 계열

i) 임의의 폴더를 열고 "도구" 메뉴 중" 폴더 옵션"을 선택한다.
ii) "파일 형식" 탭을 선택하고 이들 중 "HTML" 형식을 찾아 선택한다. ([그림 2-3](a))
iii. "고급" 단추를 누르면 [그림 2-3](b)와 같은 창이 나타나며, 이 중 "새로 만들기"를 선택한다.
iv) [그림 2-3](c)와 같은 창이 나타나면 "명령" 칸에 "NotePad"라 입력한다.
v) "찾아보기" 단추를 누르면 [그림 2-3](d)와 같은 창이 나타나며, 이 중

"notepad.exe"를 선택하고 "열기" 단추를 누른다.

vi) [그림 2-3](c)의 창으로 되돌아오면 "확인" 단추를 누르고 다시 [그림 2-3](b) 창이 나타나면 "확인" 단추를 누른다.

vii) [그림 2-3](a) 창으로 되돌아오면 "닫기" 단추를 눌러 종료한다.

viii) 이후로는 ".html" 파일을 선택하고 마우스 오른쪽 단추를 누르면 "Note Pad"라는 새로운 메뉴가 나타나며, 이를 선택하면 메모장으로 편집할 수 있다.

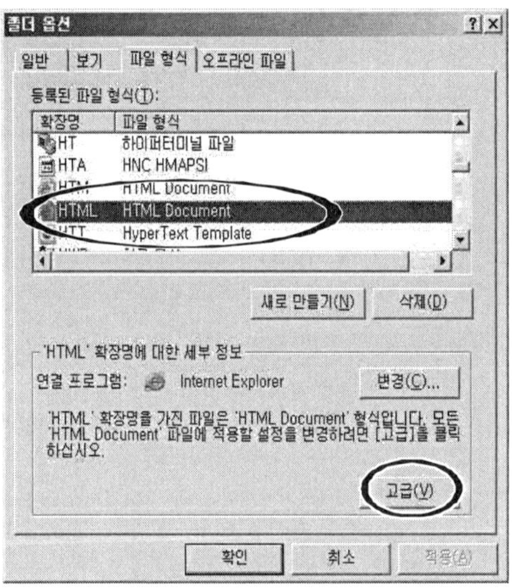

(a) 파일형식의 선택

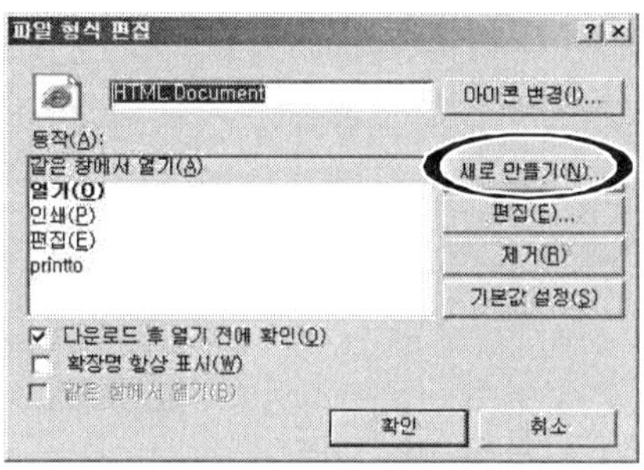

(b) 메뉴의 작성

(c) 메뉴의 추가

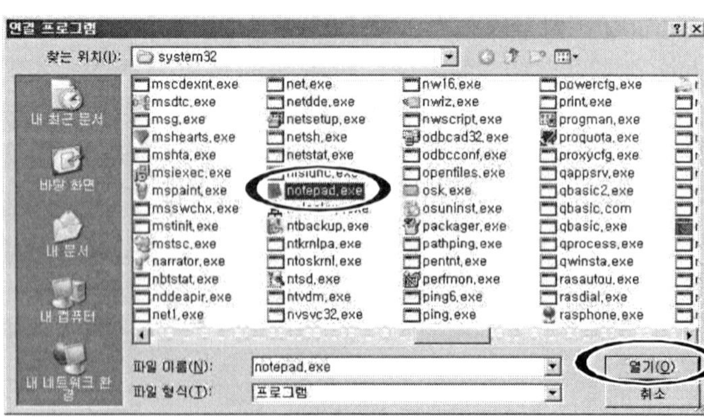

(d) 프로그램 선택

[그림 2-3] 메모장으로 편집하기 위한 메뉴 설정

② 윈도우-98 계열

i) 임의의 폴더를 열고 "보기" 메뉴 중" 폴더 옵션"을 선택한다.

ii) "파일 형식" 탭을 선택하고 이들 중 "HTML Document" 형식을 찾아 선택한다. ([그림 2-4](a))

iii) "편집" 단추를 누르면 [그림 2-4](b)와 같은 창이 나타나며, 이 중 "새로 만들기"를 선택한다.

iv) [그림 2-4](c)와 같은 창이 나타나면 "명령" 칸에 "NotePad"라 입력한다.

v) "찾아보기" 단추를 누르면 [그림 2-4](d)와 같은 창이 나타나며, 여기서 "Windows" 폴더 내로 진입해 이 중 "Notepad.exe"를 선택하고 "열기" 단추를 누른다.

vi) [그림 2-4](c)의 창으로 되돌아오면 "확인" 단추를 누르고 다시 [그림 2-4](b) 창이 나타나면 "확인" 단추를 누른다.

vii) [그림 2-4](a) 창으로 되돌아오면 "닫기" 단추를 눌러 종료한다.

viii) 이후로는 ".html" 파일을 선택하고 마우스 오른쪽 단추를 누르면 "NotePad"라는 새로운 메뉴가 나타나며, 이를 선택하면 메모장으로 편집할 수 있다.

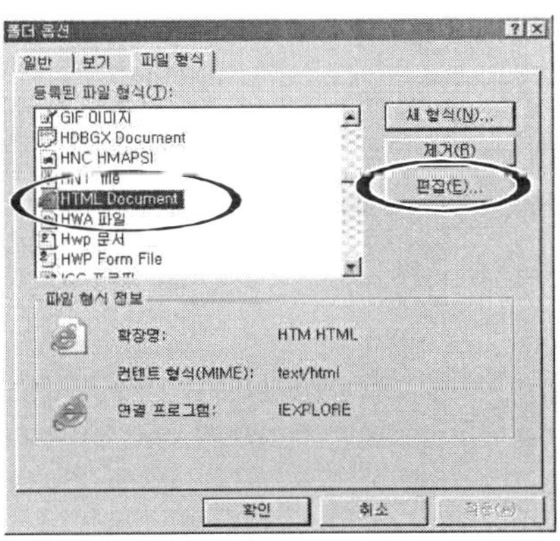

(a) 파일형식의 선택

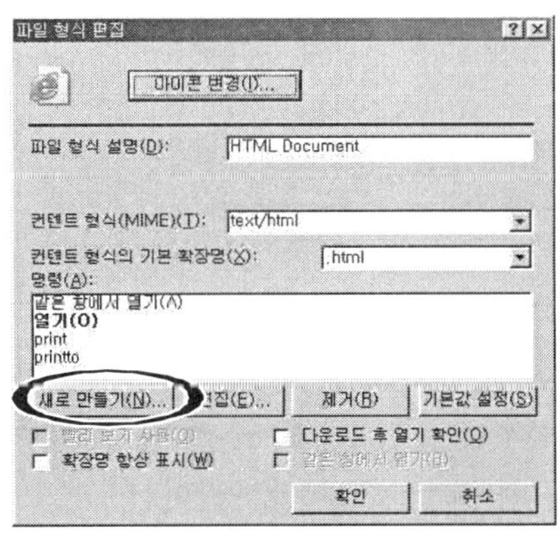

(b) 메뉴의 작성

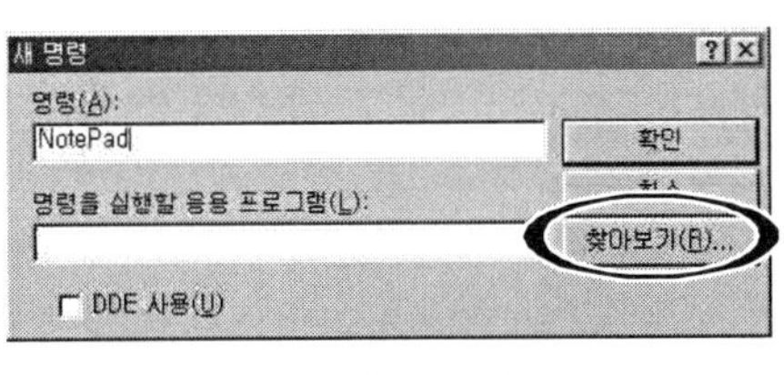

(c) 메뉴의 추가

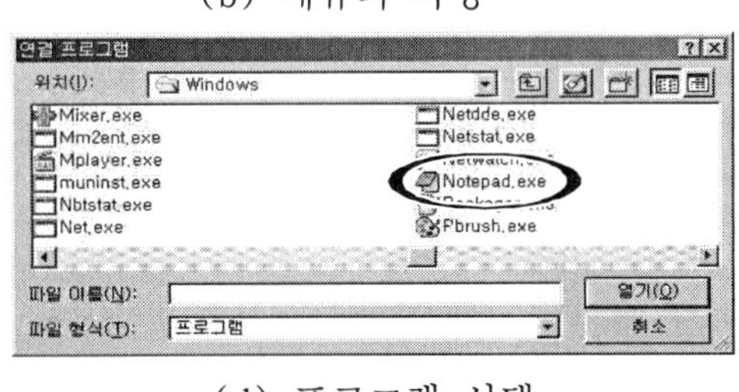

(d) 프로그램 선택

[그림 2-4] 메모장으로 편집하기 위한 메뉴 설정

4) HTML의 구성

(1) 태그와 네스팅

웹 문서는 자신이 HTML 언어로 구성되었음을 브라우저에게 알리는 <HTML>로 시작해 </HTML>로 끝마친다. 이 사이에는 홈-페이지의 본문이 시작됨을 알리는 <BODY>와 </BODY>로 이루어져 있다. 여기서, '<' 문자와 '>' 문자로 이루어진 문장을 "태그(tag)"라하며, 내부에 '/'문자가 포함돼 있는 태그는 "닫기 태그"라 한다. [그림 2-5]에 나타낸 바와 같이 웹 문서의 가장 바깥에는 <HTML> 태그와 </HTML> 태그로 둘러 싸여 있고, 그 내부에 <BODY> 태그와 </BODY> 태그가 본문을 둘러싸고 있다. 이는 마치 포장과 같은 개념으로서 이를 네스팅(nesting)관계라 한다.

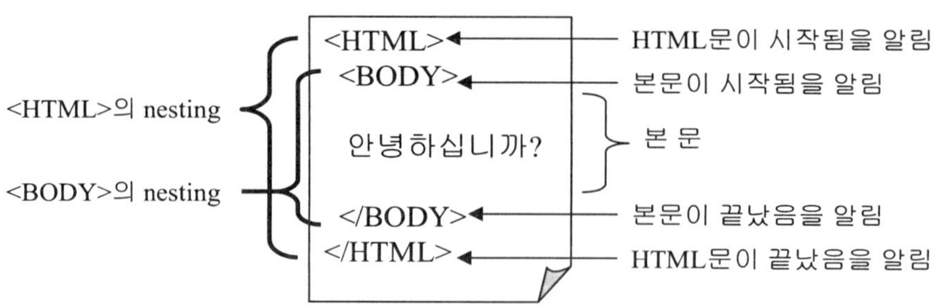

[그림 2-5] 웹 문서의 구성 예

만약 [그림 2-6]과 같이 <HTML>문이 먼저 시작됐다하여 </HTML>문이 먼저 종료하고 나중에 시작된 <BODY>문을 종료하면 네스팅 관계가 성립되지 않아 오류가 발생하는 수가 있다.

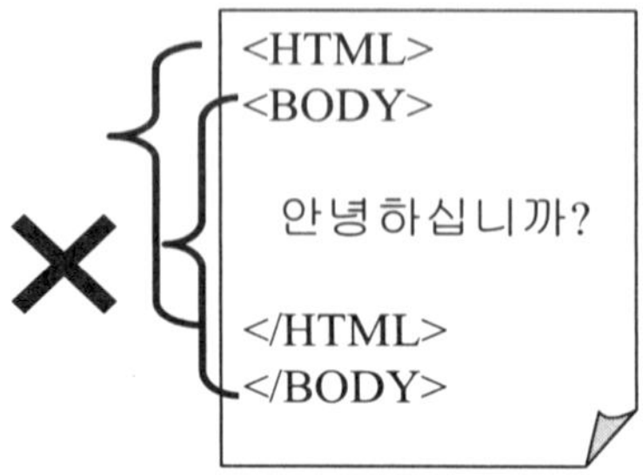

※ 대부분의 브라우저에서는 이 정도의 오류는 허용하고 있지만, 브라우저에 따라서 허용하지 않는 경우도 있으며, 이후에 다룰 다른 HTML 태그의 경우도 원칙적으로 네스팅 관계를 철저하게 지켜야 한다.

[그림 2-6] 네스팅 관계의 틀린 예

실습 예제 2-1

1. [그림 2-5]의 웹 문서를 메모장이나 기타 워드프로세서로 편집해 "test.html"이라는 명칭으로 저장하시오.
2. 브라우저에서 이를 읽어(파일을 두 번 클릭) 화면의 형태를 확인하시오.

※ 태그 시작문자인 '<' 바로 다음에 공백이 있으면 안 된다. 즉, 브라우저에서는 "<HTML>"은 정상적인 태그로 인식하지만 "< HTML >"은 인식하지 못한다.

(2) 2개 이상의 공백문자와 줄 바꿈 문자

HTML문에서는 2개 이상의 공백문자(space)나 줄 바꿈 문자(return문자)는 하나의 공백으로 처리된다. 따라서 [그림 2-7](a)와 같은 문장은 연속된 1줄로 나타나며, 중간의 공백문자들도 1개의 공백으로 처리된다.

```
<HTML>
  <BODY>
    안녕하십니까?[Enter↵]
    이것은 HTML     문서입니다.
  </BODY>
</HTML>
```

(a) 문서 원본

```
안녕하십니까? 이것은 HTML 문서입니다.
```

(b) 실행 결과

[그림 2-7] 공백문자와 줄바꿈 문자의 예

문장 중에 실제로 줄을 바꾸는 방법과 많은 공백을 넣는 방법은 다음절에서 다룬다.

실습 예제 2-2

1. 앞서 저장했던 "test.html" 문서를 다시 불러 [그림 2-7](a)의 웹 문서로 편집한 후 저장하시오.
2. 브라우저에서 이를 읽어("새로 고침" 단추를 활용) 화면 형태를 확인하시오.
3. 기타 자신의 소개 등 문장을 변경해 저장한 후 확인해본다.

2. HTML 태그

1) 문자 관련 태그

(1) Header 태그

Header 태그는 문장의 제목을 표시할 때 사용한다. 문장제목은 종류에 따라 크기가 다른데, header 태그도 이러한 크기가 적용되며 [그림 2-8]과 같은 종류의 것이 있다.

<H1> : 가장 큰 글자
<H2> : 다음 크기
:
<H6> : 가장 작은 글자

(a) 태그의 종류

H1 글자

H2 글자

H3 글자

(b) 글자 크기의 예

[그림 2-8] Header 태그의 종류

Header 태그가 종료되면 '제목이 종료'된 것이므로 자동으로 줄 바꿈이 발생한다.

실습 예제 2-3

다음 예제 문서들을 적당한 이름("test.html" 등)으로 작성하고 브라우저에서 확인하시오.

```
<HTML>
  <BODY>
   안녕하십니까?[Enter↵]
   이것은 HTML    문서입니다.
  </BODY>
</HTML>
```

[리스트 2-1] Header 태그 실습

```
<HTML>
  <BODY>
   <H1>이것은 왕(H1) 글자. </H1>
   <H2>이것은 H2 글자. </H2>
   <H3>이것은 H3 글자. </H3>
   <H6>이것은 H6 글자. </H6>
  </BODY>
</HTML>
```

[리스트 2-2] Header 태그의 종류

(2) Font 태그

Header 태그는 자동으로 줄 바꿈이 발생하기 때문에 문장을 작성하는 도중의 글자 크기를 변경하기 위해 사용할 수 없다. <FONT> 태그는 이와 같이 문장 중의 글자 크기를 변경하거나 또는 색상을 변경하는데 사용한다.

① 글자크기 변경

문장 중의 글자크기를 변경하려면 <FONT> 태그에 "SIZE=" 옵션을 사용한다. 글자크기는 절대크기와 상대크기로 지정할 수 있는데, '상대크기'란 현재 진행중인 글자보다 더 크거나 작은 것을 의미한다.

```
절대크기 지정
<FONT SIZE = 1> ; 가장 작은 글자
<FONT SIZE = 2> ; 다음 크기
     :
      :
<FONT SIZE = 7> ; 가장 큰 글자
```

```
상대크기 지정
<FONT SIZE = +1> ; 한 단계 큰 글자
<FONT SIZE = +2> ; 두 단계 큰 글자
     :
<FONT SIZE = -1> ; 한 단계 작은 글자
<FONT SIZE = -2> ; 두 단계 작은 글자
```

실습 예제 2-4

다음 예제 문서를 적당한 이름으로 작성하거나 앞서 "test.html" 문서의 <BODY>, </BODY> 태그 사이에 추가해 브라우저에서 확인하시오.

```
<HTML>
  <BODY>
   안녕하십니까? 이것은 <FONT SIZE=7>왕 글자</FONT>입니다.
    </BODY>
</HTML>
```

[리스트 2-3] 〈FONT〉 태그의 실습 예제

② 글자색상 변경

표시되는 글자의 색상을 변경하려면 <FONT> 태그에 "COLOR=" 옵션을 사용한다. 사용할 색상은 색상명칭을 직접 지정할 수 있고, 또는 색상코드를 이용해 지정할 수 있다.

〈표 2-1〉 글자색상 지정의 예

색 상	색상명칭 지정	색상코드 지정
흑색	<FONT COLOR = "black">	<FONT COLOR = "#000000">
적색	<FONT COLOR = "red">	<FONT COLOR = "#FF0000">
녹색	<FONT COLOR = "green">	<FONT COLOR = "#00FF00">
청색	<FONT COLOR = "blue">	<FONT COLOR = "#0000FF">
황색	<FONT COLOR = "yellow">	<FONT COLOR = "#FFFF00">
진보라	<FONT COLOR = "fuchsia">	<FONT COLOR = "#FF00FF">
회색	<FONT COLOR = "gray">	<FONT COLOR = "#808080">
백색	<FONT COLOR = "white">	<FONT COLOR = "#FFFFFF">
:	:	:

색상코드는 [그림 2-9]와 같이 16진수를 이용해 조립하며, 이 경우 24비트 컬러(1678만 컬러)의 조합이 가능하다. 색상코드를 숫자로 지정하는 의미에서 처음에 '#'(number)를 표시하고 그 후에 6자리의 16진수를 나열하는데, 이는 2자리씩 빛의 3원색 Red, Green, Blue를 256단계로 조절한다.

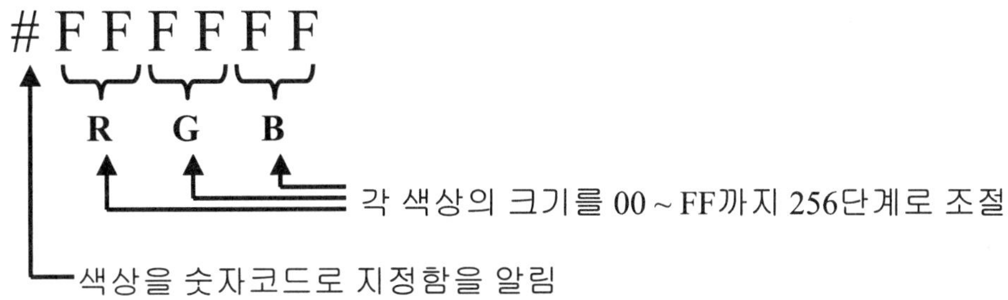

[그림 2-9] 색상코드 조립방법

예를 들어, 적색을 만들려면 적색 이외의 색상은 모두 0으로 설정하고 적색만 최대로 켜면 되므로 "#FF0000"이 되고, 흑색은 모두 0으로 설정한다. 또한, "#FFFFE0"와 같이 설정하면 미색이 되는 등 각종 색상을 다양하게 조립해 사용할 수 있다.

실습 예제 2-5

다음 예제 문서를 적당한 이름으로 작성하거나 "test.html" 문서에 추가해 브라우저에서 확인하시오.

```
<HTML>
  <BODY>
    이것은 <FONT COLOR = "#FF0000">적색글자</FONT>이고,
    이것은 <FONT COLOR = "#00FF00">녹색글자</FONT>,
    이것은 <FONT COLOR = "#0000FF">청색글자</FONT>,
    이것은 <FONT COLOR = "#808080">회색글자</FONT>입니다.
  </BODY>
</HTML>
```

[리스트 2-4] 색상 예제 문서

<FONT>태그의 옵션들은 2개 이상 한꺼번에 사용할 수도 있고, 순서는 관계없다.

실습 예제 2-6

다음 예제 문서를 적당한 이름으로 작성하거나 "test.html" 문서에 추가해 브라우저에서 확인하시오.

```
<HTML>
  <BODY>
    이것은 <FONT  COLOR = "#FF0000"  SIZE = +1>큰 글자</FONT>입니다.
  </BODY>
</HTML>
```

[리스트 2-5] 다중 옵션의 사용

(3) 글자의 형태

글자의 색상 이외에 <표 2-2>와 같은 종류의 속성(이를 attribute라 한다)을 지정할 수 있다.

〈표 2-2〉 문자의 속성지정

문자 형태	태그 형태	결과 예
진하게	〈B〉 ... 〈/B〉	이것은 **볼드체**입니다.
이탤릭체	〈I〉 ... 〈/I〉	이것은 *이탤릭체*입니다.
밑줄	〈U〉 ... 〈/U〉	이것은 밑줄입니다.
아래 첨자	〈SUB〉 ... 〈/SUB〉	이것은 x_2로 표시된다.
위 첨자	〈SUP〉 ... 〈/SUP〉	이것은 x^2로 표시된다.
깜박임	〈BLINK〉 ... 〈/BLINK〉	이것은 넷스케이프에서만 된다.

단, 글자가 깜박이는 효과가 나타나는 <BLINK> 태그는 익스플로러에서는 실행되지 않는다.

실습 예제 2-7

다음 예제 문서를 적당한 이름으로 작성하거나 "test.html" 문서에 추가해 결과를 확인하시오.

```
<HTML>
  <BODY>
   <B>풀이</B>
   <FONT COLOR="#FF0000">y = 2x<SUP>2</SUP> + 3x + 7</FONT>
   이것이 <U>정답</U>인지 <I>아닌지</I>...
  </BODY>
</HTML>
```

[리스트 2-6] 기타 글자효과 예제

(4) 특수문자의 표시

HTML에서는 '<' 문자와 '>'문자는 태그용으로 사용하고 있다. 또한 여러 개의 공백문자는 하나로 처리가 된다. 그런데, 이러한 문자들을 화면에 표시하려면 어떻게 해야 하는가? 이러한 경우에 대비해 특수문자를 표시하는 방법이 마련되어 있는데, 기본 형식과 예는 [그림 2-10]과 같다.

&내용; 또는 &#숫자;

(a) 기본 형식

< ⇒ <	& ⇒ &
> ⇒ >	⇒ 공백문자

(b) 예

[그림 2-10] 특수문자 표시의 예

여기서, '내용'에 해당되는 문자들은 가급적 소문자로 기록해야 하며, 대문자로 기록하면 브라우저에 따라 정상동작하지 않는 경우가 있다. 참고로 「<」는 "Less than", 「>」는 "Greater than", 「&」는 "Ampersand", 「 」는 "Non-breaking Space"의 의미인데, 특히 에 의한 공백문자는 여러 개 사용해도 모두 표시된다. 「&#숫자;」 형식은 ASCII 코드를 10진수로 입력하면 그에 해당되는 문자가 표시된다.

실습 예제 2-8

다음 예제 문서를 적당한 이름으로 작성하거나 "test.html" 문서에 추가해 확인하시오.

```
<HTML>
  <BODY>
   &lt; 홍길동&copy;      
   코카콜라&reg; &gt;
   마이크로소프트<SUP>&reg;</SUP>
  </BODY>
</HTML>
```

(a) 웹 문서 원문

〈 홍길동©   코카콜라® 〉마이크로소프트®

(b) 실행결과

[그림 2-11] 특수문자의 표시 예제

2) 전체 문서 관련 태그

(1) 문단 모양

① 줄 바꾸기

앞의 내용에서 HTML은 내용 중에 엔터 문자를 입력해도 브라우저에서는 하나의 공백으로 처리되었다. 실제로 줄 바꿈이 일어나도록 하려면 "Break"의 약자인
 태그를 사용하는데, 이는 단순히 줄만 새로 바꾸는 효과가 있으므로 닫기 태그는 없다.
 태그를 2개 연속으로 사용하면 줄 간격이 더 벌어진다.

실습 예제 2-9

다음 예제 문서를 적당한 이름으로 작성하거나 "test.html" 문서에 추가해 확인하시오.

```
<HTML>
  <BODY>
    동해물과 백두산이<BR>마르고 닳도록<BR>
    하나님이 보우하사<BR>우리나라 만세
  </BODY>
</HTML>
```

(a) 웹 문서 원문

```
동해물과 백두산이
마르고 닳도록
하나님이 보우하사
우리나라 만세
```

(b) 실행결과

[그림 2-12] 〈BR〉 태그의 예제

② 가운데 정렬

문장을 화면의 가운데로 위치시키려면 <CENTER>..</CENTER>태그를 사용한다. 브라우저 화면의 크기를 조절하면 그 크기에 맞춰 자동으로 중앙에 정렬된다. 또한, <CENTER>태그가 종료되면 자동으로 줄 바꿈이 발생한다.

실습 예제 2-10

1. 다음 예제 문서를 적당한 이름으로 작성하거나 "test.html" 문서에 추가해 확인하시오.
2. 브라우저 창의 크기를 조절해 가운데 정렬의 효과를 확인하시오.

```
<HTML>
  <BODY>
    이것은 보통문장<BR>
    <CENTER>이것은 가운데 정렬 문장</CENTER>
    이것은 다시 보통문장
  </BODY>
</HTML>
```

(a) 웹 문서 원문

```
이것은 보통문장
                이것은 가운데 정렬 문장
이것은 다시 보통문장
```

(b) 실행결과

[그림 2-13] 〈CENTER〉 태그 사용 예

③ 문단 입력

문장을 문단 단위(Paragraph)로 입력할 때는 <P>..</P> 태그를 이용한다. 이 태그를 이용하면 문단과 문단 사이가 자동으로 간격이 벌어진다.

실습 예제 2-11

다음 예제 문서를 적당한 이름으로 작성하거나 "test.html" 문서에 추가해 확인하시오.

```
<HTML>
 <BODY>
  <P>동해물과 백두산이 마르고 닳도록<BR>
     하나님이 보우하사 우리나라 만세</P>
  <P>무궁화 삼천리 화려강산<BR>
     대한사람 대한으로 길이 보전하세</P>
 </BODY>
</HTML>
```

(a) 웹 문서 원문

```
동해물과 백두산이 마르고 닳도록
하나님이 보우하사 우리나라 만세

무궁화 삼천리 화려강산
대한사람 대한으로 길이 보전하세
```

(b) 실행결과

[그림 2-14] 〈P〉 태그 사용 예

④ 구분선 긋기

문단과 문단 사이나 기타 이유로 화면에 줄을 그으려면 "Horizontal Rule"의 약자인 <HR> 태그를 이용한다. 이 태그는
 태그와 마찬가지로 닫는 태그는 없다.

실습 예제 2-12

다음 예제 문서를 적당한 이름으로 작성하거나 "test.html" 문서에 추가해 확인하시오.

```
<HTML>
 <BODY>
  <P>동해물과 백두산이 마르고 닳도록<BR>
     하나님이 보우하사 우리나라 만세</P>
  <HR>
  <P>무궁화 삼천리 화려강산<BR>
     대한사람 대한으로 길이 보전하세</P>
 </BODY>
</HTML>
```

(a) 웹 문서 원문

동해물과 백두산이 마르고 닳도록
하나님이 보우하사 우리나라 만세

무궁화 삼천리 화려강산
대한사람 대한으로 길이 보전하세

(b) 실행결과

[그림 2-15] 〈HR〉 태그 사용 예

(2) 링크 태그

① 다른 문서로 링크

인터넷 웹 문서의 가장 큰 특징 중 하나는 다른 문서와 링크시킬 수 있는 하이퍼-링크(hyper-link)기능인데, 이때 <A HREF=>..</A> 태그를 사용한다. 다른 문서와의 링크 개념을 [그림 2-16]에 나타내었다. 여기서, "A HREF"는 "Anchor Hyper Reference"의 약자이다.

<A HREF=> 태그 내에는 연결할 문서의 명칭을 기입하고, <A HREF=> 태그와 </A> 태그 사이에는 화면에 표시될 문자를 기입한다. 이를 실행시키면 [그림 2-16](b)와 같이 연결에 사용되는 문자는 밑줄이 그어지며 기본적으로 청색

글자로 표시된다. 이와 같이 링크될 대상은 다른 웹 문서 뿐만 아니라 그림이나 기타 파일들도 연결 가능하며, 어떤 파일이 연결되었는가에 따라 브라우저에서 자동으로 해당되는 동작을 한다.

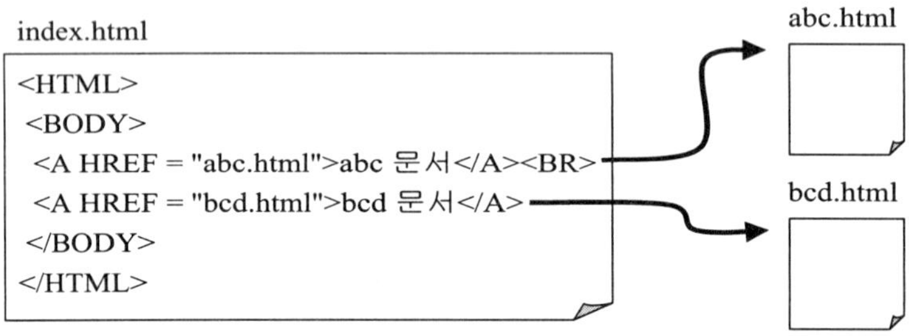

(a) 링크 예제

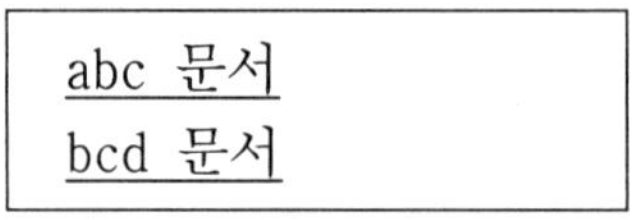

(b) 실행 결과

[그림 2-16] 하이퍼-링크의 개념

예를 들어 그림에 연결되면 화면에 그림을 보여주며, 음악 파일은 음악을 연주한다. 브라우저가 어떻게 취급해야 할지 모르는 파일은 저장할 것인지 아니면 어떻게 실행을 할 것인지를 사용자에게 묻는다.

실습 예제 2-13

1. 다음 예제 문서들을 지정된 이름으로 각각 작성해 저장하고 "index.html"파일을 브라우저에서 실행해 동작을 확인하시오.
2. 단, 이후의 실습을 위해 아래 파일들을 지우지 말 것.

```
<HTML>
  <BODY>
  <A HREF= "abc.html">abc 문서로 가기</A><BR>
  <A HREF= "bcd.html">bcd 문서로 가기</A>
  </BODY>
</HTML>
```

(a) "index.html" 이름의 파일

```
<HTML>
  <BODY>
     첫 번째 링크된 abc 문서입니다.<BR>
     <A HREF= "index.html">되돌아가기</A>
  </BODY>
</HTML>
```

(b) "abc.html" 이름의 파일

```
<HTML>
  <BODY>
     두 번째 링크된 bcd 문서입니다.<BR>
     <A HREF= "index.html">되돌아가기</A>
  </BODY>
</HTML>
```

(c) "bcd.html" 이름의 파일

[그림 2-17] 하이퍼-링크의 예제

② 그림삽입

웹 문서를 구성하는데 있어서 그림은 빠질 수 없는 도구인데, 문장과 함께 그림이 표시되도록 하려면 "Image Source"의 약자인 <IMG SRC = > 태그를 사용한다. 이는 닫는 태그는 없다.

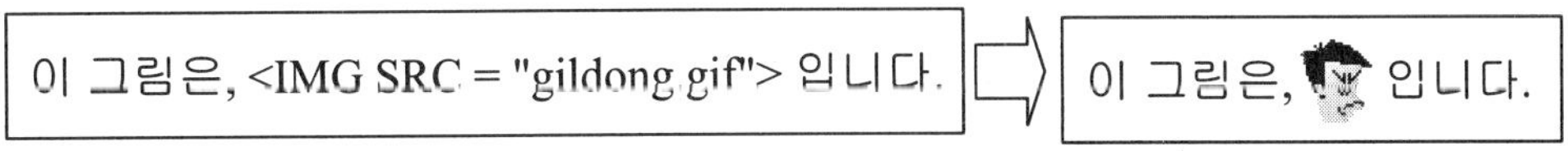

[그림 2-18] 그림 삽입의 예

실습 예제 2-14

인터넷 등에서 그림을 다운받아 앞서 웹 문서에 삽입해 보시오.

※ 삽입할 수 있는 그림의 종류는 gif와 jpg이며, 익스플로러에서는 bmp도 지원하지만, 이는 용량이 크고 지원하지 않는 브라우저도 있으므로 사용하지 않는 것이 좋다.

③ 디렉토리 개념

하이퍼-링크나 그림삽입은 다른 파일과 연계가 되기 때문에 디렉토리의 개념이 정확해야 한다. 현재 사용 중인 웹 문서와 연결될 다른 문서나 그림 등이 동일한 디렉토리에 위치하고 있다면 지금까지와 같이 <A HREF=> 태그나 <IMG SRC=> 태그를 사용하면 되지만, 연결될 파일이나 그림이 다른 디렉토리에 위치하고 있다면 이를 정확히 명시해야 한다. 만약 [그림 2-19](a)와 같이 abd.html 문서는 doc라는 디렉토리에, gildong.gif 그림은 clips 디렉토리에 구성되어 있다면 [그림 2-19](b)와 같이 '/'문자를 이용해 현재 위치로부터의 경로를 명시해야 한다.

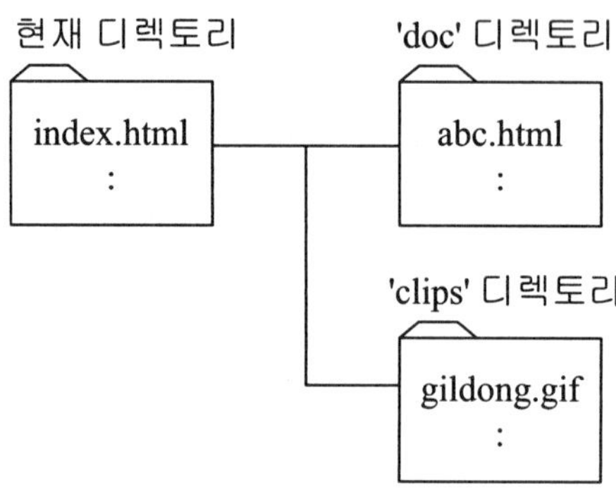

(a) 디렉토리 구조 예

```
<HTML>
  <BODY>
  <A HREF= "doc/abc.html">abc 문서로 가기</A><BR>
  이 그림은, <IMG SRC= "clips/gildong.gif">입니다.
  </BODY>
</HTML>
```

(b) 웹 문서 내용

[그림 2-19] 다른 디렉토리에 있는 파일의 연결

abc.html 파일에서 상위 디렉토리인 index.html로 연결할 때는 [그림 2-20](a)와 같이 상위 디렉토리를 의미하는 '../'을 사용해 경로를 지정한다. [그림 2-20](b)와 같이 지정할 때는 일단 상위 디렉토리로 이동한 후 다시 하위 디렉토리를 지정한다.

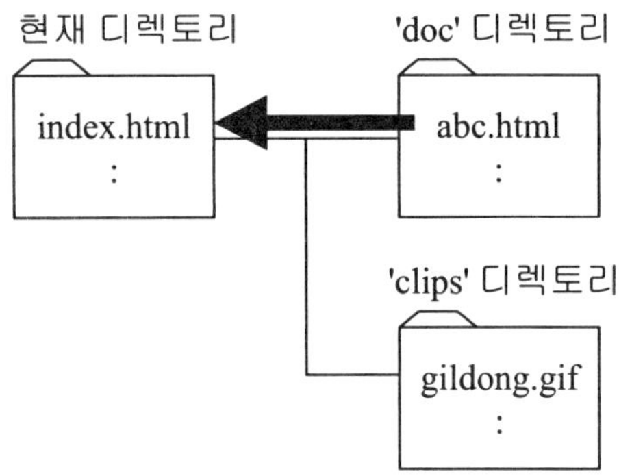


```
<A HREF = "../index.html> 상위 </A>
```

(a) 상위 디렉토리의 지정

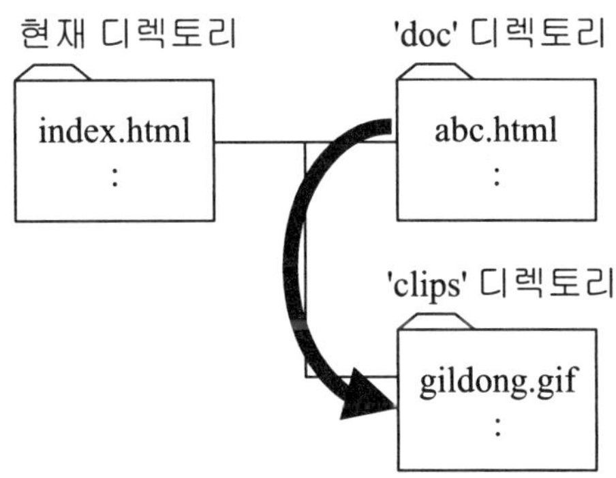


```
<IMG SRC = "../clips/gildong.gif">
```

(b) 다른 디렉토리의 지정

[그림 2-20] 다른 디렉토리의 파일 예

(3) 바탕 모양

홈-페이지 전체에 관한 색상 등을 설정할 때는 <BODY>태그의 여러 옵션을 사용한다.

① 바탕색 변경

홈페이지 전체의 바탕색을 설정하려면 "Background Color"의 약자인 "BGCOLOR=" 옵션을 사용하며, 색상은 글자색상 설정 때와 동일하다.

```
<BODY BGCOLOR = "white">
      또는
<BODY BGCOLOR = "#FFFFFF">
```

② 바탕그림 넣기

바탕에 색상 대신 배경그림을 넣으려면 "BACKGROUND=" 옵션을 사용하며, 그림 이름은 <IMG SRC= > 태그의 경우와 동일하다.

```
<BODY BACKGROUND = "그림이름">
```

③ 링크 색상 변경

하이퍼-링크 글자색상을 변경하는 것은 3가지가 있으며, 색상은 글자색 설정 때와 동일하다.

```
LINK = "색상"    ; 하이퍼-링크의 색상지정, 기본은 청색
ALINK = "색상"   ; 마우스로 선택한 링크의 색상지정, 기본은 황색
VLINK = "색상"   ; 이미 방문한 링크의 색상지정, 기본은 보라색
```

실습 예제 2-15

1. 앞서 [그림 2-19]의 예제를 다음과 같이 변경해 저장하고 확인하시오.
2. 내용 중 "bcd.html"을 "aaa.html"로 변경한 후 저장하고 다시 확인하시오. (클릭하지는 마시오)

```
<HTML>
 <BODY BGCOLOR="#FFFFE0" LINK="#FF0000" ALINK="#00FFFF"
 VLINK="#008000">
  <A HREF= "abc.html">abc 문서로 가기</A><BR>
  <A HREF= "bcd.html">bcd 문서로 가기</A>
  </BODY>
</HTML>
```

[리스트 2-7] 홈-페이지 바탕의 설정 예제

(4) 타이틀

인터넷 홈-페이지를 볼 때 [그림 2-21](a)와 같이 브라우저의 좌측 상단에 타이틀이 나타나는 것을 볼 수 있는데, 이는 타이틀의 기능으로서 뿐만 아니라 [그림 2-21](b)와 같이 즐겨 찾기에 추가할 때 홈-페이지의 설명용으로도 사용된다.

(a) 타이틀의 표시 예

(b) 즐겨찾기 등록 예

[그림 2-21] 타이틀의 용도 예

이와 같은 타이틀은 <TITLE>..</TITLE> 태그를 이용해 [리스트 2-8]와 같은 형식으로 지정할 수 있다.

```
<HTML>
   <TITLE>예제 홈-페이지</TITLE>
   <BODY>
        :
   <BODY>
</HTML>
```

<TITLE> 태그는 브라우저 내에서 홈-페이지 내용으로 표시되는 것이 아니라 브라우저의 윗부분에 별도로 표시되는 것이므로 <BODY> 태그 외부에 위치한다.

[리스트 2-8] 타이틀 표시 예

실습 예제 2-16

1. 앞서 작성했던 웹 문서들에 타이틀을 부여해 보라.
2. 브라우저의 "즐겨 찾기"를 선택해 나타나는 글자를 확인해 보라.

(5) 화면의 분할

하나의 브라우저 화면을 분할해 여러 개의 웹 문서를 동시에 표시할 수 있는데, 예를 들어 [그림 2-22](a)와 같이 위쪽은 메뉴를, 아래쪽은 내용을 표시하는 경우에 사용한다.

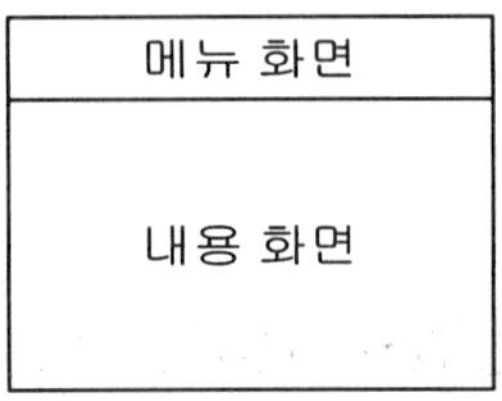

(a) 화면분할 예

```
<FRAMESET 프레임 형식지정>
      <FRAME SRC = "문서 명1">
      <FRAME SRC = "문서 명2">
                  :
</FRAMESET>
```

(b) <FRAME> 태그의 형식

[그림 2-22] 화면의 분할

이와 같이 화면을 분할할 때 사용하는 것이 <FRAME> 태그로서 [그림 2-22](b)와 같은 형식을 가지고 있다. 여기서, 태그의 '프레임 형식지정'은 가로로 분할할 것인지 또는 세로로 분할할 것인지, 그리고 분할을 한다면 그 크기는 얼마나 할 것인지를 설정한다.

① 가로분할

화면을 가로로 분할할 때는 <FRAMESET>태그의 프레임 형식지정을 "ROWS"로 설정하며, [그림 2-23](a)는 가로로 절반씩 나눠 2개 문서를 표시한 예로서, 실행 결과는 [그림 2-23](b)와 같이 나타난다.

```
<FRAMESET ROWS = "50%, 50%">
   <FRAME SRC = "abc.html">
   <FRAME SRC = "bcd.html">
</FRAMESET>
```

(a) 문서의 내용

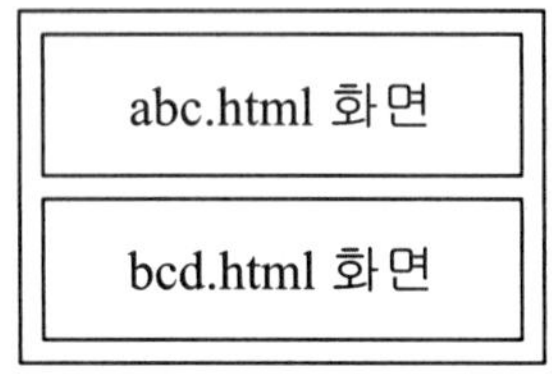

(b) 실행결과

[그림 2-23] 가로분할의 예

[그림 2-23](a)에서, 프레임으로 나뉠 내용을 <FRAMESET> 태그로 형성하고, 가로로 나누기 위해 "ROWS" 옵션을 사용하되 2개의 화면을 동일한 비율로 설정하기 위해 「ROWS = "50%, 50%"」로 설정하였다. 만약, 고정된 크기로 분할하려면 퍼센트 문자를 사용하지 않고 숫자를 입력하면 화면 픽셀수로 간주해 그 크기에 해당되는 화면을 분할한다. <FRAMESET> 태그 내에는 분할된 화면에 표시될 웹 문서명을 <FRAME SRC> 태그를 이용해 기록한다.

실습 예제 2-17

1. 다음 예제 문서를 적당한 이름으로 작성하고 확인하시오.
2. 또한, 화면 비율을 변경해 실행하시오.

```
<HTML>
<FRAMESET ROWS = "50%, 50%">
   <FRAME SRC = "abc.html">
   <FRAME SRC = "bcd.html">
</FRAMESET>
</HTML>
```

[리스트 2-9] 화면 분할의 예제

※ 화면을 분할하기 위한 문서는 자신이 직접 화면에 나타나는 것이 아니고 다른 문서를 불러들이는 보조적인 역할만 하기 때문에 <BODY>를 사용하지 않는다. 즉, 실제 BODY에 해당되는 문장은 불러지는 파일들에 존재하고 여기서는 다른 BODY를 호출하는 것이기 때문이다.

[그림 2-24]는 동일한 비율의 3개 화면으로 분할한 예로서, 분할 비 중 '*'는 나머지 모두를 할당하는 의미로 표시한다.

```
<FRAMESET ROWS = "33%, 33%, *">
   <FRAME SRC = "abc.html">
   <FRAME SRC = "bcd.html">
   <FRAME SRC = "xyz.html">
</FRAMESET>
```

(a) 문서의 내용

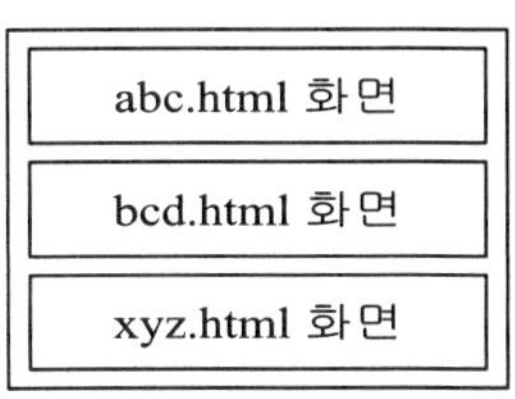

(b) 실행 결과

[그림 2-24] 가로 3개 분할의 예

② 세로분할

화면을 세로로 분할할 때는 <FRAMESET>태그의 프레임 형식지정을 "Columns"의 약자인 "COLS"로 설정하며, [그림 2-25](a)는 세로로 절반씩 나눠 2개 문서를 표시한 예로서, 실행 결과는 [그림 2-25](b)와 같이 나타난다.

```
<FRAMESET COLS = "50%, 50%">
   <FRAME SRC = "abc.html">
   <FRAME SRC = "bcd.html">
</FRAMESET>
```

(a) 문서의 내용

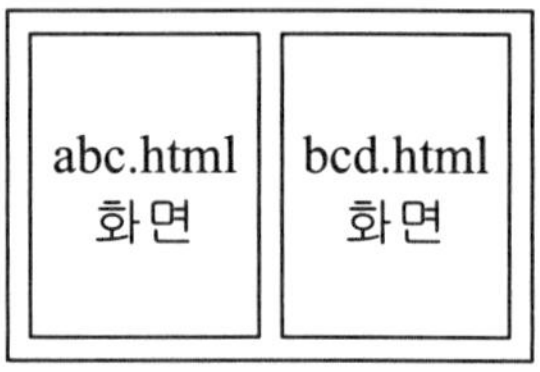

(b) 실행 결과

[그림 2-25] 세로분할의 예

③ 다중분할

지금까지 다룬 화면분할은 동일한 방향으로만 행한 것인데, 이들을 섞어서 화면분할이 가능하다. [그림 2-26](a)와 같이 바깥의 <FRAMESET>에 의해 가로로 2개 화면을 나누고, 첫째 프레임에는 파일을 위치한 후, 두 번째 프레임 자리에 다시 <FRAMESET>를 사용해 세로로 분할하면 [그림 2-26](b)와 같은 화면을 얻을 수 있다.

```
<HTML>
<FRAMESET ROWS = "30%, *">
  <FRAME SRC = "abc.html">
  <FRAMESET COLS = "50%, 50%">
    <FRAME SRC = "bcd.html">
    <FRAME SRC = "xyz.html">
  </FRAMESET>
</FRAMESET>
</HTML>
```

(a) 문서의 내용

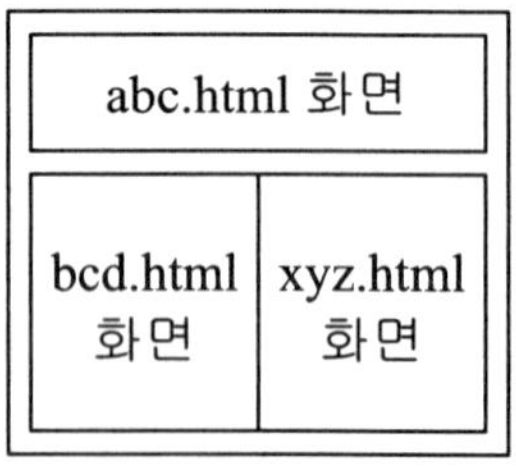

(b) 실행 결과

[그림 2-26] 다중분할의 예

다중분할 등을 할 경우 문장을 작성하고 해석할 때 혼동되기 쉬우므로 [그림 2-26](a)의 리스트와 같이 들여 쓰기를 잘 활용하는 것이 좋다.

실습 예제 2-18

[그림 2-26](a)의 문서를 적당한 이름으로 작성하고 확인하시오(이때, 'xyz.html'파일은 없으므로 이 자리에는 파일이 없다는 메시지가 나타난다).

④ 프레임 이름

이상에서의 방법과 같이 나눈 프레임은 각 구역에 이름을 붙일 수 있는데, 이는 <A HREF= > 태그에 의한 링크를 클릭했을 때 그 결과가 원하는 프레임 영역에 표시되도록 할 때 사용된다. 프레임에 이름을 붙이는 방법은 [그림 2-27](a)와 같이 <FRAME> 태그 내에 "NAME ="이라는 옵션을 사용해 지정하고 이때 할당되는 이름의 예는 [그림 2-27](b)와 같다.

```
<FRAMESET ROWS = "50%, 50%">
   <FRAME SRC = "abc.html" NAME = "upper">
   <FRAME SRC = "xyz.html" NAME = "lower">
</FRAMESET>
```

(a) 문서의 내용

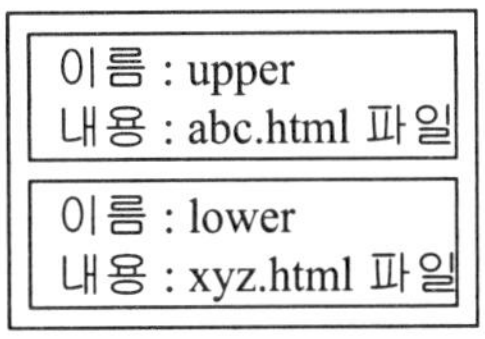

(b) 실행결과

[그림 2 27] 프레임 이름 할당의 예

즉, 위쪽의 프레임 공간 이름은 "upper"라 지정했고 내용은 "abc.html"이 표시되고 있다. 또한 아래쪽 프레임 공간 이름은 "lower"라 지정했고 내용은 "xyz.html"이라 지정했다.

⑤ 프레임에 링크

앞서 예를 든 바와 같이 각 프레임에 이름을 지정한 경우, 어떤 HTML문서에서 <A HREF = > 태그에 "TARGET =" 옵션을 사용하면 원하는 프레임에서 표시되도록 할 수 있는데, 그 예를 [그림 2-28]에 나타내었다.

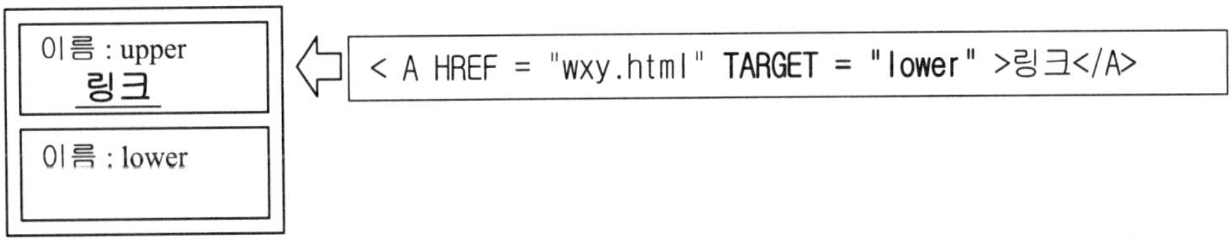

[그림 2-28] 다른 프레임에 문서 표시하는 예

그림의 경우 위쪽 프레임에 위치한 <A HREF= >에 의해 나타난 "링크"라는 문자를 클릭하면 그 결과, 즉 wxy.html 문서는 lower라 지정된 아래쪽 프레임에 나타난다. 물론 "TARGET =" 옵션을 사용하지 않은 경우에는 결과가 자신의 프레임, 즉 위쪽 프레임에 나타난다.

실습 예제 2-19

다음 리스트들을 해당 이름으로 모두 입력한 후 브라우저에서 호출해 그 결과를 확인하시오.

```
<HTML>
  <FRAMESET COLS = "20%, *">
   <FRAME SRC = "menu.html" NAME = "menu">
   <FRAME SRC = "abc.html" NAME = "right">
  </FRAMESET>
</HTML>
```

[리스트 2-10] "frame.html" 파일

```
<HTML>
 <BODY>
  <H3> 메 뉴 </H3>
  < A HREF = "abc.html" TARGET = "right" > abc 문서</A> <BR> <BR>
  < A HREF = "bcd.html" TARGET = "right" > bcd 문서</A> <BR> <BR>
 </BODY>
</HTML>
```

[리스트 2-11] "menu.html" 파일

⑥ 기타 프레임 관련 링크 옵션

앞서 <A HREF => 태그에 "TARGET =" 옵션을 사용하면 원하는 프레임에 링크시킬 수 있다고 했는데, 프레임 명칭에 [리스트 2-12]와 같은 단어를 사용하면 다른 결과가 나타난다.

```
<A HREF = "abc.html" TARGET = "_top" > abc 문서</A>
<A HREF = "abc.html" TARGET = "_blank" > abc 문서</A>
```

[리스트 2-12] "TARGET ="의 다른 옵션

"_top" 옵션을 사용하면 화면에 있는 프레임들을 초기화 한 후 내용을 표시한다.

"_blank" 옵션을 사용하면 현재의 화면 이외에 새로운 브라우저 창을 생성한 후 이곳에 문서를 표시한다.

실습 예제 2-20

앞서 실습예제에서 작성했던 "menu.html" 파일에 다음과 같은 내용을 추가한 후 실행해 보시오.

```
<HTML>
 <BODY>
  <H3> 메 뉴 </H3>
  <A HREF = "abc.html" TARGET = "right" > abc 문서</A> <BR> <BR>
  <A HREF = "bcd.html" TARGET = "right" > bcd 문서</A> <BR> <BR>
  <A HREF = "abc.html" TARGET = "_blank" > abc-2 문서</A> <BR> <BR>
  <A HREF = "bcd.html" TARGET = "_top" > bcd-2 문서</A> <BR> <BR>
 </BODY>
</HTML>
```

[리스트 2-13] "menu.html" 파일의 추가 내용

3) 표 구성용 태그

표 구성은 화면을 다양하고 개성 있게 꾸미는데 있어서 필수적인 요소로서, 이는 단지 표를 구성하는데 사용하는 것뿐만 아니라 화면의 전체 구성을 위해서도 자주 사용하므로 잘 익혀두면 매우 유용하다. 특히, 표 구성을 할 경우 많은 수의 태그가 사용되기 때문에 들여 쓰기를 충실히 해야 혼동을 방지할 수 있고 수정이 용이해진다.

(1) 표 구성

① 기본 셀

표를 구성하기 위해서는 최소한 <TABLE>, <TR>, <TD>라는 3개의 기본 태그가 필요하며, 이들을 이용할 때는 철저하게 네스팅 구조를 따르면서 작성해야 혼동을 방지할 수 있다. 이들 태그들은 [그림 2-29](a)와 같은 의미를 가지고

있다.

```
<TABLE>..</TABLE>  ; 테이블의 시작과 끝
<TR>..</TR>        ; 한 줄의 시작과 끝
<TD>..</TD>        ; 한 칸의 시작과 끝
```

(a) 태그의 의미

abc	bcd
wxy	xyz

(b) 제작 목표 테이블

[그림 2-29] 태그의 의미와 예제

참고로, <TR>은 "Table Row"의 약자, <TD>는 "Table Data"의 약자이다. 이들 태그를 이용해서 [그림 2-2]9(b)와 같이 2 × 2의 테이블에 글자가 들어있는 것을 만드는 과정을 단계별로 설명한다. 단, <TABLE> 태그 내의 "BORDER=1"의 의미는 이후에 설명한다.

```
<TABLE BORDER=1>
</TABLE>
```

(a) 테이블을 시작하기 위해 <TABLE> 태그를 배열

```
<TABLE BORDER=1>
  <TR>
  </TR>
  <TR>
  </TR>
</TABLE>
```

(b) 2개의 줄이 있으므로 <TR> 태그를 이용해 줄을 형성

```
<TABLE BORDER=1>
  <TR>
    <TD></TD><TD></TD>
  </TR>
  <TR>
    <TD></TD><TD></TD>
  </TR>
</TABLE>
```

(c) 각 줄에 2개 셀이 있으므로 <TR> 태그 사이에 <TD> 태그를 2개씩 배치

```
<TABLE BORDER=1>
  <TR>
    <TD>abc</TD><TD>bcd</TD>
  </TR>
  <TR>
    <TD>wxy</TD><TD>xyz</TD>
  </TR>
</TABLE>
```

(d) 각 셀 내용을 <TD> 태그 사이에 기입

[그림 2-30] 테이블을 만드는과정

실습 예제 2-21

[그림 2-31]과 같은 테이블이 나타나도록 웹 문서를 구성하시오.

철수	영이	순이
맹구	만득	봉달

※ 프레임 관련 문서 이외의 웹 문서는 기본적으로 <HTML>, <BODY>문이 있어야 한다. 또한, 셀 내부의 내용 중에는 지금까지 배운 글자모양 태그들을 사용할 수 있다.

[그림 2-31] 예제 테이블

② 제목 셀

테이블의 항목을 나타내는 제목 셀은 <TD>태그 대신 <TH> 태그(Table Head)를 사용하면 편리하다. <TH> 태그는 사실 <TD> 태그로 표현이 가능하지만 이를 함축시킨 것으로서, 셀의 내용이 진한 글씨체와 셀 중앙으로 위치한다. 즉 다음과 같은 효과가 있다.

```
<TD> <CENTER> <B> 내용 </B> </CENTER> </TD>   =   <TH> 내용 </TH>
```

따라서 <TD>와 <TH> 태그를 적절히 사용하면 [그림 2-32]와 같은 테이블이 구성된다.

```
<TABLE BORDER=1>
 <TR>
  <TD> </TD><TH>월</TH><TH>화</TH>
 </TR><TR>
  <TH>1</TH><TD>국어</TD><TD>산수</TD>
 </TR>
</TABLE>
```

(a) 문서 원본

	월	화
1	국어	산수

(b) 실행 결과

[그림 2-32] 〈TD〉와 〈TH〉의 혼용

실습 예제 2-22

[그림 2-33]과 같은 테이블이 나타나도록 웹 문서를 구성하시오.

	월	화	수
1	국어	산수	음악
2	사회	자연	미술

[그림 2-33] 예제 테이블

참고로, 익스플로러는 셀에 내용이 없으면 칸이 그려지지 않으므로 첫째 줄 첫째 칸의 "<TD> </TD>"를 "<TD>   </TD>"로 변경해 보라.

(2) 표 모양

표를 구성하는 태그들은 많은 옵션이 있으며, 이들을 적절히 활용하면 다양하고 보기 좋은 형태로 표를 구성할 수 있다.

① 표 전체 옵션

표 전체에 관한 옵션은 <TABLE> 태그 내에 사용하며, 이들은 표의 색상이나 모양에 관련된 사항들인데 주로 사용되는 것은 <표 2-3>과 같다.

〈표 2-3〉 〈TABLE〉 태그의 옵션들

BGCOLOR = "색상"	; Table 전체 색상 설정
BORDER = 숫자	; Table 테두리 두께 설정
CELLPADDING = 숫자	; 셀 내부의 여백 설정
CELLSPACING = 숫자	; 셀과 셀 사이의 여백 설정
WIDTH = 숫자 또는 %숫자	; Table의 크기 설정

이들은 [그림 2-34]와 같이 테이블에 관한 사항들을 조절한다.

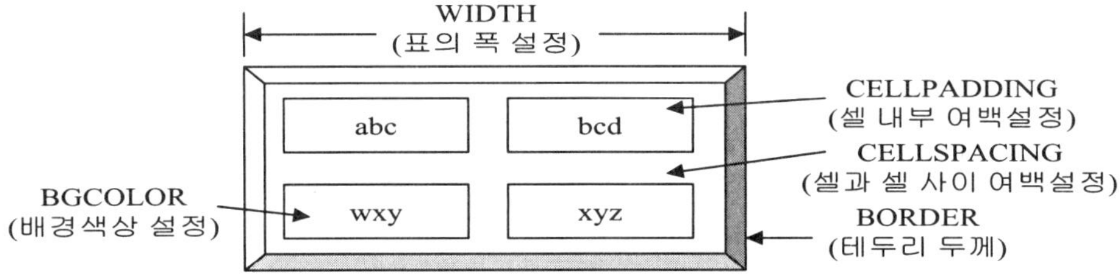

[그림 2-34] 테이블의 조절 옵션들

i) BGCOLOR = "색상"

색상은 앞서 글자색이나 홈-페이지 배경색 설정 방법과 동일하다. 즉, 컬러 명칭이나 코드를 이용해 테이블 전체의 색상을 정할 수 있다.

실습 예제 2-23

다음 예제를 실행시켜보시오. 그 후 색상을 "#E0FFFF" 등 다른 것으로 변경해 보시오.

```
<HTML>
 <BODY>
  <TABLE BORDER=1 BGCOLOR="#FFFFE0" >
   <TR><TD>내용-1</TD><TD>내용-2</TD></TR>
   <TR><TD>내용-3</TD><TD>내용-4</TD></TR>
  </TABLE>
 </BODY>
</HTML>
```

[리스트 2-14] 테이블의 색상 변경 예제

배경색은 가급적 밝은(미색이나 백색 등)것이 내용이 잘 보인다. 만약 진한 색상으로 배경을 설정하려면 글자를 백색이나 밝은 색으로 설정한다.

ii) BORDER = 숫자

BORDER는 테이블 테두리의 두께를 설정하는 것으로서, 숫자는 화면의 픽셀 수이다. 만약 이를 0으로 설정하면 테두리가 나타나지 않고, 숫자를 크게 하면 굵기가 굵어진다.

실습 예제 2-24

다음 예제를 실행시켜보시오. 그 후 BORDER의 숫자를 다른 값으로 변경해 보시오.

```
<HTML>
 <BODY>
  <TABLE BORDER=0 BGCOLOR="#FFFFE0">
   <TR><TD>내용-1</TD><TD>내용-2</TD></TR>
   <TR><TD>내용-3</TD><TD>내용-4</TD></TR>
  </TABLE>
 </BODY>
</HTML>
```

[리스트 2-15] 테이블 border 옵션 예제

넷스케이프는 기본으로 1이 설정되어 있지만, 익스플로러는 0으로 설정되어 있기 때문에 지금까지 예제들은 BORDER=1을 삽입하였다.

iii) CELLPADDING = 숫자

이는 셀 내부의 여백을 설정하는 것으로서, 익스플로러의 기본값은 1로 되어있다.

실습 예제 2-25

다음 예제를 실행시켜보시오. 그 후 CELLPADDING의 숫자를 다른 값으로 변경해 보시오.

```
<HTML>
 <BODY>
  <TABLE BORDER=1 BGCOLOR="#FFFFE0" CELLPADDING=4 >
   <TR><TD>내용-1</TD><TD>내용-2</TD></TR>
   <TR><TD>내용-3</TD><TD>내용-4</TD></TR>
  </TABLE>
 </BODY>
</HTML>
```

[리스트 2-16] CELLPADDING 예제

CELLPADDING 값이 너무 작으면 테이블이 답답한 느낌이 들기 때문에 3에서 4정도의 값이 적당하다.

iv) CELLSPACING = 숫자

이는 셀과 셀 사이의 간격을 조절하는 것으로서, 익스플로러의 기본값은 2로 되어있다.

실습 예제 2-26

다음 예제를 실행시켜보시오. 그 후 CELLSPACING의 숫자를 다른 값으로 변경해 보시오.

```
<HTML>
 <BODY>
  <TABLE BORDER=1 BGCOLOR="#FFFFE0" CELLPADDING=4 CELLSPACING=0 >
   <TR><TD>내용-1</TD><TD>내용-2</TD></TR>
   <TR><TD>내용-3</TD><TD>내용-4</TD></TR>
  </TABLE>
 </BODY>
</HTMl >
```

[리스트 2-17] CELLSPACING 예제

v) WIDTH = 숫자 또는 %숫자

이는 테이블의 크기를 설정하는데 사용되는데, 브라우저에서는 기본적으로 표 내용의 크기에 맞춰 크기가 자동 조절된다. 숫자를 입력하면 이는 화면의 픽셀수로 설정되며, 숫자에 %기호를 붙이면 현재의 브라우저 창의 백분율로 설정된다.

실습 예제 2-27

1. 다음 예제를 실행시켜보시오. 그 후 브라우저 창의 크기를 조절해보시오.
2. WIDTH의 숫자를 다른 값으로 변경하고 브라우저 창의 크기를 조절해보시오. (창의 크기를 표의 크기보다 더 작게 해 보시오)
3. WIDTH = 90%라 설정해 실행한 후 브라우저 창의 크기를 조절해보시오.

```
<HTML>
 <BODY>
  <TABLE BORDER=1 BGCOLOR="#FFFFE0" CELLPADDING=4 CELLSPACING=2 WIDTH=200 >
   <TR><TD>내용-1</TD><TD>내용-2</TD></TR>
   <TR><TD>내용-3</TD><TD>내용-4</TD></TR>
  </TABLE>
 </BODY>
</HTML>
```

[리스트 2-18] 테이블 크기 설정 예제

② <TR> 태그의 옵션

<TR> 태그에 옵션을 사용하면 해당 줄 전체에 영향을 미친다. 즉, 한 줄 단위로 설정할 경우 <TR>태그의 옵션을 사용한다. 사용할 수 있는 옵션은 <표 2-4>와 같다.

〈표 2-4〉〈TR〉 태그의 옵션들

BGCOLOR = "#FFFFFF"	; 한 줄 전체 색상 설정
ALIGN = "LEFT"	; 한 줄 셀 내용들을 왼쪽으로 정렬
ALIGN = "CENTER"	; 한 줄 셀 내용들을 좌우 중앙으로 정렬
ALIGN = "RIGHT"	; 한 줄 셀 내용들을 오른쪽으로 정렬
VALIGN = "TOP"	; 한 줄 셀 내용들을 위로 정렬
VALIGN = "MIDDLE"	; 한 줄 셀 내용들을 상하 중앙으로 정렬
VALIGN = "BOTTOM"	; 한 줄 셀 내용들을 아래로 정렬

실습 예제 2-28

1. 앞서 사용했던 예제를 다음과 같이 변경시켜 실행하시오.
2. 두번째 「<TR>」 태그를 「<TR VALIGN="TOP">」으로 변경해 실행하시오.

```
<HTML>
 <BODY>
  <TABLE BORDER=1 BGCOLOR="#FFFFE0" CELLPADDING=4 CELLSPACING=2 WIDTH=90%>
    <TR BGCOLOn="#E0FFFF" ALIGN="CENTER" >
     <TD>내용-1</TD><TD>내용-2</TD>
    </TR><TR>
     <TD>내용-3</TD><TD>내용-4<BR>내용내용</TD>
    </TR>
  </TABLE>
 </BODY>
</HTML>
```

[리스트 2-19] 〈TR〉 태그의 옵션 예제

③ <TD> 태그의 옵션

<TD> 태그에 옵션을 사용하면 해당 셀에만 영향을 미친다. 즉, 한 셀 단위로 설정할 경우 <TD>태그의 옵션을 사용한다. 사용할 수 있는 옵션은 <표 2-5>와 같다.

〈표 2-5〉 〈TD〉 태그의 옵션들

BGCOLOR = "#FFFFFF"	; 한 셀의 색상 설정
ALIGN = "LEFT"	; 한 셀 내용을 왼쪽으로 정렬
ALIGN = "CENTER"	; 한 셀 내용을 중앙으로 정렬
ALIGN = "RIGHT"	; 한 셀 내용을 오른쪽으로 정렬

실습 예제 2-29

1. 앞서 사용했던 예제를 다음과 같이 변경시켜 실행하시오.
2. 다른 셀의 <TD> 옵션도 추가해보시오.

```
<HTML>
 <BODY>
  <TABLE BORDER=1 BGCOLOR="#FFFFE0" CELLPADDING=4 CELLSPACING=2 WIDTH=90%>
   <TR BGCOLOR="#E0FFFF" ALIGN="CENTER">
     <TD>내용-1</TD><TD>내용-2</TD>
    </TR><TR VALIGN="TOP">
     <TD BGCOLOR="#FFE0FF" >내용-3</TD><TD>내용-4<BR>내용내용</TD>
    </TR>
  </TABLE>
 </BODY>
</HTML>
```

[리스트 2-20] 〈TD〉 태그의 옵션 예제

(3) 셀 확장

워드프로세서나 스프레드시트에서는 '셀 병합'이라는 개념이 있어 이를 이용하면 2개 이상의 셀을 하나의 셀로 합칠 수 있다. 웹 문서의 표에서도 이와 유사한 기능이 있는데, 여기서의 다른 점은 있던 셀을 합치는 개념이 아니라 존재하던 셀이 확장되어 다른 셀 자리를 차지하는 '확장'의 개념이다. 따라서 셀 확장을 할 때는 표의 구성을 잘 생각하며 작성해야 한다. 셀 확장은 하나의 셀에 관한 사항이므로 <TD>나 <TH> 태그에 사용하는 옵션이다.

① 가로로 확장

셀을 가로 방향으로 확장할 때는 「COLSPAN="숫자"」의 옵션을 사용한다. 즉, 확장 방향이 '열' 방향이므로 "COLumn" 확장이다. 숫자는 몇 개 셀(몇 개 열) 만큼을 확장할 것인가를 설정한다. [그림 2-35](a)와 같은 표에서는 첫 줄에 3개 셀, 둘째 줄에 3개 셀이 위치한다. 그러나 1-1셀이 가로로 확장되었다면 [그림 2-35](b)와 같이 첫 줄에는 2개의 셀만이 존재하고 둘째 줄에는 3개 셀이 존재한다.

1-1	1-2	1-3
2-1	2-2	2-3

(a) 일반적인 표

<table>
<tr><td colspan="2">1-1</td><td>1-2</td></tr>
<tr><td>2-1</td><td>2-2</td><td>2-3</td></tr>
</table>

(b) 가로 확장된 표

[그림 2-35] 가로 확장의 개념

실습 예제 2-30

1. [그림 2-36](a)의 리스트를 입력해 실행하시오.
2. 이를 [그림 2-36](b), (c)와 같은 형태로 나타나도록 변경해보시오.

```
<HTML>
 <BODY>
  <TABLE BORDER=1 CELLPADDING=4 WIDTH=90%>
   <TR><TH COLSPAN=2>1-1</TH><TD>1-2</TD></TR>
   <TR><TD>2-1</TD><TD>2-2</TD><TD>2-3</TD></TR>
  </TABLE>
 </BODY>
</HTML>
```

(a) 예제 리스트

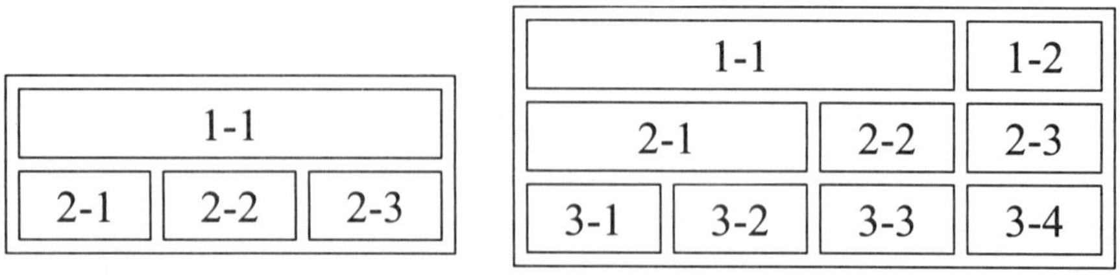

(b) 예제 표-1　　　　(c) 예제 표-2

[그림 2-36] 가로 셀 확장 실습 예제

② 세로로 확장

셀을 세로 방향으로 확장할 때는 「ROWSPAN="숫자"」의 옵션을 사용한다. 즉, 확장 방향이 '행' 방향이므로 "Row" 확장이다. 숫자는 몇 개 셀(몇 개 행) 만큼을 확장할 것인가를 설정한다.

[그림 2-37](a)와 같은 표에서는 첫 줄에 3개 셀, 둘째 줄에 3개 셀이 위치한다. 그러나 1-1셀이 세로로 확장되었다면 [그림 2-37](b)와 같이 첫 줄에는 3개의 셀이 존재하지만 둘째 줄에는 2개 셀만이 존재하며 더구나 둘째 줄의 셀들은 오른쪽으로 하나씩 밀려나감에 유의하라.

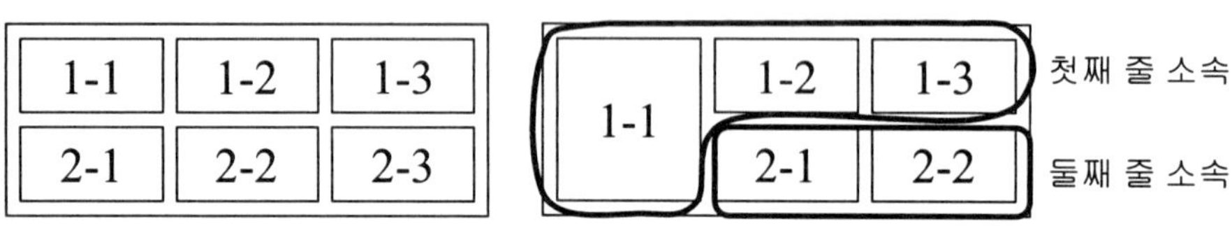

(a) 일반적인 표　　　　(b) 세로 확장된 표

[그림 2-37] 세로 확장의 개념

실습 예제 2-31

1. [그림 2-38](a)의 예제를 입력해 실행하시오.
2. [그림 2-38](b), (c)와 같은 형태로 나타나도록 변경해보시오.

```
<HTML>
 <BODY>
  <TABLE BORDER=1 CELLPADDING=4 WIDTH=90%>
   <TR><TH ROWSPAN=2>1-1</TH><TD>1-2</TD><TD>1-3</TD></TR>
   <TR><TD>2-1</TD><TD>2-2</TD></TR>
  </TABLE>
 </BODY>
</HTML>
```

(a) 예제 리스트

<table>
<tr><td rowspan="3">1-1</td><td>1-2</td><td>1-3</td></tr>
<tr><td>2-1</td><td>2-2</td></tr>
<tr><td>3-1</td><td>3-2</td></tr>
</table>

(b) 예제 표-1

<table>
<tr><td rowspan="3">1-1</td><td rowspan="2">1-2</td><td>1-3</td><td>1-4</td></tr>
<tr><td>2-1</td><td>2-2</td></tr>
<tr><td>3-1</td><td>3-2</td><td>3-3</td></tr>
</table>

(b) 예제 표-2

[그림 2-38] 세로 셀 확장 실습 예제

3. 웹 - 서버에 설치

지금까지는 단지 웹 문서의 작성법을 익히기 위해 자신의 컴퓨터에서만 문서를 작성해 확인했다. 이와 같은 과정을 거쳐 작성된 웹 문서는 서버에 설치되어야 비로소 다른 사용자들에게 내용이 공개된다.

1) 서버의 개념

서버는 다른 사용자에게 서비스를 제공하는 컴퓨터로서('Service'와 'Server' 단어의 유사함을 보라) 개인이 사용하는 PC와는 전혀 다른 개념을 가지고 있다. PC(Personal Computer)는 '개인용 컴퓨터'라는 의미로서 항상 한 순간에 한사람만 이용하는 컴퓨터이고, 서버는 한 컴퓨터를 동시에 많은 사람이 이용하는 것이다. 예를 들어 Yahoo 사이트에 접속해 사용 중인 경우 그 사이트의 서버 컴퓨터는 나 혼자만을 상대하는 것이 아니라 수많은 사용자들에게 동시에 서비스를 제공하고 있다.

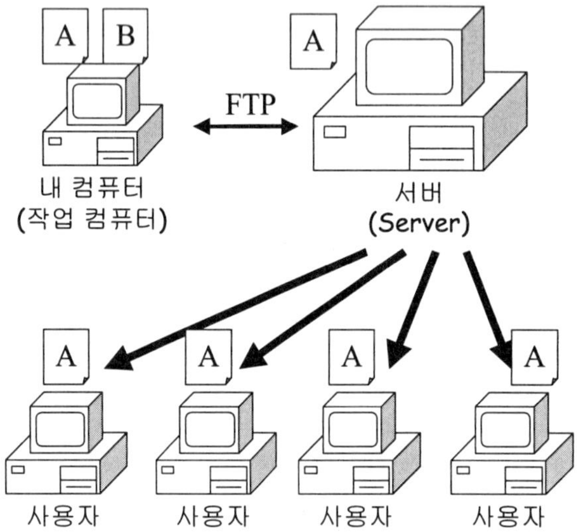

※ 파일 전송 시 자주 빠트리는 것은 웹 문서에 사용할 그림이나 링크될 문서 등이다.

※ 자주 발생하는 오류는, 파일을 다른 디렉토리에 전송하거나, 파일을 전송한 디렉토리의 명칭이 다른 경우이다. 따라서 서버에 파일을 전송 한 후 링크 테스트도 빠짐없이 해야 한다.

[그림 2-39] 서버의 서비스 개념

[그림 2-39]는 서버의 동작 개념을 나타낸 것으로서, 내 컴퓨터에서 파일-A와 파일-B를 작성했더라도 이 파일 중 파일-A만을 서버에 전송시켜 놓으면, 외부의 사용자들은 오로지 파일-A만을 서비스 받을 뿐 파일-B는 서비스 받을 수 없다. 즉, 내 컴퓨터에서 2개의 파일이 서로 동작을 잘 했을지라도 실제 서버에 전송할 때 파일-A만 전송해 놓으면, 다른 사용자들에게는 파일-B란 존재하지 않아 오류가 발생한다. 따라서 내 컴퓨터에서 정상작동을 확인했더라도 서버로 전송 후 나 자신도 사용자의 입장에서 서버에 접속해 정상동작을 확인해야 한다.

2) WS_FTP의 사용법

앞서 서론에서 파일을 전송할 때는 FTP를 이용한다고 소개하였다. FTP 서비스를 제공하는 프로그램은 윈도우에 내장된 FTP를 사용할 수 있으나, 이는 일일이 타자에 의해 명령을 주는 방식이므로 사용하기 대단히 불편하고 시간이 오래 걸린다. 따라서 사용하기 쉽고 편리한 WS-FTP나 cute-FTP 등이 개발되어 있는데, 여기서는 WS_FTP를 이용하기로 한다.

(1) WS_FTP의 설치

WS_FTP는 'pro'버전과 'LE' 버전이 있는데, 'LE' 버전은 학생이나 학교에서는 무상으로 사용할 수 있으며, 'pro' 버전의 일부 기능이 제한돼 있을 뿐 사용하는데 전혀 지장이 없다. 단, 만약 실습용 서버가 아직 설치되지 않았다면 부록의 웹 서버 설치를 참조해 간단히 설치할 수 있다.

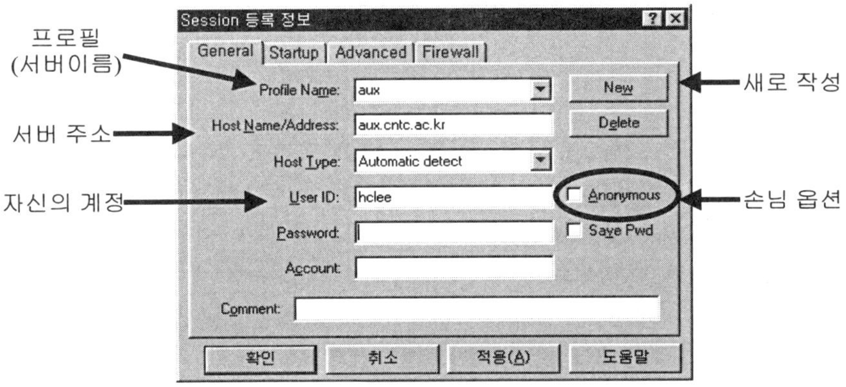

(a) 서버 프로필 설정화면

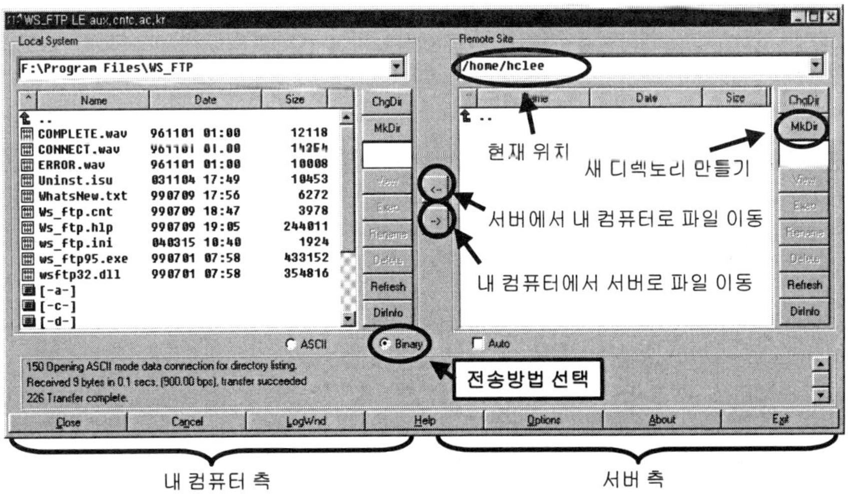

(b) 주 화면

[그림 2-40] WS_FTP 프로그램의 실행 예

처음 WS_FTP 프로그램을 설치하고 기동하면 [그림 2-40](a)와 같은 화면이 나타나는데, 새로 작성하는 단추를 선택하고 서버이름과 서버의 주소, 그리고 자신의 계정을 등록한다. 이때 손님 옵션(Anonymous)은 해제한다.

이후 '확인'을 누르면 서버에 접속된 후 [그림 2-40](b)와 같은 화면이 나타난다. 만약 접속되지 않으면 [그림 2-40](b)의 아랫부분에 접속되지 않은 이유가 나타난다.

WS_FTP의 주 화면은 [그림 2-40](b)와 같이 왼쪽과 오른쪽에 2개 화면이 나타나는데, 왼쪽은 내 컴퓨터 측의 상황이, 오른쪽은 서버 측의 상황이 나타난다.

중앙의 화살표 단추들은 내 컴퓨터에서 서버로, 또는 서버에서 내 컴퓨터로 데이터를 전송하는 단추들이다. 그 아래의 'ASCII', 'Binary', 'Auto' 단추들이 전송방법을 선택하는 사항인데, 특별한 이유가 없는 한 'Binary'를 선택해 놓는다.

(2) 기타 편리한 옵션

[그림 2-40](b)의 아랫부분에 'Options' 단추를 누르면 [그림 2-41](a)와 같은 화면이 나타난다. 이 중 "Enable log" 옵션을 해제한다. 이는 파일을 전송할 때마다 로그 파일을 생성하기 때문에 불필요한 파일이 많이 생성되므로 꼭 필요한 경우에만 설정해 사용한다. 이후 위쪽의 "Display" 탭을 선택하면 [그림 2-41](b)와 같이 화면 표시에 관한 옵션이 나타난다. 여기서 "Custom Font"를 선택하면 [그림 2-41](c)와 같이 글자체 선택화면이 나타나는데, 이 중 "Fixedsys" 폰트를 선택하면 이후에는 훨씬 보기 편한 화면이 나타난다. 단, 윈도우-XP에서는 웬일인지 프로그램을 종료한 후 다시 기동하면 이 옵션이 풀려있다.

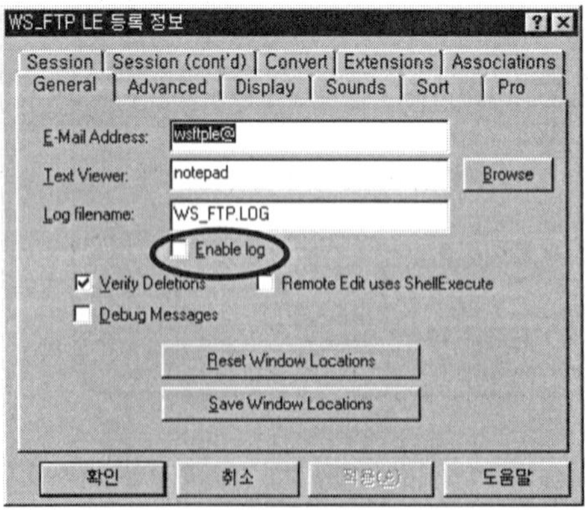

(a) 옵션설정 화면

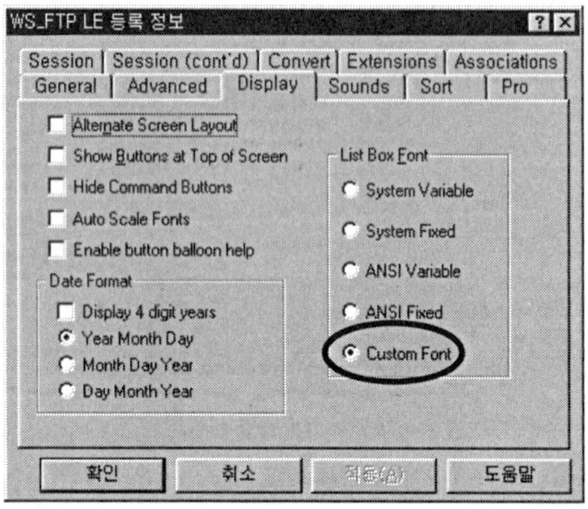

(b) 화면표시 옵션

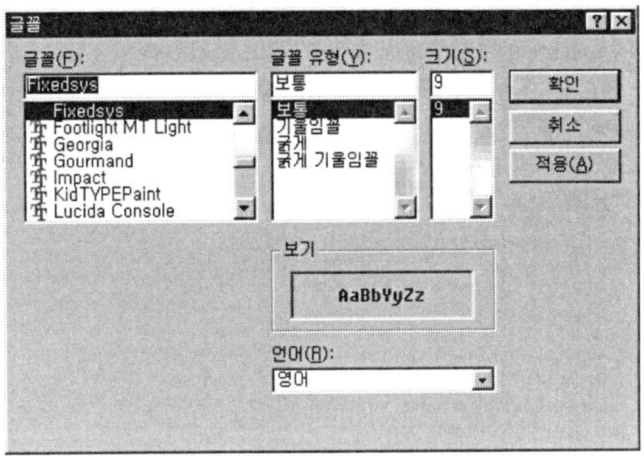

(c) 글자체 선택화면

[그림 2-41] 기타 옵션 설정

3) 홈-페이지 설치

(1) 홈-페이지 루트 디렉토리의 생성

FTP를 이용해 서버에 접속하면 기본적으로 자신의 디렉토리에 위치하는데, 이곳의 내용은 외부 사용자에게 공개되지 않는다. 즉, 내 자신의 디렉토리이며 내 자신만의 파일들을 보관할 수 있다. 인터넷을 통해 외부로 공개할 파일들은 특정 디렉토리에 모아 보관하는데, 여기서 사용하는 웹 서버(아파치)에서는 자신의 디렉토리에 있는 "www_home"이라는 디렉토리 이후부터 공개한다.

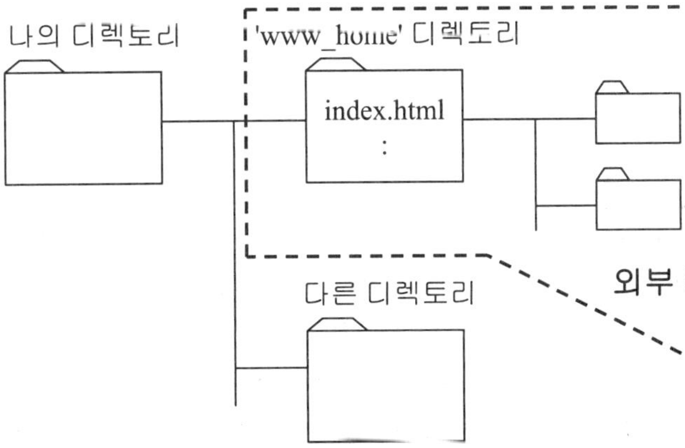

[그림 2-42] 파일의 공개 범위

따라서 공개되는 범위의 최 상위는 "www_home"이라는 디렉토리이며 이를 "홈-페이지의 루트(root) 디렉토리"라 한다.

WS_FTP의 서버 측 창에 있는 'MkDir' 단추를 누르고 "www_home" 디렉토리를 생성한다.

> ※ 유닉스나 리눅스 서버들은 파일명이나 비밀번호 등 대부분에서 대문자와 소문자를 구분하기 때문에 이를 정확히 지켜야 한다. 홈-페이지 루트는 소문자이고, 글자 중간의 선은 [Shift]+[-]에 의한 밑줄 문자(under-bar)이다.

(2) 홈-페이지 첫 화면의 설치

여기서 사용하는 웹 서버는 외부인이 접속하면 "www_home" 디렉토리 내의 "index.html" 파일을 자동으로 찾도록 설정되어 있다. (이 사항들은 모두 서버에서 설정을 변경할 수 도 있다) 따라서, 여러분의 홈-페이지 첫 화면은 반드시 "www_home" 디렉토리에 "index.html"이라는 파일명으로 저장해야 하며, 이 또한 대문자, 소문자를 정확히 지켜야 한다.

요약하면 다음과 같다.

> - 각 사용자의 홈-페이지는 자신의 디렉토리 밑의 "www_home" 디렉토리에 저장.
> - 기본 문서(첫 문서) 명은 "index.html"로 설정되어 있음.
> - 즉, 여기의 웹 서버는 처음에 "www_home" 디렉토리 내의 "index.html" 파일을 찾는다.
> - 웹 서버는 파일명 등에서 대문자, 소문자를 정확히 구분해야 한다.

실습 예제 2-32

1. 다음 홈-페이지 첫 화면을 작성해 서버에 공개하고, 브라우저로 인터넷을 통해 홈-페이지를 확인하시오. 참고로, 서버 내에서 내 홈-페이지를 가리키는 주소는 '~'문자를 이용해 표시한다. 즉, 「http://서버주소/~나의ID」. 만약 서버 주소가 "aux.kongju.ac.kr"이고, 나의 ID가 "hclee"이라면, 「http://aux.kongju.ac.kr/~hclee」가 나의 주소가 된다.
2. 다른 사용자의 홈-페이지도 방문해보시오.

3. 자신의 홈-페이지를 변경해 다시 서버에 이동시켜 확인해 보시오.

```
<HTML>
 <BODY>
  <IMG SRC="gildong.gif">
  <A HREF= "p001.html">연습-001</A>
 </BODY>
</HTML>
```

(a) index.html

```
<HTML>
 <BODY>
  이것은 첫번째 연습 문서입니다.
 </BODY>
</HTML>
```

(b) p001.html

[그림 2-43] 공개용 홈-페이지

※ 자신의 홈-페이지를 변경한 후 파일을 서버에 이동시키고 브라우저에서 확인해 보면, 내용이 변경되어 나타나지 않는다. 이는 브라우저의 캐시 기능에 의해 이전의 홈-페이지 내용을 기억하고 있기 때문인데, 이때는 브라우저의 메뉴나 기능단추 중 "새로 고침(reload)"을 선택하면 서버로부터 다시 읽어오기 때문에 변경된 내용이 나타난다.

※ 일반적으로 FTP는 접속 후 몇 분 이상 사용하지 않으면 서버에서 보안상 자동으로 접속을 끊는다. 따라서 WS_FTP로 접속 후 사용하지 않고 있다가 다시 사용하려 할 때 접속이 끊겼다는 메시지가 나타나면 WS_FTP의 아래 메뉴 중 "Close"를 누른 후 다시 접속해야 한다.

실습 예제 2-33

지금까지 학습한 HTML 지식을 이용해 자신의 홈-페이지를 구성하시오.

제 3 장

C-언어 프로그래밍

1. 유닉스의 사용법
2. C-언어 프로그래밍
3. 방문자 카운터

이 장에서는 C-언어의 표준이라 할 수 있는 유닉스의 C-언어를 리눅스 환경 하에서 학습한다. 특히, C-언어 학습의 단조로움을 해소하기 위해 앞장에서 배운 HTML을 혼합하면 더 흥미로운 결과를 얻을 수 있어 학습효과가 높아진다.

1. 유닉스의 사용법

유닉스의 C-언어는 C-언어의 표준이라 할 수 있는데, 유닉스 자체가 C-언어로 구성되어 있어 C-언어가 실행되는데 가장 적합한 환경을 가지고 있기 때문이다. 또한, 웹 서버도 유닉스가 시초이고 현재도 상당수의 웹 서버들이 유닉스 계열(리눅스, 솔라리스 등)이 사용되고 있기 때문에 앞장에서 학습했던 홈-페이지를 직접 다루기 위해서도 유닉스에 관한 지식이 필요하다. 특히, C-언어와 웹 문서가 결합된 CGI를 제작하고 다루기 위해서는 유닉스의 학습이 필수적이다.

1) 유닉스의 사용법

여기서는 본 학습을 하는데 있어서 꼭 필요한 유닉스 기능에 관해서만 간단히 다룬다. 유닉스에 관한 깊은 지식은 기타 전문서적을 참조하라.

(1) 유닉스의 접속

유닉스와 접속해 이를 제어하기 위해서는 telnet을 이용해야 한다. 이를 위해 윈도우의 '시작' 메뉴의 '실행'을 선택하고,

"telnet 서버 명"

을 입력하면 텔넷 화면이 나타나며 ID와 비밀번호를 차례로 묻고 로그인이 된다. 윈도우-XP의 경우 하이퍼 터미널을 이용해도 무방하다.

```
Red Hat Linux release 8.0 (Psyche)
Kernel 2.4.18-14 on an i686
login: hclee
Password:
Last login: Thu Aug 25 19:33:06 from 192.168.153.153
[hclee@localhost ]$ █
```

[그림 3-1] 텔넷을 이용한 서버의 접속 예

만약 유닉스 서버가 준비되어 있지 않다면 부록에 소개한 웹 서버 설치법을 참조해 간단히 준비할 수 있으므로 본 실습을 위해서, 그리고 서버를 운영하는 경험

차원에서도 설치해 보기 바란다.

(2) 유닉스 명령어 실습

여기서는 본서를 학습함에 있어 필요로 하는 최소한의 유닉스 명령어를 공부하며, 학습이 진행되면서 종종 필요한 사항을 설명하기로 한다. 처음부터 체계적으로 모든 것을 배우는 것도 좋지만, 당장에 필요치 않는 것을 많이 학습해 놓으면 모두 잊어버리므로 필요할 때 하나씩 학습하는 것이 더 유용하고 산지식이 된다.

① ls 명령

ls 명령은 "list"의 약자로서 이는 MS-DOS의 "dir"명령과 유사하며, 디스크에 있는 파일의 목록을 보여준다. 명령의 용법은 [그림 3-2]와 같다.

```
ls           ; 모든 목록 보여준다.
ls 파일명    ; 지정한 파일명만 보여준다.
ls *.c       ; 파일명 중 ".c"자를 포함한 목록을 보여준다.
```

[그림 3-2] ls 명령의 용법

ls 명령을 사용했을 때 목록이 너무 많으면 화면이 스크롤 되어 자세히 볼 수 없으므로, "ls *"와 같이 '*' 문자를 활용할 수 있다. 이 문자는 와일드카드 문자(wildcard)라 하여 어떤 문자와도 일치하는 것으로 간주된다. 예를 들어 "ls a*"라 입력하면 처음에 a자로 시작하는 파일명이 모두 표시된다. 또한 "ls ab*"라 입력하면 처음에 ab자로 시작되는 파일명이 모두 표시된다.

```
[hclee@localhost ]$ ls
a.out       kmp.exe           sendmail.8.12.9.tar.Z  thesis  www_home
index.pssi  sendmail-8.12.9   test.c                 trans
[hclee@localhost ]$ █
```

[그림 3-3] ls 명령의 실행 예

또한, ls 명령 이후에 "-l" 옵션을 사용하면 파일에 관한 긴 목록(long) 형태로 상세히 보여준다. 이 때 나타나는 목록의 보는 법은 이후에 상세히 다루기로 하고, 우선 필요한 것은 디렉토리인가 아니면 파일인가를 구분하는 방법인데, [그림

3-4]의 예에서, 목록들의 가장 첫 문자에 'd'가 표시되어 있으면 이는 디렉토리임을, 이 기호가 없으면 일반 파일임을 뜻한다.

```
[hclee@localhost ]$ ls -l
total 12816
-rwxr-xr-x    1 hclee    staff       11587 Aug  5 19:23 a.out
-rw-r--r--    1 hclee    staff        2755 Sep 15  2003 index.pssi
-rw-r--r--    1 hclee    staff    10371974 Oct  7  2004 kmp.exe
drwxr-xr-x   22 1037     1700         4096 Oct  6  2003 sendmail-8.12.9
-rw-r--r--    1 hclee    staff     2687494 Oct  2  2003 sendmail.8.12.9.tar.Z
-rw-r--r--    1 hclee    staff         182 Aug  5 19:23 test.c
drwxrwxrwx    6 hclee    staff        4096 Jun 16 18:35 thesis
drwxr-xr-x    2 hclee    staff        4096 May 27 20:30 trans
drwxr-xr-x    6 hclee    staff        4096 Aug 24 18:17 www_home
[hclee@localhost ]$ █
```

디렉토리임을 뜻함

[그림 3-4] ls -l 명령의 실행 예

실습 예제 3-1

자신의 디렉토리 내에서 "ls" 명령과 "ls -l" 명령을 사용해보시오.

② cd 명령

cd 명령은 "Change Directory"의 약자로서 현재 위치한 디렉토리에서 다른 곳으로 이동한다. 이 명령의 용법은 [그림 3-5]와 같다.

cd 디렉토리 명	; 지정한 디렉토리로 이동한다.
cd ..	; 바로 위 디렉토리로 이동한다.
cd /	; 최 상위 디렉토리로 이동한다.

[그림 3-5] cd 명령의 용법

실습 예제 3-2

1. "cd .."을 이용해 현재의 상위 디렉토리로 이동한 후 "ls" 명령을 사용해 보시오.

2. 다시 자신의 디렉토리로 이동해 보시오.

※ 만약 자신의 디렉토리 위치를 잊었을 경우 "exit" 명령을 사용해 빠져나온 후 다시 재접속하시오.

③ pwd 명령

pwd는 "Print Working Directory"의 약자로서 현재 내가 위치하고 있는 디렉토리의 경로를 표시해 준다.

실습 예제 3-3

1. "pwd" 명령을 사용해 현재 내가 위치한 곳을 확인하시오.
2. "cd" 명령으로 다른 디렉토리로 이동한 후 "pwd" 명령을 사용해보시오.

④ who 명령

이 명령은 본 실습과는 무관한 명령이지만, 여러 사람이 서버에 접속했을 경우 재미있게 사용하는 명령이다. 이 명령을 사용하면 서버에 현재 접속중인 사용자의 목록이 표시된다.

실습 예제 3-4

"who" 명령을 입력해보시오.

⑤ passwd 명령

이 명령어는 현재 사용하고 있는 비밀번호를 변경하는 것으로서, 명령어를 입력하면 현재의 비밀번호를 먼저 묻는다. 이는 사용자가 잠시 자리를 비운 사이 다른 사용자가 비밀번호를 변경하는 것을 막기 위함이다. 현재의 비밀번호가 통과되면 새로운 비밀번호를 2회 묻는다.

⑥ exit 명령

이는 서버로부터 접속을 끊는 명령으로서, 사실상 완전히 끊는 것은 아니고 로그인에서 벗어나는 것을 뜻한다. 따라서 exit후 다시 재접속할 수 있다. exit를 사용하지 않고 곧바로 텔넷 프로그램이나 하이퍼터미널 프로그램을 종료시키면 자동으로 접속이 종료된다.

※ FTP는 접속 후 일정시간이 지나면 자동으로 접속이 끊겨 재접속을 해야 하나, 텔넷은 FTP와는 달리 사용하지 않고 장시간이 흘러도 계속 접속되어 있다.

⑦ halt 명령

윈도우의 "시스템 종료"와 마찬가지로 서버를 중지시킬 때 사용하는 명령으로서, root 계정에서만 동작한다.

2) C-언어의 컴파일

유닉스에서의 C-언어 컴파일은 PC에서 실행되는 터보-C나 볼랜드-C 등과 같이 편리한 것은 아니다. 그러나 유닉스의 C-언어가 가장 표준적인 것으로서, 유닉스 자체가 C-언어로 구성되어 있다는 것만으로도 C-언어를 사용하기 가장 좋은 환경을 지니고 있다.

(1) C-언어의 컴파일 과정

① C-언어 컴파일을 위한 수단들

유닉스의 C-언어 컴파일은 일일이 손으로 명령을 주어 컴파일 해야 하기 때문에 텔넷의 사용은 필수적이다. 또한, 프로그램 작성 및 수정은 유닉스의 'vi 에디터'라는 툴을 이용하기도 하지만 텔넷에서 이를 사용할 때, 특히 PC에 적응된 사용자들에게 이 에디터는 대단히 불편한 도구이다. 따라서 프로그램 작성과 수정은 PC에서 메모장 등 편리한 툴을 이용하고, 이를 FTP로 서버에 전송한 후 텔넷으로 컴파일 하는 과정을 거치는 것이 가장 편리한 방법이다.

따라서 서버에서 프로그램을 개발하기 위해서는 메모장 프로그램과 FTP 프로그램, 그리고 텔넷 프로그램의 3가지가 필요하며, 이후의 CGI 작성 때에는 결과를 확인하기 위한 브라우저 또한 필요하다.

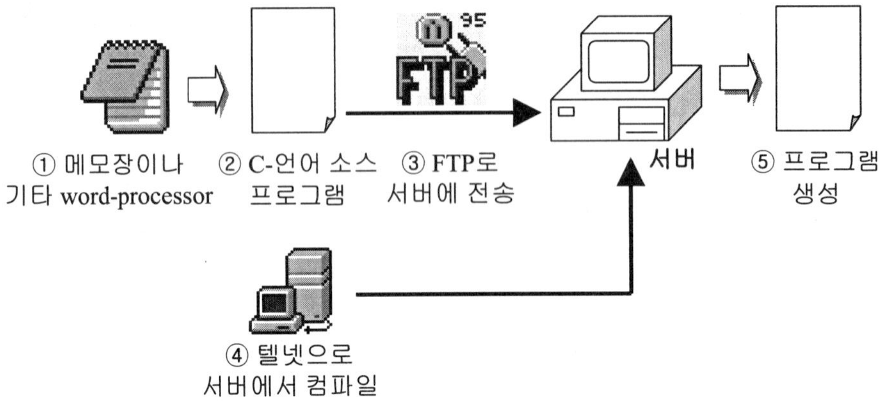

[그림 3-6] 서버에서 프로그램의 개발과정

② C-언어 작성을 위한 준비작업

i) 작업할 디렉토리에서 메뉴 중 "파일" 메뉴에서 "새로 만들기"를 선택하고 "텍스트문서"를 선택해 하나의 파일을 생성한다.
ii) 파일명을 "test.c"라 변경한다. 이 때 경고 메시지가 나타나는데, 그대로 통과한다.
iii) 이 파일을 더블클릭하면 실행할 프로그램을 선택하도록 하는데, 이 때 "NotePad"를 선택한다. (윈도우-XP에서는 "windows" 디렉토리 내의 "system32" 내에 있고, 윈도우-98에서는 "windows" 디렉토리 내에 있다)

이후로 "….c" 파일을 더블클릭하면 자동으로 메모장에서 편집할 수 있다.

※ 만약 'easypad'나 'edit+' 프로그램 등이 있다면 이들을 사용하는 것이 편집시 편리하다.

(2) C-언어 프로그램 작성 연습

C-언어 프로그램을 서버에서 개발하는 과정을 실습함에 있어 초기에는 3종류의 프로그램(메모장, FTP, 텔넷)이 동시에 사용되기 때문에 대단히 혼란스러울 수 있으나 진행하다 보면 차츰 익숙해진다.

① 소스 프로그램 작성

[리스트 3-1]의 프로그램을 "test.c"라는 파일명으로 메모장에서 작성한다.

```
#include <stdio.h>
main()
{
  printf(" Hello!! C-Language!! ");
}
```

[리스트 3-1] C-언어 예제

참고로, 유닉스의 C-언어 컴파일러는 이러한 문서의 가장 마지막이 엔터 문자로 종료해야 컴파일 시 오류가 발생하지 않는다. 즉, '}' 문자를 마지막으로 입력하고 나면 엔터를 입력해야 한다.

② 파일의 전송

WS_FTP로 자신의 디렉토리(www_home이 아니고, FTP로 접속했을 때 기본으로 위치한 곳)에 "test.c" 파일을 전송한다.

③ telnet 접속

telnet으로 접속해 "ls" 명령을 입력하면 파일이 옮겨졌음이 확인된다.

④ 컴파일

다음 명령으로 컴파일한다.

```
gcc  test.c
```

여기서, 'gcc'란 C-컴파일러의 이름이다. 만약, 컴파일 시 "warning: no newline at end of file"라는 오류 메시지가 발생한다면 이는 파일의 가장 마지막에 엔터를 입력하지 않은 경우이다.

⑤ 실행 파일 확인

다시 "ls" 명령을 입력하면 "a.out"이라는 파일이 생성됨을 확인할 수 있다. gcc 컴파일러는 컴파일 한 후 실행파일의 이름을 기본적으로 "a.out"이라 붙여놓는다. 이 때 "ls -l" 명령을 주면 a.out 파일명 앞부분에 실행 파일의 의미로 'x' 기호가 부여돼 있음을 확인할 수 있다.

⑥ 프로그램의 실행

다음을 입력하여 프로그램을 실행한다.

```
./a.out
```

여기서, './'는 실행하라는 의미의 기호이다.
이상에서 다룬 여러 단계의 과정을 정리하면 [그림 3-7]과 같다.

메모장으로 소스 작성	⇒	FTP로 전송	⇒	텔넷으로 컴파일	⇒	텔넷에서 결과확인

[그림 3-7] 프로그램 작성과 실행 순서

실습 예제 3-5

앞서 [리스트 3-1]의 예제 프로그램을 실행하면 실행 결과와 화면의 메시지가 연속으로 이어져 나타난다. 위 예제 프로그램을 [리스트 3-2]와 같이 수정한 후 다시 실행해 보시오.

```
#include <stdio.h>
main()
{
  printf(" Hello!! C-Language!!\n ");
}
```

[리스트 3-2] 수정된 예제 프로그램

다시 편집하고 실행하기
1. 메모장을 이용해 내용을 편집
2. WS_FTP를 이용해 서버로 이동
3. telnet에서 「gcc test.c」로 컴파일
4. 「./a.out」 으로 실행

(3) C-언어의 구성

앞서 사용했던 C-언어 예제를 통해 C-언어의 기본구조를 살펴본다. 예제는 [그림 3-8]과 같이 구성되어 있다.

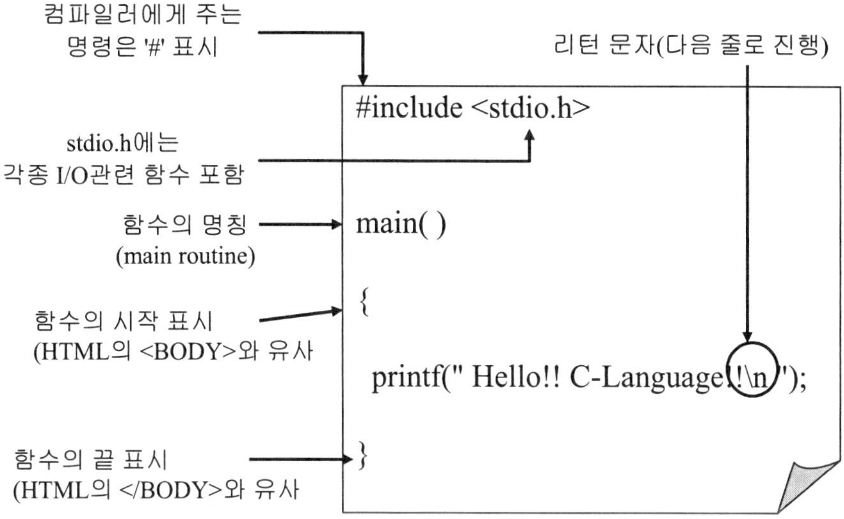

[그림 3-8] C-언어의 구조 예

① #include <stdio.h>

C-인어 문장 중에 '#'자로 시작되는 것은 C-언어용 문법이 아니라 이 문서를 컴파일 할 컴파일러에게 알려주는 명령이다. 위 문장은 다음과 같은 의미를 가진다.

"stdio.h"라는 파일을 함께 포함시켜 컴파일 할 것!

컴퓨터는 그 기종마다, 그리고 사용자마다 I/O 장치가 모두 다르다. 따라서 각 컴퓨터의 I/O 장치를 제어하기 위한 방법이 "stdio.h"라는 파일에 정리되어 있으며, 컴파일러는 이 파일을 참조하여 I/O 장치에 관련된 명령을 처리한다. 예제 프로그램 중의 I/O에 관련된 명령은 "printf"로서, 이 명령은 외부 장치로 출력을 내보내기 때문에 어떤 방법으로 출력을 보낼지 그 방법이 "stdio.h"에 기록되어 있다.

② main( )

C-언어로 구성하는 프로그램은 여러 개의 함수로 구성하는데(이 예에서는 한 개뿐이지만...), 그 중 프로그램이 처음 시작될 때 사용되는 주 프로그램(이를 main routine이라 한다)은 항상 "main( )"의 이름을 가진다.

③ {

이 중괄호는 여기서부터 함수가 시작됨을 알리는 표시로서, 앞서 HTML의 <BODY> 태그와 유사한 의미를 가지고 있다. 프로그램의 내용은 이 중괄호 내에 위치한다.

④ printf(" .. \n");

printf( )문에 관한 상세한 것은 이후에 다루겠지만, 여기서는 따옴표 내부의 내용을 외부 장치로 출력하라는 의미의 명령어이다. 따옴표 내부의 '\n'은 리턴 문자를 표시하라는 의미(new line)로서, 이 문자가 표시되면 외부 장치에서는 커서가 다음 줄 처음으로 이동한다. (마치 키보드의 [Enter↵]키를 눌렀을 때와 동일하다) 이러한 문자를 사용하는 이유에 관해서는 이후에 다룬다.

C-언어에서는 명령어 하나가 끝날 때마다 이를 표시하는 기호로서 마지막에 ';(semicolon)'을 붙인다. 만약 이 기호를 입력하지 않고 곧바로 다음 명령어가 이어지면, 컴파일러는 세미콜론이 나타날 때까지 전체를 하나의 문장으로 간주해버린다.

⑤ }

중괄호 닫기는 앞서 열었던 중괄호를 마감하는 것으로서, HTML의 </HTML> 태그와 유사한 의미를 가진다. 즉, 여기까지가 main( ) 프로그램임을 나타낸다.

(4) C-언어로 HTML 작성하기

앞서 배운 C-언어의 기본 구조와 printf( )문 (정확히는 'printf( )함수'이다. C-언어의 명령들은 대부분 '함수'이며, 이에 관한 설명은 이후 함수 부분에서 다룬다)을 이용해 HTML로 구성된 웹 문서를 만들어본다.

실습 예제 3-6

다음 프로그램을 "test2.c" 이름으로 작성하고 실행해 보시오.

```
#include <stdio.h>

main()
{
  printf("<HTML>\n <BODY>\n ");
  printf(" Hello!! HTML by C-Language!!\n ");
  printf(" </BODY>\n</HTML>\n ");
}
```

[리스트 3-3] C-언어로 HTML 작성하기 예제

※ C-언어 편집하고 실행하기
1. 메모장을 이용해 내용을 편집
2. WS_FTP를 이용해 서버로 이동
3. telnet에서 「gcc test2.c」로 컴파일
4. 「./a.out」 으로 실행

실행 결과를 살펴보면 앞서 작성했었던 HTML 웹 문서 같은 출력이 생성된다. 그러나 이 웹 문서는 우리가 편집한 것이 아니라 분명히 C-언이가 만들이낸 것이다. 따라서 C-언어에 의해서도 HTML 문서가 만들어질 수 있음을 알 수 있다.

※ 텔넷에서 위쪽 화살표 키 [↑]를 눌러 보라. 앞서 입력했던 명령어들이 다시 나타나는데, 이 화살표 키를 반복해 눌러 원하는 명령이 나타났을 때 엔터만 입력하면 되므로 대단히 편리하다.

3) C-언어에 의한 홈-페이지 발생

서버 상에서 프로그램을 작동시킬 때는 일반 PC와 개념상 많은 차이점이 있으므로 이를 정확히 이해해야 한다.

(1) 웹 서버의 개념

① 프로그램 응답의 차이

PC는 한 사람이 컴퓨터를 독점하여 사용하기 때문에 입력과 출력은 오직 한 사람을 대상으로 한다. 이에 비해 서버는 동시에 여러 사람이 사용하기 때문에 각 사용자의 요청에 따라 그 응답을 각각 해당 사용자에게 제공해야 한다. 예를 들어, yahoo 사이트에 수많은 사용자가 접속해 각자 자신의 요구사항을 서버에 입력하면, 서버는 각 사용자에 맞는 답을 해당 사용자에게 각각 전달한다.

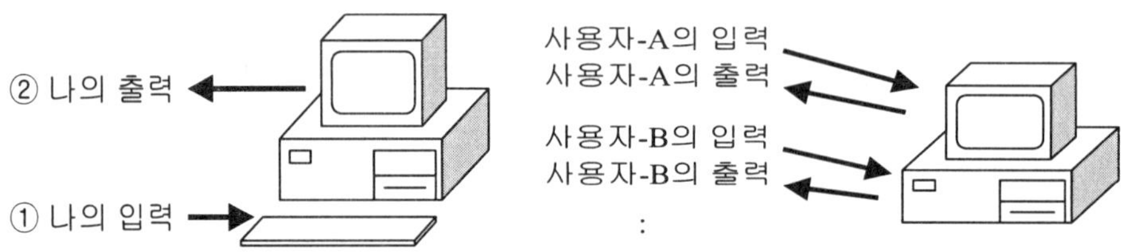

(a) PC의 동작형태　　　　(b) 서버의 동작형태

[그림 3-9] 컴퓨터의 동작형태의 차이

이와 같은 서버의 특성상 출력은 항시 입력을 요구했던 곳으로 향하도록 되어있다. 예를 들어 여러분이 작성한 C-언어 프로그램의 printf( )문에 의한 출력의 방향은 항상 다른데, [그림 3-10](a)와 같이 프로그램에 대한 요구가 telnet을 통해 입력되었다면 그 출력은 telnet으로 발생하고, [그림 3-10](b)와 같이 어떤 다른 프로그램이 요구를 하면 출력은 그 프로그램으로 향한다. PC에서는 printf( )의 결과는 당연히 나에게만 돌아왔던 것과 비교하면 많은 차이가 있다.

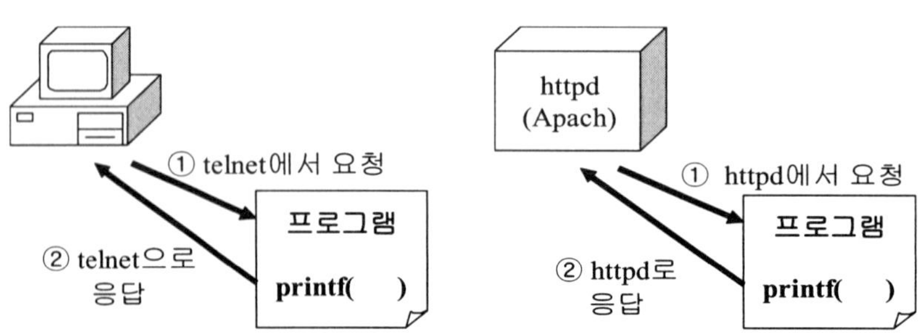

(a) telnet에 대한 응답　　　　(b) 다른 프로그램에 대한 응답

[그림 3-10] 프로그램 응답 방향의 차이

따라서 서버에서 여러분이 작성한 C-언의 printf( )문에 의한 출력은 누가 프로그램을 호출했는가에 따라 출력 방향이 달라진다.

② 데몬(daemon)

서버에서는 데몬이라는 개념의 프로그램이 실행되고 있는데, 이는 서버가 가동중일 때 내부적으로 항시 가동상태에 있는 프로그램을 뜻한다. PC에도 이러한 데몬 종류의 프로그램이 있는데, 예를 들어 바이러스 백신 프로그램은 독자적으로 바이러스 검사를 하기도 하지만 평소에는 시스템 내부에 항시 가동상태에 있으면서 바이러스를 감시한다.

서버는 많은 데몬 프로그램이 실행되어 사용자의 요청에 응답하고 있으며, 이들은 각각 행하는 서비스가 다르다. 예를 들어, FTP 데몬은 외부에서 FTP 접속을 시도하면 이에 대한 응답을 하고 서비스를 제공하며, telnet 데몬은 telnet 접속시 이에 대한 응답과 서비스를 제공한다. 이와 마찬가지로 웹 페이지에 대한 요구가 있을 때 이에 대한 응답과 서비스를 제공하는 데몬이 있는데, 이를 http 데몬(약자로 httpd)이라 한다.

이와 같은 데몬도 역시 프로그램이기 때문에 많은 종류의 것이 제작되어 있는데, 이는 마치 '워드 프로세서'에 훈글, MS-Word, 훈민정음 등이 있고, '스프레드시트'라는 종류에 엑셀, 로터스 등이 있는 것과 같다. http 데몬은 NCSA, 아파치, CERN, IIS 등 여러 종류가 있으며, 여기서는 아파치 데몬을 사용한다.

③ http 데몬의 동작

http 데몬은 앞서 설명한 바와 같이 외부에서 웹 문서에 관한 요청이 있을 때 이에 대한 응답과 서비스를 제공하기 위해 서버에 대기 중인 프로그램이다. http 데몬은 [그림 3-11]에 나타낸 바와 같이 2가지 동작을 하는데, 요구한 웹 문서의 확장자가 '.html'일 때는 단순히 해당 HTML 문서를 전달해 주기만 하는데, 요구한 문서의 확장자가 '.cgi'일 경우에는 이러한 이름을 가진 프로그램을 실행시켜 그 결과를 사용자에게 전달해 준다.

따라서 ".html"를 요구했을 때는 원본 HTML 문서가 변경되지 않는 한 항상 똑같은 내용이 사용자에게 전달되지만, ".cgi"를 요구했을 때는 프로그램 실행에 의한 결과가 사용자에게 전달되기 때문에 내용이 다른 문서의 발생이 가능하다.

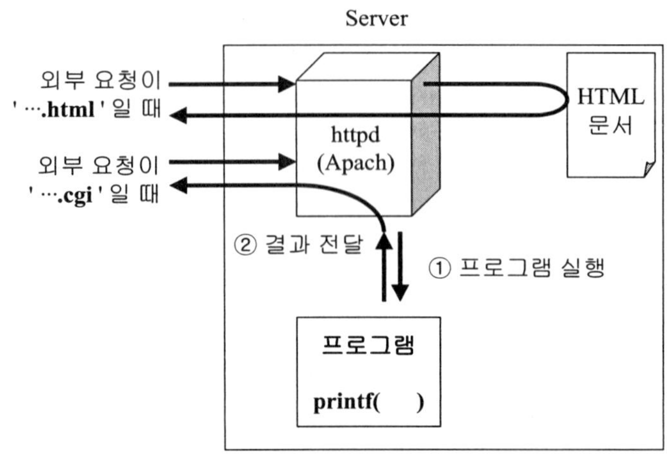

[그림 3-11] http 데몬의 기능

④ C-언어에 의한 웹 문서의 발생

앞서 C-언어를 이용해 텔넷 화면에서 HTML 문서와 유사한 출력을 실습했었는데, 이 출력을 텔넷이 아닌 브라우저로 전송해 실재 홈-페이지를 구성할 수 있다. http 데몬이 프로그램을 실행시키면 그 결과는 다시 http 데몬으로 전달되는데, 이 때 결과는 HTML 문서일 수도 있고 또는 그림 데이터나 소리 데이터 일 수도 있기 때문에, 프로그램은 http 데몬에게 응답할 때는 항상 첫 부분에 현재 출력할 데이터가 어떤 종류인지를 알려야 할 필요가 있다. 만약 HTML 문서를 출력할 예정이라면 그림과 같이 첫 부분에 「Content-type:text/html」이라는 문자와 2개의 엔터 문자(꼭 2개이어야 한다)를 보내야 한다.

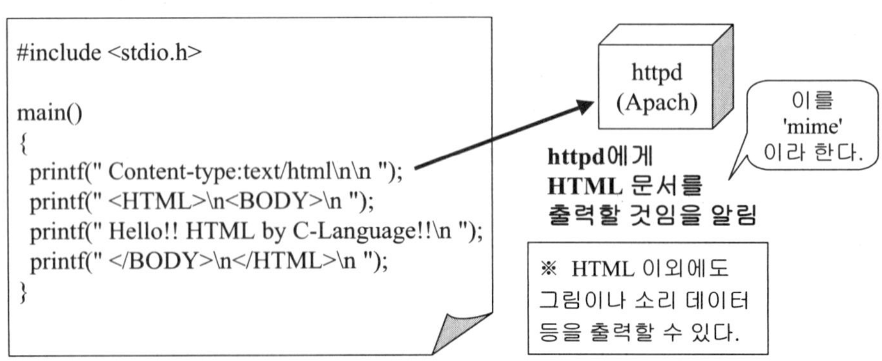

[그림 3-12] http 데몬으로의 응답 형식

이처럼 출력 형식을 구분해 알리는 데이터를 'mime'이라 하며, 그림일 경우에는 gif 형식인지 jpg 형식인지 등, 소리 데이터라면 wav 형식인지 mp3 형식인지 등을 알려야만 http 데몬이 그에 적절한 처리를 한다. 만약 이러한 mime을 생략하거나 형식이 틀리면 http 데몬은 이 출력을 어떻게 처리해야 할지 모르기 때문에 오류가 발생한다.

(2) 프로그램 실행을 위한 준비

http 데몬에 의해 프로그램이 실행되는 것은 외부의 사용자에 의해 프로그램이 실행됨을 뜻하는데, 악의를 가진 사용자가 서버 내의 아무 프로그램이나 실행시킬 수 있다면 보안에 큰 허점이 노출된다(비밀번호 변경 명령이나 서버 내의 중요 정보를 프린트하는 명령들도 사실은 모두 프로그램이다). 따라서 아무 프로그램이나 실행되지 않도록 하기 위해 실행할 프로그램을 한 장소(디렉토리)에 모아놓고 이 이외의 장소에 있는 프로그램은 실행시킬 수 없도록 서버에서 제한을 한다. 여기서는 이러한 특정 디렉토리를 생성하는 과정을 다루는데, 이것은 실습을 위한 것이므로 이와 같은 설정이 가능하도록 서버에서 허용한 것이며, 일반적인 실제 웹 서버에서는 보안상 이와 같은 설정은 허용되지 않고 설정 방법도 다르다.

UNIX 명령에 대해서는 아직 익숙지 않으므로 단계별로 상세히 설명한다.

① 프로그램 실행 디렉토리의 생성

i) 텔넷으로 접속하면 자동으로 자신의 디렉토리에 위치하게 되는데, 여기서 다음 명령으로 "www_home" 디렉토리로 이동한다.

```
cd www_home
```

참고로, 개인 홈-페이지는 www_home 디렉토리부터 외부로 공개되기 때문에 여기서는 실습을 위해 자신의 공개 디렉토리 상에 실행 디렉토리를 만들려고 한다.

ii) 이 디렉토리에 다음 명령으로 새로운 실행 디렉토리를 만든다. 단, 소문자로 입력해야 한다.

```
mkdir cgi-bin
```

'mkdir'은 "Make Directory"의 약자로서 새로운 디렉토리를 생성하는 유닉스 명령이다. 디렉토리 명은 'cgi-bin'인데, 여기서의 가운데 '-'는 minus 글자이다. (앞서 www_home에서의 under-bar와는 다르다)

iii) 다음 명령을 입력하면 아래 그림과 같이 디렉토리가 만들어졌음을 확인할 수 있다.

```
ls  -l
```

⇓

```
drwxr-xr-x   2  hclee staff  1024   3월 23  15:19   cgi-bin/
```

명령 뒤에 붙은 '-l'은 "long" 형식으로 표현하라는 옵션이다. 표시된 화면의 가장 처음에 있는 'd'자는 디렉토리임을 나타낸 것으로서, 이 글자가 없는 것은 일반 파일이다. 그 이후의 "rwxr-xr-x"는 이 디렉토리에 관한 권한으로서 이는 이후에 설명한다. 그 다음의 "hclee"는 사용자 명으로서 여러분의 화면에서는 여러분의 사용자명이 나타날 것이다. 그 다음의 "staff"는 여러분이 속해 있는 사용자 그룹명이다. 마지막의 "cgi-bin/"이 이 디렉토리의 명칭이다.

② 파일과 디렉토리의 권한

유닉스의 모든 파일이나 디렉토리에는 권한이 설정되어 있는데, 이는 [그림 3-13]과 같은 의미를 가지고 있다.

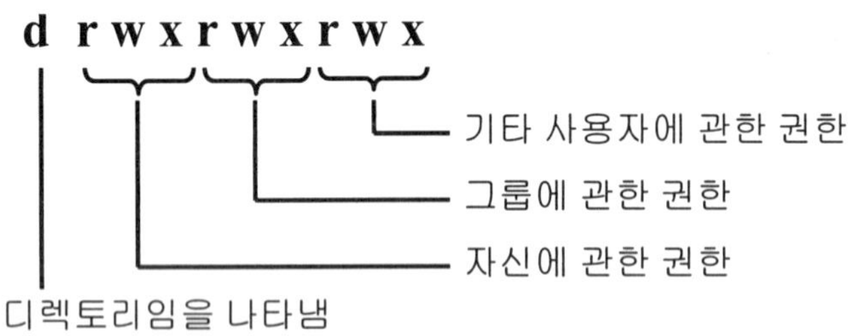

r : 읽기 권한 (read)
w : 쓰기 권한 (write)
x : 실행 권한 (execute)

[그림 3-13] 파일의 권한(permission)

첫 'd'는 디렉토리임을 나타내고, 그 이후의 글자들은 3개씩 모여 3개 집단을 형성하고 있다. 첫 번째 집단은 나 자신에 관한 권한, 두 번째 집단은 그룹에 관한 권한, 마지막 집단은 기타 사용자에 관한 권한으로 되어 있고, 각 집단은 읽기(read), 쓰기(write), 실행(execute)에 관한 것을 설정할 수 있다. 여기서 쓰기 권한은 파일을 지우거나 내용을 변경하는 것이 모두 포함된다. 예를 들어 "rwxr-xr-x"라 설정되어 있다면, 이 파일이나 디렉토리는 나 자신은 읽고 쓰고 실행이 가능하지만, 나와 동일한 그룹 사용자는 읽고 실행만 가능하고 이 이외의 사용자도 읽고 실행만 가능하다.

③ 권한 변경

파일이나 디렉토리의 권한을 변경하려면 "chmod" 명령을 사용하는데, 이는 "Change mode"의 약자이다. 이 명령은 설정하려는 파일 권한들을 8진수로 표기해 사용하는데, 그 예를 [그림 3-14]에 나타내었다.

```
chmod  765  파일명
```

(a) 명령의 형태

765 = (111 110 101)의 8진수

(b) 숫자의 조합

[그림 3-14] chmod 명령

이 예에서는 파일명에 해당하는 파일이나 디렉토리를 8진수 765, 즉 2진수(111 110 101)로 설정하는데, 이것이 (rwx rw- r-x)의 의미를 가지기 때문에 나 자신은 읽고 쓰고 실행이 가능하지만 같은 그룹 사용자는 읽고 쓰기만 가능하고, 기타 사용자는 읽기와 실행만 가능하도록 설정된다.

우리는 실습을 위해 모든 것을 허용하도록 다음과 같이 설정한다. 즉, (111 111 111) = 777로 설정해 나를 비롯해 기타 사용자까지도 모든 권한을 가지도록 한다.

```
chmod  777  cgi-bin
```

④ 다른 이름으로 컴파일 하기

앞서 http 데몬은 외부 사용자가 ".html" 파일을 요구하면 해당 파일을 전달하고, ".cgi" 파일을 요구하면 이 프로그램을 실행시켜 그 결과를 전달한다고 하였다. 아무런 이름이나 무조건 실행시키면 시스템용 명령어 등도 모두 실행할 수 있기 때문에 보안에 위험이 발생한다. 따라서 http 데몬은 ".cgi"라는 특정 이름에 대해서만 실행을 한다. 이 때문에, 앞으로 우리가 작성한 프로그램도 컴파일 후 최종 실행 프로그램은 ".cgi"로 된 명칭을 가져야 하는데, 컴파일 후의 기본 파일 명은 "a.out"이라는 파일이었다. 다른 이름으로 C-언어를 컴파일 하려면 [그림 3-15]와 같은 형식을 사용한다.

```
gcc  -o  test.cgi  test.c
```

[그림 3-15] 다른 이름으로 컴파일

gcc는 컴파일러 이름이고, '-o'는 출력파일명을 별도로 부여한다는 의미의 옵션이다. '-o' 옵션 다음에는 출력될 파일명을 기록하고 마지막에 소스 파일명을 기록한다.

(4) C-언어로 HTML 작성하기

C-언어를 이용한 HTML 문서를 발생시키기 위해 단계별로 설명한다.

① 프로그램의 작성 및 컴파일

i) [리스트 3-4] 프로그램을 메모장을 이용해 "p001.c"라는 파일명으로 작성한다.

```
#include <stdio.h>

main()
{
  printf("Content-type:text/html\n\n");
  printf("<HTML>\n<BODY>\n");
  printf("Hello!! HTML by C-Language!!\n");
  printf("</BODY>\n</HTML>\n");
}
```

[리스트 3-4] C-언어에 의한 HTML 문서의 발생 예제

ii) WS_FTP를 이용해 "cgi-bin" 디렉토리로 전송한다.

iii) 텔넷으로 접속한 후 다음 명령으로 디렉토리를 이동한다.

```
cd www_home/cgi-bin
```

iv) 다음 명령을 입력하여 프로그램을 컴파일한다.

```
gcc -o p001.cgi p001.c
```

v) "ls -l" 명령으로 "p001.cgi" 파일이 생성되었고 실행 가능 권한이 설정되어 있는지 확인한다.

② 프로그램의 실행

i) 컴파일한 프로그램을 실행하기 위해 나의 첫 페이지인 "index.html" 문서에 다음 문장을 추가한다.

```
<A HREF = "cgi-bin/p001.cgi"> 동적문서 테스트 </A>
```

ii) 이와 같이 변경된 index.html 파일을 WS_FTP를 이용해 www_home 디렉토리 내에 전송한다.

iii) 브라우저를 실행하여 서버에 접속 후 실행 결과를 확인해 본다.

실습 예제 3-7

앞서 프로그램 "p001.c"를 변경하여 브라우저에서 한글로 메시지가 나타나도록 해 보시오.

이상의 과정을 정리하면 [그림 3-16]과 같다.

즉, 사용 프로그램의 순서로 정리하면 [그림 3-17]과 같이 4종류의 프로그램이 필요하다.

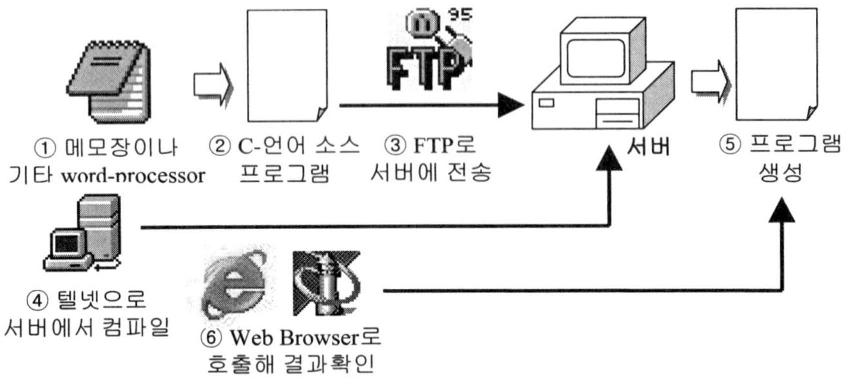

[그림 3-16] 프로그램 작성과 실행의 전 과정

메모장으로 소스 작성	⇒	FTP로 전송	⇒	텔넷으로 컴파일	⇒	브라우저로 결과확인

[그림 3-17] 프로그램 작성과 실행 순서

2. C-언어 프로그래밍

이 절부터는 HTML을 이용한 여러 가지 예제 프로그램을 작성해 가면서 그때 그때 필요로 하는 C-언어에 관한 사항을 공부한다.

1) 기본 명령문

(1) 출력명령-printf( ) 함수

① 쌍 따옴표의 표시

실습 예제 3-8

[리스트 3-5]와 같은 HTML 문서가 나타나도록 "p002.c"라는 이름으로 C-프로그램을 작성하시오.

```
<HTML>
<BODY BGCOLOR="#FFFFE0">
  안녕하세요? 이 문서는 C-언어가 만든 것 입니다!!
</BODY>
</HTML>
```

[리스트 3-5] C-언어에 의한 HTML 발생 예제

※ 프로그램 중에
printf("Content-type:text/html\n\n");　입력하는 것 잊지 말 것!

※ 실행 과정
1. 메모장에서 편집 후 FTP로 "cgi-bin"에 전송
2. telnet에서 컴파일 (gcc -o p002.cgi p002.c)
3. index.html 편집
(<A HREF="cgi-bin/p002.cgi">p002</A> 추가)
4. 브라우저 실행해 결과 확인

[리스트 3-5]와 같은 HTML 문서를 만드는데 있어서 문제가 되는 것은 두 번째 문장의 쌍 따옴표 표시이다. 즉 다음과 같이 프로그램을 작성하면 컴파일 시 오류가 발생한다.

```
printf(" <HTML>\n<BODY BGCOLOR-"#FFFFE0">\n ");
```

그 이유를 살펴보면, printf( ) 함수에서 쌍 따옴표를 표시하기 위해 도중에 "#FFFFE0"라는 것을 입력했지만, 컴파일러는 이 따옴표를 C-언어의 따옴표로 인식하기 때문에 [그림 3-18]과 같이 해석한다.

```
printf(" <HTML>\n<BODY BGCOLOR="
                                  ☜ printf문이 종료되지 않아 오류
#FFFFE0                           ☜ 알 수 없는 명령이므로 오류
">\n ");                          ☜ 알 수 없는 명령이므로 오류
```

[그림 3-18] 쌍 따옴표의 잘못된 해석

즉, '표시해야 할 따옴표'와 'printf( ) 함수의 따옴표'를 구분할 수 없어 오류가 발생하는데, 이 때문에 '표시해야 할 따옴표'는 「\"」(back-slash와 쌍 따옴표)로 표시한다. 즉, 다음과 같이 작성되어야 한다.

```
printf(" <HTML>\n<BODY BGCOLOR=\"#FFFFE0\">\n ");
```

이와 유사한 경우로서, 위 문장 중의 '\n'이 있는데, 이것도 '표시해야 할 엔터 문자'의 의미이다. 만약 엔터를 표시하기 위해 키보드의 엔터를 누르면 이는 메모장에서 줄 바꾸기의 의미로 받아들이기 때문에 문장만 잘려 나간다. 앞서 예제의 답은 [리스트 3-6]과 같다.

```
#include <stdio.h>
main()
{
  printf(" Content-type:text/html\n\n ");
  printf(" <HTML>\n<BODY BGCOLOR=\"#FFFFE0\">\n ");
  printf(" 안녕하세요? 이 문서는 C-언어가 만든 것 입니다!! \n ");
  printf(" </BODY>\n</HTML>\n ");
}
```

[리스트 3-6] printf( ) 함수에 의한 쌍 따옴표의 표시

실습 예제 3-9

[그림 3-19]와 같은 홈-페이지가 나타나도록 "p003.c"라는 이름으로 C-프로그램을 작성하시오.

안녕하세요? 이것은 **왕글자** 입니다.	배경색 : 미색(#FFFFC0) '왕글자'의 글자색 : 적색(#FF0000) '왕글자'의 글자 크기 : +3 정도

[그림 3-19] 예제 홈-페이지

※ 실행 과정
1. 메모장에서 편집 후 FTP로 'cgi-bin'에 전송
2. telnet에서 컴파일 (gcc -o p003.cgi p003.c)
3. index.html 편집
(<A HREF="cgi-bin/p003.cgi">p003</A> 추가)
4. 브라우저 실행해 결과 확인

위 예제를 작성하면 printf( ) 함수 내에서의 쌍 따옴표에 관한 연습을 확실히 할 수 있다.

답)

```
#include <stdio.h>
main()
{
  printf(" Content-type:text/html\n\n ");
  printf(" <HTML>\n<BODY BGCOLOR=\"#FFFFC0\">\n ");
  printf(" 안녕하세요?<BR>이것은 ");
  printf(" <FONT COLOR=\"#FF0000\" SIZE=+3>왕글자</FONT>");
  printf(" 입니다.");
  printf(" </BODY>\n</HTML>\n ");
}
```

[리스트 3-7] 예제 홈-페이지 작성 프로그램

② 변수와 변수형

i) 변수(變數, variable)

프로그래밍 언어에서 중요한 사항 중 하나가 변수인데, '변수'란 변(變)하는 수(數)라는 의미로서, 예를 들어 구구단의 형태는 "2 * 1 = 2"로 되어 있는데, 이들 중 처음 숫자, 다음 숫자, 그리고 답 부분이 변화할 수 있으므로 '임의의 숫자'의 의미로서 영문자로 표기해 "a * b = y"로 가능하며, 이 때 영문자로 표기된 것은 사실상 숫자 대신 '변화하는 수'로 적은 것뿐이다.

```
2 * 1 = 2
2 * 2 = 4          ⇒        a * b = y
    :
```

[그림 3-20] 변수의 의미

ii) 변수형

컴퓨터에서 사용하는 변수는 용량을 절약하기 위해 여러 가지 형태의 변수형을 사용하는데, 예를 들어 어떤 변수는 정수만을, 어떤 변수는 실수까지를 보관할 수 있는 것이 있다. 사실상 실수를 보관할 수 있는 변수에 정수를 보관해도 되지만, 실수를 보관하는 변수가 정수를 보관하는 변수에 비해 용량을 많이 차지하기 때문에, 오로지 정수만을 취급할 경우 굳이 실수를 보관하는 변수를 사용할 필요가 없다. 즉, 사용할 숫자의 종류에 따라 이를 보관할 변수의 형태를 정해서 사용하는 것이 효율적이다.

C-언어에서 사용하는 변수형은 여러 가지가 있는데, 그 중 자주 사용하는 정수형, 실수형, 그리고 문자형의 3가지를 먼저 살펴본 후 나머지는 필요할 때 살펴보기로 한다.

정수형은 소수점이 없는 숫자를 보관하는 용도로서, 컴퓨터에 따라 약간 다르지만 대부분 -32,768 부터 +32,767까지 사이의 숫자를 보관할 수 있다. 이보다 더 큰 숫자는 보관장소가 부족하기 때문에 다른 변수형을 사용해야 한다.

실수형은 소수점이 있는 숫자를 보관하는 용도로서, 숫자 범위는 상당히 크게 되어 있다. 상세한 내용은 이후에 설명한다.

문자형은 변수 내에 글자를 넣을 수 있는 것으로서, 한 변수 당 한 글자를 보관할 수 있다. 글자라고는 하지만 사실상은 글자에 해당되는 숫자인 '코드'가 저장된다.

iii) 변수의 선언

C-언어에서는 프로그램 초기에 앞으로 사용할 변수의 리스트를 미리 선언해 놓은 후 사용하도록 되어있는데, 이는 프로그램 도중 변수를 잘못 사용하는 것을 방지하기 위함이다. 예를 들어 'a'라는 변수를 정수형으로 사용하기로 해 놓고서 프로그램 중에 실수와 섞어 사용한다든지 하는 오류를 미리 찾아낼 수 있다.

변수의 선언은 다음과 같은 형식으로 한다.

```
int  a, b, c = 1;
float ab, bc = 4.0;
char bcd, ch = 'a';
```

[리스트 3-8] 변수의 선언 예

첫째 줄은 정수형(integer) 변수를 선언한 예로서, a, b, c 3개의 변수를 동시에 선언하되 c변수는 선언 시부터 미리 숫자 1을 넣어 놓은 경우이다.

둘째 줄은 실수형(read) 변수를 선언한 예로서, 실수형 변수에 숫자를 직접 대입하려면 꼭 소수점이 찍혀있어야 하기 때문에 단순히 숫자 4를 넣으려면 4.0으로 표기해야 한다.

셋째 줄은 문자형(character) 변수를 선언한 예로서, 문자를 대입하려면 홑 따옴표를 이용해 문자를 표시한다. 만약, 「ch = a」 라 선언하면 이는 a변수의 내용을 ch에 대입하라는 다른 의미가 되기 때문이다.

※ 실수형의 명칭이 "real"이라 되어 있지 않고 "float"라 된 이유는 컴퓨터 내부에서는 실수를 부동소수점(浮動小數點)이라는 방식으로 기억하는데, 이를 영어로 표기하면 "Floating point"이기 때문에 "float"라 표기한다.

③ 숫자의 표시

printf( ) 함수 형식은 [그림 3-21]과 같다.

printf("형식" , 변수);

변수 지정형식의 종류

%d	: 정수(integer)
%f	: 소수(float)
%c	: 글자(char)
	:

(a) 함수의 형태

특수문자의 표시

쌍따옴표	→	\"
리턴문자	→	\r
엔터문자	→	\n
탭 문자	→	\t
%	→	%%

(b) 특수문자의 표시 예

[그림 3-21] printf( ) 함수

printf( ) 함수에 사용되는 "형식"은 출력표시의 형식을 지정하는 것으로서, 글자나 변수의 내용 등을 어떻게 배열할 것인가를 결정한다. "변수"는 표시할 변수를 콤마를 이용해 나열하는데, 이 변수들은 [그림 3-22]와 같이 형식의 순서에 따라 그대로 대응된다.

printf ("\"%d와 %d를 더하면 %d입니다.\"\n ", a, b, c);

(a) 프로그램

"2와 3을 더하면 5입니다."

(b) 실행결과

[그림 3-22] printf( ) 함수의 사용 예

만약 변수 a는 2, b는 3, c는 5이었다면 이의 실행결과는 [그림 3-22](b)와 같이 나타난다. 사용예의 printf( ) 함수 내부의 형식을 순서대로 살펴보면 따옴표 이후에 「\"」가 있으므로 실행결과의 처음에 쌍 따옴표가 출력되고, 그 다음은 정수 변수의 내용으로 대체되는 「%d」가 있으므로 변수 a의 내용으로 대체되어 2가 표시된다. 그 후 '와'자가 있으므로 이 글자가 표시되고 다음의 「%d」에 의해서 변수 b의 내용인 3이 표시된다. 이렇게 해서 마지막까지 진행하면 다시 「\"」가 있으므로 실행결과의 마지막에도 쌍 따옴표가 표시되고, 그 다음의 '\n'에 의해 다음 줄로 진행한다.

실습 예제 3-10

[리스트 3-9]의 프로그램을 "p004.c"라는 이름으로 실행하시오.

```
#include <stdio.h>
main()
{
  int a, b, c;
  a = 2; b = 3; c = a + b;

  printf("Content-type:text/html\n\n");
  printf("<HTML>\n<BODY>\n");
  printf("%d와 %d를 더하면 %d입니다\n", a, b, c);
  printf("</BODY>\n</HTML>\n");
}
```

[리스트 3-9] 변수에 의한 연산 프로그램 예제

> ※ 앞으로의 실행 과정에서는 당연히 index.html에
> <A HREF="cgi-bin/p004.cgi">p004</A>
> 를 추가해 실행한다.

프로그램 넷째 줄의 int a, b, c;는 이 프로그램에서 사용할 변수를 미리 선언해 놓은 것으로서 3개 변수를 모두 정수형으로 정했다. 다음 줄에서는 변수 a에 2를 변수 b에 3을, 그리고 변수 c에는 a와 b를 더한 값을 대입했다. 이들 문장은 비록 한 줄에 모두 기록되어 있지만 컴파일러는 세미콜론으로 문장을 구분하기 때문에 이들은 3개 문장으로 해석된다.

(2) 반복 명령 - for( )

① for( )문의 형식

컴퓨터의 가장 큰 능력 중의 하나는 반복능력이다. for( )문(이것은 함수가 아니다)은 명령어 집단을 반복 처리하도록 하는 명령으로서, 기본형식은 [그림 3-23]과 같다.

```
for ( 초기조건; 종료조건; 진행조건 ) 반복 처리할 명령;
```

[그림 3-23] for( )문의 형식

괄호 안의 '초기조건'은 for( )문이 시작되면서 수행할 사항들을 기록하고, '종료조건'은 반복 기능이 종료되기 위한 조건, 즉 for( )문을 종료시킬 조건을 설정한다. '진행조건'은 반복 처리 명령어를 한 번 수행할 때마다 처리할 사항을 기록한다. 조건이 필요치 않은 곳은 비워두고 세미콜론만 남겨둔다. for( )문은 다른 명령어를 포함하는 명령어로서 위 형식에서는 반복 처리할 명령 이후의 세미콜론에서 for( )문이 끝남에 유의하라.

만약 반복 처리할 명령이 여러 개이면 [그림 3-24]와 같이 중괄호를 이용해 하나로 묶어 표시한다.

```
for ( 초기조건;  종료조건;  진행조건 )
      {
            명령;
            명령;
      };
```

[그림 3-24] 복문을 처리하기 위한 for( )문

이 경우, for( )문은 마지막의 닫은 중괄호와 세미콜론에서 종료되며, for( )문 내에 많은 수의 다른 명령어를 포함하고 있다.

실습 예제 3-11

[리스트 3-10]의 프로그램을 "p005.c"라는 이름으로 실행하시오.

> ※ index.html에
> <A HREF="cgi-bin/p005.cgi">p005</A>를 추가해 실행한다.

```
#include <stdio.h>
main()
{
  int cnt;

  printf("Content-type:text/html\n\n");
  printf("<HTML>\n<BODY>\n");
  for (cnt = 1; cnt < 10; cnt++ )
                    printf("%d번째 줄 표시했습니다.!!<BR>", cnt);
  printf("</BODY>\n</HTML>\n");
}
```

[리스트 3-10] for( )문에 의한 반복수행 예제

예제 프로그램의 핵심은 for( )문으로서, 이를 한국어로 번역하면 [그림 3-25]와 같은 뜻이다.

```
for (cnt = 1; cnt < 10; cnt++ )
            printf("%d번째 줄 표시했습니다.!!<BR>", cnt);
```

cnt 변수가 1부터 10보다 작을 동안 1씩 증가해 가면서 printf( )문을 반복하라.

[그림 3-25] 예제 for( )문의 의미

위 프로그램 실행결과를 브라우저에서 살펴보면 9개의 문장이 숫자가 변하면서 나타남을 알 수 있다. 즉, 지금까지 다뤄온 고정적인 웹 문서와 비교해 보면 이는 확실히 프로그램에 의해 발생된 특이한 웹 문서임을 느낄 수 있을 것이다. 이 웹 문서를 브라우저의 "소스보기" 기능으로 HTML 원문을 살펴보라. 웹 문서상으로는 특별히 문제가 없으나, 디버깅을 위해 소스를 봐야 할 경우 그다지 편리한 느낌이 들지는 않는다. 따라서 이러한 디버깅을 고려해 for( )문 내에 있는 printf( )함수에 '\n'을 다음 예제와 같이 추가해 실행해 보라. 브라우저 상으로는 차이가 없지만 소스 보기에서는 한결 보기 좋은 HTML 문서가 될 수 있다.

실습 예제 3-12

1. [리스트 3-11]은 앞서 "p005.c" 프로그램에 '\n'을 추가한 것이다. 이를 편집하고 컴파일 하시오.
2. 실행한 후 브라우저의 "소스보기"로 문서 원본을 확인해보시오.

```
#include <stdio.h>
main()
{
  int cnt;

  printf("Content-type:text/html\n\n");
  printf("<HTML>\n<BODY>\n");
  for (cnt = 1; cnt < 10; cnt++ )
            printf("%d번째 줄 표시했습니다.!!<BR>\n", cnt);
  printf("</BODY>\n</HTML>\n");
}
```

[리스트 3-11] "p005.c" 프로그램의 변경

② 반복문을 이용한 표 만들기

i) 1차 반복

반복문을 잘 활용하기 위해서는 대상의 <u>반복구간을 명확히 파악</u>하는 것이 중요하다. 반복이 자주 일어나는 표가 반복문을 활용하는 예로서는 가장 적합한 것 중 하나인데, [그림 3-26](a)와 같은 간단한 표를 목표로 한다.

1	2	3	4

(a) 구성대상 표

```
<TABLE BORDER=1>
 <TR>
   <TD>1</TD><TD>2</TD><TD>3</TD><TD>4</TD>
 </TR>
</TABLE>
```

(b) HTML문

[그림 3-26] 반복문의 사용 대상 예

이러한 표를 구성하는 HTML문을 살펴보면 [그림 3-25](b)의 리스트와 같이 되는데, 이 중 가운데 부분을 살펴보면 「<TD> .. </TD>」가 연속으로 4번 반복됨을 알 수 있다. 그리고 이 태그들 사이에 숫자가 규칙적으로 나열되므로 숫자 대신 변수로 대체시키면 [리스트 3-12]와 같은 문장이 반복대상이 된다.

```
printf("<TD>%d</TD>\n", x);
```

[리스트 3-12] 반복대상의 선정

이러한 명령이 1부터 4까지 반복되므로 [리스트 3-13]과 같이 for( )문을 적용해 반복시킬 수 있다.

```
for ( x = 1; x < 5; x++ )  printf("<TD>%d</TD>\n", x);
```

[리스트 3-13] 반복문의 완성

따라서 전체적으로 프로그램을 완성하면 [예제 3-13]과 같이 된다.

실습 예제 3-13

1. [리스트 3-14]의 프로그램을 "table.c"라는 이름으로 실행하시오.
2. 표의 가로 셀이 9개가 되도록 변경해 보시오.
3. CELLPADDING이나 WIDTH, 색상 변경 등을 사용해 표의 모양을 꾸며 보시오.

```
#include <stdio.h>
main()
{
  int x;

  printf("Content-type:text/html\n\n");
  printf("<HTML>\n<BODY>\n");
  printf("<TABLE  BORDER=1>\n");
  printf("  <TR>\n");
  for ( x = 1; x < 5; x++ )  printf("<TD>%d</TD>\n", x);
  printf("  </TR>\n");
  printf("</TABLE>\n");
  printf("</BODY>\n</HTML>\n");
}
```

[리스트 3-14] 반복문에 의한 1차원 표 구성 예

ii) 2차 반복

앞서 작성했던 예제에 약간의 내용을 추가하면 [그림 3-27](a)와 같은 표를 쉽게 구성할 수 있다.

1-1	1-2	1-3	1-4
2-1	2-2	2-3	2-4
3-1	3-2	3-3	3-4
4-1	4-2	4-3	4-4

(a) 구성대상 표

```
for ( y = 1; y < 5; y++ )
    {
      한 줄 처리;
    };
```

(b) 프로그램의 골격

[그림 3-27] 반복문의 사용 대상 예-2

이는 앞서 작성했던 한 줄을 만드는 부분이 4번 더 반복된 것으로서, 기본 골격은 [그림 3-27](b) 리스트와 같다. 따라서 전체 프로그램은 [예제 3-14]와 같으며, 리스트 중 굵은 글씨체는 앞서 예제 프로그램 내용에 추가된 부분이다.

실습 예제 3-14

1. "table.c"를 [리스트 3-15]와 같이 수정해 실행하시오.
2. 표의 가로가 8칸, 세로가 9줄이 되도록 변경해 보시오.
3. CELLPADDING이나 WIDTH, 색상 변경 등을 사용해 표의 모양을 꾸며 보시오.

```
#include <stdio.h>
main()
{
  int x, y;

  printf("Content-type:text/html\n\n");
  printf("<HTML>\n<BODY>\n");
  printf("<TABLE BORDER=1>\n");
  for ( y = 1; y < 5; y++ )
    {
      printf("  <TR>\n");
      for ( x = 1; x < 5; x++ )  printf("<TD>%d - %d</TD>\n", y, x);
      printf("  </TR>\n");
    };
  printf("</TABLE>\n");
  printf("</BODY>\n</HTML>\n");
}
```

[리스트 3-15] 반복문을 2회 사용한 표 예제

2) 구구단 표 만들기

(1) 반복문의 이용

반복문의 고전적인 예제인 구구단을 [그림 3-28]과 같이 표를 이용해 작성해 본다.

2 X 1 = 2 2 X 2 = 4 : 2 X 9 = 18	3 X 1 = 3 3 X 2 = 6 : 3 X 9 = 27	4 X 1 = 4 4 X 2 = 8 : 4 X 9 = 36	5 X 1 = 5 5 X 2 = 10 : 5 X 9 = 45
6 X 1 = 6 6 X 2 = 12 : 6 X 9 = 54	7 X 1 = 7 7 X 2 = 14 : 7 X 9 = 63	8 X 1 = 8 8 X 2 = 16 : 8 X 9 = 72	9 X 1 = 9 9 X 2 = 18 : 9 X 9 = 81

[그림 3-28] 작성할 구구단의 형태

① 한 단 구성

이해를 쉽게 하기 위해 우선 한 단에 관한 사항을 다룬 후 나머지 단으로 확장한다. 구구단 중의 2단만을 생각해 보면 [그림 3-29](a)와 같이 '수'에 해당하는 숫자가 1부터 9까지 증가되며, 답은 단과 수를 곱한 결과로 이루어져있다. 따라서 [그림 3-29](b)와 같이 for( )문을 이용해 구성이 가능하다.

단 × 수 = 답
2 × 1 = 2
2 × 2 = 4
2 × 3 = 6
:
2 × 9 = 18

(a) 2단의 형태

```
for (soo = 1; soo < 10; soo++ ) printf(     );
```

(b) 한 단의 반복부분 구조

```
dan = 2;
for (soo = 1; soo < 10; soo++ )
  printf("%d X %d = %d<BR>", dan, soo, dan * soo);
```

(c) 한 단을 위한 프로그램

[그림 3-29] 구구단 한 단의 구성

다음은 [그림 3-29](c)와 같이 printf( ) 함수의 내부에 구구단 모양의 출력 형식을 지정하는데, 비록 2단에 한정하고 있지만 이후의 확장을 위해 dan이라는 변수를 두고서 2로 고정시켜 사용하였다. 이와 같은 부분을 이용해 완성한 프로그램은 [예제 3-15]와 같다.

실습 예제 3-15

[리스트 3-16]은 한 단의 구구단을 표시하는 프로그램이다. 이를 "gugudan.c" 이름으로 입력하고 실행하시오.

```
/*  구구단 프로그램  */
#include <stdio.h>
main()
{
  int dan, soo;

  printf("Content-type:text/html\n\n");
  printf("<HTML>\n<BODY>\n");
  dan = 2;
  for (soo = 1; soo < 10; soo++ )
    printf("%d X %d = %d<BR>", dan, soo, dan * soo);
  printf("</BODY>\n</HTML>\n");
}
```

[리스트 3-16] 한 단 표시 구구단

※ 첫 줄의 「/*」와 「*/」 기호로 된 문장은 '주석(comment)'이라 하며, 컴파일러는 이를 무시한다. 즉, 이것은 프로그램 작성자가 보기 위한 것이다. 이와 같은 주석은 프로그램 어느 곳에나 위치할 수 있다.

② 표 추가

앞서 작성한 구구단에 표를 추가해야 하는데, 한 단이 표의 한 셀을 차지하도록 [리스트 3-17]과 같이 한 단 표시부분을 <TD> 태그로 둘러싸도록 한다.

```
printf("<TD>\n");
for (soo = 1; soo < 10; soo++ )
   printf("%d X %d = %d<BR>", dan, soo, dan * soo);
printf("</TD>\n");
```

[리스트 3-17] 구구단에 〈TD〉 태그를 적용

그리고 이 둘레에 <TABLE> 태그를 사용해야 하는데, 앞으로 단이 변화하면서 확장될 것을 예상한다면 dan 변수는 표 내에서 변화되어야 하므로 <TABLE> 태그 내에 두면 다음 예제와 같은 프로그램이 완성된다. 만약, 단이 <TABLE> 태그 바깥에 위치한다면 dan 변수가 변화한 후 다시 <TABLE> 태그가 시작되므로 한 단마다 표가 하나씩 생성되는 결과가 된다. 즉, 일단 <TABLE>이 시작되었다면 2단부터 9단까지 진행하고 그 후 </TABLE>로 마감해야 하나의 표에 구구단이 모두 구성될 수 있다.

실습 예제 3-16

앞의 "gugudan.c" 프로그램을 [리스트 3-18]과 같이 변경해 실행하시오.

※ 프로그램을 변경할 때는 WS_FTP 프로그램의 "view" 메뉴를 사용해 편집하고 저장하는 것이 편리하다.

```
#include <stdio.h>
main()
{
  int dan, soo;
```

```
  printf("Content-type:text/html\n\n");
  printf("<HTML>\n<BODY>\n");
  printf("<TABLE BORDER=1>\n<TR>\n");
  dan = 2;
  printf("<TD>\n");
  for (soo = 1; soo < 10; soo++ )
    printf("%d X %d = %d<BR>", dan, soo, dan * soo);
  printf("</TD>\n");
  printf("</TR>\n</TABLE>");
  printf("</BODY>\n</HTML>\n");
}
```

답의 형태

2 X 1 = 2 2 X 2 = 4 : 2 X 9 = 18

[리스트 3-18] 표에 의한 한 단의 구구단

③ 9단까지의 확장

앞서 작성한 프로그램을 실행하면 하나의 셀에 한 단이 표시되는데, 이를 9단까지 확장하려면 dan 변수가 2부터 9까지 반복돼야 하므로 [리스트 3-19]와 같은 구조의 반복문이 필요하다.

```
for ( dan = 2; dan < 10; dan++ )
    { 한 셀의 한 단 처리 };
```

[리스트 3-19] 9단까지의 반복문 구조

따라서 「 dan = 2; 」대신 이를 추가한 프로그램은 [예제 3-17]과 같다.

실습 예제 3-17

1. "gugudan.c" 프로그램을 [리스트 3-20]과와 같이 변경해 실행하시오.
2. 표의 모양이나 색상 등을 변경해보시오.

```
#include <stdio.h>
main()
{
```

```
  int dan, soo;

  printf("Content-type:text/html\n\n");
  printf("<HTML>\n<BODY>\n");
  printf("<TABLE BORDER=1>\n<TR>\n");

  for ( dan = 2; dan < 10; dan++ )
  {
      printf("<TD>\n");
      for (soo = 1; soo < 10; soo++ )
        printf("%d X %d = %d<BR>", dan, soo, dan * soo);
      printf("</TD>\n");
  };
  printf("</TR>\n</TABLE>");
  printf("</BODY>\n</HTML>\n");
}
```

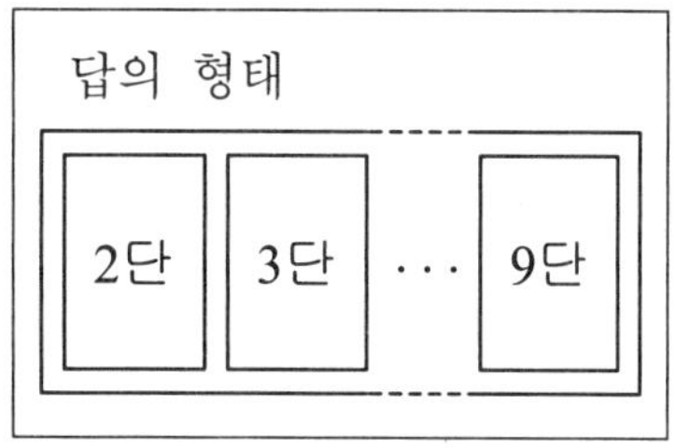

[리스트 3-20] 9단까지 표시되는 구구단

(2) 조건 판단문

① 개선할 목표

앞서 예제의 실행결과를 보면 [그림 3-30](a)와 같이 모든 단이 일렬로 나타나는데, 이를 [그림 3-30](b)와 같은 형태로 하는 것이 목표이다.

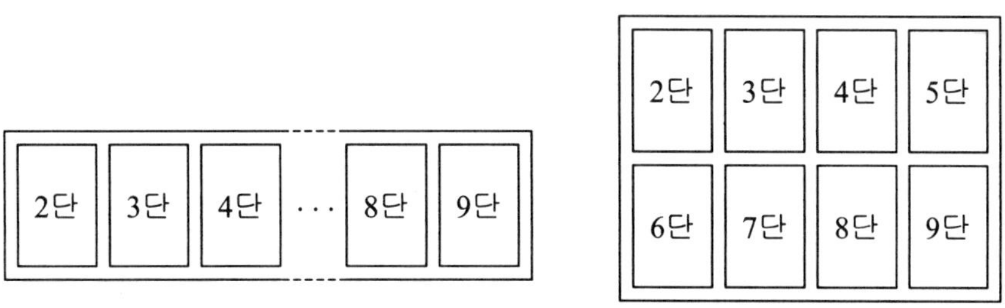

(a) 현재의 구구단 형태 (b) 개선할 형태

[그림 3-30] 개선할 구구단의 형태

[그림 3-30](b)와 같은 형태로 표를 구성하기 위해서는 다음과 같은 처리가 필요하다.

만약, 5단을 끝마쳤다면 줄을 마감(</TR>)하고 다음 줄을 새로 시작(<TR>)한다.

이와 같이 어떤 조건 때에 특정 처리를 행하도록 하는 명령이 조건판단문으로서, if( )문이 있다.

② if( )문의 사용법

if( )문은 특정한 조건이 충족되면 지정된 명령을 처리하는데, 그 용법은 다음과 같다.

```
if ( 조건 ) 처리할 명령;
```

(a) 명령의 형식

```
if ( 조건 )
     {
       처리할 명령;
       처리할 명령;
             :
     };
```

(b) 명령이 여러 개일 때

조건 예	의 미
a == 15	a가 15와 같을 때
b < 15	b가 15보다 작을 때
c > 20	c가 20보다 클 때
a != 10	a가 10과 같지 않을 때
b <= 15	b가 15보다 작거나 같을 때
c >= 20	c가 20보다 크거나 같을 때

(c) 조건의 예

[그림 3-31] if( )문의 형식

if( )문도 앞서 for( )문과 유사하게 다른 명령어를 포함하는 명령이다. [그림 3-31](a)는 조건이 맞으면 '처리할 명령'을 처리하고 다음으로 진행하지만, 조건에 맞지 않으면 '처리할 명령'을 처리하지 않고 그대로 다음으로 진행한다. 만약 처리할 명령이 여러 개일 경우에는 [그림 3-31](b)와 같이 중괄호로 묶어 한 단위로 처리한다. 따라서 if( )문도 for( )문 때와 마찬가지로 명령어의 끝이 어디인지 정확히 알 필요가 있다.

if( )문이 판단하는데 사용하는 '조건'은 여러 형태가 있지만 [그림 3-31](c)에 가장 많이 사용하는 것 중 몇 가지를 나열하였다. 이 중에서 '같다'라는 조건은 '=' 기호를 연속으로 2개를 적은 것으로서, 한 개만 적으면 전혀 다른 연산(대입연산)을 하므로 주의해야한다.

③ 구구단의 개선

앞서 구구단 표의 배열을 변경하기 위해 다음과 같은 조건을 도출하였다.

> 만약, 5단을 끝마쳤다면 줄을 마감(</TR>)하고 다음 줄을 새로 시작(<TR>)한다.

따라서 이 문장을 C-언어로 옮기면 [리스트 3-21]과 같다.

```
if ( dan == 5 ) printf("</TR>\n<TR>");
```

[리스트 3-21] 구구단에 사용할 if( )문

이 문장을 삽입해 개선된 구구단 프로그램은 [예제 3-18]과 같다.

실습 예제 3-18

1. "gugudan.c" 프로그램을 [리스트 3-22]와 같이 변경해 실행하시오.
2. 표의 모양(CELLPADDING 등)을 다듬이 보기 좋게 꾸며보시오.

```
#include <stdio.h>
main()
{
  int dan, soo;

  printf("Content-type:text/html\n\n");
  printf("<HTML>\n<BODY>\n");
  printf("<TABLE BORDER=1>\n<TR>\n");
  for ( dan = 2; dan < 10; dan++ )
    {
      printf("<TD>\n");
      for (soo = 1; soo < 10; soo++ )
        printf("%d X %d = %d<BR>", dan, soo, dan * soo);
      printf("</TD>\n");
      if ( dan == 5 ) printf("</TR>\n<TR>");
    };
```

```
    printf("</TR>\n</TABLE>");
    printf("</BODY>\n</HTML>\n");
}
```

[리스트 3-22] 2단계로 구성된 구구단

※ if( )문이 삽입된 위치를 살펴보라. 한 단의 표시가 완료되고 </TD>로 표의 셀을 닫은 직후 조건판단을 하고 있다.

답의 형태

2단	3단	4단	5단
6단	7단	8단	9단

(3) 함수의 활용

본 절에서는 컴퓨터 프로그래밍에 있어 중요한 요소의 하나인 함수에 관해 살펴보고 이를 활용해 구구단을 다시 작성함으로써 함수의 편리함과 기능을 확인하기로 한다.

① 함수의 사용 목적

C-언어에서의 함수는 다른 프로그래밍 언어의 함수 기능과 서브루틴(sub-routine) 기능을 겸해서 행하고 있다. 함수를 사용하면 프로그램을 기능별로 모듈화 할 수 있는데, 예를 들어 주소록 프로그램을 작성한다면 [그림 3-32](a)와 같이 main( ) 한 곳에 모든 기능을 넣을 경우, 각 기능들이 서로 엉켜있기 때문에 프로그램 작성이 매우 복잡해지고 변경이나 기능 추가가 대단히 어려워진다.

반면, 함수를 이용해 각 기능들을 [그림 3-32](b)와 같이 모듈화 해 별도로 관리하면 프로그램 작성 시에도 한 기능에 관해서만 생각하면 되고 변경이나 기능 추가도 대단히 쉽게 가능해진다.

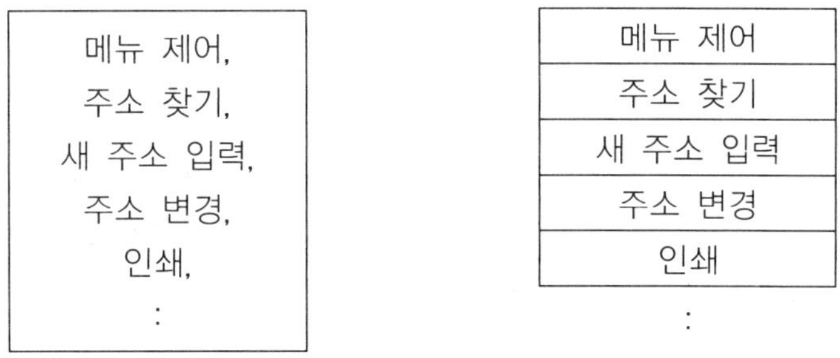

(a) 하나의 집단 프로그램 (b) 기능별로 모듈화 된 프로그램

[그림 3-32] 함수의 사용 목적

함수의 또 다른 기능 중 하나는 (사실, 이것은 다른 프로그래밍 언어의 서브루틴에 해당된다) 프로그램 작성 중 중복되어 사용하는 부분을 하나의 블록으로 묶어, 필요할 때마다 이 부분을 호출해 사용하는 것이다. 이와 유사한 예로서, [그림 3-33](a)와 같은 가사 기록을 볼 수 있는데, 각 절마다 중복되는 후렴구를 아래쪽에 별도로 모아 놓고서, 실제로 노래를 부를 때는 [그림 3-33](b)와 같이 후렴을 빠짐없이 부르며 진행한다.

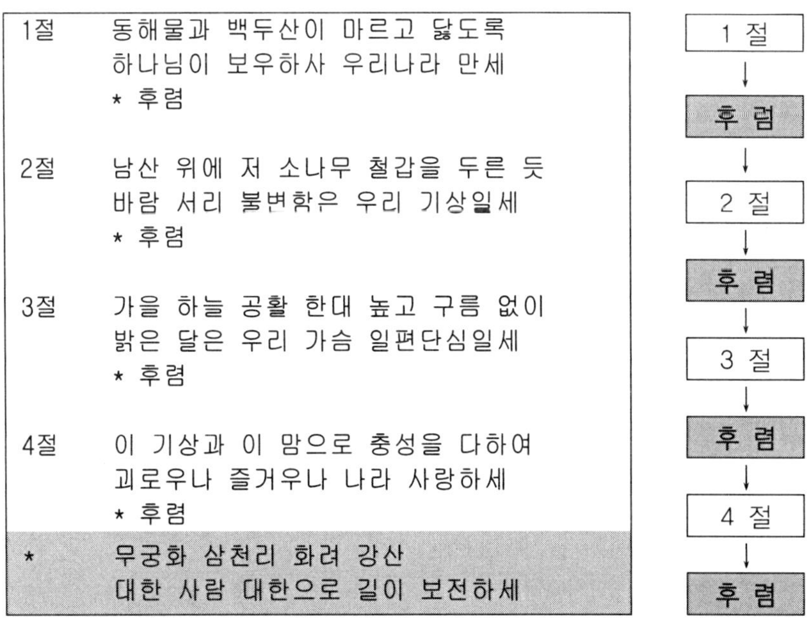

(a) 기록된 가사 (b) 부르는 순서

[그림 3-33] 노래 가사의 후렴

이와 같이 기록하면 기록 시 편리하다는 것 외에도 만약 후렴구의 내용을 고쳐야 하는 경우 [그림 3-33](a)의 후렴구만 수정하면 실제의 효과는 [그림 3-33](b)와 같이 모든 가사의 절에 나타난다.

만약, 후렴구를 사용하지 않고 모든 가사를 나열하면 내용을 고칠 때 각 절마다의 가사를 모두 고쳐야 한다. 노래 가사의 후렴구와 같은 문장을 프로그램 언어에서는 서브루틴(sub-routine)이라 하며, C-언어에서는 함수가 이 기능을 겸하고 있다.

② 함수의 구성

함수의 구조는 지금까지 사용하던 main( )과 동일한 구조이다. (사실은 main( )도 함수이다)

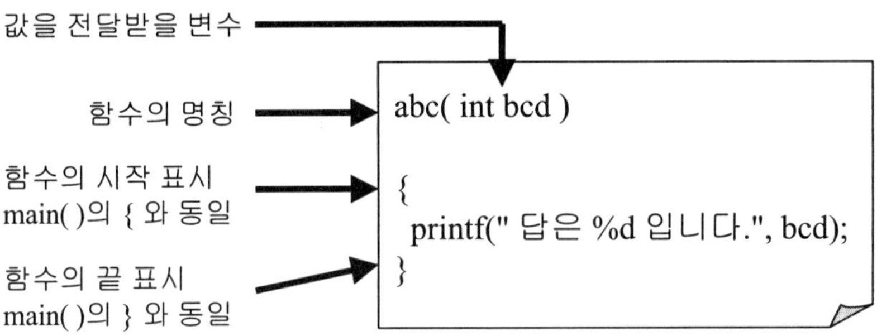

[그림 3-34] 함수의 구조

이와 같이 일반 함수도 main( )함수와 동일하기 때문에 함수 자체에서 필요로 하는 변수를 선언할 수도 있고 다른 함수를 호출할 수도 있다.

③ 함수의 변수전달

함수와 함수끼리는 필요로 하는 변수 값을 전달할 수 있는데, 이를 처음 접하는 사람은 이해하기 어려워하는 경향이 있으므로 비유를 들어 설명한다. 예를 들어 main이라는 집에서 사용하는 접시와 abc라는 집에서 사용하는 접시가 각각 있다. 이때 main집에서 음식을 abc집에 전달할 때 일반적으로 abc집이 접시를 하나 마련해야 한다.

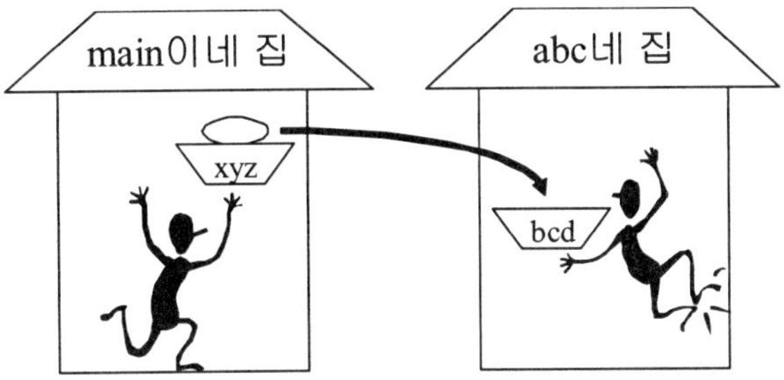

[그림 3-35] 이웃 간 음식 전달의 비유

이와 마찬가지로 각 함수 내에서 사용하는 변수는 음식을 담는 그릇에 해당되고, 함수끼리의 변수 값 전달에 있어서도 main함수에서 abc함수로 값을 전달할 때는 변수 자체가 전달되는 것이 아니라 변수 내의 내용물이 abc함수의 변수로 전달된다. 따라서 [그림 3-36]과 같이 값을 주는 함수 측에서는 함수명과 더불어 전달할 내용이 들어있는 변수를 괄호 내에 적어주고, 값을 받는 함수 측에서는 전해주는 값을 받아 넣을 그릇인 변수를 선언하면서 받는다.

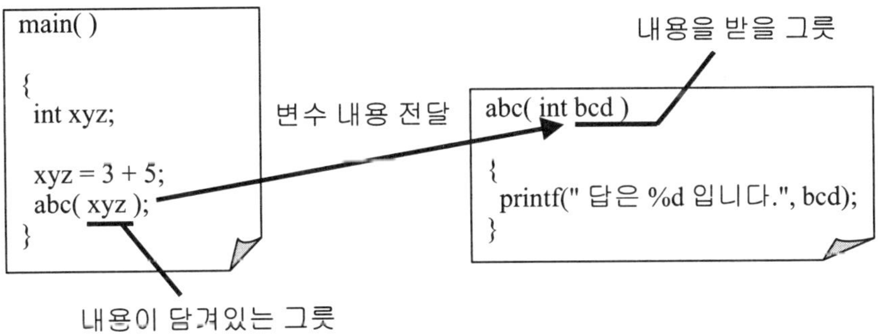

[그림 3-36] 함수간의 내용 전달

이때, 전달할 변수의 변수형과 전달받을 변수형은 서로 일치해야 하는데, 이는 이웃 간 음식전달의 비유에서 한쪽은 대접에 음료를 담아 갔는데, 받는 쪽에서 접시를 들고 나오면 안 되는 것으로 생각할 수 있다.

④ 함수의 응답

함수는 앞서의 경우처럼 입력을 받을 수 있지만 이에 대한 출력을 발생할 수도 있다. 출력은 함수 자체에서 발생하는데, 함수를 호출하는 측에서는 [그림 3-37]과 같이 응답을 얻을 수 있다.

a = sin(th);	b = abc(xyz);
(a) 기존 함수의 예	(b) 정의한 함수 예

[그림 3-37] 함수의 응답 방법

[그림 3-37](a)는 기존의 사인함수의 응답을 a변수에 담는 예로서, 함수 명 자체에서 응답이 발생한다. 우리가 정의한 함수도 이와 마찬가지로 [그림 3-37](b)와 같이 함수 자체에서 응답이 발생된다. 이 때 응답을 발생하는 함수의 변수형(이를 함수형이라 한다)과 답을 담는 변수형은 서로 같아야 한다.

함수를 정의할 때는 이와 같이 함수가 응답할 함수형을 함께 선언해야 하는데, 그 형식은 [그림 3-38]과 같다.

함수형 함수명(받을 변수형)	int abc(int bcd)
(a) 형식	(b) 예

[그림 3-38] 응답 함수형의 선언

만약, 응답할 사항이나 입력받을 사항이 없을 경우에는 함수형과 받을 변수형을 정의하지 않아도 되지만, '없다'라는 것을 확실히 하기 위해 [그림 3-39]와 같이 "void"라는 문자를 사용한다. 이는 마치 서류 작성 시 그저 빈 간으로 남겨놓는 것이 아니라 "해당사항 없음"이라 분명히 명시하는 것과 같다.

void abc(int bcd)	int abc(void)	void abc(void)
(a) 출력이 없을 때	(b) 입력이 없을 때	(c) 입출력이 모두 없을 때

[그림 3-39] "void"의 사용법

함수에서 응답을 출력할 때는 [그림 3-40]와 같이 "return" 명령을 사용한다.

```
return ( 변수명 );
```

[그림 3-40] return( ) 함수

이러한 함수의 응답에 관한 예를 [그림 3-41]에 나타내었다.

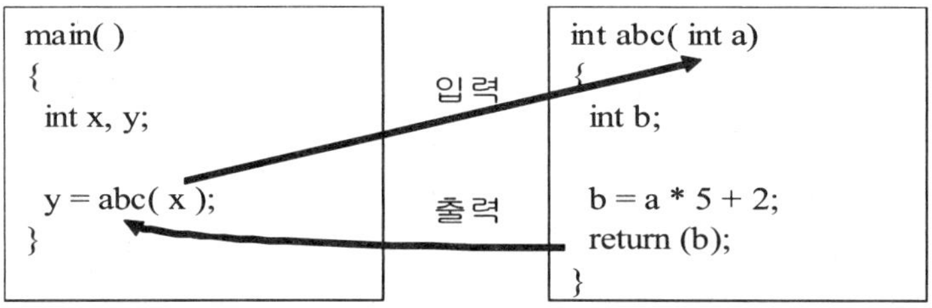

[그림 3-41] 함수의 응답 예

그림에서, main( ) 함수의 「y = abc(x)」 문장에 의해 x 변수 내용을 전달하면서 abc( )함수를 호출한다. 호출된 abc( )함수는 변수 a에서 값을 받아 이를 이용해 계산을 하고, 그 결과를 「return (b);」 명령을 이용해 응답하며, main( ) 함수 측에서는 이를 변수 y에 받아 넣는다.

⑤ 함수의 prototype

함수는 입력을 받기도 하고 자체에서 출력을 하기도 한다. 그런데, 이 함수를 호출하는 측에서도 이러한 변수형을 서로 맞춰줘야 하는데, 사인 함수 등 기존의 C-언어에 만들어져 있는 함수들은 입력이 어떤 형이고 출력이 어떤 형인지 이미 알고 있으므로 이들을 잘못 사용하면 컴파일러가 컴파일 시 이를 찾아내어 우리에게 알려준다. 그러나 우리가 정의한 함수는 이를 잘못 사용하더라도 컴파일러는 우리가 정의한 것에 대해 모르기 때문에 오류검사를 하지 않는다. 이러한 오류검사 과정을 예를 들어 살펴본다.

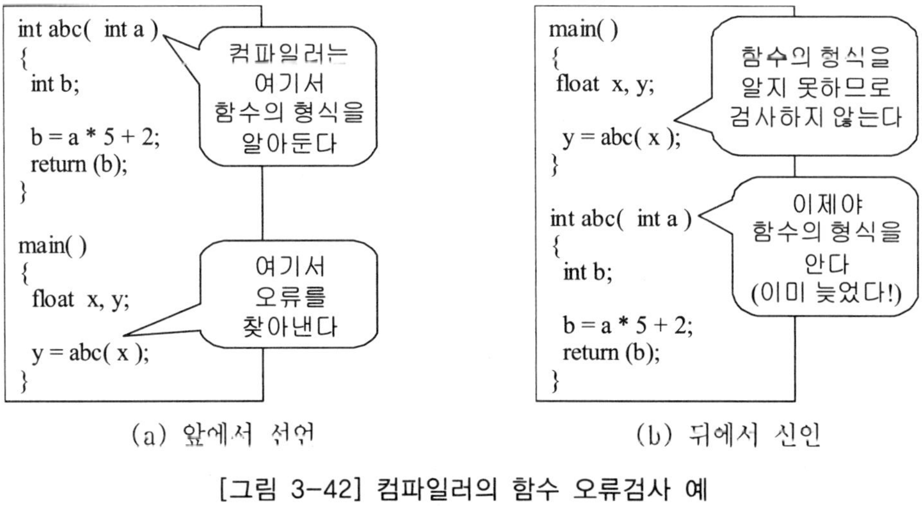

[그림 3-42] 컴파일러의 함수 오류검사 예

[그림 3-42](a)의 경우는 abc( )함수를 먼저 선언하고 이후에 뒤쪽에서 함수를 사용한다. 이 때는 컴파일러가 위로부터 컴파일 하기 때문에 함수 선언과정을 거쳐 함수의 형식(모든 변수를 int 형으로 해 놓았다는 것)을 알기 때문에 이후에 실제 함수 사용 시 float형으로 사용하려 하면 오류를 찾아낸다. 이에 비해 [그림 3-42](b)는 함수를 사용할 부분이 먼저 위치하기 때문에 컴파일러는 아직 이 함수에 관한 정보가 없어 오류검사를 하지 않아 오류를 검출하지 못한다.

일반적인 프로그래밍에서는 [그림 3-42](a)와 같은 형태보다는 [그림 3-42](b)와 같이 main( )함수를 가장 먼저 두고 그 이후에 함수들을 나열하기 때문에 오류검사를 할 수 없는 문제점이 있어, 이러한 경우에 사용하는 것이 prototype이다.

Prototype은 컴파일러가 함수에 관한 사항도 모두 검사할 수 있도록 하는 것으로서, main( )함수 이후에 나열된 함수들을 미리 컴파일러에게 알려주는 역할을 한다. 형식은 main( )함수 이전에 함수 명을 [리스트 3-23]과 같은 형식으로 나열하면 된다.

```
int  abc( int );        /* 함수의 prototype */

main( )
{
     :
```

[리스트 3-23] Prototype의 선언

즉, 함수 명과 함수에 사용되는 변수의 형만 기록하고 변수 명은 필요가 없다. 단, 이러한 protype 문장도 하나의 문장이므로 끝에 세미콜론을 붙여야 한다. (함수 선언 때는 세미콜론이 없었다)

⑥ 함수를 사용한 구구단

여기서는 앞서 구성했던 구구단의 과정을 함수를 활용해 동일하게 단계별로 진행해 본다. 이전에 했던 단계와 비교했을 때 함수를 활용하면 생각하는 관점이 더 편리함을 느낄 수 있다.

i) 한 단 구성

함수를 구성할 부분은 한 단을 표시하는 곳으로 하고, 이전과 같이 2단으로 한정시킨다면 main( )부분은 [리스트 3-24](a)와 같이 구성할 수 있고, 부 함수(sub-soutine) 부분은 [리스트 3-24](b)와 같다.

```
dan = 2; dsp_dan( dan );
```

※ 한 단 처리의 함수 명은 dsp_dan( )으로 하였다.

(a) main( )함수 부분

```
void dsp_dan( int dan2 )
{
   int soo;

   for (soo = 1; soo < 10; soo++ )
      printf("%d X %d = %d<BR>", dan2, soo, dan2 * soo);
}
```

(b) 부 함수 부분

[리스트 3-24] 함수를 이용한 한 단의 구성

이 구조에서, main( )함수 부분을 보면 매우 간단하게 바뀌는데, 이를 한국어로 표시하면 다음과 같은 의미를 가진다.

dan 변수에 2를 설정하라; dan 변수를 가지고 한 단을 표시하라;

여기서, "한 단을 표시하라"의 어떻게 한 단을 표시하는지는 부 함수에서 알아서 해 주리라 생각하면 그만이다.

부 함수 부분에서는 오직 전달된 숫자를 이용해 한 단 표시를 행하는 직업만 신경 쓰면 되며, [리스트 3-24](b)와 같이 구성된다. 이 때 이 함수를 호출한 쪽으로 다시 응답하는 사항은 없으므로 함수형은 void로 선언되었고, 전달돼 오는 값을 받기 위한 변수는 dan2로 하였다. 사실, 이 변수 명은 main( )함수와 동일한 'dan'으로 사용해도 상관없으나 구분을 확실히 하기 위해 이와 같이 하였는데, 만약 똑같이 'dan'이라 설정해도 main( )함수의 'dan' 변수와 부 함수에서의 'dan'은 서로 다른 변수이다. 이는 A집에서 사용하는 그릇 이름도 '접시'이고 B집에서 사용하는 그릇 이름도 '접시'라 할지라도 두 집이 사용하는 그릇은 분명히 서로 다른 것과 같은 원리이다.

실습 예제 3-19

1. [리스트 3-25] 프로그램을 "gugudan2.c"라는 이름으로 실행하시오.
2. 이 결과가 앞서 처음으로 구구단을 구성했던 때의 답과 동일함을 확인하시오.

```
#include <stdio.h>

void dsp_dan( int );  /* Prototype 선언 */

main()
{
  int dan;

  printf("Content-type:text/html\n\n");
  printf("<HTML>\n<BODY>\n");
  dan = 2; dsp_dan( dan );
  printf("</BODY>\n</HTML>\n");
}

void dsp_dan( int dan2 )      /* 한 단을 표시하는 부 함수 */
{
   int soo;

   for (soo = 1; soo < 10; soo++ )
               printf("%d X %d = %d<BR>", dan2, soo, dan2 * soo);
}
```

[리스트 3-25] 함수에 의한 한 단 구구단 표시

ii) 표 추가

앞서 작성한 구구단에 표를 추가하려면 [리스트 3-26]과 같이 각각 표에 관련된 태그 문장을 삽입한다.

```
  printf("<HTML>\n<BODY>\n");
  printf("<TABLE BORDER=1 >\n<TR>\n");
  dan = 2; dsp_dan( dan );
  printf("</TR>\n</TABLE>");
  printf("</BODY>\n</HTML>\n");
```

(a) main( )함수 부분

```
printf("<TD>\n");
for (soo = 1; soo < 10; soo++ )
    printf("%d X %d = %d<BR>", dan2, soo, dan2 * soo);
printf("</TD>\n");
```

(b) 부 함수 부분

[리스트 3-26] 표 추가 사항

즉, main( )함수 부분은 [리스트 3-26](a)와 같이 표 전체에 관한 사항을 설정하고, 부 함수 부분은 한 단에 관련된 것만을 처리하므로 [리스트 3-26](b)와 같이 <TD> 태그만 설정한다.

실습 예제 3-20

1. 앞서 프로그램 "gugudan2.c" 프로그램에 [리스트 3-24]와 같이 추가하고 실행하시오.
2. 이 결과가 앞서 구구단을 구성했던 때의 답과 동일함을 확인하시오.

```
#include <stdio.h>

void dsp_dan( int );   /* Prototype 선언 */

main()
{
  int dan;

  printf("Content-type:text/html\n\n");
  printf("<HTML>\n<BODY>\n");
  printf("<TABLE BORDER=1 >\n<TR>\n");
  dan = 2; dsp_dan( dan );
  printf("</TR>\n</TABLE>");
  printf("</BODY>\n</HTML>\n");
}

void dsp_dan( int dan2 )        /* 한 단을 표시하는 부 함수 */
{
   int soo;
```

```
printf("<TD>\n");
   for (soo = 1; soo < 10; soo++ )  printf("%d X %d = %d<BR>", dan2, soo,
dan2 * soo);
printf("</TD>\n");
}
```

[리스트 3-27] 한 단 구구단에 표 추가

ⅲ) 9단까지의 확장

이제는 한 단 처리를 행하는 부 함수 부분은 완성된 상태이므로 9단까지 확장할 때는 오로지 main( )함수 부분의 「dan = 2」 대신 "2부터 9까지 단을 표시"라는 의미로 [리스트 3-28]과 같이 for( )문으로 대체하면 된다.

```
printf("<HTML>\n<BODY>\n");
printf("<TABLE BORDER=1 >\n<TR>\n");
for ( dan = 2; dan < 10; dan ++ ) dsp_dan( dan );
printf("</TR>\n</TABLE>");
printf("</BODY>\n</HTML>\n");
```

[리스트 3-28] 9단으로 확장 시 main( )함수의 추가사항

실습 예제 3-21

1. 앞의 "gugudan2.c" 프로그램 중 [리스트 3-25]에 추가한 사항을 편집해 실행하시오.
2. 이 결과가 앞서 구구단을 구성했던 때의 답과 동일함을 확인하시오.

ⅳ) 구구단의 개선

앞서 일렬로 아홉 개 단이 나열된 형태를 [그림 3-43](a)와 같은 형태로 변경하는 것은 한 단 내에서의 변경이 아니라 각 단들을 어떻게 나열하는가 하는 문제이므로, 부 함수는 신경 쓸 필요 없이 main( )함수에서만 [그림 3-43](b)와 같이 5단 종료일 때 표의 줄을 새로 시작하도록 하면 된다.

2단	3단	4단	5단
6단	7단	8단	9단

(a) 개선할 모양

```
printf("<TABLE BORDER=1 >\n<TR>\n");
for ( dan = 2; dan < 10; dan ++ )
    {
        dsp_dan( dan );
        if ( dan == 5 ) printf( "</TR><TR>\n" );
    };
printf("</TR>\n</TABLE>");
```

(b) main( )함수의 변경사항

[그림 3-43] 구구단의 개선 사항

즉, 본래는 for( )문이 처리할 명령어가 「dsp_dan( );」 하나였지만, 이제는 if( )문이 추가되어 for( )문이 처리할 명령어가 2개로 되므로 복문(複文)이 되어 중괄호를 이용해 하나로 묶어 처리하도록 한다. (※ 리스트를 살펴보면 들여 쓰기에 의해 for( )문이 어느 범위까지 처리하는지 명확히 알 수 있다)

실습 예제 3-22

1. 앞의 "gugudan2.c" 프로그램 중 [그림 3-43](b)의 리스트에 추가한 사항을 편집해 실행하시오.
2. 표의 CELLPADDING 등을 변경해 보기 좋은 형태로 변경해 보시오.

이상에서 살펴본 바와 같이 함수를 활용하면 프로그램의 역할이 분리되어 우리가 생각해야 할 사항들이 단순해짐을 알 수 있으며, 이러한 것은 프로그램의 규모가 커지면 커질수록 그 효과가 크게 나타난다.

(4) 다중 선택문

C-언어에는 다중 선택문이라는 편리한 기능이 있는데, 우선 이러한 명령이 필

요하게 된 동기를 살펴보기 위해 앞서 구구단을 더 개선해 본다.

① 다중 선택문의 목적

i) 구구단의 변경

앞서 구구단 예제에서, 만약 각 단이 위치한 셀마다 색상을 다르게 하려면 어떻게 할 것인지 생각해 본다. 이와 같은 문제는 한 셀에 관련된 것이므로 앞서 구구단 프로그램 중 부 함수의 역할에 해당된다. 그리고 단이 달라질 때마다 색상을 변경하려면 가장 간단한 방법으로 if( )문을 이용해 [리스트 3-29]와 같이 <TD> 태그를 발생시킨다.

```
void dsp_dan( int dan2 )
{
   int soo;

   if ( dan2 == 2 ) printf( "<TD BGCOLOR=\"#FFFFFF\">" );
   if ( dan2 == 3 ) printf( "<TD BGCOLOR=\"#FFFFC0\">" );
                  :
   if ( dan2 == 9 ) printf( "<TD BGCOLOR=\"#C0C0C0\">" );
   for (soo = 1; soo < 10; soo++ )  printf("%d X %d = %d<BR>", dan2, soo,
dan2 * soo);
   printf("</TD>\n");
}
```

[리스트 3-29] if( )문에 의한 각 셀마다의 색상변경-1

실습 예제 3-23

"gugudan2.c" 프로그램 중 앞서 [리스트 3-29]에 추가한 사항을 완성해 실행하시오.

조금 더 발전적인 방법으로는, 앞서 반복되는 printf( )함수 내에서 「 <TD BGCOLOR=\n"# 」까지가 동일하므로 [리스트 3-30]과 같이 짧게 할 수도 있다.

```
printf( "<TD BGCOLOR=\"#" );
if ( dan2 == 2 ) printf( "FFFFFF" );
if ( dan2 == 3 ) printf( "FFFFC0" );
if ( dan2 == 4 ) printf( "FFC0FF" );
            :
if ( dan2 == 9 ) printf( "C0C0C0" );
printf( "\">" );
```

[리스트 3-30] if( )문에 의한 각 셀 마다의 색상변경-2

그러나 이 역시 복잡하기는 마찬가지이다. 이와 같이 각 숫자마다 다른 처리를 해야 하는 경우에 편리하게 사용할 수 있는 것이 switch( )문이다.

ii) switch( )문

이 명령은 하나의 변수 내용을 이용해 여러 종류의 선택을 해야 할 경우, 특히 선택한 후의 처리할 명령이 여러 개인 경우 편리하게 사용할 수 있다. 기본 구문은 [그림 3-44]와 같다.

```
switch( 변수명 )
 {
   case  경우1 : 처리할 문장;
                break;
   case  경우2 : 처리할 문장;
                break;
       :
       :
   default  : 처리할 문장;
              break;
 };
```

(a) 기본 구문

```
switch( dan2 )
 {
   case 1 : printf( "FFFFFF");
            break;
   case 2 : printf( "FFFFC0");
            break;
       :
       :
   case 9 : printf( "C0C0C0" );
            break;
 };
```

(b) 사용 예

[그림 3-44] switch( )문의 용법

[그림 3-44](a)에서 주어진 변수명의 내용에 따라 그 이후에 있는 'case'문에 나열된 내용과 동일한 곳으로 건너 뛰어 그곳에 있는 내용을 수행한다. 각 경우를 처리한 후 'break' 명령이 있는데, 이는 switch( )문을 종료하고 빠져나가라는 의미이다. 만약 break 명령을 사용하지 않으면 처리할 문장이 모두 끝난 후 다음에

나열된 case 문으로 계속 이어진다. 즉, 만약 dan2의 내용이 1이었다면 [그림 3-45]와 같이 처리된다.

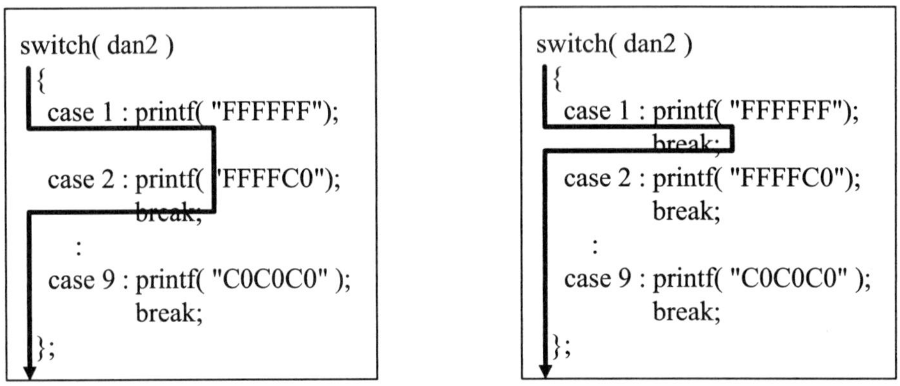

(a) break문이 없는 경우 (b) break문이 있는 경우

[그림 3-45] break문의 역할

[그림 3-45](a)는 case 1에서 break문이 없기 때문에 이 문장을 처리하고 case 2로 넘어가 이곳까지 처리한 후에 break 문을 만나 switch( )문을 종료한다. 반면, [그림 3-45](b)는 case 1에서 문장을 실행하고 break문을 만나기 때문에 여기서 switch( )문을 종료한다.

앞서 [그림 3-44](a)의 마지막에 'default'문은 switch( )문의 변수 내용이 case 문 중 어느 것에도 해당되지 않을 경우 무조건 이곳으로 진입해 처리한다. 만약 어느 것도 해당되지 않는 경우가 없다면 이는 생략해도 무방하다.

② 다중 선택문에 의한 구구단 변경

실습 예제 3-24

1. 앞서 "gugudan2.c" 프로그램의 한 단 표시 함수부분에 다중 선택문을 사용하면 [리스트 3-28]과 같은 프로그램이 구성된다.
2. 적당한 색상을 추가하여 프로그램을 완성해 실행하시오.

```
void dsp_dan( int dan2 )
{
 int soo;
```

```
printf( "<TD BGCOLOR=\"#" );
switch( dan2 )
 {
   case 2 : printf( "FFFFFF");
            break;
   case 3 : printf( "FFFFC0");
            break;

      :   ☜ 이 부분을 채우시오

   case 9 : printf( "C0C0C0" );
            break;
 };
printf( "\">" );
for (soo = 1; soo < 10; soo++ )
  printf("%d X %d = %d<BR>", dan2, soo, dan2 * soo);
printf("</TD>\n");
}
```

[리스트 3-28] 다중 선택문에 의한 각 셀의 색상 변화

3. 방문자 카운터

이 절에서는 [그림 3-46]과와 같이 인터넷 홈-페이지에서 자주 사용되는 방문자 카운터의 제작을 목표로 하여 이에 필요한 여러 지식들을 학습한다. 단, 제작의 간편함을 위해 그래픽으로 구성된 카운터가 아니라 [그림 3-46](b)와 같은 텍스트로 구성된 단순한 것을 목표로 한다.

(a) 그래픽 형태의 방문자 카운터 예

```
귀하는 오늘 3번째, 전체로는 23번째 방문자입니다.
```

(b) 제작할 목표

[그림 3-46] 방문자 카운터의 형태

1) 방문자 카운터 제작요소

방문자 카운터는 서버 측에서 현재까지 방문한 사용자의 수를 기억해야 하는데, 단순히 프로그램 중의 변수에 이를 기억시켜 놓으면 프로그램이 종료된 후 이 데이터는 없어지므로 카운트 숫자를 유지할 수 없다. 따라서 프로그램이 종료되더라도 데이터를 유지하기 위해서는 하드디스크에 저장할 필요가 있다. 또한, 프로그램이 호출 될 때마다 이전의 데이터를 읽어 이 숫자보다 하나 증가시켜 다음을 위해 다시 보관할 필요가 있으므로 하드디스크의 데이터를 갱신할 수 있어야 한다. 그러므로 방문자 카운터를 구성하기 위해서는 [그림 3-47]과 같은 기능이 필요하다.

현재까지의 방문자 수를 기록 보관 ⇒ 하드디스크에 파일로 저장
읽을 때 마다 카운트 증가 처리 ⇒ 하드디스크 파일 내용을 갱신

[그림 3-47] 방문자 카운터 구성에 필요한 지식

따라서 하드디스크의 파일을 다룰 수 있는 지식이 필수적이다.

(1) 파일관련 명령

① 파일 취급의 개념

파일을 취급할 수 있으면 여러 가지 데이터를 디스크에 저장해 보존이 가능하며, 또한 디스크에 기록되어 있는 데이터를 다시 읽어 처리를 할 수 있는 등 컴퓨터의 특징 중 하나인 데이터의 보관 기능을 사용할 수 있다. 그러나 파일을 취급한다는 것은 초보자들이 의외로 개념을 습득하기 어려워하는 것 중 하나인데, 사실상 알고 보면 그다지 어려운 개념은 아니다. 따라서 이해를 돕기 위해 다른 비유를 먼저 설명한 뒤 파일과 연계시켜 설명하기로 한다.

우리가 은행을 통해 거래를 하는 경우가 파일 취급과 상당히 유사한데, 은행과 거래를 위해서는 처음에 [그림 3-48](a)와 같이 통장을 만들어야 하며, 그 후 통장을 이용해 모든 거래를 행하고, 거래가 더 이상 필요 없다면 통장을 해지한다.

즉, 은행에서 돈을 입출금하기 위해 우리가 직접 은행 내부의 금고로 들어가지 않고, 단지 '통장'을 통해서만 모든 거래를 행하며, 은행 내부에서 어떻게 나의 돈이 금고에 보관되지 까지는 우리가 신경 쓸 필요 없다.

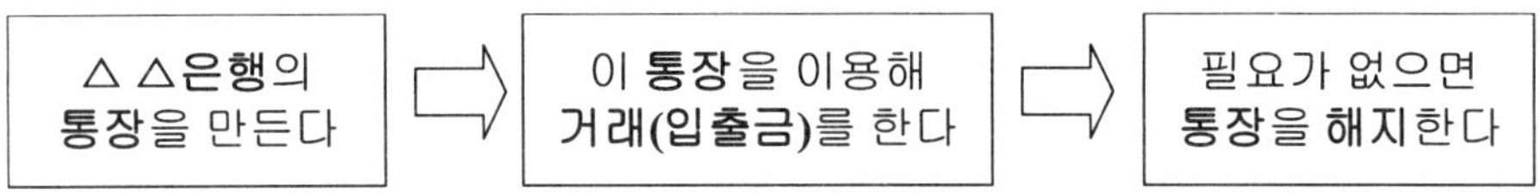

(a) 은행 거래의 비유

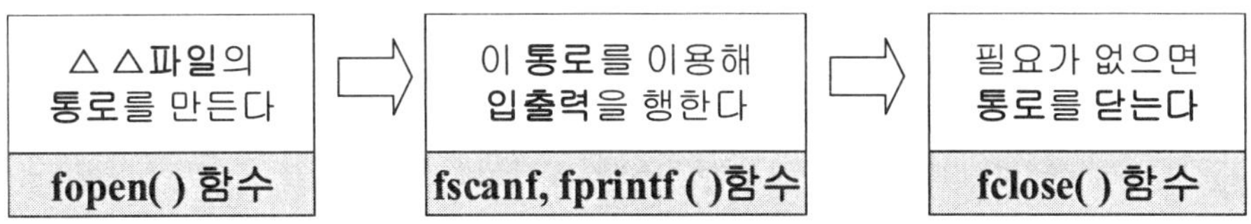

(b) 파일 취급의 경우

[그림 3-48] 파일 취급의 개념

컴퓨터 파일의 취급도 은행거래와 대단히 유사한데, [그림 3-48](b)와 같이 파일과 데이터 거래를 위해서 처음에 통장과 비슷한 어떤 '통로'를 개설한다. 그 다음부터는 파일과 데이터 거래를 할 때 이러한 '통로'만을 이용하며, 내 데이터가 어떻게 디스크 안에 저장되는지 까지는 신경 쓸 필요가 없다. 모든 데이터 거래가 종료되어 더 이상 거래가 필요 없다면 통로를 닫는다. 컴퓨터에서 파일을 취급할 경우 가장 혼란스러운 것이 바로 이러한 여러 단계를 거치는 것과 그 순서인데, 은행의 경우를 그대로 비교해나가면 된다.

② 파일 취급을 위한 지식

i) fopen( ) 함수

fopen( )함수는 은행에서 처음 통장을 개설하는 것과 마찬가지로 컴퓨터 파일과 거래를 하기 위한 최초단계의 명령이다. 명령형식은 [그림 3-49]와 같다.

```
fopen( "파일명", "형식" );
```

(a) 함수의 구성

형식
"r" : 입력(읽기) 전용으로 개설
"w" : 파일을 새로 만들고 출력 전용으로 개설

(b) fopen( )의 형식

[그림 3-49] fopen( )함수

fopen( )함수 내부의 "파일명"은 우리가 거래할 은행을 선정하는 것과 동일하며, 데이터 거래를 할 디스크의 파일을 지정하는 것이다. 다음의 '형식'은 파일과 거래할 때 '읽기 전용', '쓰기 전용' 또는 '읽기, 쓰기 겸용' 등 어떤 방식으로 데이터를 거래할 것인가를 정하는데, 이는 은행과 거래할 때 '입금 전용'(정기적금 같은 것)이나 '자유 거래형'을 선택하는 것과 유사하다. fopen( )함수를 사용한 예를 [그림 3-50]에 나타내었다.

```
main( )
{
  FILE *abc;
    ↑──────────── 통장 계좌번호를 담는 변수형 선언
  abc = fopen( " test.dat ", "w" );
    ↑──────────── "test.dat"라는 파일과 거래하기 위한 계좌번호를 보관
```

[그림 3-50] fopen( )함수의 사용 예

위 예에서, 변수를 선언할 때 「FILE *abc;」라는 특이한 것이 있는데, 이는 다음 문장을 살펴본 후 설명한다. 다음을 살펴보면 「fopen("test.dat", "w");」은 "test.dat"라는 파일을 만들고 이를 쓰기 전용으로 사용하겠다는 의미이다. 이와 같은 선언을 하면 fopen( )함수는 이에 대한 응답으로서(함수의 응답이다) 은행의 계좌번호와 같은 어떤 번호를 발급해 주는데, 은행거래에 있어서 모든 거래는 계좌번호를 이용하기 때문에 잘 기록해 놓아야 하듯이 파일과의 거래에서도 이때 발급되는 번호를 이용하기 때문에 이를 잘 보관해 놓아야 한다. 따라서 계좌번호에 해당하는 번호를 기억하기 위한 변수가 필요한데, 이는 정수형? 아니면 소수형? 이와 같이 파일의 계좌번호를 기록하기 위한 변수형을 FILE형이라 하며, 이를 선언할 때는 'FILE'의 글자는 꼭 대문자로 기록해야 하고, 특이하게 변수 명 앞에 '*'를 표시하며 선언한다. 단, 변수를 선언할 때만 이를 표시하고, 실제 이 변수를 사용할 때는 4째 줄처럼 일반 변수와 똑같이 사용하는데, 이 표시의 의미는

바로 다음의 '포인터 변수'에서 다룬다. 이와 같이 보관한 통장 계좌번호를 이용해 앞으로의 모든 데이터 거래를 행한다.

ii) 포인터 변수

포인터 변수란 C-언어가 가지고 있는 독특한 개념으로서, C-언어 학습자가 가장 어려워하는 것 중 하나이지만, 이를 잘 알고 나면 대단히 강력하며 편리한 기능이다. 포인터 개념은 본래 어셈블리 언어에서 중요하게 사용하는 것으로서, C-언어가 어셈블리 언어를 많이 닮았기 때문에 존재하고, 이 때문에 초보자에게는 어려운 것이 사실이다. 따라서 다른 변수들과 비교해 가며 상세히 설명한다.

컴퓨터에서 사용하는 '변수'는 컴퓨터 메모리 내의 어딘가에 이를 정해놓고서 그 부분에 데이터를 보관하기 때문에 각 변수마다 자신의 실제 메모리 주소(address)가 할당되어 있다. 우리가 변수를 선언할 때 정수 데이터 보관을 위해서는 정수형 변수를 선언하고, 실수 데이터 보관을 위해서는 실수형 변수를 선언하며, 문자 데이터를 보관하려면 문자형 변수를 선언한다. 이와 마찬가지로 메모리 주소를 보관하려면 포인터라는 변수형을 선언해 사용한다.

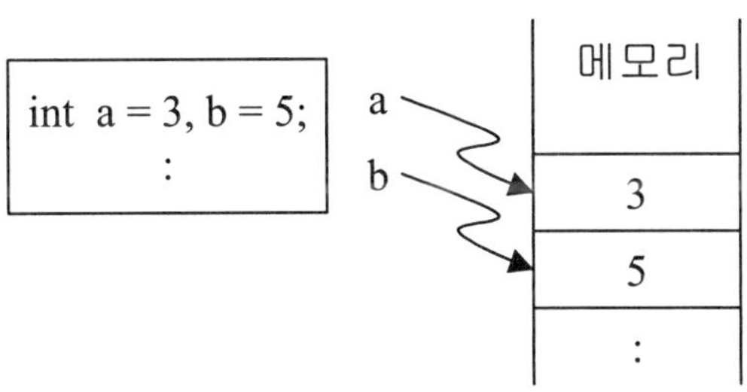

(a) 변수의 메모리 할당

정수 데이터 보관은?	정수형 변수(int)
실수 데이터 보관은?	실수형 변수(float)
문자 데이터 보관은?	문자형 변수(char)
메모리 주소 보관은?	**포인터 변수(*)**

(b) 데이터 보관 장소의 종류

[그림 3-51] 변수의 종류

그런데, 메모리 주소는 어떤 변수형의 메모리 주소인가에 따라 종류가 다르기 때문에 <표 3-2>와 같이 구분을 한다.

〈표 3-2〉 포인터 변수의 형태

목 적	명 칭	선언 예
정수 데이터 보관은?	정수형 변수	int abc
정수형 변수의 메모리 주소 보관은?	정수형 포인터 변수	int *bcd
실수 데이터 보관은?	실수형 변수	float abc
실수형 변수의 메모리 주소 보관은?	실수형 포인터 변수	float *bcd
문자 데이터 보관은?	문자형 변수	char abc
문자형 변수의 메모리 주소 보관은?	문자형 포인터 변수	char *bcd
파일 데이터 메모리 주소 보관은?	파일형 포인터 변수	FILE *bcd

표에서와 같이 만약「 int *bcd 」라 선언한 포인터 변수가 있다면, 이 bcd 변수는 정수형 변수의 메모리 주소를 보관하는 곳이 된다. 그렇다면, 변수에 할당된 메모리 주소는 어떻게 알아낼 수 있는가? 이는 '&'문자를 변수 명 앞에 붙이면 그 변수의 메모리 주소가 구해진다.

```
int abc;
a = abc;      ☜ abc 변수의 내용이
                           c에 복사된다
b = &abc;     ☜ abc 변수의 메모리 주소가
                           b에 복사된다
```

(a) 검토할 내용

```
int a, *b, abc;

a = abc;

b = &abc;
```

(b) 변수의 선언

[리스트 3-32] 변수 선언의 예

[리스트 3-32](a)와 같은「 a = abc 」의 a변수는 어떤 형으로 선언되어야 하는가? 이는 abc변수가 정수형이므로 a변수도 정수형이어야 한다. 그런데,「 b = &abc 」의 b변수는 어떤 형으로 선언되어야 하는가? b변수는 abc 변수의 메모리 주소가 보관돼야 하기 때문에 정수형 포인터 변수, 즉「 int *b 」로 선언되어 있

어야 한다. 따라서 [리스트 3-32](b)와 같이 변수들을 선언하고 사용해야 한다. 이때 b변수에는 abc변수의 메모리 주소가 담겨져 있는데, 즉 b변수는 abc변수의 위치를 가리키고(point)있어 '포인터'라 명칭이 붙었다. 이러한 '&'연산자의 목적과 사용 예는 다음에 다룰 scanf( )함수에서 다시 설명한다.

> ※ 초보자들은 '포인터'를 의미하는 기호인 '*'와 '메모리 주소'를 의미하는 '&'가 대단히 혼동되는데, 다음과 같은 의미로 기억하라.
>
> '*' ☜ 기호가 점(point) 모양이므로 'pointer'
> '&' ☜ 기호의 이름이 'ampersand'이고 주소는 'address'이므로 같은 'a'자로 시작하는 단어.
> &abc 는 'address of abc'의 의미, 즉 abc의 메모리 주소

③ 파일의 조작

앞서 fopen( )함수에 의해 파일과의 연결통로가(즉, 계좌번호가) 만들어졌으면, 이제 이 통로를 이용해 파일에 내용을 기록하기도 하고 읽어내기도 할 수 있다. 이 때 사용하는 명령은 여러 종류가 있는데, 우선 가장 기본적인 fscanf( )함수와 fprintf( )함수 2가지에 관해 살펴본다. 그런데 파일을 읽기 위한 fscanf( )함수를 이해하려면 이 명령의 원형인 scanf( )함수를 확실히 이해하는 것이 도움이 된다.

ⅰ) 키보드의 읽기 - scanf( ) 함수

scanf( )함수는 printf( )함수와는 반대로 키보드로부터 데이터를 읽어들이는 명령으로서, 'scan + formatted'로 구성된 단어이며 명령 형식은 [그림 3-52]와 같다.

```
scanf( "읽을 형식", 변수의 주소 );
```

[그림 3-52] scanf( )함수의 형식

여기서, "읽을 형식"은 키보드로부터 입력되는 데이터를 정수형으로 읽을까, 또는 실수형으로 읽을까 등을 선택하는 것으로서, printf( )함수에서 사용했던 형식 지정과 동일하다. 즉, 정수형으로 읽으려면 "%d", 실수형으로 읽으려면 "%f" 등으로 기록한다.

다음의 '변수의 주소'가 문제인데, scanf( )함수에 의해 키보드로부터 데이터를

읽어 들이면 이 데이터를 보관할 변수가 필요한데 변수 명을 직접 적는 것이 아니라 변수의 주소를 적도록 되어있다. 이는 C-언어 '함수'의 특성상 이와 같이 표현해야 하는데, 그 이유는 다음과 같다.

앞서 C-언어 함수는 [그림 3-53]과 같이 main( )함수에서 abc( )함수를 호출할 때, main( )함수 측에서는 'abc(xyz)'이라 적으면 xyz 변수내의 값이 함수로 전달된다.

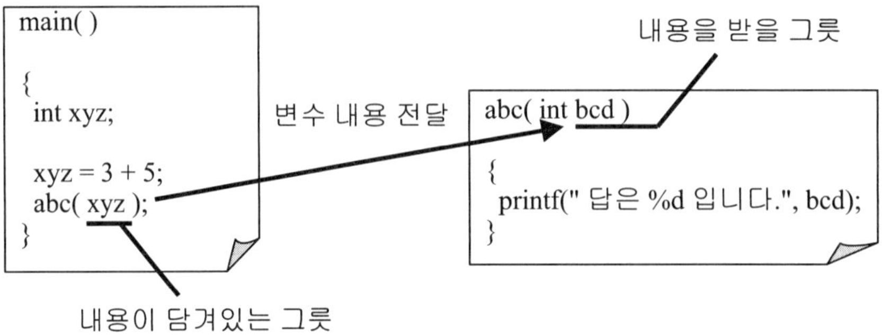

[그림 3-53] C-언어 함수의 내용 전달 특징

이와 마찬가지로, [그림 3-54](a)와 같이 scanf( )함수 내에 변수 명을 그대로 적으면 scanf( )라는 함수로 변수명의 내용이 전달되는 것인데, 실제로 우리가 원하는 동작은 이것이 아니라 거꾸로 변수 내에 키보드의 값이 들어와야 한다.

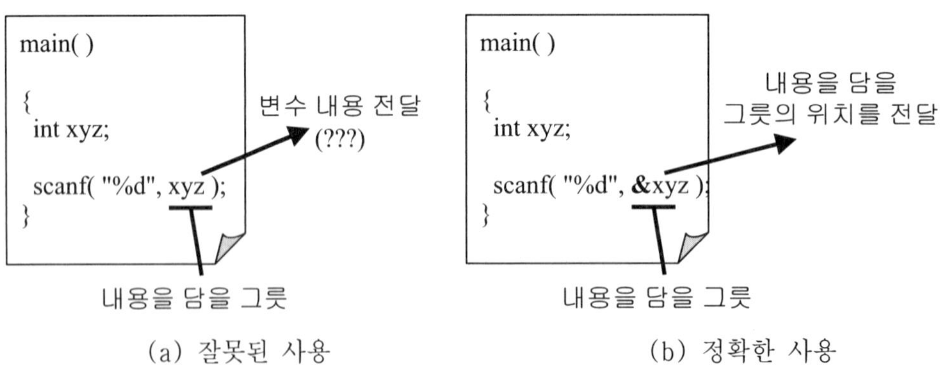

[그림 3-54] 변수의 주소를 사용하는 이유

즉, C-언어 함수의 특성상 함수를 호출하는 측에서 함수 측으로 데이터가 일방통행하기 때문에, 이때는 변수의 주소를 구해 이 주소에 담아달라는 의미로 이를 전달한다. 다시 말하면 '이 위치에 있는 그릇에 담아 주시오'라는 뜻으로 그릇의 위치를 알려주면, scanf( )함수에서는 그 위치에 값을 담아준다. 따라서 scanf( ) 함수를 사용하는 예는 [리스트 3-33]과 같이 된다.

```
scanf( "%d" , &abc );   /* abc 변수에 정수형으로
                              데이터를 읽어들인다 */
```

[리스트 3-33] scanf( )함수의 사용 예

ii) 파일 내용의 읽기 - fscanf( ) 함수

앞서 scanf( )함수는 키보드로부터 내용을 읽어 들였다. 그러나 우리가 지금 데이터를 읽어들일 곳은 키보드가 아니라 파일로부터 읽어 들일 것인데, 이 때 사용하는 함수가 fscanf( )이고, 'File scanf( )'의 약자로 보면 된다. 이 명령의 형식은 [그림 3-55]와 같이 scanf( )와 거의 유사하다.

```
fscanf( 파일 포인터 , "읽을 형식" , 변수의 주소 );
```

[그림 3-55] fscanf( )함수의 형식

scanf( )와 다른 점은 괄호 내에 '파일 포인터'라는 것이 추가되어 있는데, 이는 앞서 fopen( )함수에 의해 구했던 계좌번호를 적는 것이다. 이 함수를 사용한 예는 [리스트 3-34]와 같다.

```
main( )
{
  FILE  *abc;                        /* 계좌번호 담을 그릇 */
  int   bcd;

  abc = fopen( "test.txt" , "r" ); /* 계좌 열고 계좌번호 얻기 */
  fscanf( abc , "%d" , &bcd );     /* 계좌번호로부터 데이터 읽기 */
           :
```

[리스트 3-34] fscanf( )함수의 사용 예

iii) 파일에 내용 쓰기 - fprintf( ) 함수

파일에 내용을 쓰는 것도 printf( )함수와 유사한 fprintf( )함수를 사용하며 그

형식은 [그림 3-56]과 같다.

```
fprintf( 파일 포인터 , "쓸 형식" , 변수 );
```

[그림 3-56] fprintf( )함수의 형식

여기서도 fscanf( )의 경우와 마찬가지로 '파일 포인터'는 보관했던 계좌번호를 적는 곳이며, 사용 예를 [리스트 3-35]에 나타내었다.

```
main( )
{
  FILE  *abc;                          /* 계좌번호 담을 그릇 */
  int   bcd;

  abc = fopen( "test.txt" , "w" );  /* 계좌 열고 계좌번호 얻기 */
  fprintf( abc , "%d" , bcd );      /* 계좌번호에 데이터 쓰기 */
          :
```

[리스트 3-35] fprintf( )함수의 사용 예

④ 파일 닫기 - fclose( ) 함수

모든 파일의 사용이 종료되면 더 이상 계좌가 필요 없으므로 이를 닫기 위해(즉, 계좌를 해지하기 위해) [그림 3-57]과 같이 fclose( )함수를 사용한다.

```
fclose( 파일 포인터 );
```

[그림 3-57] fclose( )함수의 형식

이 함수의 괄호 내에는 닫기 위한 파일 포인터(즉, 해지하기 위한 계좌번호)를 적는다. 사용 예는 [리스트 3-36]과 같다.

```
main( )
{
  FILE  *abc;                          /* 계좌번호 담을 그릇 */
  int   bcd;
```

```
abc = fopen( "test.txt" , "w" );     /* 계좌 열고 계좌번호 얻기 */
fprintf( abc , "%d" , bcd ); /* 계좌번호에 데이터 쓰기 */
fclose( abc );                       /* 계좌번호 해지 */
```

[리스트 3-36] fclose( ) 함수의 사용 예

만약 파일을 닫지 않았더라도 프로그램이 종료될 경우 자동으로 닫힌다.

(2) 방문자 카운터의 제작

여기서는 지금까지 학습한 파일 취급에 관한 지식을 바탕으로 텍스트로 구성된 방문자 카운터를 제작한다.

① 방문자 카운터

방문자 카운터 프로그램이 호출되면 지금까지 카운트했던 숫자를 디스크로부터 읽어 들여 이를 1 증가시킨 후 다음 호출 때를 대비해 디스크에 다시 기록해야 한다. 이와 같은 과정을 순서도(flow-chart)로 나타내면 [그림 3-58]과 같다. 옆의 프로그램 리스트는 블록에 해당되는 내용인데, 이 중 가운데의 「count++」라는 문장은 'count 변수의 내용을 1 증가시켜라'는 의미의 증가연산자이다. 이와 같은 과정을 거쳐 완성된 프로그램 리스트는 [예제 3-25]와 같다.

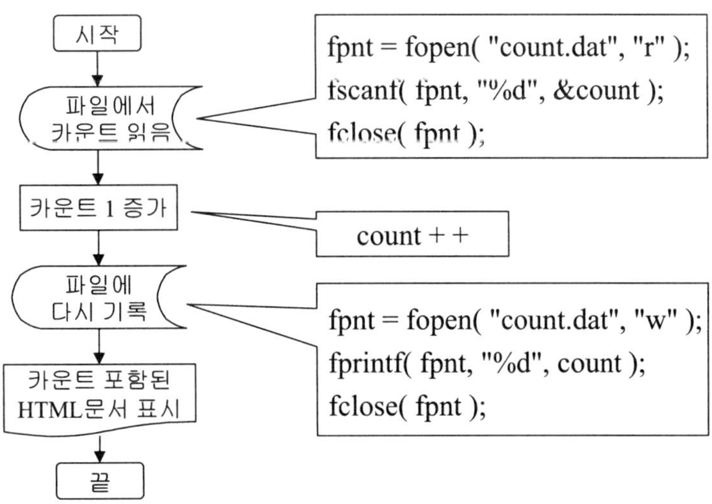

[그림 3-58] 방문자 카운터의 순서도

실습 예제 3-25

1. [리스트 3-37]의 방문자 카운터 프로그램을 "count.c"라는 이름으로 작성하시오.
2. 메모장으로 '0'자 하나 기록한 "count.dat" 파일을 만들어 cgi-bin 디렉토리에 저장하시오.
3. count.dat 파일의 권한을 777로 변경해 놓으시오(「chmod 777 count.dat」)
   ※ 파일 권한을 이와 같이 설정한 이유는, 이 프로그램을 실제로 실행하는 것이 http 데몬, 즉 나도 아니고 나와 같은 그룹도 아닌 기타 사용자에 해당되기 때문에 데이터 파일도 누구나 변경할 수 있어야 한다.
4. 브라우저에서 이 프로그램을 실행시켜(링크시켜) 결과를 확인하시오.
5. 브라우저의 "새로 고침"을 반복 사용해 카운터의 변화를 확인하시오.

```
#include <stdio.h>
main( )
{
  int  count;
  FILE  *fpnt;

  /* 파일로부터 읽기 */
  fpnt = fopen( "count.dat", "r" );
  fscanf( fpnt, "%d", &count );
  fclose( fpnt );

/* 카운트 수 증가 */
  count++;

 /* 파일에 다시 기록 */
  fpnt = fopen( "count.dat", "w" );
  fprintf( fpnt, "%d", count );
  fclose( fpnt );
  /* HTML 문서 발생 */
  printf("Content-type:text/html\n\n");
  printf("<HTML>\n<BODY>\n");
  printf("%d번째 방문객입니다.\n", count );
  printf("</BODY>\n</HTML>\n");
}
```

[리스트 3-37] 방문자 카운터 프로그램

※ 파일의 계좌를 보관할 변수명은 무의미한 'abc' 보다는 '파일 포인터'라는 의미의 'fpnt' 등으로 사용하는 것이 프로그램을 작성하거나 해석할 때 더 편리하다.

② 파일의 자동 생성

앞서 작성한 방문자 카운터 프로그램은 초기에 데이터 파일(count.dat)을 하나 생성해 두어야만 했다. 그러나 새로운 프로그램을 만들 때마다 이와 같은 파일 생성과정을 거쳐야 하는 것은 대단히 번거로운 작업이며, 만약 이를 잊었을 경우 프로그램 초기의 파일을 읽기 위해 열면 오류가 발생한다. 따라서 파일을 열 때 해당 파일이 존재하지 않는다면 파일을 자동 생성하도록 해야 한다. 앞서 fopen( ) 함수에서 [리스트 3-38]과 같이 사용하면 fopen( )함수는 계좌번호에 해당하는 파일형 주소를 발생한다 하였다.

```
fpnt = fopen( "count.dat" , "r" );
```

[리스트 3-38] 파일의 열기

그런데, 이 함수가 실행될 때 "count.dat"라는 파일이 존재하지 않는다면 fpnt에는 '파일이 없다'는 표시의 이떤 숫자가 입력된다. 즉, 계좌번호로는 사용되지 않는 특이한 숫자인 0이나 -1이 나타나는데, 이는 시스템마다 다르기 때문에 프로그램 앞부분에 포함시킨 "stdio.h" 파일 내에 이 정보가 미리 존재하며, 우리는 'NULL'이라는 문자를 사용하면 컴파일러가 컴파일 할 때 이 숫자로 대체시켜준다. 따라서 이를 이용해 [리스트 3-39]와 같이 처리할 수 있다.

```
fpnt = fopen( "count.dat", "r" );
if ( fpnt == NULL )
  {
    파일이 없을 때의 처리;
  };
```

[리스트 3-39] 파일이 없음을 검출하는 방법

위 문장은 파일이 존재하지 않을 때(즉, 파일 포인터가 NULL일 때)는 그에 해당하는 처리를 하고, 만약 파일이 존재한다면 이 처리를 하지 않고 다음으로 넘어간다. 이와 같이 파일이 없는 것이 확인되면, 파일이 열리지 않았기 때문에 이를 생성하기 위해 [리스트 3-40]과 같은 처리를 한다.

```
fpnt = fopen( "count.dat", "w" );
```

[리스트 3-40] 파일의 생성

파일을 'w' 옵션으로 열면 이는 파일이 현재 존재하든지 존재하지 않든지 기존의 것은 무시하고 무조건 새롭게 생성하기 때문에 "count.dat" 파일이 생성된다. 이와 같이 파일을 생성하고 앞서 수동으로 조작했던 바와 같이 초기 데이터를 기입하도록 하면 [그림 3-59](a)의 리스트와 같이 완성된다.

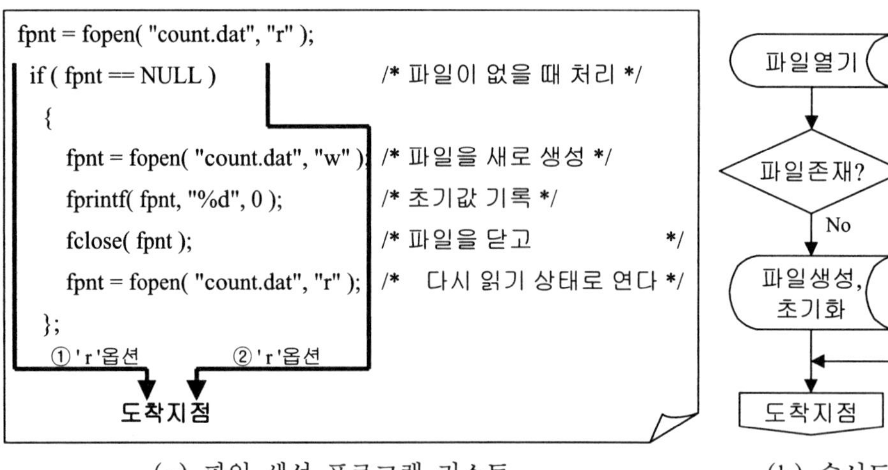

(a) 파일 생성 프로그램 리스트 (b) 순서도

[그림 3-59] 새로운 파일 생성부분

[그림 3-59](a)의 리스트 중 초기 값인 0을 기록하고 난 후 파일을 닫고 다시 열고 있는데, 이는 [그림 3-59](b)와 같이 if( )문에 의해 두 갈래로 나뉜 후 '도착지점'이라 표시한 곳에 도달했을 때 파일생성과정을 거쳐 내려왔을 때나 건너뛰고 내려왔을 때의 상태가 동일하도록 하기 위함이다. 즉, [그림 3-59](a)의 리스트에서 만약 파일이 이미 존재한 상태였다면 처음 파일을 'r'옵션으로 열고서 곧바로 도착지점에 경로 ①을 따라 도달한다. 이에 비해 파일이 존재하지 않은 상태

였다면 파일 생성과정을 거치고 난 후 파일을 닫고 다시 'r'옵션으로 열고 경로 ② 를 따라 '도착지점'에 도달해야 두 상태가 동일하게 유지되어 이후의 프로그램 처리에 지장이 없다.

실습 예제 3-26

1. 앞서 "count.c" 프로그램에 [리스트 3-41]의 부분을 삽입하고 "count.dat" 파일을 지운 후 실행하시오.
2. 실행 후 "count.dat" 파일이 자동 생성되었음을 확인하시오.
3. 새로 생성된 "count.dat"의 파일 주인이 누구인지 확인해 보시오. (「ls -l」 명령 사용)

```
/* 파일로부터 읽기 */
fpnt = fopen( "count.dat", "r" );
if ( fpnt == NULL )           /* 파일이 없을 때 처리 */
   {
      fpnt = fopen( "count.dat", "w" );     /* 파일을 새로 생성 */
      fprintf( fpnt, "%d", 0 );             /* 초기값 기록 */
      fclose( fpnt );                  /* 파일을 닫고          */
      fpnt = fopen( "count.dat", "r" );
                                       /* 다시 읽기 상태로 연다 */
   };
fscanf( fpnt, "%d", &count );
fclose( fpnt );
```

[리스트 3-41] 수정된 방문자 카운터

※ 새로 생성된 파일의 주인은 내가 아닌 다른 이름으로 되어있을 것이다. 이는 이 프로그램을 내가 실행시켜 만들어진 파일이 아니라 http 데몬이 실행시켜 만들어진 파일이기 때문이다.

③ 프로그램의 자동 실행

일반적으로 방문자 카운터는 현재처럼 프로그램을 호출해 실행하는 것이 아니라 홈-페이지의 첫 화면에 자동으로 나타난다. 이와 같이 자동 실행하는 방법 중 몇 가지를 살펴보고 적용해 본다.

i) 첫 로고화면 이후 실행

홈-페이지의 첫 화면, 즉 "index.html"에 [그림 3-60]과 같이 별다른 내용 없는 로고화면을 띄운 뒤 사용자로 하여금 실행단추를 누르도록 하는 방법이 있다.

이때, 그림과 연결되는 링크는 [리스트 3-42]와 같이 설정한다.

```
< A HREF = "cgi-bin/count.cgi" > < IMG SRC = "gildong.gif" > </A>
```

[리스트 3-42] 카운터 프로그램의 링크

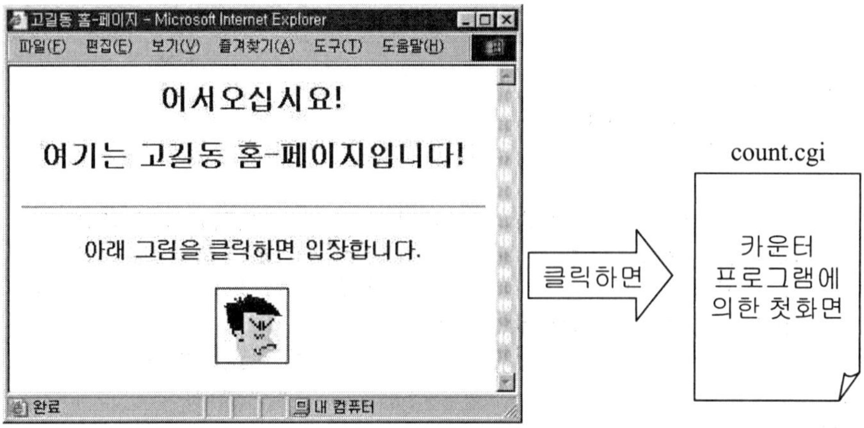

[그림 3-60] 로고화면에 의한 카운터 프로그램의 실행

이와 같이 홈-페이지를 구성한 경우, 사용자는 이 사이트에 입장할 때 마다 한번씩 클릭해야만 하고, 카운터 프로그램에서 첫 페이지를 모두 표시하도록 제작해야 하기 때문에 프로그램 작성이 복잡해지고 첫 페이지를 수정할 때 마다 프로그램을 수정하고 이를 컴파일 해야 한다.

ii) <IMG SRC=> 태그에 의한 방법

어떤 웹 문서가 브라우저에 표시될 때, 그림을 표시하기 위한 <IMG SRC=> 태그는 브라우저에서 자동으로 서버에 그림을 요청해 데이터를 받아오기 때문에 이를 이용하면 자동으로 카운터 프로그램을 동작시킬 수 있다. 즉, [그림 3-61]과 같이 설정한다.

```
< IMG SRC = "cgi-bin/count.cgi" >
```

(a) 태그 예

(b) 표시 예

[그림 3-61] 〈IMG SRC=〉 태그에 의한 카운터 프로그램 실행

이와 같이 설정하면, 브라우저는 그림을 표시하기 위해 서버에 "count.cgi"라는 이름으로 데이터를 요구하며, 서버 측에서는 이 프로그램이 동작해 카운트가 된다. 그러나 이 방법은 프로그램의 응답에서 그림 데이터가 발생해야 하므로 카운트 숫자를 그림으로 조립해 발생하도록 프로그램을 구성해야 한다. 일반적인 카운터 프로그램이 이 형식을 취하고 있으나, 우리가 제작한 카운터는 텍스트로 표현되기 때문에 사용할 수 없다.

iii) 프레임에 의한 방법

프레임을 사용해 화면을 분할하면, 각 분할영역에 해당되는 웹 문서를 자동으로 가져오기 때문에 이 특징을 이용하면 카운터 프로그램을 구동시킬 수 있다. 우리가 작성한 카운터 프로그램은 HTML 문서가 발생되는 형태이므로 이 방법을 사용할 수 있으며, [그림 3-62]와 같이 설정한다.

```
<HTMl >
 <FRAMESET ROWS = "* , 40">
   <FRAME SRC = "index2.html">
   <FRAME SRC - "cgi-bin/counl.cgi" >
 </FRAMESET>
</HTML>
```

(a) 프레임 문

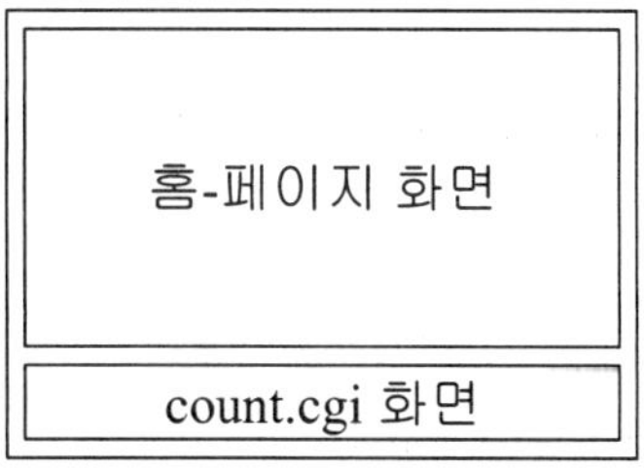

(b) 발생 화면

[그림 3-62] 프레임을 이용한 예

[그림 3-62](a)의 리스트에서 프레임을 아래쪽에 40픽셀, 나머지를 위에 모두 할당하면 [그림 3-62](b)와 같은 화면이 얻어질 수 있다.

실습 예제 3-27

1. 현재까지 사용하던 "index.html"문서의 파일명을 "index2.html"로 변경한다.
2. [그림 3-62](a)의 문서를 "index.html" 이름으로 작성해 저장한 후 실행결과를 확인하시오.
3. "count.c" 프로그램을 수정하여 홈-페이지 화면과 배경색 등이 동일하도록 변경해 보시오.
4. "index.html" 파일을 [리스트 3-43]과 같이 변경해 실행한 후 어떤 점이 달라졌는지 확인해 보시오.

```
<HTML>
 <FRAMESET ROWS = "* , 40" BORDER = 0 >
   <FRAME SRC = "index2.html">
   <FRAME SRC = "cgi-bin/count.cgi" >
 </FRAMESET>
</HTML>
```

[리스트 3-43] 카운터 프로그램의 링크

2) 오늘 방문자 카운트

인터넷을 돌아다니다 보면 방문자 수를 보여주는데 있어서 현재까지 누적된 전체 방문자 수를 표시하는가 하면 이와 함께 오늘 방문자의 수를 보여주는 경우가 많다. 앞서 작성했던 방문자 카운터 부분에 이러한 기능을 [그림 3-63]과 같이 나타나도록 추가해 본다.

귀하는 오늘 3번째, 전체로는 23번째 방문자입니다.

[그림 3-63] 방문자 카운터의 출력 형태

이와 같은 프로그램을 제작하려면 <표 3-3>과 같은 사항들이 필요하다.

〈표 3-3〉 방문자 기록 프로그램 제작에 필요한 사항

접속날짜 구하기	⇒ 함수 취급	공통적으로
파일에 날짜 기록 및 읽기	⇒ 파일 취급	문자열(string)
현재 날짜와 파일 날짜 비교	⇒ 문자열 함수	취급 필요

(1) String의 개념

C-언어의 문자열(string)은 기본적으로 문자(char)의 집합으로 이루어져 있기 때문에, 우선 문자형 변수에 관한 지식이 필요하다.

① 문자형 변수(char)

문자형 변수는 변수 1개에 문자 1개를 보관할 수 있는 변수이다. (정수형 변수 1개에 숫자 1개 보관할 수 있듯이) 이 변수형의 선언과 사용 예를 [리스트 3-44]에 나타내었다.

```
char  abc;    /* abc라는 문자형 변수를 선언 */
abc = 'y';    /* abc 변수에 y자 대입 */
```

[리스트 3-44] 문자형 변수의 사용 예

[리스트 3-44]의 예에서와 같이, 문자를 취급할 때는 반드시 홑 따옴표로 씌워 사용해야 한다. 만약, [리스트 3-45]와 같이 사용하면 'y변수의 내용을 abc에 대입하라'는 내용으로 해석되기 때문이다.

```
abc = y;      /* y변수의 내용을 abc에 대입하라 */
abc = 'y';    /* y자를 abc에 대입하라 */
```

[리스트 3-45] 문자의 취급 시 주의사항

그리고 이러한 문자형 변수의 내용을 표시할 때와 입력을 받을 때는 일반 변수와 동일한 방법으로 [리스트 3-46]과 같이 사용한다.

```
printf( "이 변수 내용은 %c 입니다." , abc );
scanf( "%c" , &abc );
```

[리스트 3-46] 문자형 변수의 사용 예

② 문자열 변수(string)

문자열('스트링'이라 표현하기도 한다)이란 여러 개의 문자들이 모인 것인데, 이를 보관하기 위한 스트링 변수(문자열 변수)도 여러 개의 문자형 변수가 연결된 구조로 되어있다. 즉, 별도의 스트링 변수가 있는 것이 아니라 문자형 변수를 여러 개 사용한 것으로서, 선언 예를 [그림 3-64](a)에 나타내었다. ('문자열 변수'와 '문자형 변수'라는 표현을 사용하면 자칫 혼동되므로 앞으로는 '스트링 변수'라는 용어를 사용하겠다)

```
char  abc[5];          /* abc라는 이름으로 5자 크기 선언 */
```

(a) 스트링 변수 선언의 예

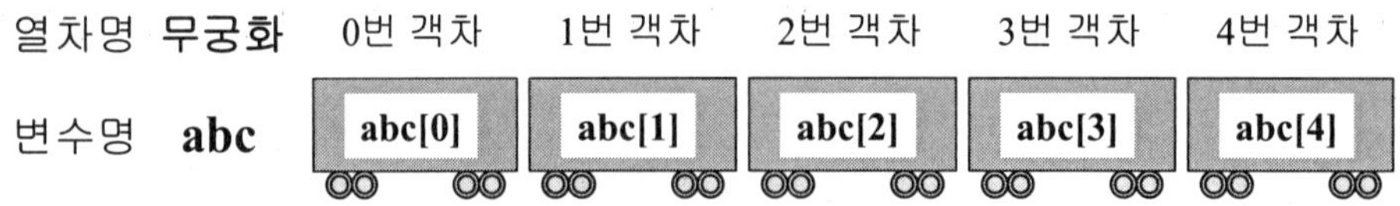

(b) 스트링 변수의 비유

[그림 3-64] 스트링 변수의 개념

이와 같이 선언된 스트링 변수는 [그림 3-64](b)와 같이 열차에 비유할 수 있는데, 열차는 그 이름이 붙어있으며 (그림의 경우 '무궁화호') 실제로 우리가 타는 곳은 이 열차의 몇 번째 객차라 기차표에 명시되어 있다. 스트링 변수도 이와 같이 '열차 명'에 해당하는 것이 변수 명이며 실제로 내용이 보관되는 곳은 이 열차의 몇 번째 객차라는 의미로 대괄호에 숫자를 표시한다. 이와 같은 비교를 <표 3-4>에 나타내었다.

〈표 3-4〉 열차와 스트링 변수의 비교

	열차의 비유	스트링 변수
대표명칭	기차의 이름인 **무궁화**호	변수명 abc
내용 보관 장소	무궁화호의 **1번 객차** :	abc[1] :

만약 이러한 스트링 변수에 "LHC"라는 문자열이 보관되어 있다면 이는 [그림 3-65](a)와 같이 한 객차에 한 글자씩 보관되며, 문자열의 길이는 변화하기 때문에 문자열의 끝을 나타내는 의미의 0번 문자(null 문자, '\0'이라 표시한다)가 마지막을 차지한다.

즉, 문자열의 길이가 3자이면 실제 점유하는 객차 수는 4칸이므로 스트링 변수를 선언할 때 이점에 유의하여 항상 실제 필요한 크기보다 1개 더 크게 설정해야 한다. 이를 지키지 않으면 프로그램 실행 시 찾아내기 힘든 오동작을 한다. (어떻게 이와 같이 문자들을 대입하는지는 이후에 설명한다)

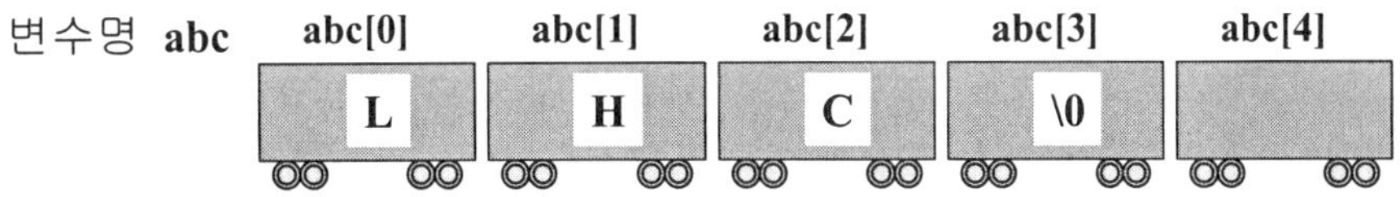

(a) 내용의 배치

```
printf ( " %s 의 두 번째 글자는 %c 입니다. ", abc , abc[1] );
```

(b) 사용 명령문

```
LHC 의 두번째 글자는 H 입니다.
```

(c) 실행 결과

[그림 3-65] 스트링 변수의 사용 예

따라서 [그림 3-65](b)의 리스트와 같이 스트링 변수를 printf( ) 함수에 사용할 수 있는데, 열차 대표 명에 해당하는 변수 명 abc를 사용하면 이는 스트링 변수 전체를 의미하는 것이므로 printf( ) 함수 내의 표시형식에서도 "%s"를 사용해야 하며, 스트링 변수 중 한 개의 요소만을 지정할 때는 abc[1]과 같이 대괄호 형식을 사용해 한 객차만을 지정하고, 이를 표시하는 printf( ) 함수 표시형식은 한 개의 문자형인 "%c"를 사용한다.

이러한 명령을 실행한 결과는 [그림 3-65](c)와 같이 나타나는데, 처음 "LHC"는 스트링 변수 abc의 전체 내용이 표시된 것이고, 'H'자는 스트링 변수 중 두 번째 요소인 abc[1]의 내용이 표시된 것이다.

실습 예제 3-28

1. [리스트 3-47]의 예제 프로그램을 "string.c"의 이름으로 작성 후 실행해 결과를 확인해 보시오.
2. 이러한 결과가 나타난 이유를 설명해 보시오.

```
#include <stdio.h>

main( )
{
  char abc[5];

  abc[0] = 'a'; abc[1] = 'b'; abc[2] = 'o'; abc[3] = '\0';
  printf("Content-type:text/html\n\n");
  printf("<HTML>\n<BODY>\n");
  printf("전체 내용은 %s이고, 이를 섞으면, ", abc );
  printf("%c %c %c %c 가 됩니다.\n", abc[1], abc[0], abc[1], abc[2] );
  printf("</BODY>\n</HTML>\n");
}
```

[리스트 3-47] 스트링 변수의 사용 예

※ 예제 프로그램 중에서 abc 변수의 각 요소에 한 글자씩 문자를 대입하는 부분을 살펴보라. 마지막의 abc[3]에는 스트링의 끝을 표기하기 위해 0번 문자를 대입하는데, 이를 「'\0'」으로 표기한다.

③ 스트링의 비교

i) 스트링 비교의 개념

일반적인 변수의 내용을 서로 비교하려면 [리스트 3-48](a)와 같이 비교 연산자 '=='을 사용하나 스트링 변수의 내용을 비교하기 위해 [리스트 3-48](b)와 같이 실행할 수 없다.

```
int  a, b
       :
if ( b == a )
            /* 내용을 비교 */
       :
```

(a) 일반 변수의 경우

```
char  abc[5], xyz[5]
       :
if ( xyz == abc )
            /* 내용을 비교 (×) */
       :
```

(b) 스트링 변수의 경우

[리스트 3-48] 변수 내용의 비교

그 이유는 스트링 변수의 변수 명 abc나 xyz은 앞서 비유에 의한 '열차명'에 해당되는데, abc 열차에 타고 있는 승객과 xyz 열차에 타고 있는 승객을 비교하려면 열차명이 동일한 것을 보는 것이 아니라 [그림 3-66]과 같이 abc의 [0]번 객차는 xyz의 [0]번 객차와 비교해야 하고, abc의 [1]번 객차는 xyz의 [1]번 객차와 비교해야 하며, 서로의 길이가 다르면 안 되는 것은 물론 한 객차만 달라도 두 변수의 내용은 다른 것으로 판명되야 한다.

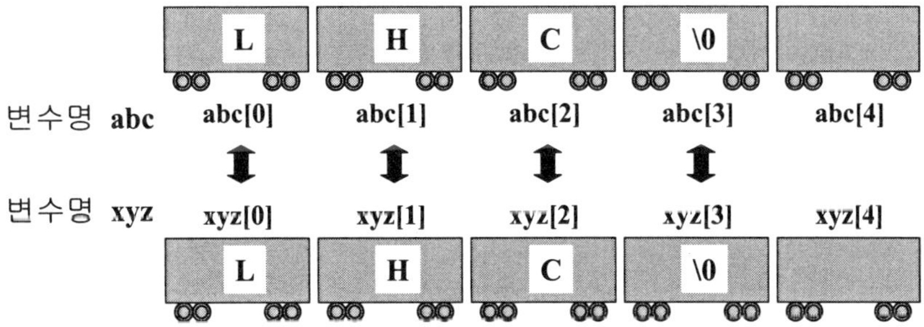

[그림 3-66] 스트링 비교의 비유

이와 마찬가지로, 스트링 변수의 내용을 비교하는 것은 [리스트 3-49]와 같은 방법으로 진행돼야 한다. 여기서 "&&" 기호는 논리연산의 "AND"를 나타낸 것이다.

```
char  abc[5], xyz[5]
       :
if ( (xyz[0] == abc[0]) && (xyz[1] == abc[1]) && (xyz[2] == abc[2]) ...
                        /* 문자열의 끝까지('\0' 문자 나타날 때까지) */
```

[리스트 3-49] 스트링 변수의 비교 방법

이와 같이 스트링 변수의 내용을 비교하는 strcmp( ) 함수가 정의되어 있다.

ii) 스트링 비교 함수 - strcmp( )

strcmp( )함수는 "String Comparison"의 약자로서, [그림 3-67]과 같은 용법으로 스트링 변수1과 스트링 변수2의 내용을 비교한다.

```
int strcmp( 스트링 변수1 , 스트링 변수2 );
```

[그림 3-67] strcmp( ) 함수의 용법

비교한 결과는 두 변수가 완전히 동일할 경우 0이 나타나고 서로 다를 때는 양수 또는 음수의 숫자로 나타난다. 이 숫자의 의미는 스트링 변수1에서 스트링 변수2를 뺄셈 연산하는 것으로서 스트링 변수1의 요소들이 스트링 변수2의 요소들보다 코드 번호가 크면 양수, 작으면 음수로 나타나기 때문에 이를 이용해 문자열 정렬에 활용할 수 있다. 이 함수는 "string.h"에 정의되어 있으므로 다음을 포함시켜야 사용 가능하다.

```
#include  < string.h >
```

이러한 strcmp( )함수의 사용 예는 [리스트 3-50]과 같다.

```
#include  <string.h>

main()
{
  char  abc[5] , xyz[5];
              :
  if ( strcmp( xyz , abc ) )
          변수가 다른 경우의 처리;
    else  변수 동일한 경우의 처리;
              :
```

(a) 직접 사용한 예

```
#include  <string.h>

main()
{
  char  abc[5] , xyz[5];
              :
  if ( strcmp( xyz , abc ) == 0 )
          변수가 동일한 경우의 처리;
    else  변수가 다른 경우의 처리;
              :
```

(b) 값을 이용한 예

[리스트 3-50] strcmp( )함수의 사용 예

여기서, strcmp( )함수 내에 "xyz", "abc"의 스트링 변수 명을 직접 써 줬기 때문에, 실제로 이 함수로 전달되는 내용은 스트링 변수의 포인터, 즉 이 변수가 위치한 주소가 전달되며, 이 함수는 이 주소에 있는 내용들을 비교한다.

실습 예제 3-29

[리스트 3-51]의 프로그램을 "string.c"의 이름으로 작성해 실행하고 결과를 확인해 보시오.

```
#include <stdio.h>
#include <stdlib.h>
#include <string.h>

main( )
{
  char a[5], b[5], c[5];

  a[0] = 'a'; a[1] = 'b'; a[2] = 'c'; a[3] = '\0';
  b[0] = 'a'; b[1] = 'b'; b[2] = 'c'; b[3] = '\0';
  c[0] = 'a'; c[1] = 'b'; c[2] = 'd'; c[3] = '\0';

  printf("Content-type:text/html\n\n");
  printf("<HTML>\n<BODY>\n");
  printf("%s와 %s의 비교 : %d<BR>", a, b, strcmp(a , b));
  printf("%s와 %s의 비교 : %d<BR>", a, c, strcmp(a , c));
  printf("%s와 %s의 비교 : %d<BR>", c, a, strcmp(c , a));
  printf("</BODY>\n</HTML>\n");
}
```

[리스트 3-51] strcmp( ) 함수의 결과 예제

(2) 외부 함수의 포함

이미 만들어진 부 프로그램을 나의 프로그램에 포함시켜 활용하는 방법에 관해 살펴본나. 이 방법을 활용하면 이미 제작해 놓은 유용한 프로그램 기능들을 모듈화 시켜 다른 프로그램에서도 재활용이 가능해진다. 별도의 파일로 구성된 프로그

램을 내 프로그램에 포함시켜 활용하기 위해서는 [그림 3-68]과 같은 명령을 사용한다.

```
#include "파일명"
```

[그림 3-68] 외부 프로그램의 포함 명령

「#include」 명령과 같이 명령 앞부분에 '#' 기호가 붙은 것은 C-언어의 명령이 아니라 컴파일러에게 주는 명령이다. 즉, '컴파일 시 이러하게 하라'는 의미이며, 이 명령들은 컴파일러마다 약간씩 다르게 되어 있다. 「#include」 명령 다음의 파일명을 주는 방법은 2가지가 있는데, 이는 <표 3-5>와 같다.

〈표 3-4〉 #include 명령의 사용법 2가지

#include <파일명>	☜ 미리 지정된 특정한 디렉토리로부터 파일을 가져와 포함시킨다. 예) #include <stdio.h>
#include "파일명"	☜ 내가 지정하는 임의의 디렉토리로부터 파일을 가져와 포함시킨다. 파일명만 지정하면 현재 작업 중인 디렉토리에서 파일을 찾는다.

C-언어에 이미 구성돼 있는 날짜와 시간을 구하는 함수는 기본적인 것 이외에는 없기 때문에 이를 이용해 우리가 필요한 형태로 구성해야 하는데, [리스트 3-52]는 저자가 구성해 자주 사용하는 프로그램이다. 이 내용에는 본서의 범위를 넘어서는 부분이 많기 때문에 설명은 생략하지만 관심 있는 독자는 전문 C-언어 서적을 참조해 분석해 보라.

실습 예제 3-30

[리스트 3-52]의 프로그램을 "time.c"라는 명칭으로 편집해 cgi-bin 디렉토리에 저장하시오.

```
#include <time.h>

void Get_Date(char date[9], char ptime[7])
{
  struct tm *tp;
  long int secs;
  int hour;
  char date2[9], ptime2[7];
  time(&secs);
  tp = localtime(&secs);
  hour = (tp->tm_year) % 100;
  if (hour < 10) sprintf(date,"0%d",hour);
       else sprintf(date,"%d",hour);
  if (tp->tm_mon < 9) sprintf(date2,"%s/0%d",date,tp->tm_mon + 1);
    else sprintf(date2,"%s/%d",date,tp->tm_mon + 1);
  if (tp->tm_mday < 10) sprintf(date,"%s/0%d",date2,tp->tm_mday);
    else sprintf(date,"%s/%d",date2,tp->tm_mday);
  if (tp->tm_hour < 12) sprintf(ptime,"a");
    else sprintf(ptime,"p");
  if (tp->tm_hour > 12) hour = tp->tm_hour - 12;
    else hour = tp->tm_hour;
  if (hour == 0) hour = 12;
  if (hour < 10) sprintf(ptime2,"%s0%d",ptime,hour);
    else sprintf(ptime2,"%s%d",ptime,hour);
  if (tp->tm_min < 10) sprintf(ptime,"%s:0%d",ptime2,tp->tm_min);
    else sprintf(ptime,"%s:%d",ptime2,tp->tm_min);
}
```

[리스트 3-52] 날짜와 시간을 구하는 부 함수

위 함수를 호출하는 방법은 [그림 3-69]와 같다.

```
Get_Date( 날짜를 담을 스트링변수 , 시간을 담을 스트링변수 );
```

[그림 3-69] 시간을 구하는 함수의 호출 형태

여기서, 함수로부터 값을 전달받기 위한 경우, 예를 들어 scanf( )와 같은 경우에는 변수의 주소를 함수에게 알려주기 위해 「&abc」를 사용했지만, 스트링 변수는 변수 명 자체가 포인터형이기 때문에 '&'기호 없이 그대로 변수 명을 사용한다. 이 사항에 대해 초보자는 혼동될 우려가 있으므로 약간의 부연설명을 한다.

〈표 3-6〉 일반 변수형과 스트링 변수의 차이

변수 종류	설 명
일반 변수(정수형, 실수형, 문자형 등)의 경우	변수 내용의 참조 : abc 변수의 주소 알아내기 : &abc 사용 예 : scanf("%d" , &abc);
스트링 변수의 경우	변수 내용의 참조 : bcd[0], bcd[1] ... 변수의 주소 : bcd 사용 예 : scanf("%s" , bcd);

일반 변수, 즉 정수형이나 실수형, 그리고 문자형 등은 <표 3-6>에 타나낸 바와 같이 변수 내용을 참조할 때는 변수 명을 직접 사용하고, 변수의 주소를 알아내려면 '&' 기호를 붙여야 한다. 따라서 scanf( )함수 등에 사용하려면 '&' 기호가 붙은 변수 명을 사용해야 한다. 반면, 스트링 변수는 변수의 내용을 참조하려면 bcd[0]과 같이 변수의 요소를 하나씩 가리켜가며 사용하는데, 이 변수의 대표명인 bcd는 그 자체가 포인터 변수로서 스트링 변수의 주소 값을 가지고 있다. 따라서 스트링 변수를 scanf( )함수에 사용할 때는 '&'기호 없이 직접 변수 명을 적어야 주소를 전달하는 결과가 된다. 예를 들어 [그림 3-70]과 같은 경우 그 결과가 다르게 나타난다.

printf ("주소 = %d , 내용 = %s " , bcd , bcd);
결과 예 : 주소 = -52 , 내용 = AB

[그림 3-70] 스트링 변수의 주소 값 의미

예에서와 같이 스트링 변수 bcd를 printf( )함수에서 "%d"로 표시하면 bcd에 있는 내용은 이 스트링 변수의 주소 값이 표시되고(실제 16진수의 큰 숫자이기 때문에 정수로 표현하면 -숫자로 나타난다), "%s"로 표시하면 이는 printf( )함수가 이 변수 주소로부터 있는 내용을 '\0'기호가 나타날 때까지 모두 표시하기 때문에 스트링 변수 bcd 내의 모든 문자열이 표시된다. 이와 같이 스트링 변수 명

자체는 포인터이기 때문에 그 주소가 필요한 경우에는 변수 명을 그대로 사용한다.

실습 예제 3-31

[리스트 3-53]의 프로그램을 "time-test.c"의 이름으로 작성해 실행하고 결과를 확인해 보시오.

```
#include <stdio.h>
#include <stdlib.h>
#include "time.c"

main( )
{
  char cur_date[9], cur_time[7];        /* 날짜,시간 보관 변수 */

  printf("Content-type:text/html\n\n");
  printf("<HTML>\n<BODY>\n");
  Get_Date( cur_date , cur_time );      /* 날짜와 시간 구하기 */
  printf("현재 날짜와 시간은 %s, %s입니다.\n", cur_date, cur_time );
  printf("</BODY>\n</HTML>\n");
}
```

#include 다음의 '<' 문자나 '"'문자 다음에 공백이 있으면 안 된다!!

[리스트 3-53] 날짜와 시간표시 예제

(3) 프로그램의 제작

① 파일의 구조

오늘 방문자 수를 체크하기 위해서는 파일의 전체 방문자 수 이외에 오늘 방문자 수를 별도로 카운트해야 한다. 또한 이 방문자수가 기록된 날짜를 기록해 두고 이후에 다른 사용자가 접속하면 접속 당시의 날짜와 기록된 날짜를 확인해 이들이 동일하면 카운트를 증가시키고, 날짜가 다르다면 다음날로 넘어간 것이므로 카운트를 처음으로 초기화해야 한다. 따라서 앞서 사용했던 데이터 파일에는 [그림 3-71]과 같이 오늘 방문자 카운터와 기록 날짜를 기록하도록 변경되어야 한다. 여기서 네모기호로 표현한 것은 각 데이터마다의 분리를 위한 공백이다.

3■3■00/00/00 ☜ 오늘 방문자 ■ 전체 방문자 ■ 기록 날짜

[그림 3-71] 변경된 데이터 파일의 구조

② 프로그램의 흐름

앞서 작성했던 방문자 카운터에 오늘 방문자 수를 체크하는 부분을 추가한 순서도는 [그림 3-72]와 같다. 즉 전체 방문자 수 이외에 오늘 방문자 수를 별도로 카운트하고, 접속 당시의 날짜와 기록된 날짜를 확인해 이들이 동일하지 않다면 다음날로 넘어간 것이므로 카운트를 처음으로 초기화한다. 또한 파일에 데이터를 다시 기록할 때 오늘 방문자 수, 전체 방문자 수, 그리고 현재의 날짜를 함께 기록한다.

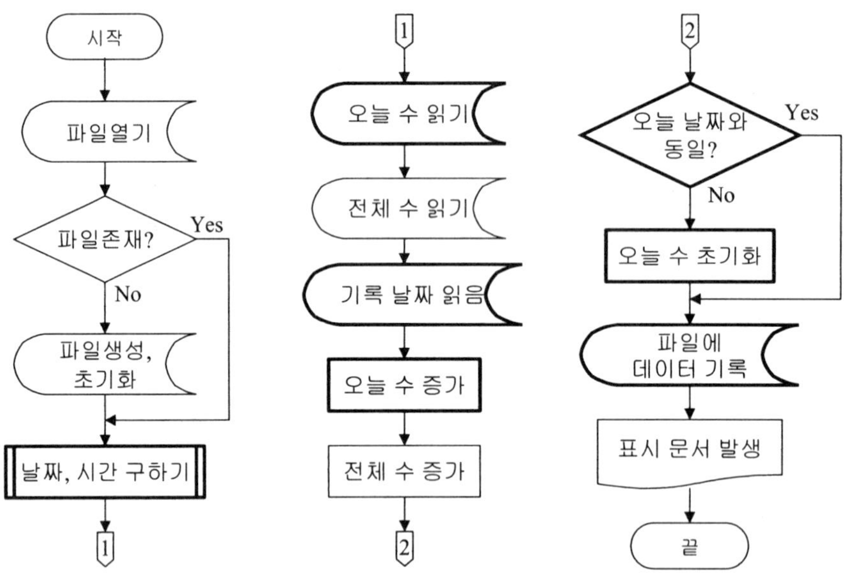

[그림 3-72] 오늘 방문자 처리가 추가된 순서도

③ 프로그램의 완성

실습 예제 3-32

1. "count.c" 프로그램을 [리스트 3-54]와 같이 변경해 컴파일 하시오. 단, 입력 중 fprintf( ) 함수 따옴표 내의 공백 문자에 유의하시오.
2. cgi-bin 디렉토리에 있는 "count.dat" 파일을 삭제하고 자신의 홈-페이지를 방문해 표시되는 내용을 확인해 보시오.
3. 이후에 다른 날 접속했을 경우 어떻게 표시되는지 확인해 보시오.
(파일 내용 중의 날짜를 변경하는 것은 파일 권한이 다르므로 실행되지 않는다)

※ 굳이 확인하려면 다음과 같이 한다.

1. 생성된 count.dat 파일을 FTP로 내 컴퓨터에 복사
2. cgi-bin 디렉토리의 count.dat 파일 삭제
3. count.dat 파일 내의 날짜 변경 후 저장
4. 다시 cgi-bin 디렉토리에 이동
5. Telnet에서 "chmod 777 count.dat" 명령으로 권한 변경
6. 브라우저에서 "새로고침"으로 결과 확인

```
#include <stdio.h>
#include <stdlib.h>
#include <string.h>
#include "time.c"
main( )
{
  int  count;
  FILE  *fpnt;
  char cur_date[9] , cur_time[7] ;  /* 현재 날짜 및 시간 */
  int  today;   /* 오늘 방문자 수 */
  char f_date[9]; /* 기록 날짜 */

  /* 파일로부터 읽기 */
  fpnt = fopen( "count.dat", "r" );
  if ( fpnt == NULL )           /* 파일이 없을 때 처리 */
    {
        fpnt = fopen( "count.dat", "w" );      /* 파일을 새로 생성 */
        fprintf( fpnt, "%d %d 00/00/00", 0, 0 );    /* 초기값 기록 */
        fclose( fpnt );                         /* 파일을 닫고          */
        fpnt = fopen( "count.dat", "r" );   /* 다시 읽기 상태로 연다 */
    };
```

```
  fscanf( fpnt, "%d", &today ); /* 오늘 방문자 */
  fscanf( fpnt, "%d", &count );
  fscanf( fpnt, "%s", f_date ); /* 기록 날짜 */
  fclose( fpnt );

/* 카운트 수 증가 */
  Get_Date(cur_date, cur_time);           /* 날짜, 시간 구하기 */
  today++;
  count++;
  if ( strcmp( cur_date, f_date ) != 0 ) today = 1;  /* 오늘번호 초기화 */

 /* 파일에 다시 기록 */
  fpnt = fopen( "count.dat", "w" );
  fprintf( fpnt, "%d ", today );     /* 오늘 방문자 */
  fprintf( fpnt, "%d", count );
  fprintf( fpnt, "%s", cur_date );  /* 날짜 */
  fclose( fpnt );

  /* HTML 문서 발생 */
  printf("Content-type:text/html\n\n");
  printf("<HTML>\n<BODY>\n");
  printf("귀하는 오늘 %d번째, 전체로는 ", today);
  printf("%d번째 방문객입니다.\n", count );
  printf("</BODY>\n</HTML>\n");
}
```

[리스트 3-54] 오늘 방문자 카운트가 추가된 프로그램

3) 방문자 기록 기능의 추가

이 절에서는 '방문자 기록'이라는 것을 목표로 하여 이에 필요한 지식을 습득하고자 한다. 사실, 여기 소개하는 방문자 기록 기능이란 필자가 고안해 필자의 홈-페이지에서 동작중인 것을 간소화 한 것인데, 나름대로 상당히 재미있는 프로그램이다. 이 프로그램의 목적은 [그림 3-73]과 같이 내 홈-페이지에 접속한 사람의 접속 시간, IP주소 등(원래의 프로그램에서는 누가 어느 페이지를 검색했는가, 어느 페이지를 몇 명이 읽었는가? 까지)을 기록하는 것으로서 일종의 '홈-페이지 로그파일'이라 할 수 있다.

```
번호            접속 시간                 IP 주소
 1        04/03/27  a10:20:45      100.101.114.153
 2        04/05/04  p02:20:23      210.125.218.116
 :            :          :                :
```

[그림 3-73] 방문자 기록 프로그램의 결과 예

이와 같은 프로그램을 제작하려면 <표 3-7>과 같은 사항들이 필요하다.

〈표 3-7〉 방문자 기록 프로그램 제작에 필요한 사항

현재 접속자의 IP 주소 얻기 ⇒ '환경변수' 다루기 접속날짜, 시간 구하기 ⇒ 함수 취급 IP 주소, 접속시간의 기록 ⇒ 파일 취급	공통적으로 문자열(string) 취급 필요

(1) 환경변수의 취급

대부분의 컴퓨터 프로그램들은 자신이 홀로 실행되는 것이 아니라 어떤 주어진 환경에서 실행된다. 예를 들어 "윈도우용 프로그램"이라 불리는 종류들은 윈도우 환경에서 실행되는 것을 의미하고, "도스용 프로그램"이라면 DOS 환경에서 실행되는 것을 의미한다.

마찬가지로, "서버용 프로그램"이라 하면 서버의 OS에서 실행되는 것을 의미하는데, 이와 같이 프로그램들이 실행환경에 영향을 받는 이유는 실행환경과 긴밀하게 데이터 교환을 하기 때문이다. 이러한 예로서, 윈도우용 프로그램은 키보드 데이터나 마우스의 상황, 디스크와의 데이터 교신 등을 모두 윈도우 환경과 교신한다.

① 서버의 환경

앞서 설명한 바와 같이, 어떤 프로그램이 실행되기 위해서는 주위 환경과 지속적인 데이터 교환이 필수적인데, 우리가 다루고 있는 서버는 [그림 3-74](a)와 같은 환경을 지니고 있다.

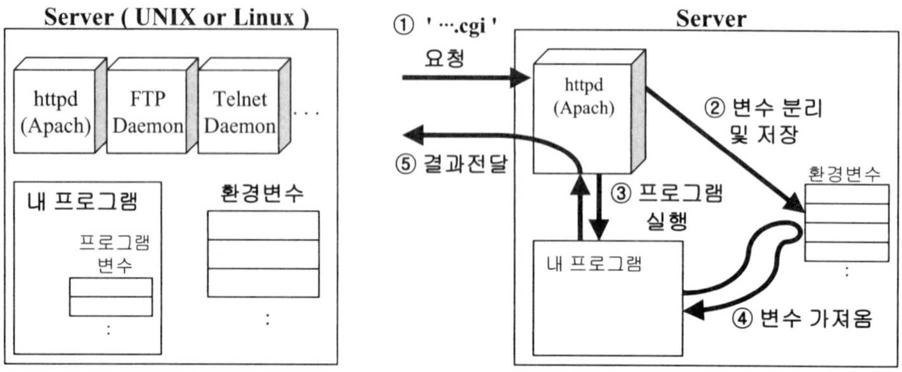

(a) 서버의 환경　　　　　(b) 서버의 동작

[그림 3-74] 환경변수의 개념

[그림 3-74](a)에서, 서버 내에는 각종 서비스를 제공하기 위해 대기 중인 데몬들을 비롯해 나의 프로그램이 존재하는데, 이들 각 요소 사이에 필요로 하는 정보를 저장하기 위해 '환경변수'라는 것이 존재한다. 이는 마치 나의 프로그램 내에 프로그램용 변수가 할당되어 이를 사용하듯이 서버 시스템 전체적으로도 변수가 할당되어 있고, 여기에는 서버의 운영상 필요한 각종 정보가 저장되어 있는데, 예를 들어 현재 서버에 접속한 사용자의 IP주소, 도메인 명, 사용자의 브라우저 종류와 버전 등이 담겨있으며, 나의 프로그램에서도 이 정보를 이용할 수 있다.

따라서 나의 프로그램에서 이 정보를 이용하도록 프로그램 되어 있다면, 전체적인 동작은 [그림 3-74](b)와 같은 순서로 이루어지는데, 외부로부터 사용자의 요청이 있으면(①) http 데몬은 이를 요청한 사용자의 각종 정보를 환경변수에 저장한 후(②) 사용자가 요청한 프로그램을 실행한다(③). 실행된 프로그램은 환경변수의 정보를 이용하기 위해 환경변수로부터 정보를 가져오며(④), 이를 이용해 처리한 최종 결과를 http 데몬을 통해 사용자로 전달한다(⑤).

② 환경변수 읽기

환경변수의 내용을 가져오기 위해서는 [그림 3-75](a)와 같은 함수를 사용하며, 결과는 스트링으로 나타난다.

```
getenv( "환경변수 명" );
```

(a) 환경변수 읽는 함수

```
#include <stdlib.h>
```

(b) 환경변수 명칭이 담긴 라이브러리

[그림 3-75] 환경변수를 읽기 위한 필요사항들

그런데, 현재 이 프로그램이 동작하는 환경에 어떤 환경변수가 있는지는 각 시스템마다 다르기 때문에 이러한 환경변수 명칭을 정의해 놓은 것이 "stdlib.h"라는 파일로서, 환경변수를 이용하려면 프로그램 초기에 [그림 3-75](b)와 같이 이 라이브러리를 포함시켜야 한다.

실습 예제 3-33

다음 예제 프로그램을 "env.c"의 이름으로 작성 후 실행해 환경변수의 내용을 확인해 보시오.

```
#include <stdio.h>
#include <stdlib.h>

main( )
{
  printf("Content-type:text/html\n\n");
  printf("<HTML>\n<BODY>\n");
  printf("귀하의 IP 주소는 %s입니다.<BR>\n",
                                getenv("REMOTE_ADDR") );
  printf("귀하의 브라우저는 %s입니다.<BR>\n",
                                getenv("HTTP_USER_AGENT") );
  printf("</BODY>\n</HTML>\n");
}
```

[리스트 3-55] 환경변수의 연습 예제

※ 위 예제의 실행결과는 이 프로그램을 동작시킨 내 PC의 IP 주소와 사용한 브라우저의 종류가 나타난다.

(3) 프로그램의 제작

현재 목표로 하고 있는 방문자 기록 프로그램에서 필요로 하는 사항 중 환경변수에 관해 살펴보았다. 이제는 나머지 필요한 사항을 몇 가지 살펴보고 방문지 기록 기능을 구성한다.

① 데이터 파일에 내용 추가

방문자 기록을 보관하는 파일은 앞서 배운 fopen( ) 함수에 'w' 옵션을 사용할 수 없는데, 그 이유는 'w' 옵션을 사용하면 이는 "파일을 새로 만들면서 기록"이라는 의미를 가지고 있기 때문에 기존에 있던 내용이 모두 없어지고 새로 파일이 생성된다. 우리가 필요로 하는 것은 현재까지의 내용은 그대로 남아있으면서 새로운 내용이 '추가'되어야 하는 것이므로 다른 방법이 필요하며, 이와 같이 '내용을 추가'하는 옵션은 [그림 3-76]과 같다.

```
fopen( "파일명" , "a" );        /* 기존의 파일 뒷부분에
                                    내용을 추가 ( append ) */
```

[그림 3-76] 파일에 내용을 추가하는 옵션

이러한 명령 실행 시 만약 파일이 존재하지 않을 때는 'w' 옵션 사용 때와 마찬가지로 파일이 새로 생성되기 때문에 'r' 옵션 때와 같은 초기화 부분이 필요 없어 [리스트 3-56]과 같이 단지 fopen( ) 함수만으로 파일을 생성하거나 추가할 수 있다.

```
fpnt = fopen( "logs.dat", "a" );
```

[리스트 3-56] 파일이 없을 경우의 조치 필요 없음

실습 예제 3-34

1. [리스트 3-57]은 앞서 방문자 카운트 프로그램 "count.c" 프로그램에 방문자 기록 기능을 추가한 것이다. 이를 편집해 실행하시오.
2. 실행 결과는 WS_FTP로 서버의 "logs.dat" 파일을 "view" 메뉴로 확인할 수 있다.
3. 이 프로그램을 몇 차례 반복("새로 고침" 등) 실행하면서 기록이 추가되는 것을 확인하시오.

```
          :
          :
 /* 파일에 다시 기록 */
  fpnt = fopen( "count.dat", "w" );
  fprintf( fpnt, "%d ", today );    /* 오늘 방문자 */
  fprintf( fpnt, "%d", count );
  fprintf( fpnt, "%s", cur_date );  /* 날짜 */
  fclose( fpnt );

/* 방문자 기록 */
  fpnt = fopen( "logs.dat", "a" );
  fprintf( fpnt, "%d %s %s %s\n", count, cur_date, cur_time,
                                        getenv("REMOTE_ADDR") );
  fclose ( fpnt );

  /* HTML 문서 발생 */
  printf("Content-type:text/html\n\n");
  printf("<HTML>\n<BODY>\n");
  printf("귀하는 오늘 %d번째, 전체로는 ", today);
  printf("%d번째 방문객입니다.\n", count );
  printf("</BODY>\n</HTML>\n");
}
```

[리스트 3-57] 방문자 기록 기능의 추가

② 엔터 문자의 차이

앞서 예제 프로그램을 실행하고 결과를 살펴보면 모든 문장이 한 줄로 연결되어 나타나고, 문장과 문장 사이에 이상한 문자가 끼어 있음을 알 수 있다. 이는 IBM-PC와 유닉스 계열에서 사용하는 코드에 약간의 차이가 있기 때문에 발생한 결과인데, 화면에서 다음 줄로 넘기는 코드가 IBM-PC에서는 '\r'과 '\n'의 2개 코드로 구성돼 있는 반면, UNIX 계열은 '\n' 코드 하나로 구성되어 있기 때문이다.

간이 실습

1. 윈도우의 메모장으로 생성된 예제 중 아무 것이나 "등록정보"를 통해 이 파일의 정확한 크기를 확인해 보라.

2. 이 파일을 열고 마지막에 엔터 하나만 입력하고 저장한 후 다시 파일의 크기를 확인해 보라. 한 개의 엔터 문자를 입력했음에도 2바이트가 늘어남을 확인할 수 있다.
즉, IBM-PC의 엔터 문자는 2개 코드로 되어 있음을 알 수 있다.

따라서 유닉스 환경에서 실행된 결과의 파일에는 '\n' 문자만이 존재하기 때문에 이를 IBM-PC의 환경에서 읽으면 엔터 코드로 해석하지 않고 13번 아스키코드 문자인 엉뚱한 모양으로 표시한다. ('\n'는 아스키코드 13번 문자이다.)

이와 같은 코드의 차이가 있는 다른 환경에서 항상 효과가 동일하도록 printf( ) 함수에서 엔터 코드 '\n'가 발생하면 IBM-PC 환경에서는 '\r'과 '\n'의 2개 문자 코드를 생성하도록 컴파일러가 구성되어 있고, 유닉스 환경에서는 명령 그대로 '\n' 문자 하나만 생성되도록 구성되어 있다.

〈표 3-8〉 환경에 따른 컴파일러의 다른 처리

IBM-PC	UNIX 계열
다음줄 변경 코드 = '\r', '\n' printf("\n"); ⇒ '\r', '\n'	다음줄 변경 코드 = '\n' printf("\n"); ⇒ '\n'

참고로, '\r' 문자는 아스키코드 10번 문자 ^J인 'return'의 약자로서 '현재 줄의 처음으로 돌아가라'는 제어를 하며, '\n' 문자는 아스키코드 13번 문자 ^M인 'new line'의 약자로서 '다음 줄로 진행'의 의미를 가지고 있다.

유닉스 환경에서 실행한 파일의 결과를 IBM-PC에서 확인하기 편하도록 하려면 IBM-PC의 코드 체계에 맞춰 파일을 구성하면 된다.

실습 예제 3-35

1. 방문자 카운터 프로그램 "count.c"의 printf( ) 함수 부분을 [리스트 3-58]과 같이 변경하시오.
2. 생성되었던 "logs.dat" 파일을 삭제하고 위 프로그램을 몇 차례 실행하시오.
3. 새로 생성된 "logs.dat" 파일을 확인하시오.

```
          :
/* 방문자 기록 */
  fpnt = fopen( "logs.dat", "a" );
  fprintf( fpnt, "%d %s %s %s\r\n", count, cur_date, cur_time,
                                          getenv("REMOTE_ADDR") );
  fclose ( fpnt );
          :
```

[리스트 3-58] 엔터 코드의 변경

③ long int형 변수

지금까지 작성했던 방문자 카운터 프로그램은 카운트 할 변수를 정수형으로 선언해 사용했는데, 이는 약간의 문제가 발생할 소지가 있다. 일반적인 정수형 변수는 카운트 할 수 있는 숫자의 범위가 -32,768 ~ +32,767인데, 만약 방문자 수가 많아 32,767을 넘어서면 갑자기 이상한 숫자가 (- 숫자) 발생하기 시작한다. 따라서 이보다 더 큰 숫자를 세도록 할 필요가 있다. 방문자 카운터와 같은 용도로 사용하는 변수는 음수가 필요 없기 때문에 정수형 변수의 음수 부분 대신 이를 양수로 모두 사용할 수 있는 변수형이 있는데, 이는 [리스트 3-59]와 같이 선언한다.

```
unsigned int  count;  /* 음수 없이 모두 양수로 사용하도록 선언 */
```

[리스트 3-59] unsigned에 의한 숫지범위의 확장

이와 같이 선언하면 사용할 수 있는 숫자의 범위는 0 ~ 65,535까지 가능해지며, 프로그램 중에 변수를 사용하는 방법은 일반 정수형과 동일하다. 즉, printf( ) 함수나 scanf( ) 함수 등에서도 여전히 "%d" 옵션을 사용한다(경우에 따라 "%u"를 사용하며, 이에 관한 것은 전문서적 참조). 그러나 이 또한 사용자의 수가 65,535보다 커지면 엉뚱한 숫자로 변화하기 때문에, 이보다 더 큰 숫자를 보관하기 위해서는 [리스트 3-60]과 같은 선언을 할 수 있다.

```
long int  count;        /* 아주 큰 정수 변수로 선언 */
long  count;            /* 동일한 표현 */
```

[리스트 3-60] long int형 정수의 선언 예

여기서, "int" 글자는 생략하고 "long"만 기록해도 무방하다. 이와 같이 선언하면, "count"라는 변수는 숫자를 보관하기 위해 정수형보다 2배의 메모리를 사용하기 때문에 −2,147,483,648 ~ +2,147,483,647이라는 큰 범위의 숫자를 다룰 수 있다.

그러나 이 변수형은 정수형과 메모리의 크기가 다르기 때문에 이를 취급하는 방법이 다른데, printf( ) 함수나 scanf( ) 함수 등에서 사용할 때는 [리스트 3-61]의 예와 같이 "%ld" (long int)의 옵션을 사용하고, 숫자를 직접 대입할 때는 숫자 끝에 'L'자를 부여해 사용한다.

```
long int count = 1234L;
scanf( "%ld" , &count );
printf( "답은 %ld 입니다.\n" , count );
```

[리스트 3-61] long int형 변수의 사용 예

이와 같은 long int형 변수도 앞서 정수형과 마찬가지로 음수 부분이 존재하는데, 방문자 카운터와 같이 음수가 필요하지 않은 경우에는 [리스트 3-62]와 같이 선언하면 0~4,294,967,295까지의 숫자를 다룰 수 있다.

```
unsigned long int  count;   /* 아주 큰 양의 정수로 선언 */
unsigned long  count;       /* 동일한 표현 */
```

[리스트 3-62] unsigned long에 의한 선언 예

이와 같이 선언한 변수형은 long int형과 마찬가지로 "%ld" 옵션을 동일하게 사용한다. 지금까지 소개한 여러 정수형 변수들의 사용 범위를 <표 3-9>에 정리하였는데, 시스템에 따라 약간의 차이가 있지만 대부분 이 범주 안에 속한다.

〈표 3-9〉 정수형 변수의 숫자 범위

변수형	메모리 크기	숫자 범위
int	16 비트	−32,768 ~ 32,767
unsigned int	16 비트	0 ~ 65,535
long	32 비트	−2,147,483,648 ~ +2,147,483,647
unsigned long	32 비트	0 ~ 4,294,967,295

따라서 앞서 작성했던 방문자 카운터 프로그램의 숫자 범위를 크게 늘리려면 [예제 3-36]의 [리스트 3-63]과 같이 변경해야 한다.

실습 예제 3-36

1. 앞서 작성했던 방문자 카운터 프로그램 "count.c"를 [리스트 3-63]과 같이 수정해 큰 수를 카운트하도록 변경하시오.
2. 큰 수가 나타날 때까지 입력할 수 없으므로 정상적인 카운트가 이루어지는지 실행 결과만 확인하시오.

```
#include <stdio.h>
#include <stdlib.h>
#include <string.h>
#include "time.c"
main( )
{
  unsigned long int  count;
  FILE  *fpnt;
  char cur_date[9] , cur_time[7] ;  /* 현재 날짜 및 시간 */
  int  today;   /* 오늘 방문자 수 */
  char f_date[9]; /* 기록 날짜 */

  /* 파일로부터 읽기 */
  fpnt = fopen( "count.dat", "r" );
  if ( fpnt == NULL )          /* 파일이 없을 때 처리 */
    {
        fpnt = fopen( "count.dat", "w" );      /* 파일을 새로 생성 */
        fprintf( fpnt, "%d %d 00/00/00", 0, 0 );    /* 초기값 기록 */
        fclose( fpnt );                        /* 파일을 닫고          */
```

```
        fpnt = fopen( "count.dat", "r" );   /* 다시 읽기 상태로 연다 */
    };
  fscanf( fpnt, "%d", &today ); /* 오늘 방문자 */
  fscanf( fpnt, "%ld", &count );
  fscanf( fpnt, "%s", f_date ); /* 기록 날짜 */
  fclose( fpnt );

/* 카운트 수 증가 */
  Get_Date(cur_date, cur_time);          /* 날짜, 시간 구하기 */
  today++;
  count++;
  if ( strcmp( cur_date, f_date ) != 0 ) today = 1;  /* 오늘번호 초기화 */

 /* 파일에 다시 기록 */
  fpnt = fopen( "count.dat", "w" );
  fprintf( fpnt, "%d ", today );    /* 오늘 방문자 */
  fprintf( fpnt, "%ld", count );
  fprintf( fpnt, "%s", cur_date );  /* 날짜 */
  fclose( fpnt );

/* 방문자 기록 */
  fpnt = fopen( "logs.dat", "a" );
  fprintf( fpnt, "%ld %s %s %s\r\n", count, cur_date, cur_time,
                                              getenv("REMOTE_ADDR") );
  fclose ( fpnt );

  /* HTML 문서 발생 */
  printf("Content-type:text/html\n\n");
  printf("<HTML>\n<BODY>\n");
  printf("귀하는 오늘 %d번째, 전채로는 ", today);
  printf("%ld번째 방문객입니다.\n", count );
  printf("</BODY>\n</HTML>\n");
}
```

[리스트 3-63] 완성된 방문자 카운터 및 기록 프로그램

제 4 장

CGI 프로그래밍

1. CGI의 기본
2. 비만도 측정 프로그램
3. 쿼리 데이터 추출함수 응용
4. 설문조사 시스템
5. 쇼핑 카트
6. 간이 방명록(Guest-Book)
7. 전자 게시판(BBS)

이 장에서는 CGI(Common Gateway Interface) 규격을 이용해 각종 웹용 응용 프로그램을 제작한다. CGI를 활용하면 양방향 웹이 가능해지므로 게시판, 방명록, 전자상거래 등 광범위한 분야에 사용되는 중요한 기술이다.

1. CGI의 기본

1) 웹 문서의 종류 및 동작 원리

인터넷 웹에서 사용하는 웹 문서는 구성 형식에 따라 정적문서, 활성문서, 동적문서의 3가지로 나뉘며, 그 특징과 제작법이 다르다.

(1) 정적문서(Static Document)

정적문서란 화면의 내용이 변하지 않는 것으로서, 순수한 HTML로만 구성된 페이지가 이에 해당된다. 즉, 우리가 HTML 소스를 변화시키지 않는 한 사용자에게는 항상 동일한 화면이 나타난다. 이와 같은 정적문서가 발생되는 원리를 [그림 4-1]에 나타내었다.

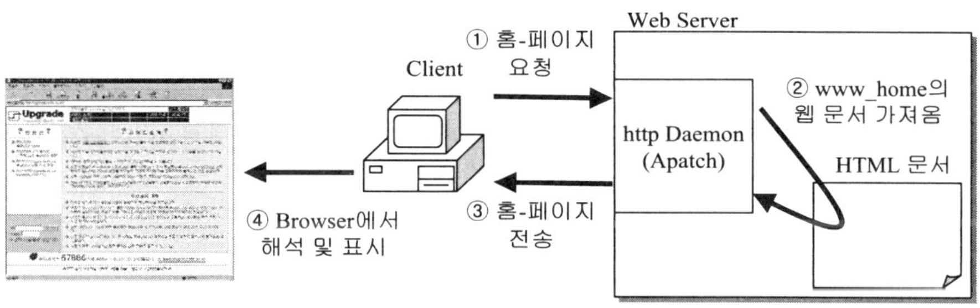

[그림 4-1] 정적문서의 동작원리

정적문서는 본서의 초기에 HTML만으로 웹 문서를 작성해 홈-페이지를 나타낸 것으로서, [그림 4-1]과 같이 http 데몬은 단지 클라이언트가 요청한 웹 문서를 전송해 줄뿐이며, 이를 브라우저가 해석해 홈-페이지를 보여준다. 이 문서는 원리에서 보는 바와 같이 데이터 전송방향은 오로지 서버에서 클라이언트로 일방적으로 보내지는 것으로서, 사용자의 데이터 등은 서버로 전달될 수 없다.

(2) 활성문서(Active Document)

활성문서는 화면이 살아 움직이는 것으로서, 이러한 변화는 사용자의 컴퓨터, 즉 클라이언트 측에서 실행해 나타나는 것이다. 이러한 예로는 자바 스크립트(Java Script)나 플래시(Flash)에 의해 움직이는 화면이 있는데, 이들은 [그림 4-2]에 나타낸 바와 같이 서버로부터 HTML과 함께 전달돼 오며 이를 클라이언트 측에서 실행시켜 표시한다.

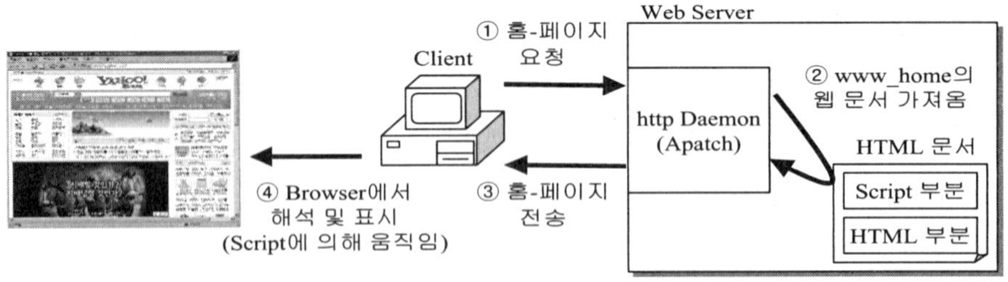

[그림 4-2] 활성문서의 동작원리

따라서 프로그램에 보안성이 없으며, 서버 측에서 내용이 변화되는 것이 아니므로 단순히 화면을 장식하는 용도나 서버로 데이터를 보내기 전 이를 검사하는 등 단순한 용도로 사용된다. 이 문서 또한 앞서 정적문서와 마찬가지로 데이터 전송방향은 오로지 서버에서 클라이언트로 일방적으로 보내지는 것으로서, 사용자의 데이터 등은 서버로 전달될 수 없다.

(3) 동적문서(Dynamic Document)

동적문서는 웹 문서가 서버로부터 변화되어 전달되는 형식으로서, 서버 측에서 데이터를 보관할 필요가 있는 용도에 많이 사용되며, 지금까지 C-언어에 의해 웹 문서를 발생시킨 것이 이에 해당된다. 이는 [그림 4-3]에 나타낸 바와 같이 항시 변화된 웹 문서를 발생하기 위해 http 데몬이 프로그램을 실행시키고 그 결과를 전달해 표시하는 형태로 되어있다.

이 문서는 정적문서나 활성문서와는 달리 문서의 변화가 서버에서 발생하기 때문에 많은 사람이 동시에 사용할 경우 서버에 부하가 가중되는 단점이 있지만, 클라이언트로부터 서버로 데이터를 전송할 수 있으며, 서버에서는 이 데이터를 입력받아 처리할 수 있어 클라이언트와 서버 간에 양방향 교신이 가능한 특징이 있다. 이를 활용한 예로는 전자 게시판이나 방명록, 또는 인터넷 검색, 방문자 카운터, 전자 상거래 등 클라이언트 측의 데이터를 접수받아 이를 처리하는 용도에 중요하게 사용된다.

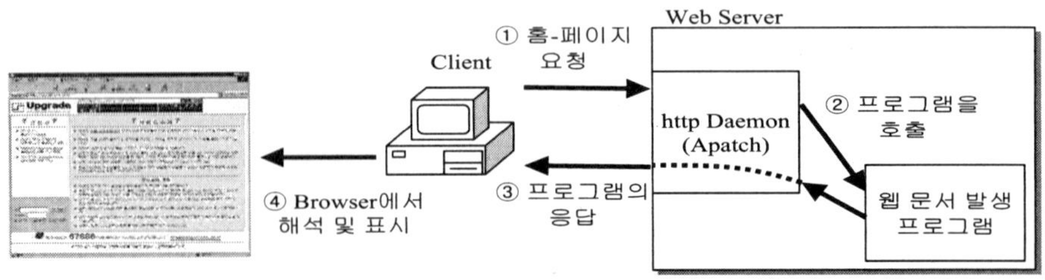

[그림 4-3] 동적문서의 동작원리

2) CGI의 개념

CGI(Common Gateway Interface)란 웹 상에서 데이터를 전송하는 규격을 의미하는 것으로서, 게시판이나 전자상거래 등은 사용자의 데이터(예를 들어 게시판에 실릴 글 내용, 카드 번호나 상품 번호 등)가 서버로 전달되고, 서버는 이에 대응하는 화면을 보여줘야 하기 때문에 클라이언트로부터 서버로 전송될 데이터의 규격이 필요하다. 이러한 필요성에 의해 제정된 규격이 CGI로서, 모든 브라우저는 이 규격에 맞춰 서버로 데이터를 전송하기 때문에, 서버에서 이 데이터를 받아 처리할 프로그램을 작성하려면 CGI 규격을 정확히 알고 있어야 한다.

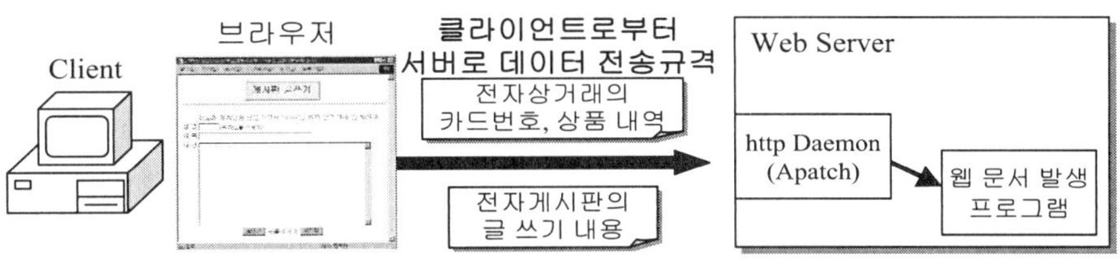

[그림 4-4] CGI 규격의 용도

예를 들어, 야후 사이트에서 자료를 검색하면 결과 화면이 나타날 때 주소창에는 [그림 4-5]와 같은 특이한 문자들이 나타나는데, 이 글자들이 CGI 규격에 의해 변환돼 서버로 전송한 것이다.

[그림 4-5] CGI 변환의 예

게시판에 여러분이 글을 적은 후 이를 서버로 전송할 때에도 이와 같이 특이한 코드로 변환해 전송되고, 이를 수신한 서버의 프로그램에서는 이를 해석해 다시 본래의 데이터로 복원해 처리한다. 이와 같이 CGI를 이용한 데이터 전송을 위해, 브라우저에서는 CGI에 관련된 HTML 태그가 준비되어 있고, 서버 측에서는 CGI에 관련된 환경변수 등이 마련되어 있다. 이와 같은 CGI 규격에 의해 전송된 데이터를 처리하는 서버 측의 프로그램을 "CGI 프로그램"이라 부르기도 한다.

3) CGI관련 HTML 태그

(1) <FORM> 태그

앞서 설명한 바와 같이, CGI는 클라이언트 측에서 서버 측으로 데이터를 전송할 수 있도록 해 주는데, 여러분의 데이터를 브라우저에서 입력받을 수 있도록 양식을 작성해 주는 HTML 문으로는 <FORM> 태그가 있다. <FORM> 태그의 사용 방법은 [그림 4-6]과 같다.

```
<FORM  METHOD = "데이터 전달형식"  ACTION = "프로그램 명" >
                        :
                     입력 양식
                        :
</FORM>
```

[그림 4-6] 〈FORM〉 태그의 형식

「METHOD = "데이터 전달형식"」 은 클라이언트로부터 데이터를 어떤 형식으로 서버로 전달할 것인가를 정해주는 것인데, 이는 "GET" 방식과 "POST" 방식이 있으며, 우리는 일단 "GET" 방식을 사용하고, 이들의 차이점에 대해서는 차후에 진행하며 설명한다.

「ACTION = "프로그램 명"」 은 이 <FORM> 태그에 의해 생성된 데이터를 송신할 서버의 대상 프로그램을 명시한다. 이러한 사항들을 기입한 예를 [리스트 4-1]에 나타내었다.

```
<FORM  METHOD = "GET"  ACTION = "cgi-bin/test.cgi" >
```

[리스트 4-1] 〈FORM〉 태그의 사용 예

(2) <INPUT> 태그

<INPUT>태그는 앞서 설명한 <FORM> 태그 내에 위치(마치 <TABLE> 태그 내에 <TR>, <TD>태그를 사용하듯이)하는 것으로서, 데이터 입력양식을 꾸미는데 사용하며 [그림 4-7]과 같은 형식을 가진다.

```
<INPUT  TYPE = "데이터 형식"  NAME = "필드 명" >
```

[그림 4-7] 〈INPUT〉 태그의 형식

여기서, 「TYPE = "데이터 형식"」은 어떤 형식으로 데이터를 입력받을 것인가를 선택하는 옵션으로서, TEXT, RADIO, CHECKBOX, SUBMIT, RESET 등 여러 가지가 있다. 이들 중 현재 사용할 대상인 TEXT와 SUBMIT에 대해 살펴보고, 나머지는 차차 진행하면서 설명하고 사용한다.

「TYPE = "TEXT"」는 1줄 짜리 글자 입력용 양식이며, 예를 들어 성명이나 나이, 전화번호 등의 입력에 사용한다.

「TYPE = "SUBMIT"」는 입력이 완료된 양식을 서버로 전송하기 위한 단추가 생성된다.

「NAME = "필드 명"」은 일종의 변수명과 유사한 것으로서, <FORM>문에 의해 전송되는 여러 데이터를 서버 측에서 구분하기 위한 것이다.

실습 예제 4-1

[리스트 4-2]의 예제 페이지를 "query-test.html"이라는 이름으로 작성해 브라우서에서 확인해 보시오.

```
<HTML>
<BODY>
  이것은 입력양식 테스트입니나.<BR>
  <FORM METHOD = "GET" ACTION = "cgi-bin/query-test.cgi" >
     당신의 이름 : <INPUT TYPE = "TEXT"  NAME = "name" > <BR><BR>
     생년월일 : <INPUT TYPE = "TEXT" NAME = "date" > (양력) <BR><BR>
     <INPUT TYPE = "SUBMIT" VALUE = "전송하기" >
  </FORM>
</BODY>
</HTML>
```

[리스트 4-2] 〈FORM〉 태그의 실습 예제

※ 이 리스트는 C 프로그램이 아니라 HTML 파일이므로 '컴파일'을 한다는 따위의 행동을 하지 말자.
서버의 www_home으로 이동시킨 후, 단지 브라우저에서 나타나는 화면만을 살펴 보라.

(3) 쿼리의 전달과정

앞서 작성한 양식을 작성하고 전달하면 서버에서는 어떤 과정을 거치는지 이해해야 이를 처리하는 프로그램을 작성할 수 있다.

서버에서는 <FORM> 태그에 의해 전달되는 데이터를 분리해 [그림 4-8]에 나타낸 바와 같이 "QUERY_STRING"이라는 환경변수에 보관해 둔다. 따라서 프로그램에서 이를 읽어 들이면 브라우저로부터 전달된 데이터를 입수할 수 있다. 이와 같이 전달돼 오는 데이터를 "쿼리(query)"라 한다.

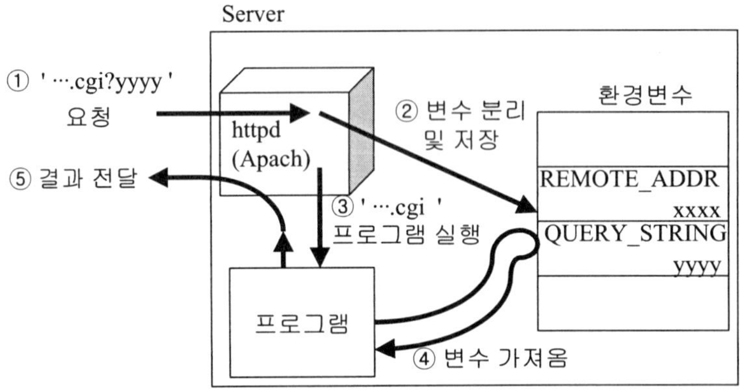

[그림 4-8] 쿼리의 전달과정

실습 예제 4-2

1. 다음 프로그램을 "query-test.c" 이름으로 입력한 후 컴파일 하시오.
2. 앞서 작성했던 "query-test.html"에 데이터를 입력 후 전송해 결과를 확인하시오.

```
#include <stdio.h>
#include <stdlib.h>

main( )
{
  printf("Content-type:text/html\n\n");
  printf("<HTML>\n<BODY>\n");
  printf("전달된 query : %s \n", getenv( "QUERY_STRING" ) );
  printf("</BODY>\n</HTML>\n");
}
```

[리스트 4-3] 쿼리 테스트용 프로그램

※ 이 프로그램은 쿼리의 입력형태를 확인하는데 유용하게 사용할 수 있는 것이므로 앞으로도 자주 사용할 것이고 여러분에게도 유용할 것이다. 따라서 지우거나 없애지 말 것!

이 예제에서 나타난 결과에 대해서는 이후에 설명한다.

2. 비만도 측정 프로그램

이번에 제작할 대상은 신장과 체중을 입력하면 이를 토대로 비만도를 측정하는 프로그램이다.

1) 기본형 비만도 측정 프로그램

비만도를 측정하기 위한 데이터로는 남/녀 성별과 신장, 그리고 체중이 필요한데, 간단한 것부터 단계적으로 학습하기 위해 남/녀 구분이 없는 공식을 일단 사용하고, 이후에 남/녀 구분에 의한 공식을 사용해 더 정확한 결과를 얻을 수 있도록 한다.

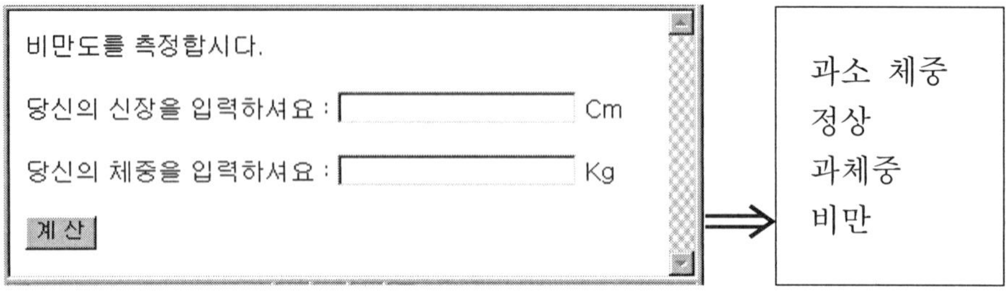

[그림 4-9] 비만도 측정 프로그램의 화면

(1) 프로그램 작성에 필요한 사항

비만도 측정 프로그램을 제작하기 위해 필요한 사항은 <표 4-1>과 같다.

〈표 4-1〉 방문자 기록 프로그램 제작에 필요한 사항

신장, 체중 입력받기	⇒	HTML의 데이터 입력문
서버에서 데이터 전달받기	⇒	쿼리 입력 환경변수
쿼리 데이터 추출	⇒	스트링 조작 및 처리

우선 신장과 체중을 입력받을 HTML로 구성된 양식이 필요하며, 이 데이터가 브라우저에 의해 CGI 형식으로 전달되는 데이터를 서버에서 받기 위한 환경변수 조작이 필요하다. 또한, 이와 같이 전달된 쿼리로부터 우리가 원하는 데이터를 추출해 내기 위한 스트링 조작과 처리과정이 필요하다.

① 입력양식

신장과 체중을 입력받기 위한 HTML 양식은 앞서 살펴본 바와 같은 <FORM> 태그를 이용해 작성한다.

실습 예제 4-3

1. [리스트 4-4] 문서를 "fat-test.html"이라는 이름으로 작성해 브라우저에서 확인해 보시오.
2. 신장과 체중 데이터를 입력하고 전송해 서버에서 나타나는 결과를 확인하시오.

```
<HTML>
<BODY>
  비만도를 측정합시다.<BR>
  <FORM METHOD = "GET" ACTION = "cgi-bin/query-test.cgi" >
     당신의 신장을 입력하셔요 :
        <INPUT TYPE = "TEXT"  NAME = "t" > Cm <BR><BR>
     당신의 체중을 입력하셔요 :
        <INPUT TYPE = "TEXT" NAME = "m" > Kg <BR><BR>
     <INPUT TYPE = "SUBMIT" VALUE = "계산" >
  </FORM>
</BODY>
</HTML>
```

※ 실험을 위해 대상 프로그램은 일단 query-test.cgi로 하였다.

[리스트 4-4] 비만도 측정을 위한 입력양식

② 쿼리 전달 방법

앞서 [예제 4-3]을 실행하면 [그림 4-10]과 같은 데이터가 수신되는데, 첫 부분에 데이터 필드 명과 '=' 기호, 그리고 입력한 데이터가 나열된다. 이 필드와 다음 필드를 구분하는 문자로서 '&' 기호가 나타나고 다음 필드명과 '=' 기호, 그리고 입력한 데이터가 다시 나열된다.

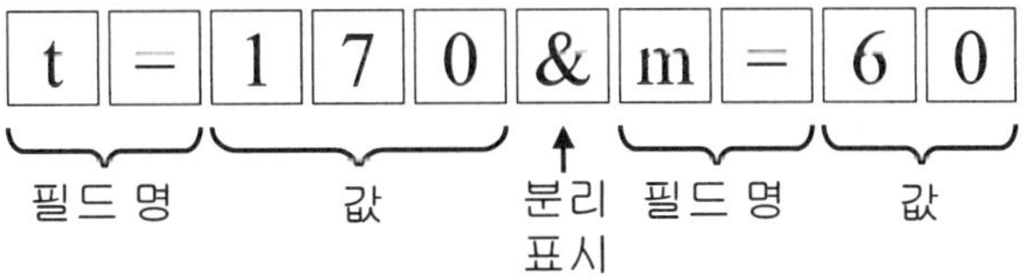

[그림 4-10] 전송되어 온 쿼리 데이터 예

여기에 나타난 필드 명은 브라우저에서 데이터를 전송할 때 사용했던 <FORM> 태그의 <INPUT> 태그에서 지정한 것이 그대로 사용되며, 필드와 필드 사이 '&'기호나 필드와 데이터 사이의 '='기호 등은 브라우저에서 정리해 보내준 것들이다. 이러한 쿼리로부터 우리가 필요로 하는 데이터를 추출하기 위해서는, 우선 이 내용을 일반 변수로 복사해 놓아야 마음대로 조작이 가능하기 때문에 스트링의 복사에 관해 살펴본다.

③ 스트링의 복사

i) 스트링 복사의 개념

일반적인 변수의 내용을 복사하기 위해서는 [리스트 4-5](a)와 같이 대입 연산자 '='를 사용해 가능하다. 그러나 스트링 변수의 내용을 복사하기 위해 [리스트 4-5](b)와 같이 실행할 수 없다.

```
int  a, b
       :
b = a;    /* 내용을 복사 */
       :
```

(a) 일반 변수의 경우

```
char  abc[5], xyz[5]
         :
xyz = abc;    /* 내용을 복사? (×) */
         :
```

(b) 스트링 변수의 경우

[리스트 4-5] 변수 내용의 복사

그 이유는 스트링 변수의 변수 명 abc나 xyz은 앞서 비유에 의한 '열차명'에 해당되는데, abc 열차에 타고 있는 승객을 xyz 열차로 이동시킬 때 열차명만 이동시키면 되는 것이 아닌 것과 유사하다. 즉, 실제로 승객이 이동되려면 [그림 4-11]과 같이 abc의 [0]번 객차 손님은 xyz의 [0]번 객차로 옮겨져야 되고, abc의 [1]번 객차 손님은 xyz의 [1]번 객차로 옮겨져야 정상적인 이동일 것이다.

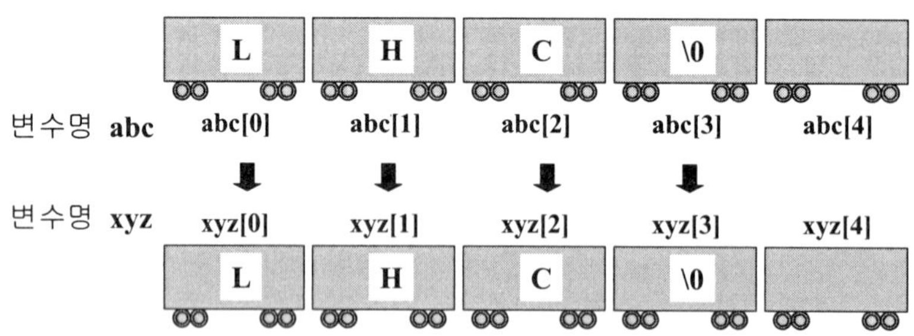

[그림 4-11] 스트링 복사의 비유

이와 마찬가지로, 스트링 변수의 내용을 복사하는 것은 [리스트 4-6]과 같은 방법으로 진행돼야 한다.

```
char  abc[5], xyz[5]
      :
xyz[0] = abc[0];        /* 내용을 복사 */
xyz[1] = abc[1];
xyz[2] = abc[2];        /* 문자열의 끝까지              */
      :                 /*    ('\0' 문자 나타날 때까지) */
```

[리스트 4-6] 스트링 변수의 복사 방법

이와 같이 스트링 변수의 내용을 복사하는 strcpy( ) 함수가 정의되어 있다.

ii) 스트링 복사 함수 - strcpy( )

strcpy( )함수는 "String Copy"의 약자로서, [그림 4-12]와 같은 용법으로 스트링 변수2의 내용을 스트링 변수1로 복사한다.

```
strcpy( 스트링 변수1 , 스트링 변수2 );
```

[그림 4-12] strcpy( ) 함수의 용법

그런데, 이 함수는 "string.h"에 정의되어 있으므로 다음을 포함시켜야 사용 가능하다.

```
#include  < string.h >
```

이러한 strcpy( )함수의 사용 예는 [리스트 4-7]과 같다.

```
#include  <string.h>

main()
{
  char  abc[5] , xyz[5];
             :
  strcpy ( xyz , abc );       /*  abc의 내용이 xyz으로 복사   */
             :
```

[리스트 4-7] strcpy( )함수의 사용 예

여기서, strcpy( )함수 내에 "xyz", "abc"의 스트링 변수 명을 직접 써 줬기 때문에, 실제로 이 함수로 전달되는 내용은 스트링 변수의 포인터, 즉 이 변수가 위치한 주소가 전달되며, 이 함수는 이 주소에 있는 내용들을 복사한다.

실습 예제 4-4

1. 앞서 "query-test.c" 프로그램을 "fat-test.c"로 복사하시오.
2. 이 프로그램 내용 중 [리스트 4-8]의 수정 부분을 추가하여 컴파일 하시오.
3. 앞서 작성했던 "fat-test.html"의 "ACTION ="에 지정된 프로그램 명 "query-test.cgi"를 "fat-test.cgi"로 수정하시오.
4. 이 양식에 데이터를 입력한 후 실행 결과를 확인하시오.

```
#include <stdio.h>
#include <stdlib.h>
#include <string.h>

main( )
{
  char query[15];       /* Query 내용 담을 변수 선언 */

  strcpy( query , getenv( "QUERY_STRING" ) );
  printf("Content-type:text/html\n\n");
  printf("<HTML>\n<BODY>\n");
  printf("복사된 query : %s \n", query );
  printf("</BODY>\n</HTML>\n");
}
```

[리스트 4-8] 스트링의 복사

※ 이 예제에서는 외부 환경변수로부터의 내용을 'query'라는 스트링 변수로 복사하고 그 내용을 표시한 것으로서, 우리가 정의한 변수로 내용이 복사됨에 의해 이 데이터를 마음대로 조작하거나 사용할 수 있게 됐다.

(2) 프로그램 작성

이제 비만도 측정 프로그램 작성에 필요한 기본 지식이 갖추어졌으므로 프로그램 작성을 시작한다.

① 데이터 추출

i) 쿼리 데이터 분리

앞서 "query"라는 스트링 변수에 환경변수로부터 전달된 내용을 복사할 수 있음을 확인하였다. 이와 같이 복사된 내용을 우리가 필요한 부분으로 분리할 필요가 있는데, 스트링 조작의 기본 원리를 완전히 이해하기 위해 대단히 단순한 방법으로 데이터를 분리하도록 한다.

우선, 브라우저로부터 전달되는 데이터는 항상 그림과 같이 't'필드와 'm' 필드의 순서대로, 신장 데이터는 항상 3자릿수, 체중 데이터는 항상 2자릿수로만 전송되어 온다고 가정하자. 이러한 고정된 상태에서의 데이터 추출은 [그림 4-13]과 같이 우리가 원하는 내용을 다른 변수(그림에서는 't'라는 변수와 'm'이라는 변수)에 하나씩 옮김으로서 분리가 가능하다.

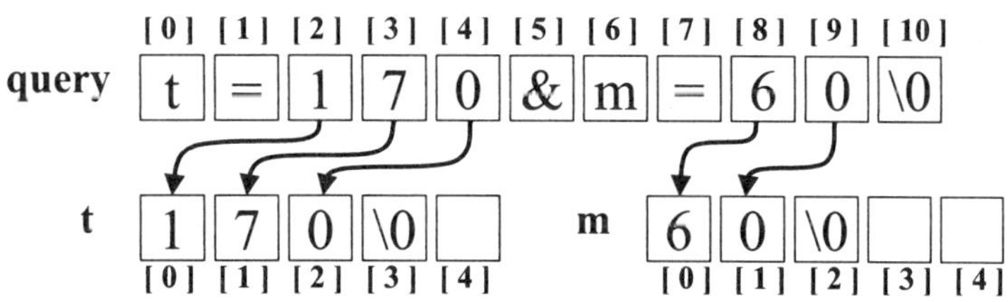

(a) 필요 데이터의 추출

```
t[0] = query[2];
t[1] = query[3];
t[2] = query[4];
t[3] = '\0';
```

```
m[0] = query[8];
m[1] = query[9];
m[2] = '\0';
```

(b) 데이터 추출 리스트

스트링 변수 t : 170
스트링 변수 m : 60

(c) 분리 결과

[그림 4-13] 쿼리 데이터의 분리

't' 변수와 'm' 변수에 한 글자씩 내용을 추출한 후, 이들을 완전한 스트링 형태로 만들기 위해 마지막에 '\0'문자를 넣었고, 그 결과 이 변수들에는 [그림

4-13](c)와 같은 내용들이 분리돼 저장된다.

실습 예제 4-5

1. 앞서 "fat-test.c" 프로그램에 [리스트 4-9]의 수정 부분을 추가하여 컴파일 하시오.
2. 앞서 작성했던 "fat-test.html"에 데이터를 입력 후 실행 결과를 확인하시오.

```
#include <stdio.h>
#include <stdlib.h>
#include <string.h>

main( )
{
  char query[15];  /* Query 내용 변수 */
  char t[5], m[5]; /* 분리결과 보관용 */

/* 환경변수 복사 */
  strcpy( query, getenv( "QUERY_STRING" ));

/* 변수 분리 */
  t[0] = query[2];   t[1] = query[3];
  t[2] = query[4];   t[3] = '\0';
  m[0] = query[8];   m[1] = query[9];
  m[2] = '\0';

/* 결과 표시 */
  printf("Content-type:text/html\n\n");
  printf("<HTML>\n<BODY>\n");
  printf("복사된 query : %s \n", query );
  printf("분리결과 t = %s, m = %s\n", t, m);
  printf("</BODY>\n</HTML>\n");
}
```

[리스트 4-9] 쿼리 필드의 분리

ii) 문자열의 숫자 변환

이상과 같은 과정을 거쳐 분리된 데이터는 't' 변수와 'm' 변수에 각각 스트링 데이터로 저장되는데, 우리가 실제로 필요한 데이터는 '1', '7', '0'이라는 문자가 아니라 숫자 170이 필요하다. 즉, 숫자 데이터로 구성되어야 이를 계산에 사용할 수 있다. 이와 같이 문자열로 구성된 데이터를 숫자로 변환하는 함수가 있는데, 그 중 정수형으로 변환하는 함수는 [그림 4-14]와 같다.

```
atoi ( 스트링 변수 ); /* 스트링 변수의 내용을 정수형 숫자로 변환 */
```

[그림 4-14] 스트링을 정수로 변환하는 함수

atoi( ) 함수는 "Ascii to Integer"의 약자로서 "stdlib.h"에 정의된 함수이기 때문에 "#include <stdlib.h>"를 사용해야 하며, 이 함수의 결과로 정수 숫자가 나타난다. 만약 "#include <stdlib.h>"를 생략하면 엉뚱한 결과가 나타나므로 유의해야 하며, 이 함수의 사용 예는 [리스트 4-10]과 같다.

```
tall = atoi( t );     mass = atoi( m );
```

[리스트 4-10] atoi( ) 함수의 사용 예

실습 예제 4-6

1. 앞서 "fat-test.c" 프로그램에 [리스트 4-11]의 수정 부분을 추가하여 컴파일 하시오.
2. 앞서 작성했던 "fat-test.html"에 데이터를 입력 후 실행 결과를 확인하시오.

```
#include <stdio.h>
#include <stdlib.h>
#include <string.h>

main( )
{
 char query[15];  /* Query 내용 변수 */
```

```
 char t[5], m[5]; /* 분리결과 보관용 */
 int tall, mass; /* 숫자 결과 */

/* 환경변수 복사 */
 strcpy(query, getenv("QUERY_STRING"));

/* 변수 분리 */
  t[0] = query[2];   t[1] = query[3];   t[2] = query[4];   t[3] = '\0';
  m[0] = query[8];   m[1] = query[9];   m[2] = '\0';

/* 숫자 변환 */
  tall = atoi( t );  mass = atoi( m);

/* 결과 표시 */
 printf("Content-type:text/html\n\n");
 printf("<HTML>\n<BODY>\n");
 printf("복사된 query : %s \n", query );
 printf("분리결과 t = %s, m = %s\n", t, m);
 printf("신장 = %d, 체중 = %d\n", tall, mass);
 printf("</BODY>\n</HTML>\n");
}
```

[리스트 4-11] 정수 데이터의 분리

② 비만도 측정 공식

i) 측정 공식 (일반형)

일반적으로 알려져 있는 비만도 측정 공식은 <표 4-2>와 같다.

〈표 4-2〉 간이형 비만도 공식

공식	판정
체질량질수 $= \dfrac{\text{현체중[kg]}}{(\text{신장[m]})^2}$	19 미만 : 과소 체중 19~24 : 정상 25~29 : 과체중 30 이상 : 비만

이는 남녀의 구분 없이 사용하는 것으로, 더 정확한 결과를 얻으려면 성별을 감안해 판단해야 하지만, 여기서는 예제용으로 단순한 것을 우선 제작하고, 이후에

성별을 감안한 더 정확한 것을 제작하도록 한다.

ii) 측정 공식의 입력

비만도 측정공식을 살펴보면, 체중의 단위는 Kg이므로 <FORM> 태그에 의한 양식에서 입력된 숫자와 동일해 그대로 사용하면 된다. 그러나 신장은 양식에서 입력되는 것은 cm단위이고 공식에서는 m단위를 사용하기 때문에 이를 보정하기 위해 입력된 신장을 100으로 나눈다. 공식에서는 신장을 제곱하고 있으므로 다음과 같은 식을 사용해야한다.

```
r = mass / ( tall * tall) * 10000;
```

그런데, 실제로 C-언어에서 이 공식을 사용하면 틀린 답이 나타나는데, 그 이유는 괄호 안의 신장을 제곱하는 연산을 행한 후 체중에서 나눗셈 연산을 할 때, 이들 숫자는 모두 정수형 변수이기 때문에 나눗셈도 정수 연산이 되므로 나머지 숫자가 모두 버려진다. 그 후 보정숫자 10,000을 곱하면 나머지가 버려진 이후에 곱하는 것이므로 결과가 정상적으로 나타나지 않는다. 예를 들어, 신장이 170cm, 체중이 60Kg인 경우 [그림 4-15]와 같이 계산된다.

(tall * tall) mass / (tall * tall) mass / (tall * tall) * 10000	170 * 170 = 28,900 60 / 28,900 = 0.002076... ⇒ 0 (정수) 0 * 10000 = 0

[그림 4-15] 정수 연산의 오류

따라서 이러한 오류를 해결하려면 실수형 변수를 사용해야 하는데, 이는 앞서 데이터 추출과정부터 모두 변경해야 하므로 다음과 같이 약간의 트릭을 사용해 해결 가능하다.

```
r = 10000 * mass / ( tall * tall);
```

이는 체중에 우선 10,000을 곱해 큰 정수 숫자를 만들고, 그 후 신장의 제곱으로 나눈 것으로서, 계산 과정은 [그림 4-16]과 같이 이루어진다.

10000 * mass 10000 * mass / (tall * tall)	60 * 10,000 = 600,000 600,000 / 28,900 = 20.761... ⇒ 20 (정수)

[그림 4-16] 정수연산 오류의 보정

이 계산 과정 중에는 일반 정수형 변수의 한계인 65,536의 값을 넘어서는 숫자인 600,000이 잠시 나타나지만, 일반적인 컴파일러는 정수형의 계산 과정 중에는 long int형으로 계산하기 때문에 결과에 영향을 미치지 않는다. 또한, 나눗셈 연산 시 발생하는 나머지는 "버림"으로 처리되는데, "반올림"으로 처리하려면 0.5를 덧셈한 후 버려야 하지만 이러한 것은 이후에 "비만도 측정-2" 부분에서 보정하기로 한다.

iii) 판정

앞서 식에 의해 계산된 수치를 이용해 체중 등급을 판정해야 하는데, 이는 if( ) 문을 적절히 이용해 [그림 4-17]과 같은 순서로 행한다.

일단은 '과소 체중'으로 간주한다.
19 이상이면 '정상'으로 간주한다.
25 이상이면 '과체중'으로 간주한다.
30 이상이면 '비만'으로 판단한다.
	flag = 0;
	if (r >= 19) flag = 1 ;
	if (r >= 25) flag = 2 ;
	if (r >= 30) flag = 3 ;

[그림 4-17] if문을 이용한 판정 순서

이와 같이 판정하는 이유는, 판정 기준이 "몇부터 몇 사이"라는 것이기 때문에 if( )문의 사용을 간단히 하기 위함이다. 예를 들어, r이 23이었을 경우, 첫 문장에서 일단은 '과소 체중'의 표시로 flag라는 변수에 0을 넣는다. 다음에 19보다 큰가를 확인해 이보다 크므로 '정상'의 표시로 flag 변수를 1로 교체한다. 다음에 25보다 큰가를 확인해 이보다는 작으므로 다음으로 진행한다. 마지막으로 30보다 큰가를 확인해 이보다는 역시 작으므로 다음으로 진행해 결과적으로 '정상'에 해당하는 flag = 1이 나타난다.

③ 프로그램 작성

지금까지의 과정을 모두 종합해 프로그램을 구성하면 <예제 4-7>과 같다.

실습 예제 4-7

1. 앞서 "fat-test.c" 프로그램에 [리스트 4-12]의 수정 부분을 추가하여 컴파일 하시오.
2. 앞서 작성했던 "fat-test.html"에 데이터를 입력 후 실행 결과를 확인하시오.

```
#include <stdio.h>
#include <stdlib.h>
#include <string.h>

main( )
{
 char query[15];  /* Query 내용 변수 */
 char t[5], m[5]; /* 분리결과 보관용 */
 int tall, mass, r, flag;

/* Query 해석 */
 strcpy(query, getenv("QUERY_STRING"));

  t[0] = query[2];   t[1] = query[3];   t[2] = query[4];   t[3] = '\0';
  m[0] = query[8];   m[1] = query[9];   m[2] = '\0';

  tall = atoi( t );  mass = atoi( m);

/* 계산 */
  r = 10000 * mass / (tall * tall);

/* 판 정 */
  flag = 0;
  if (r >= 19) flag = 1;
  if (r >= 25) flag = 2;
  if (r >= 30) flag = 3;

/* 결과 표시 */
  printf("Content-type:text/html\n\n");
  printf("<HTML>\n<BODY>\n");

  switch( flag )
   {
```

```
      case 0 : printf("체중 미달"); break;
      case 1 : printf("정 상"); break;
      case 2 : printf("과체중"); break;
      case 3 : printf("비 만");
    };

  printf("</BODY>\n</HTML>\n");
}
```

[리스트 4-12] 완성된 간이형 비만도 측정 프로그램

2) 비만도 측정 프로그램의 개선-1

앞서 작성했던 프로그램은 체중의 입력범위를 무조건 2자리로 고정시켜 처리했는데, 이 때문에 3자리의 체중을 입력할 수 없었다. 따라서 체중을 2자리와 3자리 입력에 대해 모두 처리할 수 있도록 개선한다. 또한, 앞서 작성했던 프로그램은 남/녀 구분 없이 동일한 식을 이용해 판정했기 때문에 성별에 따른 오차가 있으며, 이를 개선하여 더 정확한 결과를 얻을 수 있도록 한다. 따라서 이 절에서는 앞서 제작했던 비만도 측정 프로그램에서 <표 4-3>과 같은 사항들의 개선을 목표로 한다.

〈표 4-3〉 비만도 측정 프로그램의 개선사항

체중 입력범위를 3자리로 확장. 남/녀 구분에 의한 더 정확한 비만도 측정.

(1) 체중 입력 자릿수의 확장

① 숫자 범위의 확장

앞서 작성한 비만도 측정 프로그램을 실행시켜 보면 사용상 제한점이 발생하는데, 체중을 2자리로 고정시켜 놓았기 때문에 최대 99Kg까지만 입력이 가능하다. 이를 3자리까지 확장하려면 어떻게 해야 하는지를 살펴본다.

ⅰ) 자릿수에 따른 차이점 분석

자릿수를 확장하기 위해 체중이 2자릿수일 경우와 3자릿수일 경우를 비교하면 [그림 4-18]과 같다.

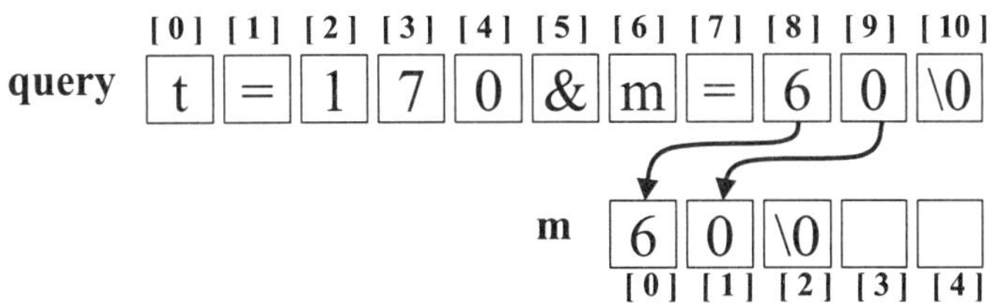

(a) 2자리의 경우

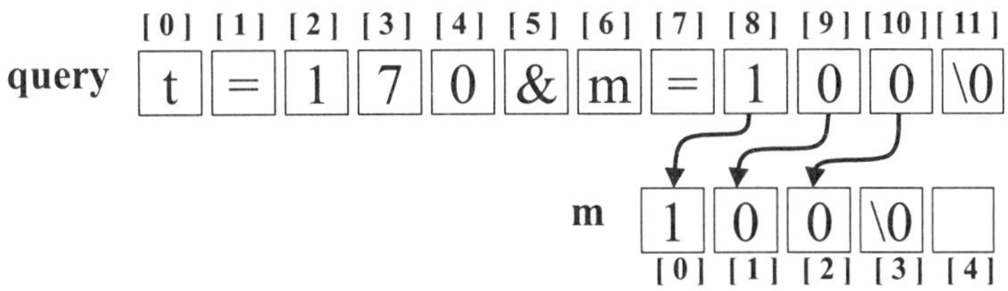

(b) 3자리의 경우

[그림 4-18] 자릿수에 따른 차이점의 예

[그림 4-1]8(a)와 (b)를 비교하면, query 변수의 8째 자리와 9째 자리까지는 숫자 데이터가 입력되지만, 10째 자리에서 차이가 발생한다. 즉, 10째 자리의 내용이 '\0'문자이면 2자리 숫자이고, 그렇지 않으면 3자리 숫자임을 알 수 있으므로 이를 이용해 다르게 처리할 수 있다.

ii) 숫자 범위의 확장

앞서 살펴본 특징에 의해, [그림 4-19](a)와 같이 일단 10째 자리까지 이동시킨 후, 10째 자리가 '\0'문자이면 2자리 숫자이므로 데이터 이동이 완료된 것이고, 그렇지 않으면 3자리 숫자이므로 변수 m의 3째 자리에 '\0'문자를 하나 추가해 스트링을 완성한다.

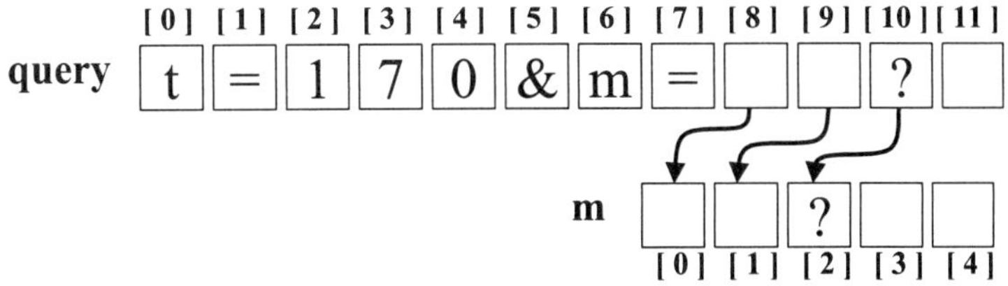

(a) 데이터의 이동

```
if ( query[10] != '\0' ) { 3자리 처리 };
```

(b) 경우별 처리

[그림 4-19] 숫자 확장 처리의 원리

따라서 데이터 분리 부분에서 [리스트 4-13]과 같이 처리하면 숫자가 확장될 수 있다.

```
m[0] = query[8];   m[1] = query[9];   m[2] = query[10];
if ( query[10] != '\0' ) m[3] = '\0';
```

[리스트 4-13] 자릿수 확장 처리

실습 예제 4-8

1. 앞서 "fat-test.c" 프로그램에 [리스트 4-14]의 수정 부분을 추가하여 컴파일 하시오.
2. 앞서 작성했던 "fat-test.html"에 3자리의 체중 데이터를 입력 후 실행 결과를 확인하시오.

```
          :
/* Query 해석 */
 strcpy(query, getenv("QUERY_STRING"));

  t[0] = query[2];   t[1] = query[3];   t[2] = query[4];   t[3] = '\0';

  m[0] = query[8];   m[1] = query[9];
  m[2] = query[10];
  if ( query[10] != '\0' ) m[3] = '\0';

  tall = atoi( t );  mass = atoi( m);

/* 계산 */
  r = 10000 * mass / (tall * tall);
          :
```

[리스트 4-14] 3자리 입력으로 확장된 비만도 측정 프로그램

이 방법은 만약 쿼리가 이것으로 종료되지 않고 이후에 다른 필드가 존재하는 경우에는 사용할 수 없는 특수한 경우에 해당되는 방법이며, 일반적인 경우에 대한 방법은 이후에 다룬다.

(2) 남/녀 구분의 입력

남/녀의 선택사항은 html 양식에서 입력받아야 할 사항이므로, 이 부분부터 살펴보기로 한다. CGI 관련 HTML 명령으로서 <FORM> 태그가 있고, 내부에 <INPUT> 태그를 이용했다. 지금까지 사용한 <INPUT> 태그의 종류는 1줄 텍스트 입력을 받기 위한 「TYPE = "TEXT"」와 작성된 양식을 전송하는 「TYPE = "SUBMIT"」를 사용해 왔다. 그런데, 비만도 측정 프로그램에서 남/녀의 선택을 입력받기 위해 「TYPE = "TEXT"」를 사용하면 사용자는 직접 글자를 입력해야 하기 때문에 불편하며, 특히 프로그램을 작성하는 입장에서는 이를 처리하기 더욱 곤란하다. 예를 들어, 어떤 사용자는 '남', '여'라 입력하기도 하고, '남자', '여자'라 입력할 수도 있으며, '남성', '여성' 또는 'm', 'w' 또는 'm', 'f' 또는 모든 글자를 적는 등 많은 경우의 수가 존재하기 때문이다. 따라서 이와 같이 정해진 사항 중 하나를 선택하는 입력양식이 준비되어 있다.

① <FORM> 태그의 택일 양식

어떤 정해진 사항 중 하나를 선택하는 것으로서 "라디오 버튼(Radio button)"이라는 것이 있는데, 이는 [그림 4-20]과 같이 나열된 사항 중 하나만을 선택할 수 있다.

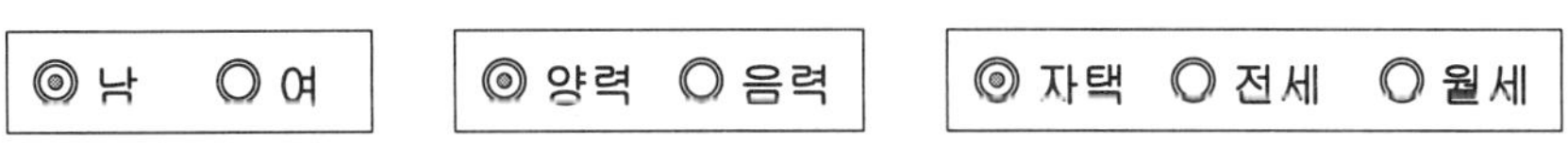

[그림 4-20] 라디오 버튼의 예

라디오 버튼이란 명칭은 과거 구형 라디오의 방송 선택 시, 현재 듣기 위한 방송은 여러 개 중 단 한 개를 선택하는 것이므로 한 단추를 누르면 나머지 단추들은 모두 해제되던 것을 표현한 것이다. 이와 같은 라디오 버튼을 생성하는 <INPUT> 태그는 [그림 4-21]과 같다.

```
<INPUT TYPE = "RADIO"  NAME = "필드 명"  VALUE = "필드 값" >
```

[그림 4-21] 라디오 버튼을 생성하는 〈INPUT〉 태그

필드 명은 지금까지 사용한 필드 명과 동일한 역할을 하는 것으로서, 선택 사항의 이름을 나타내고, 필드 값은 어떤 선택을 했을 때 실제 서버로 전달될 값을 의미한다. 이러한 <INPUT> 태그의 사용 예는 [그림 4-22]와 같다.

```
<INPUT TYPE = "RADIO"  NAME = "s"  VALUE = "0" > 남
<INPUT TYPE = "RADIO"  NAME = "s"  VALUE = "1" > 여
```

◎남 ○여

(a) HTML 문장 (b) 결 과

[그림 4-22] 라디오 버튼의 사용 예-1

[그림 4-22](a)와 같이 <INPUT> 태그를 사용하면 [그림 4-22](b)와 같이 라디오 버튼이 생성되는데, 여기서 남/녀의 둘 중 하나를 선택하는 것이므로 두 <INPUT> 태그의 필드 명은 동일하다. 즉, '남'을 선택하면 "s = 0"이라 서버로 전달되고, '여'를 선택하면 "s = 1"이라 전달된다. 또 다른 사용 예를 [그림 4-23]에 나타내었다.

```
<INPUT TYPE = "RADIO"  NAME = "home"  VALUE = "0" > 자택<BR>
<INPUT TYPE = "RADIO"  NAME = "home"  VALUE = "1" > 전세<BR>
<INPUT TYPE = "RADIO"  NAME = "home"  VALUE = "2" > 월세
```

◎자택
○전세
○월세

(a) HTML 문장 (b) 결 과

[그림 4-23] 라디오 버튼의 사용 예-2

[그림 4-23](a)와 같이 3개의 라디오 버튼을
문장에 의해 구분하면 [그림 4-23](b)와 같이 나타난다. 이들 역시 3개가 하나의 세트이므로 모두 필드 명은 동일하고, 각 항을 선택할 때 다른 필드 값이 서버로 전달된다.

라디오 버튼이 처음 표시될 때 기본으로 선택되는 항을 변경하고 싶으면 [그림 4-24](a)와 같이 "CHECKED"라는 옵션을 붙이면 [그림 4-24](b)와 같이 기본 선택을 변경할 수 있다. 이 옵션을 설정하지 않으면 기본으로 가장 첫 번째 항이 선택되어 나타난다.

```
<INPUT TYPE = "RADIO" NAME = "s" VALUE = "0" > 남
<INPUT TYPE = "RADIO" NAME = "s" VALUE = "1" CHECKED> 여
```

○남 ◎여

(a) HTML 문장 (b) 결 과

[그림 4-24] 라디오 버튼의 사용 예-3

실습 예제 4-9

1. [리스트 4-15] 프로그램은 앞서 "fat-test.html"에 남/녀 선택 기능을 추가한 것이다. 이를 "fat-test2.html"의 이름으로 작성해 브라우저에서 확인해 보시오.
2. 성별, 신장과 체중 데이터를 입력하고 전송해 서버에서 나타나는 결과를 확인하시오.

```
<HTML>
<BODY>
  비만도를 측정합시다.<BR>
  <FORM METHOD = "GET"  ACTION = "cgi-bin/query-test.cgi">
     성별 : <INPUT  TYPE = "RADIO" NAME = "s" VALUE = "0">  남
            <INPUT  TYPE = "RADIO" NAME = "s" VALUE = "1">  여
     <BR><BR>
     당신의 신장을 입력하셔요 :
         <INPUT  TYPE = "TEXT"  NAME = "t"> Cm <BR><BR>
     당신의 체중을 입력하셔요 :
         <INPUT  TYPE = "TEXT"  NAME = "m"> Kg <BR><BR>
     <INPUT  TYPE = "SUBMIT"  VALUE = " 계산 ">
  </FORM >
</BODY>
</HTML>
```

※ 대상 프로그램은 일단 앞서 작성해 사용한 query test.cgi로 하였다.

[리스트 4-15] 라디오 버튼의 테스트

② 쿼리의 형식

앞서 예제의 입력양식에 데이터를 입력해 전송하면 [그림 4-25]와 같은 형태의 쿼리가 발생한다.

[그림 4-25] 전달된 쿼리

이를 살펴보면 브라우저의 입력양식 순서대로 데이터가 전달되며, 각 데이터 사이를 구분하는 문자로서 '&'문자가 위치하고 있음을 알 수 있다. 따라서 이를 [그림 4-26]과 같이 일반 변수로 복사한 후 원하는 데이터를 추출할 수 있다.

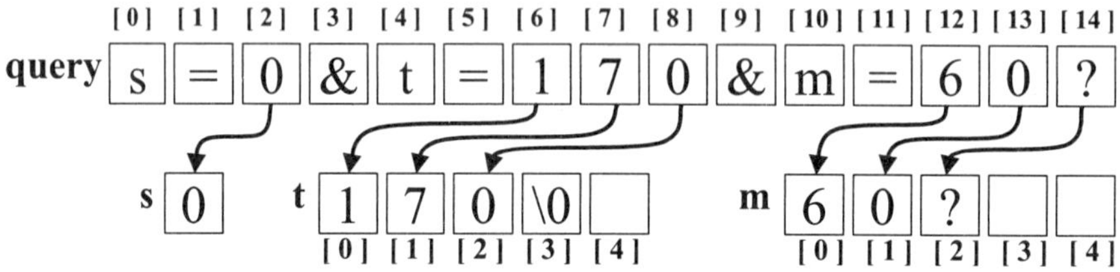

[그림 4-26] 데이터의 추출

[그림 4-26]에서, 체중 변수 m을 추출할 때는 앞서 다룬 3자리 입력을 고려해 처리한다.

③ 개선된 프로그램의 작성

i) 비만도 계산 공식

남/녀 차이를 고려한 비만도 계산 공식은 <표 4-4>와 같다.

〈표 4-4〉 남/녀 차이가 고려된 비만도 계산 공식

공 식	남 자	여 자
체질량지수 $= \dfrac{\text{현체중}[Kg]}{(\text{신장}[m])^2}$	19 미만 : 과소 체중 20 - 24 : 정상 25 - 29 : 과체중 30 이상 : 비 만	18 미만 : 과소 체중 19 - 23 : 정상 24 - 28 : 과체중 29 이상 : 비 만

따라서 입력양식 중의 '남/녀' 선택사항에 따라 2가지의 다른 판정을 해야 하는데, 이러한 경우 확장된 if( )문을 사용할 수 있다.

ii) if( ) 문의 확장형

지금까지 사용했던 if( )문은 주어진 조건에 맞으면 정해진 처리를 하고, 그렇지 않으면 다음 명령으로 진행하였다. 그러나 여기서는 남/녀의 차이에 따라 남자일 때의 처리와 여자일 때의 처리가 각각 다르므로 이러한 경우에 [그림 4-27]과 같은 if( )문을 사용할 수 있다.

```
if ( 조건 )  명령1;              /* 참일 경우 처리 명령 */
  else 명령2;          /* 거짓일 경우의 처리 명령 */
```

(a) 단일 명령일 경우

```
if ( 조건 )  { 명령들1; }       /* 참일 경우 처리 명령들 */
  else { 명령들2; };  /* 거짓일 경우의 처리 명령들 */
```

(b) 여러 명령일 경우

[그림 4-27] if( )문의 확장형

[그림 4-27]에 나타낸 바와 같이, if( )문 바로 다음에 위치한 명령은 조건이 맞을 경우 처리할 명령이고, else문 이후의 명령은 조건이 맞지 않을 경우 처리할 명령이다. 여기서 주의해야 할 사항은, 처리할 명령이 여러 개 일 때 [리스트 4-27](b)와 같이 중괄호로 묶어 사용하는데, "명령들1"의 중괄호 직후에는 세미콜론이 없다. 왜냐하면 바로 다음의 else문은 if( )문이 아직 끝나지 않은 것이므로 else 이후의 명령들이 종료되고 마지막 세미콜론이 나타나면 이곳이 if( )문의 끝이 된다. [리스트 4-27](a)는 if( )문 직후의 명령1에 세미콜론이 있는데, 이는 이 명령어의 끝임을 나타낸 것일 뿐이고, 컴파일러는 이 직후에 else문이 나타나면 아직 if( )문이 종료되지 않은 것으로 본다.

iii) 프로그램의 작성

실습 예제 4-10

1. [리스트 4-16]의 프로그램은 앞서 "fat-test.c" 프로그램 중 추가되거나 수정된 것이다. 이를 "fat-test2.c"의 이름으로 편집해 컴파일 하시오.
2. 앞서 작성했던 "fat-test2.html"의 action을 "fat-test2.cgi"로 수정한 후 데이터를 입력해 실행 결과를 확인하시오.

```
#include <stdio.h>
#include <stdlib.h>
#include <string.h>

main( )
{
```

query[ ] 변수는 앞서 살펴본 바와 같이 최대 15자에 널 문자까지 포함해 16자의 공간이 필요하므로 변수의 크기를 더 크게 한다.

```
 char query[30];  /* Query 내용 변수 */
 char t[5], m[5]; /* 분리결과 보관용 */
 char s;          /* 성별 보관 */
 int tall, mass, r, flag;

/* Query 해석 */
 strcpy(query, getenv("QUERY_STRING"));

  s = query[2];

  t[0] = query[6];   t[1] = query[7];   t[2] = query[8];   t[3] = '\0';

  m[0] = query[12];   m[1] = query[13];   m[2] = query[14];
  if ( query[14] != '\0' ) m[3] = '\0';

  tall = atoi( t );  mass = atoi( m);

/* 계산 */
  r = 10000 * mass / (tall * tall);

/* 판 정 */
  flag = 0;
  if ( s == '0' )
   {
     if (r >= 20) flag = 1;
     if (r >= 25) flag = 2;
     if (r >= 30) flag = 3;
   }
   else
   {
     if (r >= 19) flag = 1;
     if (r >= 24) flag = 2;
     if (r >= 29) flag = 3;
   };

/* 결과 표시 */
  printf("Content-type:text/html\n\n");
  printf("<HTML>\n<BODY>\n");

  switch( flag )
   {
```

```
    case 0 : printf("체중 미달"); break;
    case 1 : printf("정 상"); break;
    case 2 : printf("과체중"); break;
    case 3 : printf("비 만");
  };
 if ( s == '0' ) printf( " 남자 " );  else printf( " 여자 " );

 printf("</BODY>\n</HTML>\n");
}
```

[리스트 4-16] 개선된 비만도 측정 프로그램

프로그램 중, 「s = query[2]」의 변수 s는 원래부터 문자형 변수이고, query[2]도 스트링 변수 중의 한 요소, 즉 문자 변수이기 때문에 서로 데이터 교환이 가능하다. 또한, 문자형 변수의 내용을 비교할 때는 「(s == '0')」으로 홑 따옴표를 이용해 표현함에 유의하라.

3) 비만도 측정 프로그램의 개선-2

지금까지 사용했던 비만도 측정 프로그램은 클라이언트로부터 전달돼 오는 쿼리가 특정한 형식, 즉 필드의 순서, 필드 데이터의 길이 등이 고정되어 있다고 가정한 상태에서 프로그램을 작성했다. 이 때문에 클라이언트에서 사용할 데이터 입력양식을 작성할 때 자유도가 크게 떨어지고, 이와 같은 쿼리 데이터 추출 부분이 모든 프로그램마다 달라져 대단히 비효율적이다. 따라서 쿼리 데이터를 필드의 순서나 필드 데이터의 길이에 관계없이 자유롭게 추출해 내는 함수가 제작되어 있다면, 입력양식을 작성하는 자유도가 늘어남은 물론 쿼리 데이터를 사용하는 어떤 프로그램에서도 이 함수를 활용할 수 있으므로 CGI 프로그램 작성에 있어 효율이 크게 증가될 수 있다.

(1) 쿼리 데이터 추출 함수의 제작

앞서 소개한 바와 같이 어떤 프로그램에서나 사용할 수 있는 쿼리 데이터 추출 함수를 제작하기로 한다.

① 함수의 형식

데이터 추출을 위한 함수는 다른 프로그램에서도 모두 사용할 수 있는 범용성을 지녀야 하기 때문에 이를 위한 조건을 살펴본다.

입력사항은 쿼리 데이터와 필드 명이고, 출력 사항은 필드의 데이터 문자열이다. 그런데, 지금까지는 제작의 편의상 필드 명은 1글자로만 제한해 사용했지만, 범용성을 지니기 위해서는 여러 글자로 구성된 필드 명을 사용할 수 있어야 하기 때문에 함수의 기본형(prototype)은 [그림 4-28](a)와 같은 형태로 구성될 수 있다.

```
void  Get_Query( query 포인터, 필드 명 포인터 ,
                                필드 데이터를 보관할 포인터 );
```

(a) 함수가 가져야 할 형식

```
Get_Query( query , "t=" , tall );
            /*  스트링 변수 query 내의 "t="라는 필드를 찾아
                    그 데이터를 스트링 변수 tall에 넣어라  */
```

(b) 사용 예

[그림 4-28] 데이터 추출 함수의 형식

[그림 4-28](a)의 "포인터"라는 용어들은 스트링 변수 명을 가리키는 용어로서, 앞서 스트링 함수에서 설명했듯이 스트링 변수는 문자형 변수의 집합이고, 스트링 변수 명 자체에서는 이 변수의 포인터, 즉 메모리 주소가 나타난다. 따라서 비록 약간 용어는 어렵지만 실제로 사용하는 예는 [그림 4-28](b)와 같이 스트링 변수 명을 그 자리에 사용하기만 하면 된다. 이 함수의 입력은 "필드 명" 자리에 찾아낼 필드 명을 스트링으로 전달받고, 출력은 이를 보관할 스트링 변수의 위치(포인터)를 전달받아 그 위치에 기록할 수 있도록 한다.

함수를 호출하는 측에서는 스트링 포인터를 전달하고, 함수 측에서는 이를 받아 이 주소를 이용해 데이터를 읽거나 기록할 수 있다. 이 때 함수 측에서 스트링 포인터를 받기 위한 선언은 [그림 4-29]와 같이 한다.

```
void Get_Query( char *buf, char *field, char *result )
```

[그림 4-29] 함수의 선언

이의 의미는, 이 함수를 호출하는 측으로부터 전달되는 쿼리 데이터가 저장돼 있는 주소는 "*buf"라는 포인터 변수(주소 저장용 변수)에 담아둔다. 다음은 "*field"라는 포인터 변수에 필드 명이 저장된 주소를 전달받는다. 마지막으로, 함

수를 호출하는 측에서 '결과를 여기에 담아 주시오'하는 의미로 스트링 포인터가 전달되어 오면 이를 "*result"라는 포인터 변수(주소 저장용 변수)에 담아둔다.

② 필드 명의 검색

앞서 과정에 의해 전달된 필드 명을 이용해 쿼리 데이터가 담긴 주소에서 해당 필드를 찾아내야 한다. 이 과정을 살펴보기 위해 [그림 4-30]과 같이 쿼리 데이터가 있고, "t="이라는 필드 명을 찾아야 한다면 이를 검색하는 순서를 살펴본다.

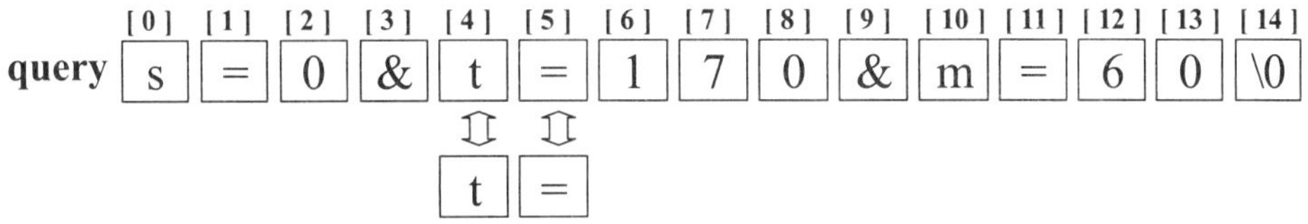

[그림 4-30] 필드 명 검색과정의 예

클라이언트로부터 전달되어 오는 쿼리 데이터는 필드 명 이후에 항상 '='자가 함께 따르므로 실제 검색 때는 "t="이라는 2글자를 함께 검색하면 된다. 쿼리 데이터 중 필드 데이터에서 "t="자가 우연히 있을 경우는 어떻게 할 것인가를 생각할 수도 있는데, 이후에 다룰 CGI의 규격 상 필드 데이터 중에는 '='자가 있을 수 없도록 되어 있다.

주어진 스트링 내용 중 특정한 스트링을 찾아내는 함수로 strstr( ) 함수가 있다.

```
*char  strstr( 대상 스트링 포인터 , 찾을 스트링 포인터 );
```

(a) 함수의 형태

```
find = strstr( buf , field );
```

(b) 사용 예

[그림 4-31] strstr( )함수

찾을 스트링 포인터가 대상 스트링 포인터에 존재하면 그 위치의 포인터가 결과로 나타나고, 만약 동일한 스트링이 존재하지 않으면 0이 나타난다. 결과가 포인터로 나타나는 것의 이해를 돕기 위해 [그림 4-32]에 예를 나타내었다.

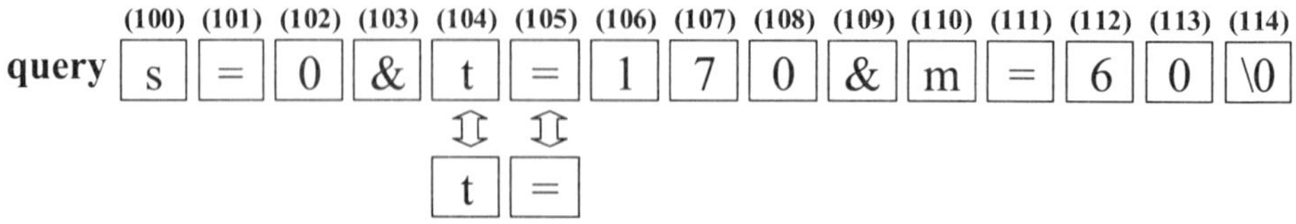

[그림 4-32] 출력의 결과 예

만약, "query"라는 스트링 변수의 실제 메모리 주소가 100번지서부터 시작되고 있다면, 이 때 그림과 같이 "t="이라는 스트링이 발견된 곳은 104번지이므로 「strstr(query , "t=");」 의 응답은 104가 나타난다. 따라서 앞서 ①의 과정에서 정의한 함수의 형태에 이 함수를 적용하면 [리스트 4-17]과 같이 구성된다.

```
void Get_Query( char *buf, char *field, char *result )
 {
  char *find;

  find = strstr( buf , field );
```

[리스트 4-17] strstr( )함수에 의한 프로그램의 일부 구성

[리스트 4-17]에서, strstr( )함수에 의해 찾아낸 결과는 스트링 변수의 주소로 나타나기 때문에, 이를 저장하기 위해서는 "find"라는 스트링 포인터 변수를 선언해 이에 저장한다.

③ 데이터의 위치 계산

②의 과정에서와 같이 필드 명이 검출되면 이 이후에 따르는 데이터를 추출해야 하는데, 데이터의 정확한 위치는 [그림 4-33](a)와 같다.

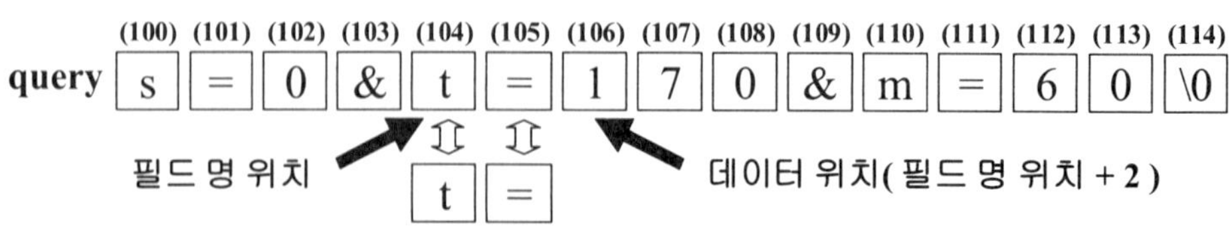

(a) 필드 명이 1글자일 때

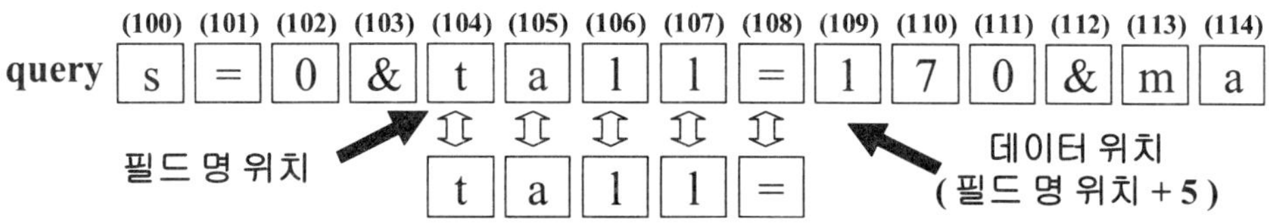

(b) 필드 명이 4글자일 때

[그림 4-33] 필드 명 길이에 따른 데이터의 위치 변동 예

즉, 필드 명이 1글자이면 이에 '='자가 포함되어있어 필드 명이 발견된 위치로부터 2글자 이후에 데이터가 시작된다. [그림 4-33](b)와 같이 필드 명이 4글자인 경우 데이터의 위치는 필드 명과 '='자를 포함해 5글자 이후에 데이터가 시작된다. 즉, 데이터 위치는 다음과 같이 표현할 수 있다.

(데이터 위치) = (필드 명 위치) + (필드 명과 '='자의 길이)

따라서 함수를 호출하는 측으로부터 전송돼 오는 필드 명에 대한 스트링의 길이를 알아야 하는데, 스트링의 길이를 검출하는 함수로는 strlen( )이 있다.

```
int strlen( 스트링 변수 );
```

(a) 함수의 형태

```
a = strlen( query );
```

(b) 사용 예

[그림 4-34] strlen( )함수

이 함수는 [그림 4-34](b)와 같이 스트링 변수 "query"를 입력하면 글자 길이가 계산된다. 따라서 앞서 ②와 ③ 과정에 의해 [리스트 4-18]과 같이 데이터의 위치를 알아낼 수 있다.

```
void Get_Query( char *buf, char *field, char *result )
 {
  char *find;

  find = strstr( buf , field );
  find = find + strlen(field);
```

[리스트 4-18] 데이터 위치의 계산이 추가된 프로그램

④ 데이터의 추출

i) 데이터 추출 과정

앞서 과정 ③까지에서 얻은 정보를 이용해 데이터를 추출하기 위한 개념은 [그림 4-35]와 같다.

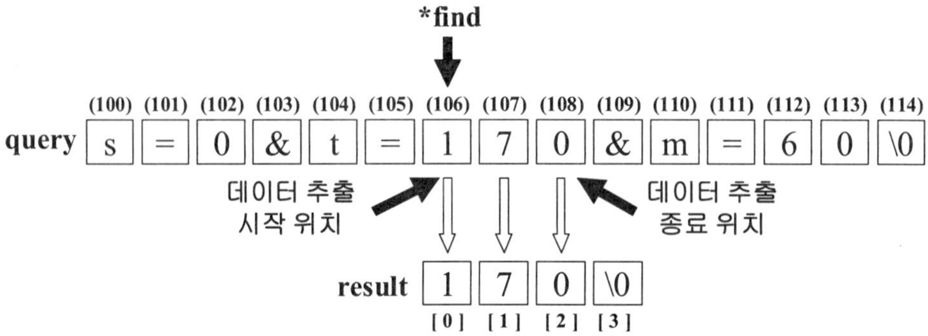

[그림 4-35] 데이터를 추출할 목표 예

데이터의 위치는 "*find" 변수에 저장되어 있고 이곳부터 데이터 추출을 시작해 이후에 '&'기호가 나타날 때까지 하나씩 증가해 하며 추출하면 되므로 for( )문을 이용할 수 있다. 현재 추출중인 위치를 시작점으로 하나씩 증가시켜 가며 '&'기호가 아닐 동안 추출하면 되므로 [리스트 4-19]와 같이 구성할 수 있다.

```
int cnt;

for (cnt = 0; find[cnt] != '&'; cnt++) result[cnt] = find[cnt];
result[cnt] = '\0';
```

[리스트 4-19] 데이터 추출의 일부

for( )문의 의미를 살펴보면, cnt라는 정수형 변수가 0부터 시작해(cnt = 0) 1씩 증가하면서(cnt++) 해당 자리의 글자가 '&'가 아닌 동안(find[cnt] != '&') result 변수에 데이터를 하나씩 이동시키고 있다. 그리고 마지막에 result 변수 내용을 스트링으로 완성하기 위해 종료 문자인 '\0'을 대입한다. 여기서 'find[cnt]'라는 중요한 개념이 사용되는데, 이는 [그림 4-36]과 같이 나타낼 수 있다.

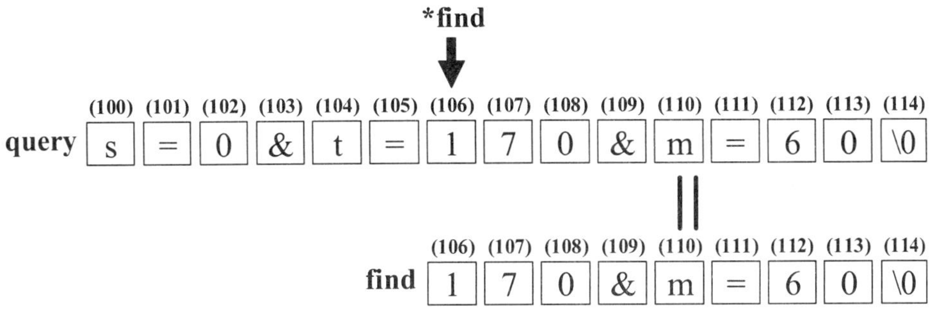

(a) 변수의 공유

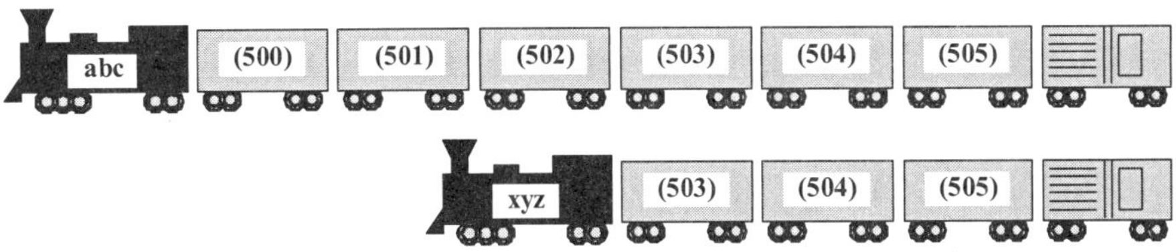

(b) 열차의 비유

[그림 4-36] 스트링 포인터의 개념

본래의 스트링 변수는 "query"이고, 이 변수 중의 어떤 주소를 보관하고 있는 것이 "*find" 변수이다. 스트링 변수의 기본 개념에서, 스트링 변수 명 "query" 자체는 스트링 변수의 주소(예에서는 100번지)를 가지고 있고, 이 변수의 요소를 사용하려면 "query[0]"이라는 식으로 사용했었다. 그런데, "find"라는 변수 내에도 스트링 변수의 주소(예에서는 106번지)를 가지고 있으므로 이는 [그림 4-36](a)의 아래와 같이 "find"라는 이름의 스트링 변수로 볼 수 있다. 그리고 114번지에는 스트링의 구성 요소인 '\0'문자도 가지고 있다. 따라서 이 변수 명을 스트링 변수와 같이 사용하여 "find[0]"이라 하면 이는 find 변수의 첫 번째 요소인 '1'을 의미하고, "find[1]"이라면 find 변수의 두 번째 요소인 '7'을 의미한다.

C-언어의 스트링 변수는 이와 같이 동일한 메모리 공간을 가지고 여러 변수 명이 겹쳐 사용할 수 있는 특징을 가지고 있는데, [그림 4-36](a)의 예에서는 "query[9]"와 "find[3]"은 동일한 109번지의 '&'를 가리키고 있다. 이와 같은 스트링 변수의 특징은 [그림 4-36](b)와 같이 열차를 비유할 수 있는데, "abc"열차의 503번부터 505번, 그리고 마지막 객차까지를 따로 떼어서 "xyz"라는 열차로 활용할 수 있는 것과 유사하다. 이 경우 abc열차의 네 번째 칸인 503호 객차는 xyz열차에서는 첫 번째 칸으로 된다.

ii) 데이터 추출의 종료조건

앞서 작성한 for( )문에서는 필드의 종료를 검출하기 위해 '&'문자를 검색하고 있다. 즉, '&'문자가 아닌 동안 for( )문이 동작하는데, 실제로 여러 필드들을 살펴보면 [그림 4-37]과 같이 필드의 끝을 나타내는 문자가 꼭 '&'만 사용되는 것은 아님을 알 수 있다.

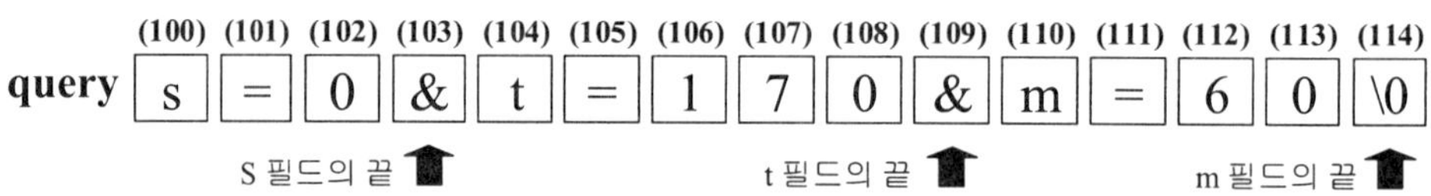

[그림 4-37] 필드의 끝 문자들

즉, s필드나 t필드는 '&'문자에 의해 종료되지만, 마지막에 위치한 m필드의 경우에는 '\0'로 종료되기 때문에 이에 대한 고려가 필요하다. 따라서 앞서 작성했던 for( )문이 종료될 조건은 「'&'문자가 아닌 동안」에서 「'&'문자도 아니고 '\0'문자도 아닌 동안」으로 변경돼야 한다. 이와 같이 2가지 이상의 조건을 동시에 사용할 수 있는 연산이 있는데, 이를 논리연산이라 한다.

참고로, '연산'이란 어떤 '계산'을 의미하는데, 우리가 생각하는 '계산'은 숫자에 의한 계산도 있지만, "이러 이러하면 나에게 이익이다", "이러 이러하면 나에게 손해다"라는 것도 분명히 "계산한다"고 한다. 이와 같은 숫자에 의한 계산을 "산술연산(算術演算)"이라 하고, 논리적인 계산을 "논리연산(論理演算)"이라 한다.

〈표 4-5〉 산술연산과 논리연산의 예

산술연산 (Arithmetic Operation)	논리연산(Logical Operation)
3 + 4 = 7 7 * 8 = 56 :	이러 이러한 것은 틀린 것이다. 이렇고 저러므로 나에게 이익이다. :

즉, 앞서 for( )문의 종료 조건은 [그림 4-38]과 같이 정리할 수 있다.

('&' 문자가 아니다) 그리고 ('\0' 문자가 아니다)

(a) 문자적 표현

('&' 문자가 아니다) && ('\0' 문자도 아니다)

(b) C-언어의 표현

[그림 4-38] 논리연산의 표현

[그림 4-38](a)의 「'&'문자도 아니고 '\0'문자도 아니다」와 같이 「... 그리고 ...」 관계를 "AND" 관계라 하고, C-언어에서는 "AND"와 발음이 유사한 "&&" 기호를 사용한다. 참고로, 「... 또는 ...」의 관계는 "||" 기호를 사용한다. '|' 문자는 IBM-PC의 경우 Shift+\로 입력한 것이다.

이상과 같은 논리연산을 이용해 for( )문의 종료조건을 다시 정리하면 [그림 4-39](a)와 같다.

```
for (cnt = 0; (find[cnt] != '&') && (find[cnt] != '\0'); cnt++)
  result[cnt] = find[cnt];
result[cnt] = '\0';
```

(a) 프로그램 리스트

cnt가 0부터 1씩 증가해 가며 '&'문자도 아니고 '\0' 문자도 아닐 동안 데이터 이동

(b) 의 미

[그림 4-39] 수정된 for( )문의 종료조건

⑤ 쿼리 데이터 추출함수의 완성

이상의 과정을 모두 종합해 [예제 4-11]의 [리스트 4-20]과 같은 함수가 완성된다.

실습 예제 4-11

1. [리스트 4-20]은 완성된 쿼리 데이터 추출함수이다. 이를 "cgi-sub.c"라는 이름으로 작성하시오(다른 프로그램에 포함시켜 사용할 것이므로 컴파일할 필요는 없다).
2. 이 함수의 실험을 위해 [리스트 4-21] 프로그램을 "p060.c"라는 이름으로 편집하고, 컴파일은 "fat-test2.cgi"로 하시오.

(「gcc -o fat-test2.cgi p060.c」)

3. 앞서 "fat-test2.html" 입력양식을 동작시켜 프로그램의 동작 결과를 확인하시오. 또한, 입력 데이터를 여러 자리로 입력했을 때의 결과를 확인하시오.

```
void Get_Query( char *buf, char *field, char *result )
 {
  int cnt;
  char *find;

  find = strstr( buf , field );
  find = find + strlen(field);
  for (cnt = 0; (find[cnt] != '&') && (find[cnt] != '\0'); cnt++)
    result[cnt] = find[cnt];
  result[cnt] = '\0';
 }
```

[리스트 4-20] "cgi-sub.c"로 작성할 쿼리 데이터 추출 함수

```
#include <stdio.h>
#include <stdlib.h>
#include <string.h>
#include "cgi-sub.c"

main()
{
  char query[30];  /* Query 내용 변수 */
  char tall[10], mass[10], sex[3];

  strcpy(query, getenv("QUERY_STRING"));

  Get_Query( query, "t=", tall );
  Get_Query( query, "m=", mass );
  Get_Query( query, "s=", sex );

/* 결과 표시 */
  printf("Content-type:text/html\n\n");
  printf("<HTML>\n<BODY>\n");
  printf( "query = %s<BR>\ntall = %s\nmass = %s\nsex = %s\n", query,
tall, mass, sex);
```

```
  printf("</BODY>\n</HTML>\n");
}
```

[리스트 4-21] 쿼리 데이터 추출함수의 시험용 프로그램

(2) 비만도 측정 프로그램의 개선

① 쿼리 추출함수의 활용

이상에서 작성한 쿼리 데이터 추출함수를 비만도 측정 프로그램에 이용한다. 여기서, 한 가지 유의할 사항은 앞서 프로그램에서는 성별을 저장하는 변수가 단순한 문자형 변수로서 1글자만 저장하였지만, 쿼리 데이터 추출함수에서는 꼭 스트링 출력만이 나타나므로 성별 구분도 스트링 변수를 사용해야 한다. 따라서 성별 데이터를 이용해 비교할 때는 「if (s[0] == '0'」 과 같이 스트링 변수 s의 첫 번째 문자만을 이용해 비교한다.

실습 예제 4-12

1. [리스트 4-22] 프로그램은 앞서 "fat-test2.c" 프로그램에 쿼리 데이터 추출함수를 추가하고 수정된 것이다. 이를 편집해 컴파일 하시오.
2. 앞서 작성했던 "fat-test2.html"에 데이터를 입력해 실행 결과를 확인하시오.

```
#include <stdio.h>
#include <stdlib.h>
#include <string.h>
#include "cgi-sub.c"

main( )
{
 char query[30];  /* Query 내용 변수 */
 char t[5], m[5]; /* 분리결과 보관용 */
 char s[3];       /* 성별 보관 */
 int tall, mass, r, flag;

/* Query 해석 */
```

```
 strcpy(query, getenv("QUERY_STRING"));

  Get_Query( query, "t=", t );
  Get_Query( query, "m=", m );
  Get_Query( query, "s=", s );

  tall = atoi( t );  mass = atoi( m);

/* 계산 */
  r = 10000 * mass / (tall * tall);

/* 판 정 */
  flag = 0;
  if ( s[0] == '0' )
   {
    if (r >= 20) flag = 1;
    if (r >= 25) flag = 2;
    if (r >= 30) flag = 3;
   }
   else
   {
    if (r >= 19) flag = 1;
    if (r >= 24) flag = 2;
    if (r >= 29) flag = 3;
   };
/* 결과 표시 */
  printf("Content-type:text/html\n\n");
  printf("<HTML>\n<BODY>\n");
  switch( flag )
   {
     case 0 : printf("체중 미달"); break;
     case 1 : printf("정 상"); break;
     case 2 : printf("과체중"); break;
     case 3 : printf("<H2>비 만</H2>");
   }
  if ( s[0] == '0' ) printf( " 남자 " ); else printf( " 여자 " );
  printf("</BODY>\n</HTML>\n");
}
```

[리스트 4-22] 쿼리 추출함수를 이용한 비만도 측정 프로그램

② 실수 숫자에 의한 연산

이제 쿼리 데이터 추출함수에 의해 데이터 길이에 제한을 받지 않는 입력이 가능하므로 소수점 숫자를 입력받아 처리가 가능해졌다. 예를 들어, 체중 입력을 "62.5Kg"과 같이 소수점을 사용할 경우, 소수점을 표시하는 '.' 문자도 1문자에 해당하기 때문에 지금까지 사용했던 스트링 문자 하나하나를 이동하는 방법으로는 숫자 자릿수 크기의 변화, 소수점이 있는가 없는가, 있다면 소수점 숫자는 몇 자리나 있는가 등 데이터 글자 수 변화가 크기 때문에 사용하기 어려웠다.

스트링 변수로 구성된 데이터를 실수형 숫자로 변환하는 함수로 atof( )가 있으며, 그 용법은 [그림 4-40]과 같다.

```
double atof( 스트링 변수 );
```

(a) 형 식

```
mass =  atof( m );     /* m은 스트링 변수, mass는 float형 변수 */
```

(b) 사용 예

[그림 4-40] atof( )함수의 사용법

[그림 4-40](a)에서, atof( )함수의 변환결과는 double형이라는 형식으로 나타나는데, double형은 float형의 일종으로서 마치 int형과 long int형의 관계와 유사하다. 즉, 일반 실수형은 float, 더 큰 숫자를 다룰 수 있는 실수형은 double형이라 한다. 이와 같이 double형으로 결과가 나타나는 것은 가급적 숫자 변환을 정확히 하기 위한 것으로, [그림 4-40](b)와 같이 float형 변수로 입력받으면 반올림이나 버림(시스템에 따라 약간씩 다르다)처리가 되면서 float형으로 변환된다.

atof( )함수 내에 숫자에 해당되는 문자 이외에 엉뚱한 문자들이 함께 섞여 있다면 이 부분까지만 숫자로 변환되고 그 이후는 무시한다. 또한, 이 함수는 "stdlib.h"에 소속되어 있기 때문에, 「#include <stdlib.h>」를 생략하면 사용자가 "atof( )"라 함수를 선언한 것으로 간주되어 엉뚱한 결과(보통은 0이 나타난다)가 나타나므로 유의해야 한다.

이와 같은 atof( )함수를 이용해 비만도 측정 프로그램을 실수형으로 입력받고 처리하도록 개선한 것을 [예제 4-13]에 나타내었다. 예제에서, 소수점까지 입력받아도 충분하도록 스트링 변수 m과 t의 크기를 더 크게 잡았고, 이들을 계산한 비만도 지수 결과도 실수형 결과가 나타나므로 이들 보관할 변수 r도 실수형으로 선언하였다.

실습 예제 4-13

1. [리스트 4-23] 프로그램은 앞서 "fat-test2.c" 프로그램을 실수형 처리가 가능하도록 변경한 것이다. 이를 편집해 컴파일 하시오.
2. 앞서 작성했던 "fat-test2.html" 입력양식에 소수점 데이터를 입력해 실행 결과를 확인하시오.

```
#include <stdio.h>
#include <stdlib.h>
#include <string.h>
#include "cgi-sub.c"

main( )
{
 char query[30];  /* Query 내용 변수 */
 char t[9], m[9]; /* 분리결과 보관용 */
 char s[3];      /* 성별 보관 */
 float tall, mass, r;
 int flag;

/* Query 해석 */
 strcpy(query, getenv("QUERY_STRING"));

  Get_Query( query, "t=", t );
  Get_Query( query, "m=", m );
  Get_Query( query, "s=", s );

  tall = atof( t );  mass = atof( m);

/* 계산 */
  r = 10000 * mass / (tall * tall);

/* 판 정 */
  flag = 0;

  if ( s[0] == '0' )
   {
    if (r >= 20) flag = 1;
    if (r >= 25) flag = 2;
    if (r >= 30) flag = 3;
```

```
    }
    else
    {
     if (r >= 19) flag = 1;
     if (r >= 24) flag = 2;
     if (r >= 29) flag = 3;
    };

/* 결과 표시 */
  printf("Content-type:text/html\n\n");
  printf("<HTML>\n<BODY>\n");

  switch( flag )
   {
     case 0 : printf("체중 미달"); break;
     case 1 : printf("정 상"); break;
     case 2 : printf("과체중"); break;
     case 3 : printf("<H2>비 만</H2>");
   }
  if ( s[0] == '0' ) printf( " 남자 " ); else printf( " 여자 " );

  printf("</BODY>\n</HTML>\n");
}
```

[리스트 4-23] 소수점 처리에 의한 비만도 측정 프로그램

3. 쿼리 데이터 추출함수 응용

이제는 쿼리 데이터를 쉽게 추출할 수 있게 되었으므로, 이를 이용해 여러 가지 활용을 할 수 있는데, 전체적인 복습을 위해 앞서 작성했던 구구단 프로그램을 비롯해 여러 가지 응용에 활용해 본다.

1) 구구단 프로그램

(1) 구구단 프로그램에 의한 복습

다음 예제는 앞서 구구단 프로그램을 변형해 입력 양식에서 단 수를 입력받아 이에 해당하는 한 단의 구구단을 표시하는 것이다.

실습 예제 4-14

1. [리스트 4-24]는 구구단 표시를 위한 양식이다. 이를 "gugudan3.html" 이름으로 작성하시오.
2. [리스트 4-25]는 [리스트 4-24]의 양식을 입력받아 이해 해당하는 구구단을 표시하는 프로그램이다. 이를 "gugudan3.c" 이름으로 작성해 컴파일 하시오.
3. 입력양식을 실행한 후 데이터를 입력해 실행결과를 확인하고, 이와 같은 결과가 나타난 이유를 분석해 보시오.

```
<HTML>
<BODY>
  구구단 표시 프로그램<BR>
  <FORM METHOD = "GET" ACTION = "cgi-bin/gugudan3.cgi" >
     구구단 단 수를 입력하세요 :
        <INPUT TYPE = "TEXT"  NAME = "d" > 단 <BR><BR>
     <INPUT TYPE = "SUBMIT" VALUE = "구구단 표시" >
  </FORM>
</BODY>
</HTML>
```

[리스트 4-24] 구구단 입력양식

```
#include <stdio.h>
#include <stdlib.h>
#include <string.h>
#include "cgi-sub.c"

main()
{
```

```
 int dan, soo;
 char query[10], d[4];

/* Query 해석 */
 strcpy(query,getenv("QUERY_STRING"));

 Get_Query( query, "d=", d );
 dan = atoi( d );

 printf("Content-type:text/html\n\n");
 printf("<HTML>\n<BODY>\n");
 printf("<TABLE BORDER=1>\n<TR>\n");
 printf("<TD>\n");
 for (soo = 1; soo < 10; soo++ )
  printf("%d X %d = %d<BR>",dan, soo, dan * soo);
 printf("</TD>\n");
 printf("</TR>\n</TABLE>");
 printf("</BODY>\n</HTML>\n");
}
```

[리스트 4-25] 구구단 표시 프로그램

실습 예제 4-15

1. [리스트 4-26]은 라디오 버튼을 이용한 구구단 입력양식이다. 이를 "gugudan3-2.html"이름으로 작성하고 실행해 보시오.
2. 입력양식의 구성 방법과 이러한 결과가 나타난 이유를 분석해 보시오.

```
<HTML>
<BODY>
  구구단 표시 프로그램<BR>
  <FORM METHOD = "GET" ACTION = "cgi-bin/gugudan3.cgi" >
    구구단 단 수를 입력하셔요 :<BR>
    <INPUT  TYPE = "RADIO" NAME = "d" VALUE = "2">  2  
    <INPUT  TYPE = "RADIO" NAME = "d" VALUE = "6">  6<BR>
    <INPUT  TYPE = "RADIO" NAME = "d" VALUE = "3">  3  
    <INPUT  TYPE = "RADIO" NAME = "d" VALUE = "7">  7<BR>
    <INPUT  TYPE = "RADIO" NAME = "d" VALUE = "4">  4  
```

```
    <INPUT  TYPE = "RADIO" NAME = "d" VALUE = "8">  8<BR>
    <INPUT  TYPE = "RADIO" NAME = "d" VALUE = "5">  5  
    <INPUT  TYPE = "RADIO" NAME = "d" VALUE = "9">  9<BR>
    <INPUT  TYPE = "SUBMIT"  VALUE = " 구구단 표시 ">
  </FORM >
</BODY>
</HTML>
```

[리스트 4-26] 라디오 버튼에 의한 구구단 입력양식

실습 예제 4-16

1. [리스트 4-27]은 앞서 예제의 [리스트 4-26] 양식을 <TABLE> 태그를 이용해 모양을 꾸민 것이다. 이를 "gugudan3-3.html"이름으로 작성하고 실행해 보시오.
2. 이러한 결과가 나타난 이유를 분석해 보시오. 또한 입력양식의 <TABLE> 태그가 어떻게 활용되고 있는지 살펴보시오.

```
<HTML>
<BODY>
 구구단 표시 프로그램<BR>
 <FORM METHOD = "GET" ACTION = "cgi-bin/gugudan3.cgi" >
  구구단 단 수를 입력하세요 :<BR>
  <TABLE BORDER=1 CELLPADDING=4>
   <TR><TD>
    <INPUT  TYPE = "RADIO" NAME = "d" VALUE = "2">  2<BR>
    <INPUT  TYPE = "RADIO" NAME = "d" VALUE = "3">  3<BR>
    <INPUT  TYPE = "RADIO" NAME = "d" VALUE = "4">  4<BR>
    <INPUT  TYPE = "RADIO" NAME = "d" VALUE = "5">  5
   </TD><TD>
    <INPUT  TYPE = "RADIO" NAME = "d" VALUE = "6">  6<BR>
    <INPUT  TYPE = "RADIO" NAME = "d" VALUE = "7">  7<BR>
    <INPUT  TYPE = "RADIO" NAME = "d" VALUE = "8">  8<BR>
    <INPUT  TYPE = "RADIO" NAME = "d" VALUE = "9">  9
   </TD></TR>
  </TABLE>
    <INPUT  TYPE = "SUBMIT"  VALUE = " 구구단 표시 ">
  </FORM >
```

```
</BODY>
</HTML>
```

[리스트 4-27] 〈TABLE〉 태그를 이용한 라디오 버튼 입력양식

예제와 같이 <TABLE>문 내에 또 다른 <TABLE>문을 사용할 수 있다. 따라서 많은 홈-페이지들은 이러한 기법을 활용해 전체 화면에 걸쳐 각종 정보들을 자유롭게 구성하고 있다. 인터넷상에서 특히 포털 사이트 등의 구조를 분석해 보라. 이러한 복잡한 <TABLE>문의 응용에 있어서는 구성의 혼란을 방지하기 위해 들여 쓰기가 대단히 중요하다.

실습 예제 4-17

1. [리스트 4-28]은 앞서 예제의 "gugudan3-3.html" 입력양식을 개선한 것이다. 이를 편집하고 실행해 보시오.
2. 이러한 결과가 나타난 이유를 분석해 보시오. 또한 <TABLE> 태그가 어떻게 활용되고 있는지 살펴보시오.

```
<HTML>
<BODY>
 구구단 표시 프로그램<BR>
 <FORM METHOD = "GET" ACTION = "cgi-bin/gugudan3.cgi" >
  구구단 단 수를 입력하서요 :<BR>
  <TABLE BORDER=1 CELLPADDING=8>
   <TR><TD>
    <TABLE BORDER=0 CELLPADDING=8 CELLSPACING=8>
     <TR><TD BGCOLOR="#FFCOFF">
       <INPUT  TYPE = "RADIO" NAME = "d" VALUE = "2">  2<BR>
       <INPUT  TYPE = "RADIO" NAME = "d" VALUE = "3">  3<BR>
       <INPUT  TYPE = "RADIO" NAME = "d" VALUE = "4">  4<BR>
       <INPUT  TYPE = "RADIO" NAME = "d" VALUE = "5">  5
     </TD><TD BGCOLOR="#COFFCO">
       <INPUT  TYPE = "RADIO" NAME = "d" VALUE = "6">  6<BR>
       <INPUT  TYPE = "RADIO" NAME = "d" VALUE = "7">  7<BR>
       <INPUT  TYPE = "RADIO" NAME = "d" VALUE = "8">  8<BR>
       <INPUT  TYPE = "RADIO" NAME = "d" VALUE = "9">  9<BR>
```

```
      </TD></TR>
    </TABLE>
   </TD></TR>
  </TABLE>
    <INPUT  TYPE = "SUBMIT"  VALUE = " 구구단 표시 ">
  </FORM >
</BODY>
</HTML>
```

[리스트 4-28] 〈TABLE〉 태그를 이용한 라디오 버튼 입력양식-2

(2) 다른 입력양식

앞서 사용한 입력양식은 많은 수의 라디오 버튼을 활용한 것으로서, 버튼이 많아지면 화면이 복잡해진다. 이와 같이 많은 사항 중 하나를 선택하는 경우에는 <INPUT> 태그 대신 <SELECT> 태그를 사용하면 편리하다.

```
<SELECT NAME = 필드 명>
  <OPTION>항목 명-1
  <OPTION>항목 명-2
       :
</SELECT>
```

(a) 명령 형식

```
좋아하는 과일
<SELECT NAME = "fruit">
  <OPTION>사과
  <OPTION>포도
  <OPTION>바나나
</SELECT>
```

(b) 사용 예

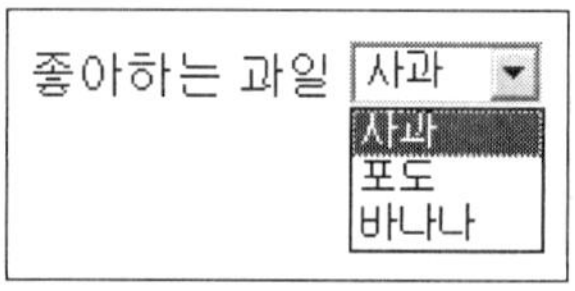

(c) 실행결과

[그림 4-41] 〈SELECT〉 태그의 용법

실습 예제 4-18

1. [리스트 4-29]는 <SELECT> 태그를 활용한 구구단 입력양식이다. 이를 "gugudan3-4.html"이름으로 작성하고 실행해 보시오.
2. 「<OPTION SELECTED>7」 문장의 의미를 분석해 보시오.
3. 「<SELECT NAME = "d">」 문장을 「<SELECT NAME = "d" MULTIPLE SIZE="4">」로 변경해 실행시켜 보시오. 그리고 이 문장의 의미를 분석해 보시오.

```
<HTML>
<BODY>
  구구단 표시 프로그램<BR>
  <FORM METHOD = "GET" ACTION = "cgi-bin/gugudan3.cgi" >
    구구단 단 수를 선택하셔요 :
    <SELECT NAME = "d">
      <OPTION>2
      <OPTION>3
      <OPTION>4
      <OPTION>5
      <OPTION>6
      <OPTION SELECTED>7
      <OPTION>8
      <OPTION>9
    </SELECT><BR><BR>
    <INPUT  TYPE = "SUBMIT"  VALUE = " 구구단 표시 ">
  </FORM >
</BODY>
</HTML>
```

[리스트 4-29] 〈SELECT〉 태그를 이용한 입력양식

2) 사칙연산 프로그램

2개의 숫자와 연산종류를 선택해 그 결과를 표시하는 간단한 사칙연산 프로그램을 작성한다.

(1) 입력양식의 작성

2개 숫자의 입력은 <INPUT> 태그의 TEXT 옵션을 사용하고, 연산종류는 4가지 중 하나를 선택하는 것이므로 라디오 버튼을 사용하기로 한다.

실습 예제 4-19

[리스트 4-30]의 입력양식을 "4calc.html"로 작성하고 브라우저에서 형태를 확인해 보시오.

```
<HTML>
<BODY>
  <H3>사칙연산 프로그램</H3>
  <FORM METHOD = "GET" ACTION = "cgi-bin/4calc.cgi" >
   <TABLE BORDER=1 CELLPADDING=4>
    <TR><TD BGCOLOR="#FFFFC0">
     첫 번째 숫자 : <INPUT TYPE = "TEXT"  NAME = "v1" SIZE="10"><BR><BR>
     두 번째 숫자 : <INPUT TYPE = "TEXT"  NAME = "v2" SIZE="10">
    </TD><TD BGCOLOR="#C0FFC0">
     <INPUT TYPE = "RADIO" NAME = "c" VALUE = "0" CHECKED> 덧셈<BR>
     <INPUT TYPE = "RADIO" NAME = "c" VALUE = "1"> 뺄셈<BR>
     <INPUT TYPE = "RADIO" NAME = "c" VALUE = "2"> 곱셈<BR>
     <INPUT TYPE = "RADIO" NAME = "c" VALUE = "3"> 나눗셈
    </TD></TR>
   </TABLE>
   <BR>
   <INPUT TYPE = "SUBMIT" VALUE = " 계 산 " >
  </FORM>
</BODY>
</HTML>
```

[리스트 4-30] 사칙연산 프로그램의 입력양식

위 예제에서, <INPUT> 태그의 옵션 중 「SIZE =」 이라는 것이 사용되었는데, 이는 텍스트 입력 박스의 크기를 정한 것이다. 단, 이는 단지 박스의 크기만을 정의한 것이지 입력되는 글자 수를 제한하는 것은 아니며, 만약 입력되는 글자수를 제한하려면 「MAXLENGTH =」 옵션을 사용한다.

(2) CGI 프로그램의 작성

앞서 작성한 입력양식에 의해 전달되는 쿼리 데이터는 첫 번째 숫자는 "v1=", 두 번째 숫자는 "v2=", 계산 종류는 "c="의 필드 명으로 전달되므로 앞서 작성했던 쿼리 데이터 추출함수를 활용하면 쉽게 추출할 수 있다. 추출된 v1, v2 필드 데이터들은 atoi( )함수에 의해 정수형으로 변환하고, 계산 종류에 따라 그 결과를 표시한다.

예제 프로그램에서, 계산종류 필드 내용을 보관한 c변수에 의해 계산을 달리하기 위해 switch( )문에 의해 분기하고 있는데, 이때 변수 c는 스트링 변수이므로 이 내용 중 첫 번째 내용 하나를 이용해 분기하기 위해 「switch(c[0])」을 사용하고 있고, 각 case문에서는 「case '0'」과 같이 문자를 이용해 분기하고 있음을 주목하라. 또한, 쿼리 데이터를 추출해 변환하는 과정에서, 추출한 데이터 스트링을 임시로 보관하는 변수를 'c' 하나만을 사용해 겸용으로 여러 번 사용하고 있어 메모리 절약의 효과도 있음을 주목하라.

실습 예제 4-20

1. [리스트 4-31]의 프로그램을 "4calc.c"의 이름으로 작성하고 컴파일 하시오.
2. 앞서 작성한 입력양식 "4calc.html"에 숫자를 입력하고 결과를 확인해 보시오.
3. 두 번째 숫자에 0을 입력하고 나눗셈을 선택해 보시오.

```
#include <stdio.h>
#include <stdlib.h>
#include <string.h>
#include "cgi-sub.c"

main( )
{
 char query[30];  /* Query 내용 변수 */
 char c[15];      /* 분리결과 보관용 */
 int v1, v2;

/* Query 해석 */
 strcpy(query, getenv("QUERY_STRING"));

 Get_Query(query, "v1=", c); v1 = atoi(c);
 Get_Query(query, "v2=", c); v2 = atoi(c);
 Get_Query(query, "c=", c);

/* 표시 시작 */
 printf("Content-type:text/html\n\n");
 printf("<HTML>\n<BODY>\n");
 printf("%d와 %d의 ", v1, v2);
```

```
/* 계산 */
 switch( c[0] )
  {
   case '0' : printf("덧셈은 %d", v1 + v2);
              break;
   case '1' : printf("뺄셈은 %d", v1 - v2);
              break;
   case '2' : printf("곱셈은 %d", v1 * v2);
              break;
   case '3' : printf("나눗셈은 ");
           if (v2 == 0) printf("무식한 짓");
              else printf("%d", v1 / v2);
  };

  printf("입니다.\n");
  printf("</BODY>\n</HTML>\n");
}
```

[리스트 4-31] 사칙연산 프로그램

(3) 글자표시의 개선

최종 결과를 나타낼 때, [그림 4-42]와 같이 숫자가 0, 1, 3 등에서는 조사가 맞지 않아 어색한 문장이 되는데 이를 수정하고자 한다.

20**와** 3의 덧셈은 23입니다.	**31와** 7의 덧셈은 38입니다.

[그림 4-42] 조사가 어색한 표현의 예

이러한 현상은 숫자의 마지막 자리에 0, 1, 3, 6, 7, 8일 경우 '과'라는 조사가, 2, 4, 5, 9일 경우 '와'라는 조사가 사용돼야 하는 우리나라 언어의 특성 상 나타난 결과인데, 이러한 경우는 다른 프로그램에서도 종종 발생한다. 이를 대비해 보통은 [그림 4-43]과 같이 어물쩡(?) 넘어가는데, 이를 정확히 해결해 보도록 한다.

0**과(와)** 3의 덧셈은 3입니다.

[그림 4-43] 대충 표현한 예

우선, 숫자의 마지막 자리를 분리하기 위한 연산으로는 '나머지' 연산이 있는데, 이는 [그림 4-44]와 같은 용법을 가진다.

```
c = a % b;       /* a를 b로 나눈 나머지가 c에 저장 */
```

[그림 4-44] 나머지 연산자의 예

따라서 표시할 숫자를 10으로 나눈 나머지를 취하면 0부터 9 사이의 숫자만이 나타나므로 이를 경우에 따라 '와', '과'로 구분해 처리한다. 그런데, '과'자를 사용할 경우가 6가지, '와'자를 사용할 경우가 4가지이기 때문에 if( )문에 의해 처리하기에는 번거로운 면이 있다.

이와 같은 여러 가지 경우를 한꺼번에 처리할 경우 switch( )문이 편리하며, 나머지 연산자와 switch( )문을 이용해 처리한 것을 [리스트 4-32](a)에 나타내었다.

```
m = v1 % 10;      /* 끝 숫자 분리 */
switch( m )
 {
   case 2 :
   case 4 :
   case 5 :
   case 9 : printf( "와" ); break;
   default : printf( "과" ); break;
 };
```

(a) switch( )문의 활용

```
switch( v1 % 10 )
 {
   case 2 :
   case 4 :
   case 5 :
   case 9 : printf( "와" ); break;
   default : printf( "과" ); break;
 };
```

(b) 축약된 식

```
m = v1 % 10;          /* 끝 숫자 분리 */
if ( (m == 2) || (m == 4) || (m == 5) || (m == 9) printf( "와" );
    else printf( "과" );
```

(c) if( )문의 활용

[리스트 4-32] 조사의 처리

[리스트 4-32](a)의 switch( )문에서 2, 4, 5의 경우 명령어가 없는데, 이는 계속 아래로 진행해 9의 경우와 동일한 처리를 하도록 된다. 예를 들어, 2인 경우 「case 2:」로 진행하지만 여기에는 아무런 명령이 없으므로 다음인 「case 5

:」의 자리로 진행하고, 이곳에도 아무 명령이 없으므로 다음의 「case 9 :」로 진행해 이곳에서 명령이 실행된다. 즉, 이 switch( )문은 [리스트 4-32](c)와 동일한 효과를 가지면서도 얼마나 일목요연하고 간편한지 알 수 있다.

실습 예제 4-21

1. [리스트 4-33]은 "4calc.c" 프로그램에 조사의 변화를 반영한 것이다. 이를 입력하고 실행해보시오.
2. 첫 번째 숫자를 여러 가지로 입력해 보시오.

```
                :
/* 표시 시작 */
 printf("Content-type:text/html\n\n");
 printf("<HTML>\n<BODY>\n");
 printf("%d", v1);
 switch( v1 % 10 )
  {
    case 2 :
    case 4 :
    case 5 :
    case 9 : printf( "와" ); break;
    default : printf( "과" ); break;
  };
 printf(" %d의 ", v2);

/* 계산 */
                :
```

[리스트 4-33] 정수연산에서의 조사 표시의 개선

(4) 소수연산으로의 개선

앞서 작성했던 프로그램은 오직 정수연산만 가능한데, 이를 소수연산이 가능하도록 변경하려면 어느 곳을 어떻게 고쳐야 하겠는가? 우선, 변수선언을 정수에서 실수로 변경하고, printf( ) 함수에 사용했던 "%d" 옵션을 "%f"로 변경해야 할 것이다. 그러나 switch( )문 내부의 나머지 연산자 '%'는 오직 정수형 변수에서만 사용할 수 있기 때문에 여기서는 사용할 수 없다.

〈표 4-6〉 소수연산을 위한 변경사항들

항 목	정수 연산용	실수 연산용
변수 선언	int v1, v2;	float v1, v2;
printf( )함수 옵션	printf("… %d …");	printf("… %f …");
나머지 연산	v1 % 10	??

[예제 4-22]는 정수이건 소수건 처리할 수 있도록 한 것인데, 이는 이후에 배울 "sprintf( )" 함수를 이용해 처리했기 때문에 이 함수에 관해 배운 후 살펴보면 쉽게 이해할 수 있을 것이다.

실습 예제 4-22

1. [리스트 4-34]는 "4calc.c" 프로그램을 소수연산에도 사용할 수 있도록 변경한 것이다. 이와 같이 변경한 후 실행하시오.
2. 앞 숫자를 여러 가지로(소수 점 숫자까지도) 변경해 입력해 보시오.

```
#include <stdio.h>
#include <stdlib.h>
#include <string.h>
#include "cgi-sub.c"

main( )
{
 char query[30];  /* Query 내용 변수 */
 char c[15];      /* 분리결과 보관용 */
 float v1, v2;

/* Query 해석 */
 strcpy(query, getenv("QUERY_STRING"));

  Get_Query(query, "v1=", c); v1 = atof(c);
  Get_Query(query, "v2=", c); v2 = atof(c);
  Get_Query(query, "c=", c);

/* 표시 시작 */
 printf("Content-type:text/html\n\n");
```

```
 printf("<HTML>\n<BODY>\n");
 printf("%f", v1);
 sprintf( query, "%g", v1 );

 switch( query[strlen(query) - 1] )
  {
    case '2' :
    case '4' :
    case '5' :
    case '9' : printf( "와" ); break;
    default : printf( "과" ); break;
  };

 printf(" %f의 ", v2);

/* 계산 */
 switch( c[0] )
  {
   case '0' : printf("덧셈은 %f", v1 + v2);
              break;
   case '1' : printf("뺄셈은 %f", v1 - v2);
              break;
   case '2' : printf("곱셈은 %f", v1 * v2);
              break;
   case '3' : printf("나눗셈은 ");
          if (v2 == 0) printf("무식한 짓");
              else printf("%f", v1 / v2);
  };
  printf("입니다.\n");
  printf("</BODY>\n</HTML>\n");
}
```

[리스트 4-34] 소수연산용으로의 변경

(5) 숫자표시방법의 개선

앞서 작성한 예제 프로그램은 결과를 나타내는 printf( ) 함수에서 실수를 표현하기 위해 "%f" 옵션을 사용했다. 그런데, 그 결과를 살펴보면 정수인 경우에도 결과에는 '0'자가 많이 나타나 실제로 우리가 사용하는 숫자 표현방식과는 차이가 있음을 알 수 있다. 이러한 경우 사용하는 진보된 다른 옵션으로는 "%g"가 있다. 이 옵션은 표시될 실수의 글자 수가 가장 작도록 조절해 표현하는데, 예를 들어 <표 4-7>에 나타낸 바와 같이 소수점 이하가 없는 숫자의 경우에는 정수형으로 표현해 주고, 소수점 이하가 있으면 있는 곳까지만 표시해 준다. 또한 숫자가 대단히 클 경우에는 "1.53E+6"과 같이 공학적 표현을 사용해 표시해 준다.

〈표 4-7〉 실수용 옵션의 차이

	v = 5일 때	v = 3.14일 때	v = 12345678 일 때
printf("f", v);	5.000000	3.140000	12345678.000000
printf("g", v);	5	3.14	1.23457e+07

실습 예제 4-23

"4calc.c" 프로그램 중 printf( ) 함수에 사용했던 "%f"옵션들을 [리스트 4-35]와 같이 모두 "%g"로 변경한 후 실행하시오.

```
            :
/* 표시 시작 */
 printf("Content-type:text/html\n\n");
 printf("<HTML>\n<BODY>\n");
 printf("%g", v1);

 sprintf( query, "%g", v1 );

 switch( query[strlen(query) - 1] )
  {
    case '2' :
    case '4' :
    case '5' :
    case '9' : printf( "와" ); break;
    default : printf( "과" ); break;
  };
 printf(" %g의 ", v2);

/* 계산 */
 switch( c[0] )
  {
```

```
    case '0' : printf("덧셈은 %g", v1 + v2);
               break;
    case '1' : printf("뺄셈은 %g", v1 - v2);
               break;
    case '2' : printf("곱셈은 %g", v1 * v2);
               break;
    case '3' : printf("나눗셈은 ");
            if (v2 == 0) printf("무식한 짓");
               else printf("%g", v1 / v2);
  };
  printf("입니다.\n");
  printf("</BODY>\n</HTML>\n");
}
```

[리스트 4-35] 숫자표시의 개선

4. 설문조사 시스템

이 절에서는 인터넷에서 간혹 볼 수 있는 설문조사와 그 통계를 나타내는 프로그램을 제작하고자 한다. 이를 제작함으로서, C-언어의 변수 배열 개념과 활용법을 익힐 수 있으며, 기타 문자열 조작에 관련된 함수와 컴파일 옵션을 학습할 수 있다.

1) 설문조사 시스템의 개요

제작할 설문조사 시스템은 우선 가장 간단한 형태인 한 문항에 관한 처리를 먼저 다루고, 그 후 점차 확장해 나가면서 발생하는 불편한 점을 개선하기로 한다.

(1) 설문조사 시스템의 목표 및 구성

제작할 설문조사 시스템은 [그림 4-45](a)와 같이 설문지 양식에 입력된 답변을 처리 프로그램을 통해 파일에 누적하며 보존하고 그에 관한 설문 결과를 출력하도록 한다.

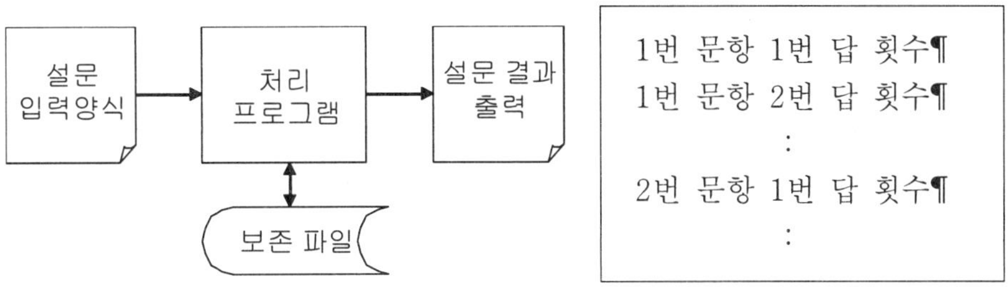

(a) 시스템의 구조　　　　　(b) 파일의 구조

[그림 4-45] 설문조사 시스템의 구조

이 결과를 파일에 보존하는 이유는, 현재 우리가 다루고 있는 모든 것은 인터넷상에서 가동되는 프로그램이기 때문에 앞서 방문자 카운터의 경우와 마찬가지로 한 사용자의 답변이 끝나면 이 프로그램도 종료되고, 따라서 답변 결과도 사라진다. 그 후 다른 사용자가 답변을 하면 지금까지 기록되었던 결과에 누적을 해야 하는데, 앞서 결과가 없기 때문에 누적 계산이 되지 않으므로 파일에 보관해야 한다.

결과를 보존하는 파일은 [그림 4-45](b)와 같이 각 설문 문항의 답변 번호마다 누적 횟수를 연속으로 기록하는 단순한 것으로 하는데, 프로그램이 시작되면 이 파일을 모두 읽어 들이고, 설문 답변에 해당되는 사항들을 증가시킨 후 다시 모두 파일에 저장하도록 한다.

(2) 설문조사 입력양식

일반적인 설문조사에서는 "매우 아니다", "아니다", "좋다", "매우 좋다" 등에서 선택하는 것이 보통이므로 우리도 이러한 선택형을 사용하고, 따라서 이와 같은 선택형에 가장 좋은 입력양식인 라디오 버튼을 사용한다.

실습 예제 4-24

1. [리스트 4-36]은 한 문항만으로 구성된 설문조사 입력양식이다. 이 리스트를 "ask-all.html"로 저장하고 첫 페이지에 링크하시오.
2. 브라우저에서 실행("응답하기"가 아님)하고 화면상태를 확인하시오.

```
<HTML>
<BODY>
```

```
  설문조사 프로그램<BR>
  <FORM METHOD = "GET" ACTION = "cgi-bin/ask-all.cgi" >
   1. 홍길동의 성격은 어떻다고 생각하십니까? :<BR>
     <INPUT TYPE = "RADIO" NAME = "q1" VALUE = "1" CHECKED>매우 나쁘다
     <INPUT TYPE = "RADIO" NAME = "q1" VALUE = "2">나쁘다
     <INPUT TYPE = "RADIO" NAME = "q1" VALUE = "3">좋다
     <INPUT TYPE = "RADIO" NAME = "q1" VALUE = "4">매우 좋다
   <BR><BR>
   <INPUT TYPE = "SUBMIT" VALUE = " 응답하기 ">
   </FORM >
</BODY>
</HTML>
```

[리스트 4-36] 한 문항의 설문조사 입력양식

[리스트 4-36]에서, 첫 번째 문항의 의미로 필드 명은 "q1"이라 하였고, 기본적으로 1번이 선택되도록 "CHECKED" 옵션을 사용하였다.

2) 프로그램의 작성

설문조사를 처리하는 프로그램은 처음에 단순한 방법으로부터 시작하여 점차 개선해 나가는 것으로 한다.

(1) 일반 변수에 의한 처리

① 1개 문항의 경우

설문조사는 각 문항의 답에 대한 빈도를 카운트하는 것으로서, 앞서 작성했던 방문자 카운터와 상당히 유사하다. 그러나 방문자 카운터는 단지 한 개의 카운트 동작을 했지만, 여기서는 각 답에 대한 빈도를 카운트해야 하므로 카운트 할 변수의 숫자가 대단히 많아진다.

설문조사를 처리하는 가장 단순한 방법으로는 일반 변수를 활용하는 것인데, 예를 들어 1번 문항의 1번 답을 선택한 횟수는 "s11"이라는 변수에 저장하고, 1번 문항의 2번 답을 선택한 횟수는 "s12"라는 변수에 저장하는 식으로 처리할 수 있다. 예제로 사용하는 입력양식에서는 1개 문항에 4종류의 답이 있으므로 변수는 4개가 필요하며, 따라서 파일로부터 읽어들이고 저장하는 것도 4개씩이다. 파일에서 읽어들일 때는 [리스트 4-37](a)와 같이 각 변수마다 fscanf( ) 함수를 사용해 하나씩 읽어들이고, 기록할 때도 [리스트 4-37](b)와 같이 각 변수마다 printf( ) 함수를 사용해 하나씩 저장한다.

```
fscanf( fpnt, "%d,%d", &s11, &s12);
fscanf( fpnt, "%d,%d", &s13, &s14);
```

(a) 데이터 읽기

```
fprintf( fpnt, "%d\r\n%d\r\n", s11, s12 );
fprintf( fpnt, "%d\r\n%d\r\n", s13, s14 );
```

(b) 데이터 기록하기

[리스트 4-37] 데이터 읽기와 기록하기

그리고 처음으로 설문을 시작했을 경우에는 데이터 파일이 존재하지 않으므로 이 때는 변수를 모두 0으로 설정하고 시작해야 하기 때문에 [리스트 4-38](a)와 같이 변수 초기화를 2가지 경우로 나누어 처리한다.

```
/* 파일 읽고, 없을 때는 변수 초기화 */
 fpnt = fopen( "ask-all.dat", "r" );
 if ( fpnt == NULL )
  {
   s11 = 0; s12 = 0; s13 = 0; s14 = 0;
  }
  else
  {
   fscanf( fpnt, "%d,%d", &s11, &s12);
   fscanf( fpnt, "%d,%d", &s13, &s14);
   fclose( fpnt );
  };
```

(a) 파일의 초기화

```
/* 문항 처리 */
 Get_Query(query, "q1=", c); a = atoi(c);
 switch( a )
  {
```

```
    case 1 : s11++; break;
    case 2 : s12++; break;
    case 3 : s13++; break;
    case 4 : s14++; break;
  };
```

(b) 답변횟수의 증가처리

[리스트 4-38] 파일의 초기화 및 답변횟수의 증가처리

즉, 파일을 open한 후 파일이 존재하지 않는다면 모든 변수를 0으로 초기화하고, 파일이 존재한다면 순서대로 변수에 읽어 들인다. 이와 같이 이전에 누적된 결과를 읽은 후, 현재 입력양식으로부터 전송된 쿼리에서 [리스트 4-38](b)와 같이 "q1" 필드명의 데이터를 추출한 후 이를 정수로 변환하면 switch( )문에 의해 각 답변별로 횟수를 증가시킬 수 있다.

따라서 이상의 과정을 종합하면 [예제 4-25]와 같은 프로그램을 구성할 수 있다.

실습 예제 4-25

1. [리스트 4-39]는 "ask-all.html" 입력양식과 함께 동작할 설문조사 프로그램이다. 이를 "ask-all.c"의 이름으로 입력하고 컴파일 하시오.
2. 입력양식을 실행하고 적당한 응답을 선택해 전송하여 결과를 확인하시오. 또한, 생성된 "ask-all.dat" 파일의 내용을 확인하시오.
3. 브라우저의 "새로 고침"을 반복하면서 숫자의 변화를 확인하시오.
4. 브라우저의 주소창에 나타난 "q1=숫자"를 변경하고 반복해 보시오.

```
#include <stdio.h>
#include <stdlib.h>
#include <string.h>
#include "cgi-sub.c"

main( )
{
 char query[15];  /* Query 내용 변수 */
 char c[10];      /* 분리결과 보관용 */
 FILE *fpnt;

 int a;
```

```
 int s11, s12, s13, s14;

/* Query 처리 */
 strcpy(query, getenv("QUERY_STRING"));

/* 파일 읽고, 없을 때는 변수 초기화 */
 fpnt = fopen( "ask-all.dat", "r" );
 if ( fpnt == NULL )
  {
   s11 = 0; s12 = 0; s13 = 0; s14 = 0;
  }
  else
  {
   fscanf( fpnt, "%d%d", &s11, &s12);
   fscanf( fpnt, "%d%d", &s13, &s14);
   fclose( fpnt );
  };

/* 문항 처리 */
 Get_Query(query, "q1=", c); a = atoi(c);
 switch( a )
  {
    case 1 : s11++; break;
    case 2 . s12++, break,
    case 3 : s13++; break;
    case 4 : s14++; break;
  };

 /* 파일에 기록 */
 fpnt = fopen( "ask-all.dat", "w" );
  fprintf( fpnt, "%d\r\n%d\r\n", s11, s12 );
  fprintf( fpnt, "%d\r\n%d\r\n", s13, s14 );
 fclose( fpnt );

 /* 화면 표시 */
 printf("Content-type:text/html\n\n");
 printf("<HTML>\n<BODY>\n");
 printf("<H3>설문결과</H3>\n");
 printf("1번 문항<BR>");
 printf(" 1번: %d, 2번: %d,", s11, s12 );
 printf(" 3번: %d, 4번: %d<BR>", s13, s14 );
```

```
 printf("</BODY>\n</HTML>\n");
}
```

[리스트 4-39] 일반 변수를 사용한 설문조사 프로그램

② 2개 문항인 경우

앞서 다룬 예제에서는 1개 문항의 경우에 관해 살펴보았는데, 이번에는 문항이 2개라면 어떻게 확장해야 하는지 살펴본다.

실습 예제 4-26

1. [리스트 4-40]은 앞서 "ask-all.html" 입력양식의 문항을 1개 더 추가한 것이다. 이와 같이 편집하시오.
2. 브라우저에서 실행("응답하기"가 아님)하고 화면상태를 확인하시오.

```
<HTML>
<BODY>
 설문조사 프로그램<BR>
 <FORM METHOD = "GET" ACTION = "cgi-bin/ask-all.cgi" >
  1. 홍길동의 성격은 어떻다고 생각하십니까? :<BR>
    <INPUT TYPE = "RADIO" NAME = "q1" VALUE = "1" CHECKED>매우 나쁘다
    <INPUT TYPE = "RADIO" NAME = "q1" VALUE = "2">나쁘다
    <INPUT TYPE = "RADIO" NAME = "q1" VALUE = "3">좋다
    <INPUT TYPE = "RADIO" NAME = "q1" VALUE = "4">매우 좋다
  <HR>
  2. 고길동의 성격은 어떻다고 생각하십니까? :<BR>
    <INPUT TYPE = "RADIO" NAME = "q2" VALUE = "1" CHECKED>매우 나쁘다
    <INPUT TYPE = "RADIO" NAME = "q2" VALUE = "2">나쁘다
    <INPUT TYPE = "RADIO" NAME = "q2" VALUE = "3">좋다
    <INPUT TYPE = "RADIO" NAME = "q2" VALUE = "4">매우 좋다
  <BR><BR>
  <INPUT TYPE = "SUBMIT" VALUE = " 응답하기 ">
  </FORM >
</BODY>
</HTML>
```

[리스트 4-40] 2개 문항의 설문조사 입력양식

실습 예제 4-27

1. 다음 [리스트 4-41]은 앞서 "ask-all.c" 프로그램에 2개 문항을 처리할 수 있도록 변경한 것이다. 이를 입력하고 컴파일 하시오.
2. "ask-all.dat" 파일을 삭제하시오.
3. 입력양식을 실행하고 적당한 응답을 선택해 전송하여 결과를 확인하시오. 또한, 생성된 "ask-all.dat" 파일의 내용을 확인하시오.
4. 브라우저의 "새로 고침"을 반복하면서 숫자의 변화를 확인하시오.
5. 3개 문항일 경우에는 어떻게 변경해야 할 지 생각해 보시오. 또한, 4개 문항일 경우, 5개 문항일 경우도 생각해 보시오.

```
#include <stdio.h>
#include <stdlib.h>
#include <string.h>
#include "cgi-sub.c"

main( )
{
 char query[15];  /* Query 내용 변수 */
 char c[10];      /* 분리결과 보관용 */
 FILE *fpnt;

 int a;
 int s11, s12, s13, s14;
 int s21, s22, s23, s24;

/* Query 처리 */
 strcpy(query, getenv("QUERY_STRING"));

/* 파일 읽고, 없을 때는 변수 초기화 */
 fpnt = fopen( "ask-all.dat", "r" );
 if ( fpnt == NULL )
  {
   s11 = 0; s12 = 0; s13 = 0; s14 = 0;
   s21 = 0; s22 = 0; s23 = 0; s24 = 0;
  }
  else
  {
```

```
    fscanf( fpnt, "%d%d", &s11, &s12);
    fscanf( fpnt, "%d%d", &s13, &s14);
    fscanf( fpnt, "%d%d", &s21, &s22);
    fscanf( fpnt, "%d%d", &s23, &s24);
    fclose( fpnt );
  };

/* 1번 문항 처리 */
 Get_Query(query, "q1=", c); a = atoi(c);
 switch( a )
  {
    case 1 : s11++; break;
    case 2 : s12++; break;
    case 3 : s13++; break;
    case 4 : s14++; break;
  };

/* 2번 문항 처리 */
 Get_Query(query, "q2=", c); a = atoi(c);
 switch( a )
  {
    case 1 : s21++; break;
    case 2 : s22++; break;
    case 3 : s23++; break;
    case 4 : s24++; break;
  };

  /* 파일에 기록 */
  fpnt = fopen( "ask-all.dat", "w" );
   fprintf( fpnt, "%d\r\n%d\r\n", s11, s12 );
   fprintf( fpnt, "%d\r\n%d\r\n", s13, s14 );
   fprintf( fpnt, "%d\r\n%d\r\n", s21, s22 );
   fprintf( fpnt, "%d\r\n%d\r\n", s23, s24 );
  fclose( fpnt );

  /* 화면 표시 */
  printf("Content-type:text/html\n\n");
  printf("<HTML>\n<BODY>\n");
  printf("<H3>설문결과</H3>\n");
  printf("1번 문항<BR>");
  printf(" 1번: %d, 2번: %d,", s11, s12 );
```

```
  printf(" 3번: %d, 4번: %d<BR>", s13, s14 );
  printf("2번 문항<BR>");
  printf(" 1번: %d, 2번: %d,", s21, s22 );
  printf(" 3번: %d, 4번: %d<BR>", s23, s24 );
  printf("</BODY>\n</HTML>\n");
}
```

[리스트 4-41] 2개 문항에서의 설문조사 처리 프로그램

2개 문항을 처리하기 위한 프로그램은 앞서 1개 문항의 경우와 비교하면, 변수가 2배로 늘어나고, 변수 초기화도 2배, 파일에서 읽는 데이터도 2배, 문항의 답마다 증가시키는 부분도 2배, 그리고 파일에 기록하고 최종 결과를 표시하는 부분도 모두 2배로 되어야 한다. 만약 3개 문항, 4개 문항.. 등으로 늘어나면 이 부분들이 모두 크게 증가하기 때문에 대단히 불편하고 복잡해져 다른 방법을 고려해야 한다.

(2) 배열 변수에 의한 처리

앞서 살펴본 바와 같이 문항이 늘어나면 프로그램의 크기뿐만 아니라 복잡성도 크게 증가하고 프로그래밍 실수의 여지도 많아진다. 이와 같이 많은 변수를 일정한 규칙에 따라 획일적으로 다루는 경우에 유용한 수단인 "배열(array)"에 관해 살펴본다.

① 배열의 개념

배열(array)이란 많은 변수들의 명칭을 숫자를 이용해 생성해 내고 다룰 수 있는 것으로서, 마치 앞서 예제에서 사용했던 "s11", "s12" ... "s21", "s22" 등과 비슷한 개념이다. 이 변수 명들은 우리에게는 숫자로의 의미가 있을지 모르지만, 컴퓨터 입장에서는 "abc"와 "xyz" 변수같이 모두 다른 변수로서 취급된다. 따라서 변수 명에 사용된 숫자 명칭은 컴퓨터 입장에서는 문자일 뿐이다.

만약 이러한 변수 명의 숫자부분이 다른 변수 명으로 표기될 수 있다면 어떨까? 그러나, 이 숫자들은 직접 변수로 대체될 수 없으며, [그림 4-46](a)와 같이 앞쪽 숫자를 a라는 변수로, 뒤쪽 숫자를 b라는 변수로 대체하면 "sab"라는 전혀 다른 새로운 변수로의 의미밖에는 없다. 또한, 설령 이와 같이 가능하다 할지라도 숫자가 2자리의 한 숫자인지, 1자리의 2개 숫자인지의 구분도 할 수 없다. 배열에서는 이러한 '변수 명' 자체를 또 다른 '변수'를 이용해 지정할 수 있다.

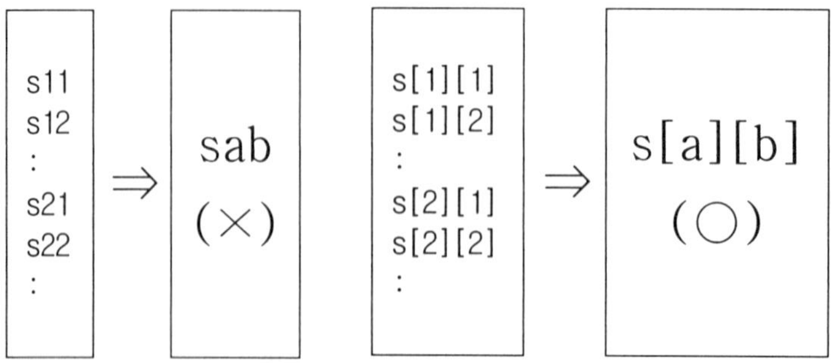

(a) 일반 변수들　　　(b) 배열을 이용한 변수

[그림 4-46] 일반변수와 변수배열의 예

배열을 이용한 변수 명은 [그림 4-46](b)와 같이 대괄호를 이용해 만들 수 있는데, 이와 같이 생성된 변수 "s[1][1]", "s[1][2]" 들은 각각 다른 변수들이지만 변수 명에 있어 획일성을 가지며, 대괄호 내의 숫자들은 다른 변수로 대체가 가능하다. 프로그램 중에 이와 같은 변수배열을 사용하려면 [리스트 4-42]와 같이 변수 선언 시 미리 크기를 지정해야 하며, 지정한 후 사용법은 일반 변수와 동일하다.

```
int  s[5][7];
float  abc[10];
long  xyz[5][7][3];
```

(a) 변수배열의 선언 예

```
s[2][3] = 153;
scanf( "%d", &s[1][3] );
printf( "%f", abc[2] );
```

(b) 사용 예

[리스트 4-42] 변수배열의 사용 예

만약 "int s[5]"라 선언을 하면 사용할 수 있는 변수는 s[0] 부터 s[4]까지의 5개이며, 변수 명 자체인 's'는 스트링 변수의 경우와 마찬가지로 이 변수배열의 첫 주소를 가지고 있다.

참고로, '스트링 변수'로 사용했던 "char str[10]"도 사실은 문자형 변수의 배열이었다.

② 배열에 의한 프로그램-1

앞서 작성했던 설문조사 처리 프로그램을 부분별로 변수배열을 이용해 변경해 나간다.

i) 변수 선언부

변수 선언은 일반변수에서 [리스트 4-43](a)와 같이 하였다. 이를 변수배열로 변경하면 [리스트 4-43](b)와 같이 단순하게 된다.

```
int s11, s12, s13, s14;
int s21, s22, s23, s24;
```

(a) 일반변수

```
int s[2][4];
```

(b) 변수배열

```
s[문항번호][답변번호]
```

(c) 변수의 의미

[리스트 4-43] 변수의 선언부

단, 변수배열을 "s[2][4]"로 선언했으므로 사용범위는 s[0~1][0~3]이 된다. 만약 번호를 동일하게 사용하려면 "s[3][5]"로 선언하고, 0번들은 사용치 않아도 된다. 그러나 이때는 0번 번호가 있는 s[0][0]~s[0][4]의 5개 변수와 s[1][0], s[2][0]의 2개 변수 즉, 7개 변수는 사용하지 않아 메모리 낭비 요소가 있다.

이와 같이 선언된 변수는 [리스트 4-43](c)와 같은 의미를 가진다. 변수배열이 얼마나 편리한 방법인가를 쉽게 이해하려면, 2개 문항에 대한 [리스트 4-43](a)와 (b)를 10개 문항으로 확장했을 때를 생각할 수 있다. 이 경우 [리스트 4-43](a)는 10줄로 늘어나는 반면 [리스트 4-43](b)는 단지 숫자 2가 10으로만 변경되면 된다.

ii) 변수의 초기화

프로그램 중의 처음에 변수를 초기화하는 과정은 [리스트 4-44](a)와 같은데, 이를 변수배열을 이용하면 [리스트 4-44](b)와 같이 변경할 수 있다.

```
s11 = 0; s12 = 0; s13 = 0; s14 = 0;
s21 = 0; s22 = 0; s23 = 0; s24 = 0;
```

(a) 일반변수

```
for (q = 0; q < 2; q++)
 for (a = 0; a < 4; a++)
  s[q][a] = 0;
```

(b) 변수배열

[리스트 4-44] 변수의 초기화

[리스트 4-44](b)에서 2중 for( )문을 사용하고 있는데 이는 [그림 4-47]과 같은 의미로 볼 수 있다.

```
for (q = 0; q < 2; q++)
  { s[q][0] 부터 s[q][3]까지 0으로 채우기} ;
```

(a) 내부 for( )문의 의미

```
q가 0에서 1까지 증가하면서,
  { a가 0에서 3까지 증가하면서,
       s[q][a] = 0;
  };
```

(b) 한글의 의미

q	a	변수
0	0	⇒ s[0][0]
0	1	⇒ s[0][1]
0	2	⇒ s[0][2]
0	3	⇒ s[0][3]
1	0	⇒ s[1][0]
1	1	⇒ s[1][1]
1	2	⇒ s[1][2]
1	3	⇒ s[1][3]

(c) 반복문의 효과

[그림 4-47] 2중 for( )문의 의미

즉, 글로 풀어 적으면 [그림 4-47](b)와 같이 a가 0에서 3까지 증가하며 변수에 0을 채우는데, 이러한 과정을 다시 q가 0일 때와 1일 때에 걸쳐 반복한다.

이와 같은 변수배열을 사용하는 것은 10개 문항으로 확장했을 경우를 고려하면 단지 for( )문의 숫자만을 변경하는 것으로 완료되어 확장이 대단히 간단함을 알 수 있다.

iii) 파일로부터의 입력

파일에 기록된 데이터를 순차적으로 읽어 들이는 부분 또한 앞서 변수 초기화부분과 유사하다.

```
fscanf( fpnt, "%d%d", &s11, &s12);
fscanf( fpnt, "%d%d", &s13, &s14);
fscanf( fpnt, "%d%d", &s21, &s22);
fscanf( fpnt, "%d%d", &s23, &s24);
```

(a) 일반변수

```
for (q = 0; q < 2; q++)
 for (a = 0; a < 4; a++)
  fscanf( fpnt, "%d", &s[q][a] );
```

(b) 변수배열

[리스트 4-45] 파일로부터의 입력

그런데, [리스트 4-45](b)에 나타낸 바와 같이 변수배열을 fscanf( )함수에 사용할 경우, 일반 변수와 마찬가지로 변수의 주소인 '&' 기호를 사용하고 있음에 유의하라. 이 경우 또한 문항 수를 확장했을 경우의 복잡성을 비교해 보라.

ⅳ) 문항의 처리

문항의 처리는 변수배열을 사용했을 때 가장 큰 효과를 볼 수 있는 부분 중 하나이다.

```
/* 1번 문항 처리 */
 Get_Query(query, "q1=", c);
 a = atoi(c);
 switch( a )
  {
    case 1 : s11++; break;
    case 2 : s12++; break;
    case 3 : s13++; break;
    case 4 : s14++; break;
  };

/* 2번 문항 처리 */
 Get_Query(query, "q2=", c);
 a = atoi(c);
 switch( a )
  {
    case 1 : s21++; break;
    case 2 : s22++; break;
    case 3 : s23++; break;
    case 4 : s24++; break;
  };
```

(a) 일반변수

```
/* 1번 문항 처리 */
 Get_Query(query, "q1=", c);
 a = atoi(c);
 s[0][a-1]++;

/* 2번 문항 처리 */
 Get_Query(query, "q2=", c);
 a = atoi(c);
 s[1][a-1]++;
```

(b) 변수배열

```
s [ 문항번호 - 1 ] [ 답변 번호 - 1 ]
```

(c) 변수배열의 의미

[리스트 4-46] 문항의 처리

일반 변수를 사용한 경우 [리스트 4-46](a)와 같이 각 문항마다 switch( ) 문에 의해 분리 처리하지만, 변수배열을 사용한 경우 [리스트 4-46](b)와 같이 직접 배열번호를 지정해 그 변수를 증가시키고 있다. 단, 여기서 유의할 사항은 변수배열을 사용한 경우, 변수번호는 0부터 시작하는데 비해 입력되는 쿼리의 번호는 1부터 시작하므로 이를 맞추기 위해 「a - 1」의 보정을 하고 있다. 만약 입력양식에서 번호 값을 0부터 부여하고 있다면, 이 과정을 생략할 수 있다.

ⅴ) 파일에 기록

파일에 기록하는 것도 앞서 변수 초기화 부분이나 파일에서 읽는 부분과 유사하다.

```
fprintf( fpnt, "%d\r\n%d\r\n", s11, s12 );
fprintf( fpnt, "%d\r\n%d\r\n", s13, s14 );
fprintf( fpnt, "%d\r\n%d\r\n", s21, s22 );
fprintf( fpnt, "%d\r\n%d\r\n", s23, s24 );
```

(a) 일반변수

```
for (q = 0; q < 2; q++)
 for (a = 0; a < 4; a++)
  fprintf( fpnt, "%d\r\n", s[q][a] );
```

(b) 변수배열

[리스트 4-47] 파일에 기록

vi) 결과표시

결과표시 부분은 약간의 생각이 필요한데, [리스트 4-48](a)와 같은 본래 문장의 반복구간을 살펴보면 [리스트 4-48](b)와 같이 문항번호 표시와 각 답에 대한 결과 표시부분이 반복되고 있음을 알 수 있다. 따라서 이들을 일단 for( )문으로 대체시킨다.

```
printf("1번 문항<BR>");
printf(" 1번: %d, 2번: %d,", s11, s12 );
printf(" 3번: %d, 4번: %d<BR>", s13, s14 );
printf("2번 문항<BR>");
printf(" 1번: %d, 2번: %d,", s21, s22 );
printf(" 3번: %d, 4번: %d<BR>", s23, s24 );
```

(a) 일반변수

```
for ( q = 0; q < 2; q++ )
 {
  printf("(q+1)번 문항<BR>");
  printf(" 1번: %d, 2번: %d,", s[q]1, s[q]2 );
  printf(" 3번: %d, 4번: %d<BR>", s[q]3, s[q]4 );
 };
```

(b) 반복 구간

```
for (q = 0; q < 2; q++)
 {
  printf("%d번 문항<BR>\n" q+1 );
  for (a = 0; a < 4; a++) printf(" %d번: %d",a+1, s[q][a] );
  printf("<BR>\n");
 };
```

(c) 변수배열

[리스트 4-48] 결과표시 부분

[리스트 4-48](b)의 for( )문에 의해 처리되는 내부를 살펴보면, "1번 : %d"라는 문장이 반복되고 있으므로 이 부분을 다시 for( )문으로 대체하고, 가장 마지막에
 태그가 있으므로 [리스트 4-48](c)와 같이 내부의 for( )문이 종료된 직후 이 태그를 표시하도록 하면 [리스트 4-48](a)와 동일한 결과를 얻을 수 있다.

단, [리스트 4-48](c)에서 문항 번호를 표시할 때는 for( )문이 0부터 시작하고 문항번호가 1부터 시작하므로 이를 맞춰주기 위해 「q + 1」을 표시하고 있다.

vii) 전체의 완성

이상에서 살펴본 변수배열을 이용한 각 부분의 변형을 종합하면 [예제 4-28]과 같은 완성된 프로그램을 얻을 수 있다.

실습 예제 4-28

1. [리스트 4-49]는 앞서 "ask-all.c" 프로그램을 배열변수를 이용해 다시 프로그램 한 것이다. 이를 입력하고 컴파일 하시오.
2. 입력양식을 실행하고 적당한 응답을 선택해 전송하여 결과를 확인하시오. 이 결과가 앞서 작성했던 일반변수에 의한 프로그램과 동일한 결과가 나타나는지 확인하시오.
3. 3개 문항일 경우에는 어떻게 변경해야 할 지 생각해 보시오.

```
#include <stdio.h>
#include <stdlib.h>
#include <string.h>
```

```
#include "cgi-sub.c"

main( )
{
 char query[15];  /* Query 내용 변수 */
 char c[10];      /* 분리결과 보관용 */
 FILE *fpnt;

 int a;
 int q;
 int s[2][4];

/* Query 처리 */
 strcpy(query, getenv("QUERY_STRING"));

/* 파일 읽고, 없을 때는 변수 초기화 */
 fpnt = fopen( "ask-all.dat", "r" );
 if ( fpnt == NULL )
  {
   for (q = 0; q < 2; q++)
    for (a = 0; a < 4; a++)
     s[q][a] = 0;
  }
  else
  {
   for (q = 0; q < 2; q++)
    for (a = 0; a < 4; a++)
     fscanf( fpnt, "%d", &s[q][a] );
   fclose( fpnt );
  };

/* 1번 문항 처리 */
 Get_Query(query, "q1=", c); a = atoi(c);
 s[0][a-1]++;

/* 2번 문항 처리 */
 Get_Query(query, "q2=", c); a = atoi(c);
 s[1][a-1]++;

  /* 파일에 기록 */
  fpnt = fopen( "ask-all.dat", "w" );
```

```
  for (q = 0; q < 2; q++)
   for (a = 0; a < 4; a++)
    fprintf( fpnt, "%d\r\n", s[q][a] );
  fclose( fpnt );

  /* 화면 표시 */
  printf("Content-type:text/html\n\n");
  printf("<HTML>\n<BODY>\n");
  printf("<H3>설문결과</H3>\n");
  for (q = 0; q < 2; q++)
   {
    printf("%d번 문항<BR>\n", q + 1 );
    for (a = 0; a < 4; a++)
     printf(" %d번: %d", a + 1, s[q][a] );
    printf("<BR>\n");
   };
  printf("</BODY>\n</HTML>\n");
}
```

[리스트 4-49] 변수 배열을 이용한 설문조사 처리 프로그램

실습 예제 4-29

1. [리스트 4-50]은 앞서 "ask-all.c" 프로그램을 3개 문항을 처리할 수 있도록 변경한 것이다. 이를 입력하고 컴파일 하시오.
2. 입력양식 "ask-all.html"에 한 문항을 추가하고, "ask-all.dat" 파일을 삭제하시오.
3. 이를 실행하고 적당한 응답을 선택해 전송하여 결과를 확인하시오.
4. 브라우저의 "새로 고침"을 반복해 보시오.
5. 4개 문항일 경우에는 어떻게 변경해야 할 지 생각해 보시오.

```
#include <stdio.h>
#include <stdlib.h>
#include <string.h>
#include "cgi-sub.c"
```

```
main( )
{
 char query[15];  /* Query 내용 변수 */
 char c[10];      /* 분리결과 보관용 */
 FILE *fpnt;

 int a, q;
 int s[ 3][4];

/* Query 처리 */
 strcpy(query, getenv("QUERY_STRING"));

/* 파일 읽고, 없을 때는 변수 초기화 */
 fpnt = fopen( "result.dat", "r" );
 if ( fpnt == NULL )
  {
   for (q = 0; q < 3; q++)
    for (a = 0; a < 4; a++)
     s[q][a] = 0;
  }
  else
  {
   for (q = 0; q < 3; q++)
    for (a = 0; a < 4; a++)
     fscanf( fpnt, "%d", &s[q][a] );
   fclose( fpnt );
  };

/* 1번 문항 처리 */
 Get_Query(query, "q1=", c); a = atoi(c);
 s[0][a-1]++;

/* 2번 문항 처리 */
 Get_Query(query, "q2=", c); a = atoi(c);
 s[1][a-1]++;

/* 3번 문항 처리 */
 Get_Query(query, "q3=", c); a = atoi(c);
 s[2][a-1]++;

  /* 파일에 기록 */
```

```
  fpnt = fopen( "result.dat", "w" );
  for (q = 0; q < 3; q++)
   for (a = 0; a < 4; a++)
    fprintf( fpnt, "%d\r\n", s[q][a] );
  fclose( fpnt );
  /* 화면 표시 */
  printf("Content-type:text/html\n\n");
  printf("<HTML>\n<BODY>\n");
  printf("<H3>설문결과</H3>\n");
  for (q = 0; q < 3; q++)
   {
    printf("%d번 문항<BR>\n", q + 1);
    for (a = 0; a < 4; a++)
     printf(" %d번: %d", a + 1, s[q][a] );
    printf("<BR>\n");
   };
  printf("</BODY>\n</HTML>\n");
}
```

[리스트 4-50] 3개 문항의 설문조사 처리 프로그램

예제에서 알 수 있듯이, 문항이 늘어나더라도 프로그램의 큰 변화 없이 쉽게 변경할 수 있다. 앞서 일반변수를 사용한 경우와 비교해 보라.

③ 배열에 의한 프로그램-2

앞서 작성했던 변수배열을 이용한 처리 프로그램에서, 아직 개선해야 할 점이 남아있는데, 2개 문항에서 3개 문항으로 늘어날 경우 변수선언, 파일 읽기, 파일 쓰기 등은 단순히 숫자만을 변경하면 됐으나, [리스트 4-51](a)와 같은 문항처리 부분은 문항이 늘어나면 프로그램 자체가 늘어나고 있다. 따라서 이 부분을 변수배열의 특징을 활용해 개선하고자 한다.

i) 반복부분의 추출

[리스트 4-51](a)는 현재 사용하고 있는 방법으로서, 문항수가 10개로 늘어나면 이 부분도 10개로 늘어난다. 그런데, 각 문항처리 부분들을 비교해 살펴보면 진하게 표시된 부분들만이 변화하고 있음을 알 수 있다. 따라서 이 부분들을 변수로 처리하면 [리스트 4-51](b)와 같이 변경할 수 있다.

```
/* 1번 문항 처리 */
 Get_Query(query, "q1=", c); a = atoi(c);
 s[0][a-1]++;

/* 2번 문항 처리 */
 Get_Query(query, "q2=", c); a = atoi(c);
 s[1][a-1]++;

/* 3번 문항 처리 */
 Get_Query(query, "q3=", c); a = atoi(c);
 s[2][a-1]++;
```

(a) 아직 개선되지 않은 부분

```
/* 문항 처리 */
for ( q = 0; q < 3; q++ )
 {
   Get_Query(query, "q?=", c); a = atoi(c);
   s[q][a-1]++;
 };
```

(b) 반복부분의 추출

[리스트 4-51] 문항처리의 배열 화 과정

[리스트 4-51](b)에 나타낸 바와 같이 변수배열의 숫자 부분은 "s[q][a-1]"이라 변경이 가능하지만, 쿼리를 추출할 문자인 「Get_Query(query, "q?=", c);」 부분은 변수로 대체시킬 수 없는 한계점이 있다. 이와 같이 스트링 내부의 사항이 변화하도록 하려면 sprintf( ) 함수를 활용할 수 있다.

ii) sprintf( ) 함수

sprintf( ) 함수는 printf( ) 함수와 사용법이 동일하지만 출력이 화면으로 나타나는 것이 아니라 스트링 변수 내에 저장된다. (이 함수의 명칭이 String printf( ) 이다) 이 함수의 형태는 [그림 4-48](a)와 같다.

```
sprintf( 저장될 스트링 변수, " 프린트 형식", 변수 목록 );
```

(a) 함수의 형태

```
sprintf( str, "이것은 %d 입니다.", abc );
```

(b) 사용 예

```
str 변수 내용 : "이것은 153 입니다."
```

(c) 실행 결과(abc가 153일 때)

[그림 4-48] sprintf( )함수

이 함수는 printf( )보다는 오히려 fprintf( )와 유사한데, 그림 4-48(b)에 나타낸 바와 같이 스트링 변수명 str을 기록하고 이후에 printf( )함수와 동일한 방법으로 기록하면, 그 결과가 스트링 함수 str에 저장된다. 따라서 숫자를 비롯해 문자, 스트링 등을 필요한 대로 합쳐 하나의 스트링으로 변환할 수 있다.

iii) 프로그램에 적용

sprintf( )함수를 본 프로그램에 이용한 예를 [그림 4-49](a)에 나타내었다. 여기서, 변수 q의 내용을 출력하는데 있어서 옵션을 "%1d"로 해 준 것은 printf( )함수에서 곧바로 "%d"를 사용하면 숫자가 표시될 때 앞뒤로 공백 문자가 나타나는 특징이 있는데, 우리가 조립해야 할 스트링에는 공백이 있어서는 안 되기 때문에 1자리로 고정시킨 것이다.

```
sprintf( str, "q%1d=", q );
```

(a) 스트링의 조립

변수 q		변수 str
0	⇒	"q0="
1	⇒	"q1="
:		:

(b) 실행 결과 예

```
/* 문항 처리 */
 for ( q = 0; q < 3; q++ )
  {
    sprintf( str, "q%1d=", q );
    Get_Query(query, str, c); a = atoi(c);
    s[q][a-1]++;
  };
```

(c) 프로그램에 적용

[그림 4-49] 배열 화 된 문항처리 부분

따라서 이러한 문장이 실행되면 [그림 4-49](b)와 같이 변수 q의 내용이 1이라면 스트링 변수 str 내에는 "q0="이라는 스트링이 구성된다. [그림 4-49](c)는 이 문장을 프로그램에 적용시킨 것으로서, str 변수 내에 조립한 "q0=", "q1=" 등의 스트링을 Get_Query( )함수에 적용시켜 해당 쿼리를 추출하고 있다.

실습 예제 4-30

1. 다음은 앞서 "ask-all.c" 프로그램의 문항처리 부분을 변수배열을 이용해 처리하도록 변경한 일부를 나타낸 것이다. 이를 입력하고 컴파일 하시오.
2. 입력양식을 실행하고 적당한 응답을 선택해 전송하여 결과를 확인하시오.
3. 브라우저의 "새로 고침"을 반복해 보시오.

```
#include <stdio.h>
#include <stdlib.h>
#include <string.h>
#include "cgi-sub.c"

main( )
{
 char query[15];  /* Query 내용 변수 */
 char c[10];      /* 분리결과 보관용 */
 char str[10];    /* query 조립용 */
 FILE *fpnt;
 int a, q;
 int s[3][4];

/* Query 처리 */
 strcpy(query, getenv("QUERY_STRING"));

/* 파일 읽고, 없을 때는 변수 초기화 */
 fpnt = fopen( "ask-all.dat", "r" );
 if ( fpnt == NULL )
  {
   for (q = 0; q <  3; q++)
    for (a = 0; a < 4; a++)
     s[q][a] = 0;
  }
  else
```

```
 {
  for (q = 0; q <  3; q++)
   for (a = 0; a < 4; a++)
    fscanf( fpnt, "%d", &s[q][a] );
  fclose( fpnt );
 };

/* 문항 처리 */
 for ( q = 0; q < 3; q++ )
 {
   sprintf( str, "q%1d=", q + 1);
   Get_Query(query, str, c); a = atoi(c);
   s[q][a-1]++;
 };

 /* 파일에 기록 */
            :
```

[리스트 4-52] 전체에 변수 배열을 이용한 설문조사 처리 프로그램

(3) 출력의 다양화

일반적인 설문조사 결과는 한 눈에 알아보기 쉽도록 그래프나 퍼센트 등으로 표현한다. 여기서도 앞서 작성했던 설문조사 프로그램에서 간단하지만 텍스트로 구성된 막대그래프 표현과 퍼센트로 결과를 나타내도록 한다.

① 막대그래프 표현

막대그래프의 형태는 [그림 4-50](a)와 같이 '#'문자를 연속으로 표시해 사용하고, 마지막에 횟수를 표시하도록 한다. 이와 같이 처리하기 위해 앞서 프로그램 중 [그림 4-50](b) 리스트의 결과표시 부분을 한 줄의 그래프로 표현되도록 변경한다.

그래프로 표현될 '#'문자의 개수는 s[q][a]에 담겨있으므로, 0부터 이 개수까지를 반복하며 '#' 문자를 표시하도록 [그림 4-50](c)의 리스트와 같이 변경한다.

```
1번 문항
 1번 : ####### 7
 2번 : ### 3
 3번 : #### 4
 4번 : ############ 12
```

(a) 그래프의 형태

```
printf(" %d번: %d", a + 1, s[q][a] );
```

(b) 1개 결과 표시부분

```
printf(" %d번:", a + 1);
for( cnt = 0; cnt < s[q][a]; cnt++ ) printf( "#" );
printf(" %d", s[q][a] );
```

(c) 그래프 표현으로 변경 후

[그림 4-50] 막대그래프로의 변환

이러한 그래프가 4개 답변에 있어야 하므로 [그림 4-50](c) 리스트의 외부에 for( )문을 이용해 반복을 형성하면 [리스트 4-53]과 같다.

```
for (a = 0; a < 4; a++)
{
   printf(" %d번:", a + 1);
   for( cnt = 0; cnt < s[q][a]; cnt++ ) printf( "#" );
   printf(" %d<BR>", s[q][a] );
};
printf("<HR>\n");
```

[리스트 4-53] 1개 문항에 대한 그래프 표시

실습 예제 4-31

1. 다음은 앞서 "ask-all.c" 프로그램의 결과표시 부분을 그래프 출력형태로 변경한 것이다. 단, 리스트의 가장 위에 있는 "cnt"는 프로그램의 앞부분 변수선언 부에 추가한다. 이를 입력하고 컴파일 하시오.

2. 입력양식을 실행하고 적당한 응답을 선택해 전송하여 결과를 확인하시오.
3. 브라우저의 "새로 고침"을 반복해 보시오.

```
   :
 char str[10];   /* query 조립용 */
 FILE *fpnt;
 int a, q, cnt ;
 int s[3][4];
   :
   :
  /* 화면 표시 */
  printf("Content-type:text/html\n\n");
  printf("<HTML>\n<BODY>\n");
  printf("<H3>설문결과</H3>\n");
  for (q = 0; q < 3; q++)
   {
    printf("%d번 문항<BR>\n", q + 1);
    for (a = 0; a < 4; a++)
     {
       printf(" %d번:", a + 1);
       for( cnt = 0; cnt < s[q][a]; cnt++ ) printf( "#" );
       printf(" %d<BR>", s[q][a] );
     };
    printf("<HR>\n");
   };
  printf("</BODY>\n</HTML>\n");
}
```

[리스트 4-54] 그래프 형태로 출력하는 변경

② 비율 그래프 표시

i) 비율 식 구하기

앞서 작성한 그래프는 답변횟수가 몇 개 안될 때는 크게 문제가 없지만, 답변횟수가 상당히 많아지면 화면의 오른쪽으로 너무 많은 '#'문자가 표시되기 때문에 미관상 좋지 않다. (예를 들어, 답변 횟수가 500번이라 가정해 보라.) 따라서, 직접적으로 횟수를 이용해 그래프를 표시하는 것보다는 전체적인 비율에 의해 표시하는 것이 바람직하다.

답변의 비율은 [그림 4-51]과 같이 구할 수 있다.

$$비율 = \frac{답변\ 횟수}{총\ 답변횟수}$$

(a) 비율 식

$$표시\ 개수 = \frac{답변\ 횟수}{총\ 답변횟수} \times (최대\ 표시문자\ 개수)$$

(b) 표시 개수를 구하는 식

[그림 4-51] 비율과 표시 개수를 구하는 식

비율 식은 총 답변횟수 중 현재의 답변 횟수의 비율로서, 예를 들어 총 답변이 100회이고, 그 중 1번답을 50회 응답했다면 비율은 0.5가 된다. 이와 같이 비율은 최소 0부터 최대 1 사이의 숫자로 나타나기 때문에, 이 비율에 표시하고 싶은 최대 문자 개수를 곱하면 실제 표시할 개수를 구할 수 있다. 즉, 앞서와 같이 비율이 0.5인데 최대 표시 개수를 20개로 한다면 표시 개수는 10개로 절반이 된다.

ii) 총 답변횟수 구하기

비율을 구하기 위해서는 총 답변횟수를 구할 필요가 있으며, 따라서 [리스트 4-55](a)와 같은 방법으로 한 문항에 대한 총 답변 횟수를 구한다.

```
total = 0;
for (a = 0; a < 4; a++)  total = total + s[q][a];
```

(a) 총 답변횟수 구하기

```
for (a = 0; a < 4; a++)
 {
   num = s[q][a] * 20 / total;  /* 20개 기준 */
   printf(" %d번 :", a + 1);
   for( cnt = 0; cnt < num; cnt++ ) printf( "#" );
   printf(" %d<BR>", s[q][a] );
 };
```

(b) 비율에 의한 그래프 표시

[리스트 4-55] 비율에 의한 그래프 표시

그리고 [리스트 4-55](b)와 같이 그래프를 표시하는 부분에 표시 개수를 구하는 식을 삽입해 매 답변마다의 표시 개수를 구한 후 그 개수만큼 '#'문자를 표시한다. 이 리스트에 추가된 식을 살펴보면, 앞서 비만도 측정 프로그램에 나타난 바와 같이 정수를 이용해 모든 계산을 하고 있으므로 나눗셈을 먼저 함으로 인해 소수점 이하가 버려지는 것을 방지하기 위해 곱셈을 먼저 행하였다.

iii) 퍼센트 표시

마지막에 표시하는 숫자도 답변횟수와 함께 퍼센트가 표시되면 더욱 편리할 것이므로 [리스트 4-56]과 같이 퍼센트 계산식을 추가해 표시하도록 한다.

```
for (a = 0; a < 4; a++)
 {
   num = s[q][a] * 20 / total;
   printf(" %d번 :", a + 1);
   for( cnt = 0; cnt < num; cnt++ ) printf( "#" );
   printf(" %d ( %d \% )<BR>", s[q][a], s[q][a] * 100 / total );
 };
```

[리스트 4-56] 퍼센트 표시의 추가

여기서, printf( )문 내의 "\%"는 '%'자를 표시하기 위한 기호이다. 만약 '%'자 하나만 사용하면 이는 "%d", "%f" 등의 '%'로 구분하기 때문에 오류가 발생한다.

실습 예제 4-32

1. 다음은 앞서 "ask-all.c" 프로그램의 그래프를 비율로 표시한 것이다. 단, 리스트의 가장 위에 있는 "int total, num"은 전체 프로그램의 앞부분 변수선언 부에 추가한다. 이를 입력하고 컴파일 하시오.
2. 입력양식을 실행하고 적당한 응답을 선택해 전송하여 결과를 확인하시오.
3. 브라우저의 "새로 고침"을 반복해 보시오.

```
  :
  :
char str[10];    /* query 조립용 */
FILE *fpnt;
int a, q, cnt ;
```

```
 int s[3][4];
 int total, num;
   :
   :
   :
  /* 화면 표시 */
  printf("Content-type:text/html\n\n");
  printf("<HTML>\n<BODY>\n");
  printf("<H3>설문결과</H3>\n");
  for (q = 0; q < 3; q++)
   {
    total = 0;
    for (a = 0; a < 4; a++) total = total + s[q][a];
    printf("%d번 문항<BR>\n", q + 1);
    for (a = 0; a < 4; a++)
     {
      num = s[q][a] * 20 / total;
      printf(" %d번:", a + 1);
      for( cnt = 0; cnt < num; cnt++ ) printf( "#" );
      printf(" %d ( %d \% )<BR>", s[q][a], s[q][a] * 100 / total );
     };
    printf("<HR>\n");
   };
  printf("</BODY>\n</HTML>\n");
}
```

[리스트 4-57] 비율 그래프와 퍼센트 출력으로의 변경

실습 예제 4-33

1. 앞서 완성된 "ask-all.c" 프로그램의 문항 수를 4개로 확장하려면 프로그램의 어느 곳을 어떻게 고쳐야 하는지 체크해 보시오.
2. 만약 배열변수를 사용하지 않은 상태에서 확장하면 얼마나 복잡할 것인지 비교해 보시오.
3. 입력양식에 문항 수를 하나 더 추가해 4개 문항으로 변경하고, 프로그램도 변경해 실행결과를 확인하시오.

※ 문항 수가 많아지면 전달돼 오는 쿼리의 길이도 점차 길어지기 때문에 이를 저장할 스트링 변수 "query"도 크기가 커져야 함에 유의하라.

```
#include <stdio.h>
#include <stdlib.h>
#include <string.h>
#include "cgi-sub.c"

main( )
{
 char query[ 50 ]; /* Query 내용 변수 */
 char c[10];      /* 분리결과 보관용 */
 char str[10];    /* query 조립용 */
 FILE *fpnt;

 int a, q, cnt, total, num;
 int s[ 3 ][4];

/* Query 처리 */
 strcpy(query, getenv("QUERY_STRING"));

/* 파일 읽고, 없을 때는 변수 초기화 */
 fpnt = fopen( "ask-all.dat", "r" );
 if ( fpnt == NULL )
  {
   for (q = 0; q < 3 ; q++)
    for (a = 0; a < 4; a++)
     s[q][a] = 0;
  }
  else
  {
   for (q = 0; q < 3 ; q++)
    for (a = 0; a < 4; a++)
     fscanf( fpnt, "%d", &s[q][a] );
   fclose( fpnt );
  };

/* 문항 처리 */
 for ( q - 0; q < 3 ; q++ )
  {
```

```
    sprintf( str, "q%1d=", q + 1);
    Get_Query(query, str, c); a = atoi(c);
    s[q][a-1]++;
  };

  /* 파일에 기록 */
  fpnt = fopen( "ask-all.dat", "w" );

  for (q = 0; q < 3 ; q++)
   for (a = 0; a < 4; a++)
    fprintf( fpnt, "%d\r\n", s[q][a] );
  fclose( fpnt );

/* 화면 표시 */
  printf("Content-type:text/html\n\n");
  printf("<HTML>\n<BODY>\n");
  printf("<H3>설문결과</H3>\n");

  for (q = 0; q < 3 ; q++)
   {
    total = 0;
    for (a = 0; a < 4; a++) total = total + s[q][a];
    printf("%d번 문항<BR>\n", q + 1);
    for (a = 0; a < 4; a++)
     {
       num = s[q][a] * 20 / total;
       printf(" %d번 :", a + 1);
       for( cnt = 0; cnt < num; cnt++ ) printf( "#" );
       printf(" %d ( %d \% )<BR>", s[q][a], s[q][a] * 100 / total );
     };
    printf("<BR>\n");
   };
  printf("</BODY>\n</HTML>\n");
}
```

[리스트 4-58] 문항 확장 시 변경해야 할 곳

3) 프로그램의 확장

지금까지는 변수배열을 이용함에 따라 프로그램의 확장이 매우 쉬워짐을 확인하였다. 그러나 앞서 예제에서 볼 수 있듯이 쉬워진 확장임에도 불구하고 변경해야 할 곳이 프로그램의 이곳저곳에 산재해 있어 간혹 하나라도 빠트리면 오동작을 할 수 있다. 여기서는 이와 같이 프로그램 중에 산재해 있는 여러 숫자들을 간편하게 변경할 수 있는 방법을 살펴본다.

(1) #define문에 의한 확장

프로그램의 이곳저곳에 산재해 있는 각종 상수들을 한꺼번에 변경하는 방법 중 "#define" 문을 활용하는 방법이 있다. 앞서 소개했던 바와 같이 명령 앞에 '#'자가 붙어있는 것은 C-언어의 명령이 아니라 컴파일러에게 "이러 이러하게 컴파일 하라"는 의미였다. 예를 들어, "#include" 명령은 "지정한 파일을 추가해 컴파일 하라"는 의미였다.

"#define" 명령은 프로그램 중에 내가 지정해 놓은 특정한 부분의 내용을 교체해 컴파일 하라는 의미로서, 용법은 [그림 4-52](a)와 같다.

```
#define  라벨  교체내용
```

(a) 용 법

```
#define  MAX_NUM  4
```

(b) 사용 예-1

```
#define  BBS_PATH  "/cgi-bin/"
```

(c) 사용 예-2

[그림 4-52] #define문의 용법과 사용 예

[그림 4-52](a)에서, 컴파일러는 프로그램 내용 중 "라벨"과 동일한 내용이 나타나면 이를 "교체내용"으로 교체해 컴파일 하는데, [그림 4-52](b)와 같이 기록하면 프로그램 중에 "MAX_NUM"이라는 내용이 나타날 때 이를 '4'로 모두 교체한 후 컴파일 한다. 또한 [그림 4-52](c)와 같이 지정하면 프로그램 중에 "BBS_PATH"라는 내용이 나타날 때 「"/cgi-bin/"」이라는 따옴표까지를 모두 교체한 후 컴파일 한다. 이와 같이 #define문은 프로그램 내용 중의 라벨 문자와 동일한 문자를 모두 교체하기 때문에, 결코 변수명과 동일하거나 C-언어 명령어

와 동일한 것을 사용하지 말아야 한다. 만약 변수 명과 동일한 라벨을 사용하면 프로그램 중에 사용된 변수 명을 모두 교체해버리기 때문에 정상적인 프로그램이 구성되지 않는다. 즉, 라벨용으로 사용하는 문자는 가급적 변수 명 등에서 사용하지 않는 특이한 문자, 예를 들어 대문자와 언더라인 문자 등을 조합해 사용하는 것이 바람직하다.

실습 예제 4-34

1. [리스트 4-59]는 앞서 작성한 "ask-all.c" 프로그램을 #define문에 의해 변경할 수 있도록 한 것이다. 이를 입력하고 컴파일 하시오.
2. 입력양식에 내용을 채운 후 실행하여 결과를 확인하시오.
3. "ask-all.dat" 파일을 삭제한 후 입력양식에 문항 수를 하나 더 추가해 5개 문항으로 변경하고, 프로그램의 #define문 교체내용도 5로 변경해 실행 결과를 확인하시오.
4. 2개의 #define문이 의미하는 것이 무엇인지 생각해보시오.

```
#include <stdio.h>
#include <stdlib.h>
#include <string.h>
#include "cgi-sub.c"
#define MAX_NUM  4
#define MAX_DSP 30

main( )
{
 char query[50];  /* Query 내용 변수 */
 char c[10];      /* 분리결과 보관용 */
 char str[10];    /* query 조립용 */
 FILE *fpnt;
 int a, q, cnt, total, num;


/* Query 처리 */
 strcpy(query, getenv("QUERY_STRING"));

/* 파일 읽고, 없을 때는 변수 초기화 */
 fpnt = fopen( "ask-all.dat", "r" );
```

```
 if ( fpnt == NULL )
  {
   for (q = 0; q < MAX_NUM ; q++)
    for (a = 0; a < 4; a++)
     s[q][a] = 0;
  }
  else
  {
   for (q = 0; q < MAX_NUM ; q++)
    for (a = 0; a < 4; a++)
     fscanf( fpnt, "%d", &s[q][a] );
   fclose( fpnt );
  };

/* 문항 처리 */
 for ( q = 0; q < MAX_NUM ; q++ )
  {
    sprintf( str, "q%1d=", q + 1);
    Get_Query(query, str, c); a = atoi(c);
    s[q][a-1]++;
  };

  /* 파일에 기록 */
  fpnt = fopen( "ask-all.dat", "w" );
  for (q = 0; q < MAX_NUM ; q++)
   for (a = 0; a < 4; a++)
    fprintf( fpnt, "%d\r\n", s[q][a] );
  fclose( fpnt );

/* 화면 표시 */
  printf("Content-type:text/html\n\n");
  printf("<HTML>\n<BODY>\n");
  printf("<H3>설문결과</H3>\n");

  for (q = 0; q < MAX_NUM ; q++)
   {
    total = 0;
    for (a = 0; a < 4; a++) total = total + s[q][a];
    printf("%d번 문항<BR>\n", q + 1);

    for (a = 0; a < 4; a++)
```

```
    {
      num = s[q][a] * MAX_DSP / total;
      printf(" %d번 :", a + 1);
      for( cnt = 0; cnt < num; cnt++ ) printf( "#" );
      printf(" %d ( %d \% )<BR>", s[q][a], s[q][a] * 100 / total );
    };
   printf("<BR>\n");
  };
 printf("</BODY>\n</HTML>\n");
}
```

[리스트 4-59] #define문에 의한 프로그램 확장

이와 같이 프로그램의 실행상황에 따라 내용의 변경이 필요한 경우 #define문을 활용하면 대단히 편리함을 알 수 있다. 특히, 파일의 디렉토리 경로 등은 프로그램 실행환경에 따라 변경될 수 있기 때문에 이러한 사항들을 #define문을 이용해 프로그램을 작성하면 나중에 변경할 때 편리하고, 수정 시 실수를 방지할 수 있다.

(2) 문항수의 자동화

앞서 #define문을 활용해 프로그램을 변경하는 방법은 대단히 편리한 수단 중 하나이다. 그러나 우리가 현재 사용하고 있는 설문조사의 경우 설문지 양식의 문항 수에 따라 매번 프로그램을 다시 컴파일 해야 하는 불편함이 따른다. 따라서 설문지 양식에서 문항 수를 정하면, 그에 따라 자동으로 처리를 해 주는 프로그램을 작성하도록 한다.

① hidden 양식

입력양식의 "TYPE=" 옵션 중 "hidden"이라는 것이 있는데, 이는 화면에 나타나지는 않으면서 서버로 값만 전달된다. 따라서 이를 이용하면 현재의 입력양식에 존재하는 문항 수를 서버로 전달할 수 있어 이에 해당하는 처리를 할 수 있다. 이 양식의 용법은 [그림 4-53]에 나타낸 바와 같다.

```
< INPUT TYPE = "hidden" NAME = "필드 명" VALUE = "값" >
```

[그림 4-53] hidden양식의 용법

실습 예제 4-35

1. [리스트 4-60]은 앞서 "ask-all.html" 입력양식에 hidden양식을 추가한 것이다. 이를 입력하고 결과를 확인하시오.
2. 브라우저에 나타난 화면상태, 즉, hidden에 관한 사항이 나타나는지 확인하시오.
3. "응답하기"를 눌러 쿼리에 hidden 필드인 "c="이 나타나는지 확인하시오.

```
<HTML>
<BODY>
 설문조사 프로그램<BR>
 <FORM METHOD = "GET" ACTION = "cgi-bin/query-test.cgi" >
  1. 홍길동의 성격은 어떻다고 생각하십니까? :<BR>
    <INPUT TYPE = "RADIO" NAME = "q1" VALUE = "1" CHECKED>매우 나쁘다
    <INPUT TYPE = "RADIO" NAME = "q1" VALUE = "2">나쁘다
    <INPUT TYPE = "RADIO" NAME = "q1" VALUE = "3">좋다
    <INPUT TYPE = "RADIO" NAME = "q1" VALUE = "4">매우 좋다
  <HR>
  2. 고길동의 성격은 어떻다고 생각하십니까? :<BR>
    <INPUT TYPE = "RADIO" NAME = "q2" VALUE = "1" CHECKED>매우 나쁘다
    <INPUT TYPE = "RADIO" NAME = "q2" VALUE = "2">나쁘다
              :
  3. 이몽룡의 성격은 어떻다고 생각하십니까? :<BR>
              :
  4. 성춘향의 성격은 어떻다고 생각하십니까? :<BR>
              :
  5. 변학도의 성격은 어떻다고 생각하십니까? :<BR>
              :
  <BR><BR>
  <INPUT TYPE = "hidden" NAME = "c" VALUE = "5" >
  <INPUT TYPE = "SUBMIT" VALUE = " 응답하기 ">
  </FORM >
</BODY>
</HTML>
```

[리스트 4-60] hidden 양식에 의한 입력양식

② 파일의 초기화 문제

hidden양식으로 전송되는 문항 수에 의해 처리를 해 주는 프로그램을 작성하려면 몇 가지 고려해야 할 사항이 있다. 우선, 현재까지 파일에 누적해 저장한 문항수와 입력양식에서 보내온 문항 수가 다를 경우 어떻게 처리할 것인가 하는 것과, 문항 수가 10개 이상이 되면 숫자 자릿수가 늘어남에 따른 쿼리 처리 문제를 생각할 수 있다.

현재 파일에 누적된 데이터가 만약 4문항에 관한 것이고, 입력양식을 새롭게 구성해 5문항이 되었을 경우, 이를 그대로 처리하면 특이한 오류가 발생한다. 입력양식에서 5문항이 있음이 hidden 양식에 의해 전달돼 오면, 프로그램에서는 파일이 있는가를 점검하고, 파일이 존재하므로 파일로부터 5개 문항을 읽으려 시도할 것이다.

그러나 파일에는 4개 문항에 관한 데이터만 존재하기 때문에 마지막 문항에 대한 데이터가 읽어지지 않아 오류가 발생하거나, 또는 오류가 발생하지 않는다면 마지막 변수에 내용이 채워지지 않아 엉뚱한 숫자가 담겨지게 된다. 따라서 프로그램을 처리할 때 [그림 4-54]와 같은 경우들을 고려해야 한다.

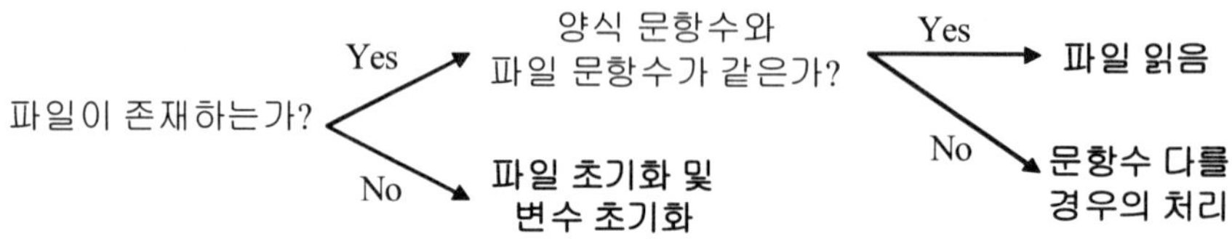

[그림 4-54] 파일에 관한 여러 가지 경우

이 때문에 파일에는 현재 저장된 데이터의 문항 수에 관한 정보를 가지고 있어야 한다.

문항수가 다를 경우 처리하는 방법은 2가지를 고려할 수 있는데, 입력양식과 파일의 문항 수가 서로 다르면 파일을 무조건 초기화해 모든 설문조사를 처음부터 다시 시작하는 것과, 추가된 문항만을 0부터 시작하는 방법이 있다. 그런데, 보통 문항 수가 바뀔 정도이면 설문의 내용이 모두 바뀐 것으로 봐야 하므로 여기서는 문항 수가 바뀌면 무조건 초기화하도록 한다.

입력양식과 파일의 문항수가 다를 때 초기화시키도록 절차를 작성하면 [그림 4-55]와 같이 구성되는데, 여기서 "파일 초기화 및 변수 초기화" 과정이 2군데서 사용되고 있다.

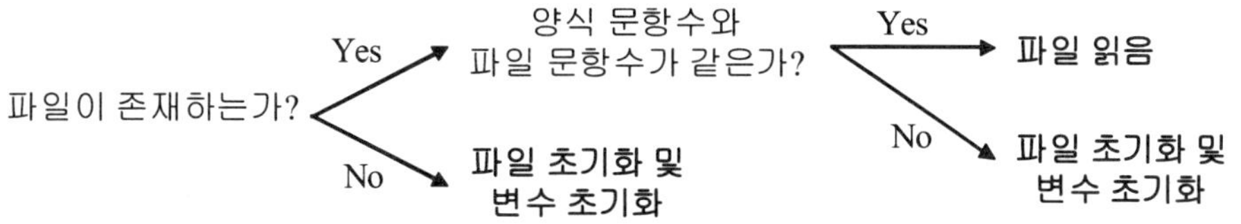

[그림 4-55] 파일 처리절차

이러한 처리과정의 순서도를 구성하면 [그림 4-56](a)와 같다. 따라서 이를 함수화 시키면 좋을 듯한데, 함수화 하려면 전달변수 등 복잡한 관계가 얽혀 있으므로, 약간 다른 방법을 생각해 보도록 한다.

만약, [그림 4-56](b)와 같이 입력양식의 문항 수를 구하고 그 문항 수만큼 미리 초기화를 시킨 후 파일의 존재를 확인하면, 파일이 없을 때는 그대로 내려가서 마지막에 새로운 내용의 파일을 기록하게 된다.

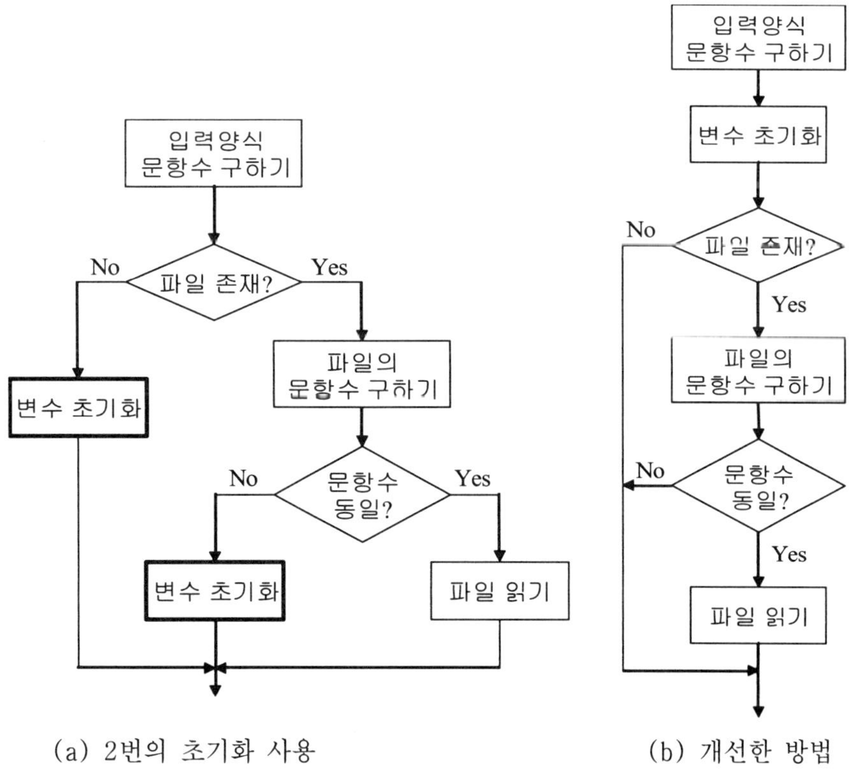

[그림 4-56] 파일 처리절차의 흐름도

파일이 존재하면 그 때 파일에 기록된 문항 수를 구하고 이것이 동일하지 않으면 또다시 그대로 내려가므로 변수가 초기화 된 상태가 유지된다.

단, 이 프로그램을 제작할 때, 변수 배열을 선언하는 것은 변수에 의해 이루어지지 않기 때문에 미리 크게 선언(#define 20)해 놓을 필요가 있다.

실습 예제 4-36

1. [리스트 4-61]은 앞서 작성한 "ask-all.c" 프로그램을 hidden양식에 의해 자동 처리하도록 변경한 것이다. 이를 입력하고 컴파일 하시오.
2. 앞서 작성했던 양식 "ask-all.html"의 ACTION 파일 명을 "query-test.cgi"에서 "ask-all.cgi"로 변경하시오.
3. 입력양식에 내용을 채워 실행결과를 확인하시오.
4. 입력양식에 문항 수를 하나 더 추가하고, hidden 필드 숫자를 변경한 후 실행하시오.
5. 실행 결과 모든 내용이 다시 생성된 것을 확인하시오.

```
#include <stdio.h>
#include <stdlib.h>
#include <string.h>
#include "cgi-sub.c"

#define MAX_NUM 20
#define MAX_DSP 30

main( )
{
 char query[50];  /* Query 내용 변수 */
 char c[10];      /* 분리결과 보관용 */
 char str[10];   /* query 조립용 */
 FILE *fpnt;
 int a, q, cnt, total, num;
 int max, fmax = 0;
 int s[ MAX_NUM ][4];

/* Query 처리 */
 strcpy(query, getenv("QUERY_STRING"));
```

```
 Get_Query(query, "c=", c);  /* 문항수 구하기 */
 max = atoi(c);

/* 변수 초기화 */
for (q = 0; q < max ; q++)
    for (a = 0; a < 4; a++)
     s[q][a] = 0;

/* 파일 존재하면 처리 */
 fpnt = fopen( "ask-all.dat", "r" );
 if ( fpnt != NULL )
  {
    fscanf( fpnt, "%d", &fmax );
    if ( max == fmax ) /* 문항수 동일? */
     {
      for (q = 0; q < max ; q++)
       for (a = 0; a < 4; a++)
        fscanf( fpnt, "%d", &s[q][a] );
       fclose( fpnt );
     };
  };

/* 문항 처리 */
 for ( q = 0; q < max ; qll )
  {
    sprintf( str, "q%1d=", q + 1);
    Get_Query(query, str, c); a = atoi(c);
    s[q][a-1]++;
  };

/* 파일에 기록 */
  fpnt = fopen( "ask-all.dat", "w" );
  fprintf( fpnt, "%d\r\n", max );
  for (q = 0; q < max ; q++)
   for (a = 0; a < 4; a++)
    fprintf( fpnt, "%d\r\n", s[q][a] );
  fclose( fpnt );

/* 화면 표시 */
  printf("Content-type:text/html\n\n");
  printf("<HTML>\n<BODY>\n");
```

```
  printf("<H3>설문결과</H3>\n");
  for (q = 0; q < max ; q++)
   {
    total = 0;
    for (a = 0; a < 4; a++) total = total + s[q][a];
    printf("%d번 문항<BR>\n", q + 1);
    for (a = 0; a < 4; a++)
     {
      num = s[q][a] * MAX_DSP / total;
      printf(" %d번 :", a + 1);
      for( cnt = 1; cnt < num; cnt++ ) printf( "#" );
      printf(" %d ( %d \% )<BR>", s[q][a], s[q][a] * 100 / total );
     };
    printf("<BR>\n");
   };
  printf("</BODY>\n</HTML>\n");
}
```

[리스트 4-61] #define문에 의한 프로그램 확장

③ 문항처리 부분의 확장

마지막으로 생각해야 할 것은, 만약 문항 수가 10개를 넘어갈 경우에 나타날 문제이다. 현재 쿼리로부터의 추출문자를 조립하기 위해 [리스트 4-62](a)와 같은 처리를 하고 있는데, 문항 수가 10개를 넘어가면 자릿수가 2개로 늘어나 printf( )문에서 지정한 1자리보다 크기 때문에 printf( )문은 이 제한을 무시하고 본래의 크기대로 (공백 문자가 포함된) 표시할 우려가 있다.

```
sprintf( str, "q%1d=", q + 1);
```

(a) 1자리 문항 수의 경우

```
if ( q > 8 )
  sprintf( str, "q%2d=", q + 1);
else
  sprintf( str, "q%1d=", q + 1);
```

(b) 2자리 문항 수를 고려한 경우

[리스트 4-62] 쿼리 추출문자의 조립

따라서 [리스트 4-62](b)와 같이 변수 q의 값이 8보다 크면 이는 조립 시 1이 더해져 9보다 큰 것이 되므로 이때는 2자리로 조립하도록 하고, 8보다 작으면

현재와 마찬가지로 1자리로 조립하도록 한다.

실습 예제 4-37

1. [리스트 4-63]은 앞서 작성한 "ask-all.c" 프로그램의 2자리 문항 수를 대비해 처리하도록 변경한 것이다. 이를 입력하고 컴파일 하시오.
2. 입력양식을 10개 이상의 문항 수로 변경하고 실행해 결과를 확인하시오.

```
              :
/* 문항 처리 */
 for ( q = 0; q < max ; q++ )
  {
    if ( q > 8 )
      sprintf( str, "q%2d=", q + 1);
    else
      sprintf( str, "q%1d=", q + 1);
    Get_Query(query, str, c); a = atoi(c);
    s[q][a-1]++;
  };
                :
```

[리스트 4-63] 2자리 문항 수 대비한 처리

5. 쇼핑 카트

본 절에서는 인터넷 홈-쇼핑 등에서 사용하고 있는 쇼핑 카트 시스템을 구현해 보도록 한다. 단, 여기서 다룰 내용은 단지 학습을 위한 것이므로 최소한의 기능만을 간단히 구성하도록 한다.

1) 쇼핑 카트의 개요

(1) 쇼핑 카트의 목표 및 구성

① 쇼핑 카트의 구성

여기서 제작할 쇼핑 카트는 [그림 4-57](a)에 나타낸 바와 같이 2개 화면으로 분할해 왼쪽은 상품 목록이 표시되고 오른쪽은 카트 상태를 표시하도록 하며, 프로그램의 흐름은 [그림 4-57](b)와 같이 상품 추가와 빼기 기능의 극히 단순한 것으로 한다.

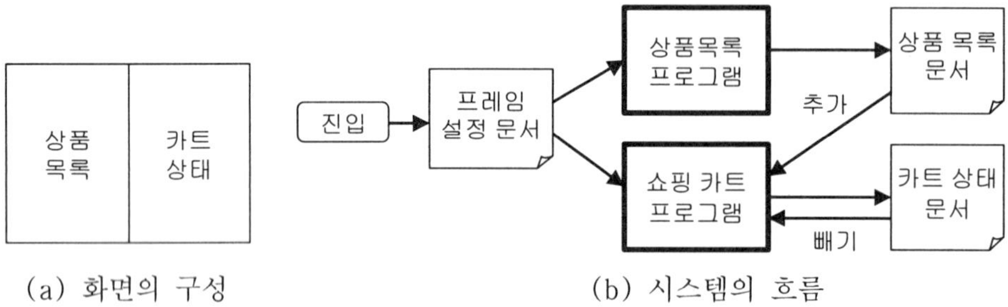

[그림 4-57] 제작할 쇼핑 카트 시스템

프로그램이 시작되면(진입) 프레임 설정문서에서 화면을 [그림 4-57](a)와 같이 분할하고 각 화면을 구성할 프로그램을 구동한다. 상품목록 프로그램에서는 현재 등록된 상품의 코드 번호, 상품명, 가격을 표시하고, 쇼핑 카트 프로그램에서는 현재의 카트 상태를 표시한다. 이 때 초기에는 카트에 내용이 없으므로 아무 것도 표시되지 않을 것이다.

프레임으로 분할된 화면의 왼쪽에 표시된 상품목록에서 카트에 추가하는 단추를 누르면 해당 상품의 구매 개수가 카트 파일에 추가되고 이 상황이 화면의 오른쪽에 나타나도록 한다.

쇼핑 카트 상황이 표시된 화면에서는 상품을 다시 제거하는 단추를 두어 이 단추를 누르면 상품이 줄어들도록 한다. 이상과 같은 기능을 수행할 두 프로그램의 역할을 정리하면 <표 4-8>과 같다.

〈표 4-8〉 각 프로그램의 기능

프로그램	목표 기능
상품 목록 프로그램	- 상품 데이터 파일로부터 데이터 읽어 화면에 모두 표시. - 카트에 추가 시 상품 수량 입력 받을 수 있도록 한다. - 추가 단추를 누르면 수량을 카트 프로그램으로 전송.
쇼핑 카트 프로그램	- 현재 카트 파일에 담긴 내용을 표시, 가격, 총액도 표시. - 만약 카트 파일이 없다면 새로 생성. - 추가 단추에 의해 전송된 상품 수량을 카트 파일에 추가. 이때, 해당 상품이 없다면 새로 등록. - 빼기 단추에 의해 전송된 상품 수량을 카트 파일에서 뺀다. 이때, 해당 상품의 수량이 0 이하이면 상품 자체를 뺀다.

② 파일의 형식

기록할 파일의 형식은 [그림 4-58]에 나타낸 바와 같이 상품 코드, 상품명, 가격의 3개 필드로 구성된 단순한 것으로 한다. 또한 각 필드는 엔터 문자로 구분하도록 하는데, 한 가지 유의사항은 엔터 문자를 UNIX에서 사용하는 '\n' 문자로 할 것인가 아니면 PC에서 사용하는 '\r\n' 문자로 할 것인가를 명확히 정의해야 한다. 여기서는 작업의 편의상 PC에서 사용하는 '\r\n' 문자를 사용하기로 한다.

```
상품 코드 (10문자 이내)¶
상품 명 (100문자 이내)¶
가격 (10문자 이내)¶
```

(a) 기록 형식

```
153¶
사과 한 상자¶
12000¶
```

(b) 입력 예

[그림 4-58] 상품 파일의 형식

```
상품 코드 (10문자 이내)¶
상품 수량 (정수형)¶
```

(a) 기록 형식

```
153¶
2¶
```

(b) 기록 예

[그림 4-59] 카트 파일의 형식

입력할 수 있는 글자 수를 정할 때는 한글 한 글자는 실제로 문자형 데이터 2 글자에 해당하는 것을 염두에 둬야 하는데, 예를 들어 [그림 4-58](b)와 같이 "사과"라는 스트링은 한글로는 2글자이지만 실제로 컴퓨터 내에 차지하는 데이터 크기는 4문자에 해당된다. 따라서 한글을 사용하는 프로그램에서는 항상 스트링 변수 크기의 선언에 유의해야한다.

(2) 프로그램 구성을 위한 지식

① 상품 목록 프로그램

파일에 저장된 상품 데이터를 읽어 표시하기 위해 <표 4-9>와 같은 기능과 지식이 필요하다.

〈표 4-9〉 상품 목록 프로그램의 기능과 필요지식

기 능	필요 지식
i) 파일로부터 데이터 읽기	fscanf( ) - 파일 데이터를 읽을 수 있는 명령
ii) 결과 HTML 문서 보내기	printf( )에 의한 HTML 발생
iii) 모든 글 표시 위해 반복문 필요	while( ) 루프
iv) 파일의 끝을 어떻게 검출할 것인가?	feof( )함수

상품에 대한 정보를 표시하기 위해서는 파일에 저장된 데이터를 읽는 것이 필수적인데, 이를 위해 fscanf( ) 함수와 다른 함수를 공부할 것이다. 이와 같이 읽어들인 데이터를 정리해 HTML 문서를 구성하는 데는 지금까지 사용했던 printf( ) 함수가 사용된다.

상품이 여러 개 있는 경우 과정 i)과 ii)가 반복돼야 하며 이러한 경우에는 for( )문과는 약간 다른 형태의 반복문인 while( )문이 유리하다. 모든 내용이 표시되었는지 검출해 프로그램을 종료하기 위해 파일의 끝에 도달했음을 검출하는 feof( )라는 함수도 활용할 것이다.

② 쇼핑 카트 프로그램

쇼핑 카트의 기능을 다루기 위해서는 <표 4-10>과 같은 지식이 필요하다.

〈표 4-10〉 쇼핑 카트 프로그램의 기능과 필요지식

기 능	필요 지식
i) 입력양식으로부터 전송된 데이터의 분석(데이터 추출)	쿼리 데이터 추출함수 활용
ii) 파일에 기록하기	fprintf( )에 의한 파일 기록
iii) 기록결과 HTML 문서 보내기	printf( )에 의한 HTML 발생
iv) 데이터 처리를 위한 임시 보관	변수 배열을 활용

쇼핑 카트 파일 내의 데이터를 조작하기 위해서 앞서 학습했던 변수 배열을 사용할 것이다. 처리된 데이터를 규격에 맞춰 파일에 기록하고 결과 HTML 문서를 발생하는 과정은 지금까지 사용해온 fprinf( ) 함수와 printf( ) 함수에 의해 실행된다.

2) 상품 목록 프로그램

쇼핑 카트 시스템에 사용할 상품 목록을 다음과 같이 작성한다.

실습 준비

이후의 실습 진행을 위해 다음 내용을 "goods.dat"라는 이름으로 메모장으로 편집하고 cgi-bin 디렉토리에 이동하시오.

```
153¶
사과 한 상자¶
12000¶
```

[리스트 4-64] 실습을 위한 준비 파일

(1) 파일 내용 읽기

① fscanf( )에 의한 읽기

파일에 기록된 내용을 읽기 위해 방문자 카운터 등에서 fscanf( ) 함수를 사용해 왔다. 그러나 이 함수는 단순히 하나의 데이터를 읽는 경우에 적합하고 한 줄의 문장을 읽기에는 문제점이 있는데, 이에 관해 살펴보고 이를 보완하는 문제를 다룬다.

실습 예제 4-38

1. [리스트 4-65]는 앞서 작성한 "goods.dat" 파일을 읽어 표시하는 프로그램이다. 이를 "goods.c"의 이름으로 작성하고 "goods.cgi"라 컴파일 하시오.
2. [리스트 4-66]은 쇼핑 카트 시스템을 제어하는 HTML 문서이다. 이를 "cart.html"의 이름으로 입력하고 서버에 이동 후 실행하시오.
3. 프로그램이 동작되면 상품명과 가격 데이터가 잘못 읽어 들여짐을 확인할 수 있다.

```
#include <stdio.h>
#include <string.h>

main( )
{
  FILE  *fpnt;
  char code[13] , name[100];
  long int price;

  printf("Content-type:text/html\n\n");
  printf("<HTML>\n<BODY>\n");

/* 파일 열기 */
  fpnt = fopen("goods.dat", "r");

/* 파일 읽기 */
  fscanf(fpnt, "%s %s %ld", code, name, price);

/* 결과 표시 */
  printf("상품 코드 : %s<BR>" , code);
  printf("상품 명 : %s<BR>" , name);
  printf("가격 : %ld<BR>" , &price);
  printf("</BODY>\n </HTML>\n");

  fclose(fpnt);
}
```

[리스트 4-65] fscanf( ) 함수에 의한 상품 목록 프로그램

```
<FRAMESET COLS = "40%, 60%" >
  <FRAME SRC = "cgi-bin/goods.cgi" name = "goods" >
  <FRAME SRC = "cgi-bin/cart.cgi?a=d" name = "cart" >
</FRAMESET>
```

[리스트 4-66] 쇼핑 카트 시스템 구동용 HTML 문서

> ※ 참고 ※
>
> 이 HTML 문서의 두 번째 프레임 설정문 중 "cgi-bin/cart.cgi?a=d"에서 "?a=d"에 대한 의미는 이후에 제작할 쇼핑 카트 프로그램 부분에서 소개할 것이다.
>
> 또한, 이 문서를 실행시키면 화면의 아래 프레임은 아직 프로그램이 없으므로 오류가 발생할 것이나 그대로 진행하라.

② scanf( ), fscanf( )의 특징

scanf( )나 fscanf( ) 함수는 입력된 데이터 중 스페이스 문자나 탭 문자 또는 엔터 문자를 만나면 그곳에서 입력을 종료하는 특징이 있다. 따라서 앞서 데이터는 프로그램에서 [그림 4-60]과 같이 읽어 들여진다.

```
153¶
사과 한 상자¶
12000¶
```

(a) 데이터 파일

```
fscanf(fpnt, "%s %s %ld", code, name, &price);
```

(b) 프로그램

```
code :153     name:사과     price:1073874320
```

(c) 실행 결과

[그림 4-60] fscanf( )함수에 의한 데이터 읽기 문제

즉, [그림 4-60](a)와 같은 데이터 파일을 fscanf( ) 함수로 읽으면 처음의 "153"은 엔터 기호로 구분되어 있어 [그림 4-60](b)의 프로그램에 의해 code 변수에 저장된다. 다음의 "사과 한 상자"는 스페이스 문자로 떨어져 있기 때문에 fscanf( ) 함수는 이들을 각각 별도의 데이터로 간주해 name과 price 변수로 입력되어 최종적으로 [그림 4-60](c)와 같은 내용들이 저장된다(여기서 가격은 '한'자의 한글코드가 숫자로 변환되어 나타난 것이다). 이러한 특징은 fscanf( )함수 뿐

만 아니라 scanf( )함수에서도 동일하게 적용된다.

사실상, 이러한 특징은 잘못된 것이 아니라 키보드로부터 데이터를 입력받는 함수인 scanf( )의 경우 많은 데이터를 구분할 때 스페이스 문자와 탭 문자 등이 데이터 구분용 문자로 사용되는 것이 더 편리하기 때문에 이와 같이 제작되었다. 그러나 현재 우리가 사용하고자 하는 목표는 스페이스 문자이건 어떤 문자이건 모두 읽어 들이고, 단지 엔터 문자만이 데이터를 구분하는 것으로 사용하려 하므로 fscanf( ) 함수를 사용할 수 없고 이러한 경우 fgets( ) 함수를 사용한다.

③ fgets( )함수

fgets( )함수는 "Get String from File"의 의미로서, 스트링을 받아들이는 함수이기 때문에 엔터 문자를 제외한 다른 문자들을 모두 입력받을 수 있다. fgets( ) 함수의 사용법은 [그림 4-61]과 같다.

```
fgets( 문자열 변수, 글자 수, 파일 포인터 );
```

(a) 함수의 형식

```
fgets( name, 100, fpnt );
```

(b) 사용 예

[그림 4-61] fgets( )함수의 형식

[그림 4-61](a)와 같이 fgets( )함수는 파일로부터 (지정한 글자 수 - 1)개의 글자 또는 엔터 문자를 만날 때까지의 스트링을 읽어 문자열 변수에 저장한다. 따라서 [그림 4-61](b)와 같은 예에서는 fpnt 파일포인터로부터 99글자 또는 엔터 문자를 만날 때까지 데이터를 wr_time 변수에 저장한다. 그러므로 만약 글자수를 문장 한 줄보다 충분히 크게 지정한다면 엔터 문자를 만나면 그곳까지의 스트링을 읽어 저장한다.

④ 프로그램의 작성

실습 예제 4-39

1. [리스트 4-67]은 앞서 작성한 "goods.c" 프로그램의 파일 읽기 부분을 fgets( )함수로 변경한 것이다. 이와 같이 변경해 컴파일하고 실행해 결과를 확인하시오.

2. 나타난 결과를 브라우저의 "소스보기"를 이용해 각 데이터마다 엔터 기호가 나타난 것을 확인해 보시오.

```
#include <stdio.h>
#include <string.h>

main( )
{
  FILE  *fpnt;
  char code[13] , name[100];
  char prc[13];
  long int price;

  printf("Content-type:text/html\n\n");
  printf("<HTML>\n<BODY>\n");

/* 파일 열기 */
  fpnt = fopen("goods.dat", "r");

/* 파일 읽기 */
  fgets( code , 10 , fpnt ) ;
  fgets( name , 100 , fpnt ) ;
  fgets( prc , 10 , fpnt ) ;
  price = atol(prc);

/* 결과 표시 */
  printf("상품 코드 : %s<BR>" , code);
  printf("상품 명 : %s<BR>" , name);
  printf("가격 : %ld<BR>" , price);

  printf("</BODY>\n </HTML>\n");

  fclose(fpnt);
}
```

[리스트 4-67] fgets( )함수에 의한 상품 목록 프로그램

[리스트 4-67] 프로그램 중의 fgets( )에 지정한 글자 수들은 우리가 처음 목표했던 최대 글자 수를 그대로 반영한 것으로서, 데이터는 이 글자 수보다 클 수

없다고 가정했기 때문에 엔터 문자를 만날 때까지를 모두 읽는 결과가 된다.

실행결과의 "소스보기"를 살펴보면 프로그램 중의 「/* 결과 표시 */」의 printf( )함수에서 '\n'을 사용하지 않았음에도 불구하고 엔터 문자가 나타나는 것을 확인할 수 있다. 이는 fgets( )함수가 파일로부터 데이터를 읽을 때, 엔터 문자가 나타나면 이 문자까지도 스트링 변수에 저장했기 때문이다. 즉, fgets( ) 함수는 지정된 숫자만큼 데이터를 읽기 전에 엔터 문자가 나타나면, 이 문자까지 저장한 후 널 문자('\0')을 저장해 스트링을 완성한다.

이러한 이유로 fgets( )함수를 이용해 읽어 들인 문자열은 실제로 [그림 4-62](a)와 같이 본래의 문자열 길이보다 3글자(엔터 문자 2개와 널 문자) 더 자리를 차지하기 때문에 변수를 선언할 때 유의할 필요가 있다. (지금까지의 리스트에서도 변수 선언 시 3글자 더 선언했다)

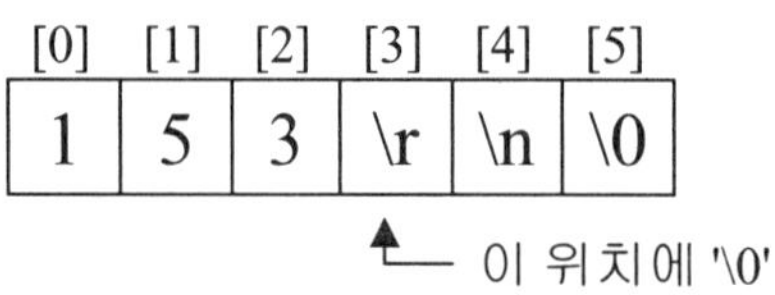

(a) 문자열의 배치

```
문자 길이 = 5
'\0' 삽입 위치 = 3
∴ 삽입 위치 = (문자 길이) - 2
```

(b) 보정 식의 유도

[그림 4-62] 문자열의 보정 방법

그런데, 이와 같은 형태로 읽어진 문자열을 현재의 프로그램과 같이 단순히 표시용으로 사용할 경우에는 큰 문제가 없으나, 이 데이터를 이용해 문자열 비교를 하거나 전송을 하는 경우에는 본래의 문자열에 엔터 문자가 포함되어 있기 때문에 문제가 발생할 수 있다. 따라서 이를 정상적인 문자열로 보정하기 위해서는 문자열 길이와 문자열 배열 위치를 고려해 [그림 4-62](b)에 나타낸 바와 같이 보정 위치를 정할 수 있고, 이와 같은 과정을 통해 [리스트 4-68]과 같이 보정할 수 있다. 단, 마지막에 읽은 가격 데이터는 문자열로 처리할 것이 아니라 atol( ) 함수에 의해 숫자로 변환하기 때문에 문자열 보정을 할 필요는 없다.

```
fgets( code , 10 , fpnt ) ;
code[ strlen(code) - 2 ] = '\0';
fgets( name , 100 , fpnt ) ;
name[ strlen(name) - 2 ] = '\0';
fgets( prc , 10 , fpnt ) ;
price = atol(prc);
```

[리스트 4-68] fgets()의 문자열 보정

실습 예제 4-40

1. [리스트 4-69]는 앞서 작성한 "goods.c" 프로그램의 결과표시를 개선한 것이다. 프로그램 중의 「/* 파일 읽기 */」와 「/* 결과 표시 */」 부분을 리스트와 같이 변경해 실행하시오.
2. '소스 보기'를 통해 상품 코드와 상품 명 데이터에 엔터 문자가 포함되었는지 확인해 보시오.
3. 여러분이 좋아하는 색상이나 모양으로 변경해 보시오.

```
/* 파일 열기 */
  fpnt = fopen("goods.dat", "r");

/* 표시 준비 */
  printf("<H3> 상품 목록 </H3>");
  printf("<TABLE BORDER = 1 BGCOLOR = \"#FFFFE0\">\n");
  printf("<TR BGCOLOR = \"#E0FFFF\">\n");
  printf("<TH>상품코드</TH><TH>상품 명</TH><TH>가격</TH>");
  printf("</TR>\n");

/* 파일 읽기 */
  fgets( code , 10 , fpnt ) ;
  code[ strlen(code) - 2 ] = '\0';
  fgets( name , 100 , fpnt ) ;
  name[ strlen(name) - 2 ] = '\0';
  fgets( prc , 10 , fpnt ) ;
  price = atol(prc);

  /* 결과 표시 */
  printf("<TR>");
  printf("<TD> %s </TD>\n", code);
  printf("<TD> %s </TD>\n", name);
  printf("<TD> %ld </TD>\n", price);
  printf("</TR>\n");

  printf("</TABLE>\n");

  printf("</BODY>\n </HTML>\n");
```

```
    fclose(fpnt);
}
```

[리스트 4-69] 결과표시 부분의 개선

(2) 반복문에 의한 연속 표시

여기서는 앞서 작성했던 상품 목록 프로그램을 여러 개의 상품들을 모두 표시할 수 있도록 변경한다.

실습 준비

이후의 실습 진행을 위해 "goods.dat" 파일에 [리스트 4-70]과 같이 내용을 추가하시오.

```
153¶
사과 한 상자¶
12000¶
235¶
접시 5종 세트¶
23000¶
```

[리스트 4-70] 데이터의 추가

① 반복 조건

현재 작성하고 있는 상품 목록에서의 반복 조건은 [그림 4-63]에 나타낸 바와 같이 한 상품의 내용을 표시한 후 다음 상품이 있다면 내용 표시를 반복하고 아니면 종료한다.

따라서 for( )문과 같은 반복문을 사용해도 되지만 학습을 위해 while( )문을 사용해 본다. 사실상 for( )문은 반복문 중 가장 고기능의 것이다.

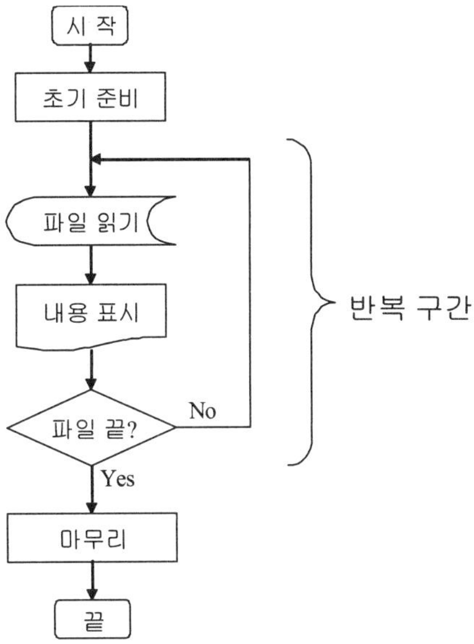

[그림 4-63] 상품 목록 표시의 반복 구간

② while( ) 반복문

단순한 조건으로 반복을 구성하는 명령으로 while( )문이 있는데, 이는 for( ) 문과는 달리 종료 조건만 필요하다. while( )문에는 2가지 형식이 있으며 동작방법이 약간 다르기 때문에 용도에 따라 적절히 선택해 사용한다.

i) while( )문

while( )문은 [그림 4-64](a)에 나타낸 바와 같이 일단 조건을 먼저 살펴보고 반복수행을 할 것인지를 결정한다. 그러므로 조건에 따라서는 반복 명령들을 한번도 실행하지 않을 수도 있다.

```
while ( 조건 )
  {
    반복할 명령들;
  };
/* 조건에 맞으면 반복 수행 */
```

(a) 명령 형식

```
while ( a < 10 )
  {
    b = b + a;
    a++;
  };
```

(b) 사용 예

[그림 4-64] while( ) 반복문

ii) do while( )문

do while( )문은 [그림 4-65](a)에 나타낸 바와 같이 일단 반복 명령들을 실행한 후 반복 조건을 살펴 계속 반복할 것인지를 결정한다. 따라서 앞서 while( ) 문과는 달리 반복 명령들은 최소한 한 번은 실행된다.

```
do
  {
    반복할 명령들;
  } while ( 조건 );
/* 조건에 맞으면 반복 수행 */
```

(a) 명령 형식

```
do
  {
    b = b + a;
    a++;
  } while ( a < 10 );
```

(b) 사용 예

[그림 4-65] do while( ) 반복문

iii) 프로그램에 적용

우리가 작성할 상품 목록 프로그램은 최소 하나 이상의 상품이 존재하기 때문에 do while( )문이나 while( )문 중 아무 것이나 사용해도 관계없으므로 연습 삼아 do while( )문을 사용하기로 한다. 이 경우 프로그램 구조는 [그림 4-66]과 같이 구성된다.

```
do
  {
    파일 읽기;
    HTML로 표시하기;
  } while ( 파일이 끝이 아닐 때 );
```

[그림 4-66] 프로그램에 사용할 구조

③ 파일의 끝 검출

i) feof( ) 함수

파일의 끝에 도달했을 때 이를 검출하는 함수로 feof( )가 있으며, 사용법은 [그림 4-67]과 같이 단순하다.

다른 명령, 예를 들어 fscanf( )이나 fgets( )등으로 파일에서 데이터를 읽고난 후 이 함수를 살펴보면, 파일 끝에 도달한 경우 0이 아닌 값이 나타나고, 파일 끝이 아닌 경우 0이 나타난다. 따라서 파일을 다루는 프로그램에서 이 명령어는 중요하게 사용된다.

int feof(파일 포인터); 예) a = feof(fpnt);	파일의 끝인 경우 : 0이 아닌 값 파일의 끝이 아닌 경우 : 0

[그림 4-67] 파일 끝 검출함수

ii) 프로그램에 적용

feof( )함수는 파일 끝에 도달했는가를 검출하는 명령이기 때문에, 이 명령 전에 파일을 읽는 명령이 있어야만 한다. 따라서 상품 목록 프로그램에서는 [그림 4-68](a)와 같은 구조로 파일의 끝을 검출해 반복문의 실행을 종료하도록 한다.

```
상품 코드 읽음;
do
  {
    나머지 데이터 읽기;
    HTML로 표시하기;
    상품 코드 읽음;
  } while ( 파일이 끝이 아닐 때 );
```

(a) 프로그램의 구조

```
fgets( code, 10, fpnt );
do
  {
    나머지 데이터 읽기;
    HTML로 표시하기;
    fgets( code, 10, fpnt );
  } while ( !feof( fpnt) );
```

(b) 실제 프로그램 구성

[그림 4-68] feof( )함수와 while( )문에 의한 구성

즉, 루프로 진입하기 전에 가장 첫 상품 코드를 읽어 이에 대한 처리를 한 후 다음 상품 코드를 읽어 파일의 끝에 도달하면 반복 명령들을 실행할 필요가 없으므로 반복문을 종료하고, 만약 상품 코드가 있다면 다음의 데이터들, 즉 상품명, 가격 등이 있을 것이므로 do while( )문 처음으로 되돌아가 나머지 데이터를 읽어 처리한다. 이 후 다음 상품이 있는지를 조사하기 위해 다시 상품 코드를 읽어 본 후 파일의 끝인지를 검사해 동일한 과정이 반복된다. 따라서 이와 같은 과정을 프로그램으로 구성하면 [그림 4-68](b)와 같은 형태가 된다.

[그림 4-68](b)의 while( )문 내에 쓰인 조건문 「!feof( )」에서의 '!' 표시는 "not"의 의미로서, 마치 '!='이 "not equal"과 같은 것이다. 즉, 「!feof( )」를 한글로 풀어보면, 「파일의 끝이 아니라면」으로 된다. 따라서 「while (!feof(fpnt))」는 「fpnt 파일 포인터가 파일의 끝이 아닌 동안 반복문 수행」의 의미가 된다.

④ 전체 표시 프로그램의 구성

이상의 과정을 거쳐 반복 기능을 가진 상품 목록 프로그램은 [예제 4-41]과 같다.

실습 예제 4-41

1. [리스트 4-71]은 앞서 작성한 "goods.c" 프로그램에 반복 부분을 추가한 것이다. 이를 입력하고 실행해 결과를 확인하시오.
2. "goods.dat" 파일에 다른 상품 데이터를 추가한 후 실행 결과를 확인해 보시오.

```
          :
          :
/* 파일 읽기 */
  fgets( code , 10 , fpnt ) ;  /* 우선 읽는다 */
  do
  {
    code[ strlen(code) - 2 ] = '\0';
    fgets( name , 100 , fpnt ) ;
    name[ strlen(name) - 2 ] = '\0';
    fgets( prc , 10 , fpnt ) ;
    price = atol(prc);

/* 결과 표시 */
    printf("<TR>");
    printf("<TD> %s </TD>\n", code);
    printf("<TD> %s </TD>\n", name);
    printf("<TD> %ld </TD>\n", price);
    printf("</TR>\n");
    fgets( code , 10 , fpnt ) ;  /* 다음 코드 우선 읽어본다 */
  } while( !feof( fpnt ) )       /* 파일 끝이 아니라면 계속 진행 */;
  printf("</TABLE>\n");

  printf("</BODY>\n </HTML>\n");
  fclose(fpnt);
}
```

[리스트 4-71] 반복 기능이 추가된 상품 목록 프로그램

⑤ 상품 추가 링크의 구성

마지막으로 상품 목록 중의 원하는 상품을 카트에 담기 위한 버튼을 생성해야

하는데, 수량을 입력하는 방법은 앞서 학습했던 <SELECT> 태그를 이용해 한 번에 최대 9개 까지 입력이 가능하도록 하며, 이를 위해서는 [리스트 4-72]에 나타낸 바와 같은 HTML 문서가 삽입되어야 한다.

여기서 "hidden"으로 되어 있는 2개의 문장들에 의해 "a=p"와 "c=153"라는 쿼리가 포함되는데, 이는 이후에 다룰 쇼핑 카트 프로그램에서 자세히 설명하겠지만 카트 프로그램이 해야 할 동작과 처리할 상품 코드를 의미한다.

또한 <FORM>문 내의 옵션 중 "TARGET ="이 있는데, 일반적인 HTML 서적에서는 소개되어 있지 않지만 <FORM>문 내에 이 옵션을 사용하면 cgi 프로그램의 결과가 해당 이름의 프레임에 나타나도록 설정되므로 이 단추를 누르면 화면 오른쪽에 설정된 카트용 프레임에 프로그램의 결과가 나타난다.

```
<FORM METHOD = "GET" ACTION = "cgi-bin/cart.cgi" TARGET = "cart" >
  <INPUT TYPE = "hidden" NAME = "a" VALUE = "p" >
  <INPUT TYPE = "hidden" NAME = "c" VALUE = "153" >
  <SELECT NAME = "n">
    <OPTION SELECTED> 1
    <OPTION>2
    <OPTION>3
    <OPTION>4
    <OPTION>5
    <OPTION>6
    <OPTION>7
    <OPTION>8
    <OPTION>9
  </SELECT>
  <INPUT TYPE = "SUBMIT" VALUE = " 넣기 ">
</FORM>
```

[리스트 4-72] 추가 될 "카트에 담기" 버튼의 내용

이러한 단추는 각 상품마다 상품 코드만을 달리하며 모두 추가되어야 하므로 do while() 루프 내에 설치되어야 하며, 이와 같은 과정을 거쳐 완성된 최종 프로그램은 [실습 4-42]와 같다.

실습 예제 4-42

1. [리스트 4-73]은 앞서 작성한 "goods.c" 프로그램에 카트에 담는 버튼을 추가한 것이다. 이를 입력하고 실행해 결과를 확인하시오.
2. "goods.dat" 파일에 다른 상품 데이터를 추가한 후 실행 결과를 확인해 보시오.

```
            :
/* 표시 준비 */
  printf("<H3> 상품 목록 </H3>");
  printf("<TABLE BORDER = 1 BGCOLOR = \"#FFFFE0\">\n");
  printf("<TR BGCOLOR = \"#E0FFFF\">\n");
  printf("<TH>상품코드</TH><TH>상품 명</TH><TH>가격</TH>");
  printf("<TH>카트에 넣기</TH>");
  printf("</TR>\n");
            :
            :
/* 결과 표시 */
    printf("<TR>");
    printf("<TD> %s </TD>\n", code);
    printf("<TD> %s </TD>\n", name);
    printf("<TD> %ld </TD>\n", price);
    printf("<TD> <BR> <FORM METHOD = \"GET\" ACTION = \"cart.cgi\"
                                        TARGET = \"cart\" >");
    printf("<INPUT TYPE = \"hidden\" NAME = \"a\" VALUE = \"p\"
>");
    printf("<INPUT TYPE = \"hidden\" NAME = \"c\" VALUE = \"%s\"
>", code);
    printf("<SELECT NAME = \"n\"> <OPTION SELECTED> 1" );
    printf("<OPTION>2  <OPTION>3  <OPTION>4  <OPTION>5  <OPTION>6" );
    printf("<OPTION>7  <OPTION>8  <OPTION>9  </SELECT>" );
    printf("<INPUT TYPE = \"SUBMIT\" VALUE = \" 넣기 \">" );
    printf("</FORM> </TD>" );
    printf("</TR>\n");
    fgets( code , 10 , fpnt ) ;  /* 다음 코드 우선 읽어본다 */
  } while( !feof( fpnt ) )      /* 파일 끝이 아니라면 계속 진행 */;
  printf("</TABLE>\n");

  printf("</BODY>\n </HTML>\n");
```

```
  fclose(fpnt);
}
```

[리스트 4-73] 반복 기능이 추가된 상품 목록 프로그램

참고로, 앞서 소개한 fgets( ) 함수에 의한 문자열의 보정을 하지 않았다면 스트링에 엔터 코드가 포함되어 프로그램 중의 다음 문장은 정상적인 동작이 이루어지지 않았을 것이다.

```
printf("<INPUT TYPE=\"hidden\" NAME=\"c\" VALUE=\"%s\" >", code);
```

3) 쇼핑 카트 프로그램

(1) 필요 기능 및 쿼리

① 동작 선택

쇼핑 카트 프로그램은 앞서 구성 목표에서 살펴본 바와 같이 3가지 동작상태가 존재하는데, 카트 내용만을 표시하는 것, 상품 목록으로부터 "추가" 데이터 입력이 전달돼 오는 것, 쇼핑 카트 내용으로부터 "빼기" 데이터 입력이 전달돼 오는 것이다. 따라서 이러한 동작을 구분할 방법이 필요한데 가장 간단한 방법으로는 프로그램의 동작을 결정할 새로운 쿼리를 설정해 이를 전송하는 것으로서, 예를 들어 "a=d"이면 표시만, "a=p"이면 추가, "a=m"이면 빼기를 한다. 이 기능들을 정리하면 <표 4-11>과 같다.

〈표 4-11〉 쇼핑 카트 프로그램의 동작

쿼리	동 작
a = d	다른 쿼리 필요 없이 현재의 카트 상황 표시
a = p	- "c =" 쿼리 : 상품 지정. "n =" 쿼리 : 추가할 수량. - 카트에 없던 상품이면 새로 등록 후 가산.
a = m	- "c =" 쿼리 : 상품 지정. "n =" 쿼리 : 뺄 수량. - 상품 수량이 0 이하이면 상품을 목록에서 제거.

참고로, 쿼리 명칭을 'a'라 한 것은 "action"을 약자로, 'd'는 "display", 'p'는 "plus", 'm'은 "minus"를 약자로 한 것이다.

② 쿼리의 전달 방법

현재까지 우리가 사용한 쿼리 전달 방법은 <FORM>문에 정의한 양식을 전송하면 브라우저에서 [그림 4-69](a)와 같이 파일명 뒤에 자동으로 '?' 문자와 함께 추가되어 서버로 전달되었다. 그런데, 이러한 쿼리는 꼭 <FORM> 태그에 의해서만 전달할 수 있는 것은 아니고, [그림 4-69](b)와 같이 프로그램을 호출할 때 파일 명 뒤에 우리가 이와 같이 기록해 전송해도 동일한 효과가 나타난다.

```
cgi-bin/query-test.cgi?n=153&f=123 ...
```

(a) 브라우저에 의한 데이터 전송 예

```
<A HREF="/cgi-bin/query-test.cgi?a=m&c= . . .>
```

(b) 직접 지정 전송 예

[그림 4-69] 쿼리 지정의 다른 방법

단 이와 같은 방법으로 쿼리를 전달하는 것은 <A HREF=> 태그나 <IMG SRC=>, <FRAME SRC=> 태그 등 직접 프로그램을 호출하는 경우에만 가능하며, "GET" 방법을 사용하는 <FORM>문 중의 "ACTION ="에는 사용할 수 없다. 그 이유는 GET 방법은 본래부터 파일 명 뒤에 쿼리를 붙여 전송하기 때문에 [그림 4-70](a)와 같이 지정한 경우 파일명 뒤에 붙인 "a=m" 쿼리는 생략되고 [그림 4-70](b)와 같이 자신의 데이터만이 첨가되어 서버로 전달되기 때문이다.

```
<FORM METHOD = "GET" ACTION = "cgi-bin/query-test.cgi?a=m" >
 성명 : <INPUT TYPE = "TEXT" NAME = "n"><BR><BR>
 <INPUT TYPE = "SUBMIT" VALUE = "보내기" >
</FORM>
```

(a) 잘못 사용한 예

```
cgi-bin/query-test.cgi?n=hclee
```

(b) 전송되는 쿼리 예

[그림 4-70] 쿼리의 직접 지정과 〈FORM〉문 지정의 혼용

그러나 이 방법은 이후의 간이 방명록에서 다룰 "POST" 방법에 의한 <FORM> 문에서는 사용이 가능하다. 앞서 쇼핑 카트 프로그램들을 제어하는 HTML문에 [리스트 74]와 같이 사용한 것이 이러한 예이다.

```
<FRAMESET COLS = "40%, 60%" >
  <FRAME SRC = "cgi-bin/goods.cgi" name = "goods" >
  <FRAME SRC = "cgi-bin/cart.cgi?a=d" name = "cart" >
</FRAMESET>
```

[리스트 4-74] 쇼핑 카트 시스템 구동용 HTML 문서

③ 카트 파일에서 상품 목록 읽기

카트 파일로부터 데이터를 배열변수에 모두 읽어 들이는 것은 [그림 4-71](a)와 같은 과정이지만, 앞서 상품 목록 프로그램에서 사용했던 바와 같은 do while()문은 사용할 수 없다. 왜냐하면 카트 파일은 상품 목록 파일과는 달리 상품 내용이 하나도 없을 수 있기 때문이다. 따라서 여기서는 파일을 읽는 순간부터 파일 끝을 검출하는 while()문을 사용해 [그림 4-71](b)와 같이 구현한다. 단, 읽어 들이는 변수들은 배열변수인 점을 유의하라

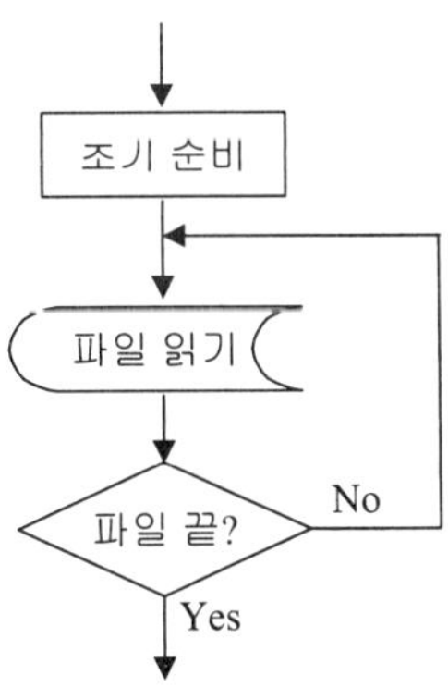

(a) 프로그램 흐름

```
c_count = 0;
fgcts( codc[c_count] , 10 , fpnt );
while( !feof( fpnt ) )   /* 파일 끝? */;
  {
     fgets( name[c_count] , 100 , fpnt ) ;
     fgets( prc , 10 , fpnt ) ;
     price[c_count] = atol(prc);
     c_count++;                        /* 다음 코드 */
     fgets( code[c_count] , 10 , fpnt ) ;
  }
```

(b) 구현할 프로그램의 기본 골격

[그림 4-71] 배열변수에 파일 읽기

실습 예제 4-43

1. [리스드 4-75]는 카드 파일의 내용을 읽어 표시해 주는 프로그렘이다. 이를 "cart.c" 파일명으로 입력하고 "cart.cgi"로 컴파일 하시오.

2. "cart.html"을 실행시켜 결과를 확인하시오.
3. [리스트 4-76](a)와 같은 카트 파일 내용을 "cart.dat" 이름으로 작성해 cgi-bin 디렉토리에 저장한 후 브라우저를 "새로고침" 해 보시오.
4. [리스트 4-76](b)와 같이 내용을 추가한 후 "새로고침"을 해 보시오.

```
#include <stdio.h>
#include <string.h>
#define MAX_CNT 20

main( )
{
 char c[13];        /* 결과 보관용 */
 FILE *fpnt;
 int  c_count = 0;             /* 카트 상품 종류 수 */
 char c_code[MAX_CNT][13];     /* 카트 상품 코드 */
 int  c_num[MAX_CNT];          /* 카트 상품 수량 */
 int  cnt_pnt;                 /* 작업 위치 카운트 */

/* 카트 파일 읽기 */
 fpnt = fopen( "cart.dat", "r" );
 if ( fpnt != NULL )
  {
   fgets( c_code[c_count] , 10 , fpnt );
   while( !feof( fpnt ) )        /* 파일 끝? */
    {
     c_code[c_count][ strlen(c_code[c_count]) - 2 ] = '\0';
     fgets( c , 10 , fpnt );
     c_num[c_count] = atol(c);
     c_count++;                    /* 다음 코드 */
     fgets( c_code[c_count] , 10 , fpnt );
    };
   fclose(fpnt);
  };

 /* 화면 표시 */
 printf("Content-type:text/html\n\n");
 printf("<HTML>\n<BODY>\n");
 if ( c_count == 0 ) printf("등록된 상품이 없습니다.\n");
  else
    for( cnt_pnt = 0; cnt_pnt < c_count; cnt_pnt++ )
```

```
        {
         printf( "코드 : %s ,", c_code[ cnt_pnt ]);
         printf( "수량 : %d<BR>", c_num[ cnt_pnt ]);
        };
 printf("</BODY>\n</HTML>\n");
}
```

[리스트 4-75] 카트 파일 내용을 보여주는 프로그램

```
153¶
2¶
```

(a) 1개 상품

```
153¶
2¶
235¶
5¶
```

(b) 2개 상품

[리스트 4-76] 예제용 카트 파일 내용

④ 상품 빼기 링크의 구성

앞서 상품 목록에서와 마찬가지로 카트에서는 상품을 뺄 수 있는 링크가 추가되어야 하며, 형태는 상품 목록에서와 동일하게 [리스트 4-77]과 같이 구성한다.

```
<FORM METHOD = "GET" ACTION = "cgi-bin/cart.cgi" TARGET = "cart" >
  <INPUT TYPE = "hidden" NAME = "a" VALUE = "m" >
  <INPUT TYPE = "hidden" NAME = "c" VALUE = "153" >
  <SELECT NAME = "n">
    <OPTION SELECTED> 1
    <OPTION>2
    <OPTION>3
    <OPTION>4
    <OPTION>5
    <OPTION>6
    <OPTION>7
    <OPTION>8
    <OPTION>9
  </SELECT>
  <INPUT TYPE = "SUBMIT" VALUE = " 빼기 ">
</FORM>
```

[리스트 4-77] 추가 될 "카트에서 빼기" 버튼의 내용

실습 예제 4-43

1. [리스트 4-78]은 카트에서 빼는 버튼을 추가하고 표시 형태도 변경한 것이다. 이를 입력해 컴파일하고 브라우저에서 "새로고침"을 하시오.

```
          :
          :
/* 화면 표시 */
printf("Content-type:text/html\n\n");
printf("<HTML>\n<BODY>\n");
printf("<H3> 카트 내역 </H3>");
if ( c_count == 0 ) printf("등록된 상품이 없습니다.\n");
 else
  {
   printf("<TABLE BORDER=1>\n<TR>");
   printf("<TH>코드</TH><TH>수량</TH>");
   printf("<TH>카트에서 빼기</TH></TR>");
   for( cnt_pnt = 0; cnt_pnt < c_count; cnt_pnt++ )
     {
      printf( "<TR><TD>%s</TD>", c_code[ cnt_pnt ]);        /* 코드 */
      printf( "<TD>%d</TD>", c_num[ cnt_pnt ]);              /* 수량 */
      printf( "<TD><BR><FORM METHOD = \"GET\" ACTION = \"cart.cgi\"
                                          TARGET = \"cart\">" );
      printf("<INPUT TYPE=\"hidden\" NAME=\"a\" VALUE=\"m\" >");
      printf("<INPUT TYPE=\"hidden\" NAME=\"c\" VALUE=\"%s\" >",
                                             c_code[cnt_pnt]);
      printf("<SELECT NAME = \"n\"> <OPTION SELECTED> 1" );
      printf("<OPTION>2  <OPTION>3  <OPTION>4  <OPTION>5  <OPTION>6" );
      printf("<OPTION>7  <OPTION>8  <OPTION>9  </SELECT>" );
      printf("<INPUT TYPE = \"SUBMIT\" VALUE = \" 빼기  \">" );
      printf("</FORM> </TD>" );
      printf( "</TR>" );
     };
    printf("</TABLE><BR><BR>");
  };
 printf("</BODY>\n</HTML>\n");
}
```

[리스트 4-78] '카트에서 빼기' 버튼이 추가된 프로그램

⑤ 프로그램의 전체 구성

앞서 논한 프로그램의 동작요소를 반영한 전체의 흐름을 [그림 4-72](a)에 나타내었다.

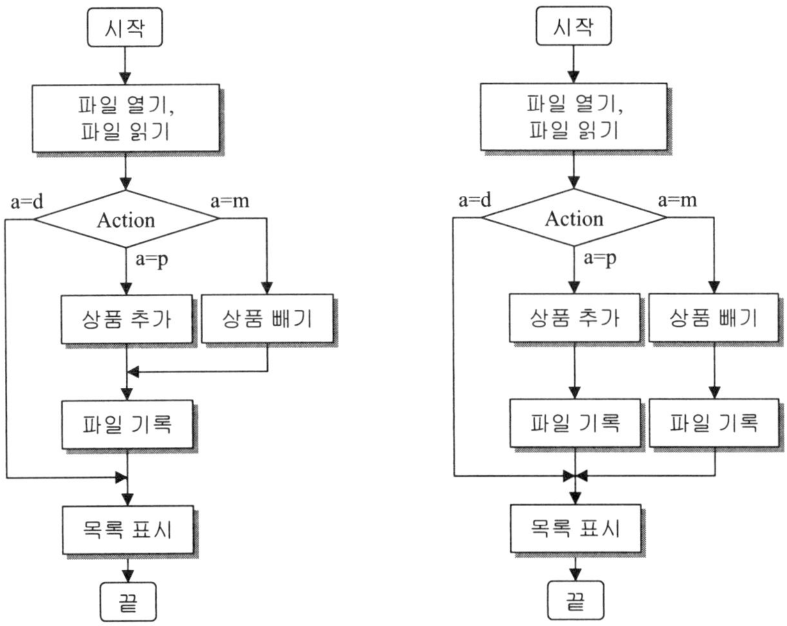

(a) 기본 구성　　　　(b) 프로그램 구현을 위한 구성

[그림 4-72] 전체의 흐름

프로그램이 시작되면 카트 파일을 열고 그 내용을 배열변수에 읽어 들인다. 만약 존재하지 않는다면 상품이 없는 것으로 처리한다. 그 후 지정된 동작에 따라 3가지 동작 중 하나가 실행된다.

그리고 마지막으로 상품 목록을 표시한다. 그런데 이와 같은 알고리즘을 실제로 구현하려면 프로그램의 흐름이 이리저리 엉켜있어 if()문이나 switch()문을 사용하기 어려우며, 만약 사용하려면 [그림 4-72](b)와 같이 일렬로 정렬하면 switch()문에 의해 구현할 수 있으나 "파일 기록" 부분이 양쪽에 있으므로 함수로 구성해야 한다.

이 때는 [그림 4-73]과 같이 2회의 switch()문을 사용하면 쉽게 해결될 수 있는데, 첫 번째 switch()문은 상품 처리에 관한 것, 두 번째 switch()문은 파일 기록에 관한 것으로서 이와 같이 각 처리마다 switch()문을 활용하면 프로그램 흐름을 생각하기도 쉽고 얼마든지 복잡한 처리를 간단히 할 수 있다.

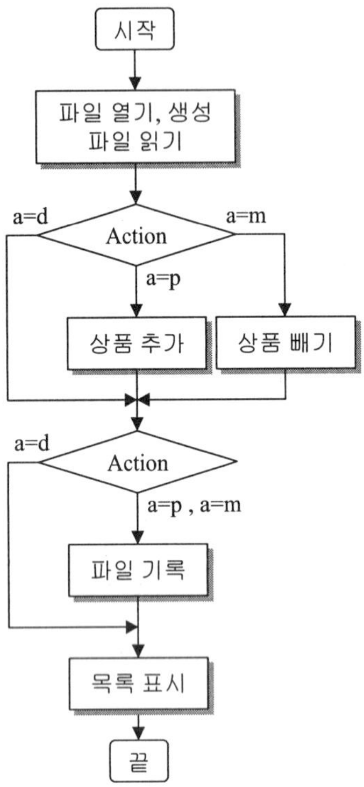

(a) 제어의 흐름

```
파일 열기, 생성; 파일 읽기;

switch( action )  /* 상품 처리 */
  {
    case 'm' : 상품 빼기 처리;
               break;
    case 'p' : 상품 추가 처리;
               break;
    default :  break;
  };

switch( action )  /* 파일 기록 */
  {
    case 'm' :
    case 'p' : 파일 기록;
               break;
    default :  break;
  };

목록 표시;
```

(b) 구현 예

[그림 4-73] switch()문에 의한 전체의 흐름 제어

(2) 상품 추가 기능의 구현

① 상품 코드의 검색

상품 목록으로부터 전달되는 데이터는 상품 코드와 수량이며, 이 때 카트 파일에 저장된 상품 코드 중에 현재의 상품 코드가 있는지를 검색해야 한다. 검색 후 해당 상품이 있다면 수량을 가산하고, 만약 해당 상품이 존재하지 않는다면 새로 추가해야 하며, 이 과정을 [그림 4-74](a)에 플로 차트로 나타내었다.

상품을 검색하는 프로그램의 흐름은 [그림 4-75]와 같이 구성된다.

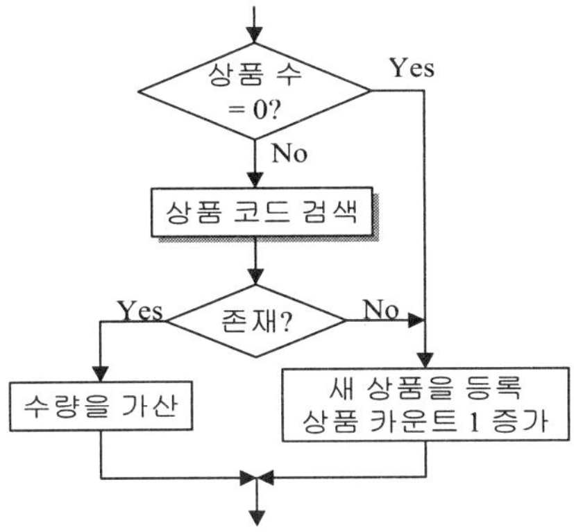

[그림 4-74] 데이터 조작 과정

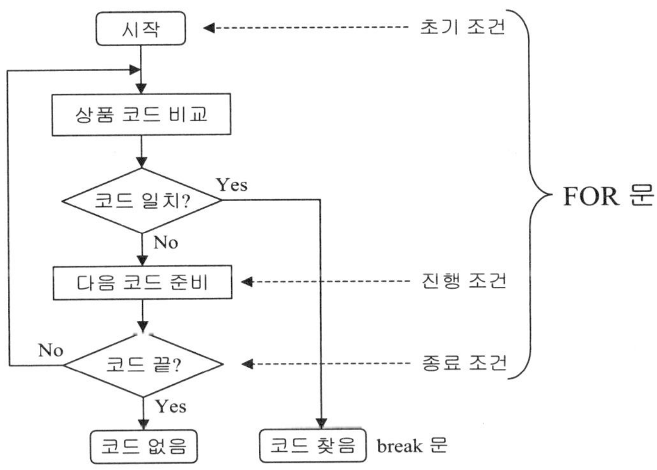

[그림 4-75] 상품 코드 검색의 흐름

그림에 나타낸 바와 같이 상품 코드를 검색하는 전체의 흐름을 살펴보면 검색을 시작할 초기조건부터 진행조건, 종료조건이 모두 존재하므로 이러한 경우에는 while()문 보다 for( )문이 더 편리하다. 루프 중간에 "코드 찾음"으로 인한 루프의 탈출은 break문을 이용하면 되는데, 이는 switch( )문이나 while( )문 등에서도 내부로부터 탈출 할 때 사용된다. 이러한 사항들을 활용해 [리스트 4-79] 같이 간단히 프로그램을 구성할 수 있다.

```
t_code = -1;
for( count = 0; count < c_count; count++ )
  {
```

```
    if (strcmp( q_code , c_code[ count ] ) == 0)
         { f_code = count; break; };
 };
```

[리스트 4-79] 상품 검색 부분-1

사실 이 프로그램 중의 for( )문에 사용한 중괄호들은 생략해도 되지만, 프로그램의 흐름을 정확히 이해하기 위해 생략하지 않았다. 이 프로그램은 count 변수가 0부터 상품 수가 담겨있는 c_count 변수보다 작은 동안 하나씩 증가해 가며 카트 파일 내의 상품코드와 쿼리로부터 전달된 상품코드(q_code)를 비교하며, 만약 동일한 코드가 발견되면 그 때의 배열변수 번호인 count를 f_code 변수에 담고 break한다. 상품 수 끝까지 가도 발견되지 않을 때는 루프가 종료되어 이때는 f_code 변수에 초기치인 −1이 남아 있다.

따라서 최종적으로 f_code 변수가 음수이면 상품이 없음을 나타내고, 양수이면 그 번호가 상품 코드가 담긴 배열의 번호가 된다. 또한 처음부터 상품이 존재하지 않는 경우(즉 c_count가 0)에는 검색을 생략하고 바로 종료하고서 이 역시 상품이 없음을 나타내는 f_code = −1로 남아있도록 하기 위해 [리스트 4-80]과 같이 if( )문으로 처리한다.

```
f_code = -1;
if (c_count > 0)
 {
   for( count = 0; count < c_count; count++ )
     {
       if (strcmp( q_code , c_code[ count ] ) == 0)
            { f_code = count; break; };
     };
 };
```

[리스트 4-80] 상품 검색 부분-2

이 또한 if( )문에 소속된 문장은 for( )문 하나밖에 없으므로 생략해도 되지만 프로그램의 흐름을 확실히 이해하기 위해 생략하지 않았다.

② 데이터의 조작

앞서 상품 검색 프로그램의 결과에 따르면 f_code 변수가 음수이면 일치하는 상품이 없으므로 쿼리로 전달된 새 상품의 코드를 등록하고 등록 상품수를 증가시킨다. 반면, f_code 변수가 양수이면 그 번호가 상품 코드가 담긴 배열의 번호가 되므로 해당 상품의 수량을 증가시켜야 한다. 이러한 프로그램을 [리스트 4-81]에 나타내었다.

```
if ( f_code < 0 )
  {                     /* 새 상품일 때 */
    strcpy( c_code[ c_count ], q_code ); /* 등록 */
    c_num[ c_count ] = q_num;
    c_count++;
  }
  else c_num[ f_code ] = c_num[ f_code ] + q_num; /* 추가 */
```

[리스트 4-81] 데이터 조작 부분

프로그램 중에서 q_code는 쿼리를 통해 전달된 상품 코드이고, q_num은 쿼리를 통해 전달된 상품 수량이다. 새로 등록할 때는 카트 상품의 가장 마지막 배열인 c_count번째(현재 데이터가 3개라면 실제로는 배열변수 0, 1, 2까지 채워져 있을 것이므로 3번에 대입될 차례)의 배열변수에 새로운 상품 코드와 수량을 등록하고 상품 수를 하나 증가시킨다. 이미 카트에 있는 상품이라면 해당 배열변수에 쿼리로부터 전달된 수량을 가산한다.

③ 파일에 기록하기

모든 상품 데이터의 조작이 완료되면 이를 다시 파일에 기록해야 하는데, 파일을 새롭게 open한 후 배열변수 내에 있는 모든 데이터를 [리스트 4-82]와 같이 기록한다.

```
fpnt = fopen( "cart.dat", "w" );
 for( count = 0; count < c_count; count++ )
  {
   fprintf( fpnt, "%s\r\n", c_code[ count ]);
   fprintf( fpnt, "%ld\r\n", c_num[ count ]);
  };
fclose( fpnt );
```

[리스트 4-82] 데이터 서장 부분

④ 상품 추가 기능 전체의 완성

[리스트 4-83]은 지금까지 논한 각종 프로그램 부분들을 action의 형태에 따라 switch( )문에 의해 동작할 수 있도록 모두 종합해 구성한 것이다.

실습 예제 4-44

1. [리스트 4-83]은 상품 추가기능이 구현된 프로그램이다. 이를 "cart.c" 프로그램에 추가해 컴파일 하시오."
2. 반드시 cgi-bin 디렉토리 내의 "cart.dat" 파일을 삭제 후 실행하시오. 만약 삭제하지 않으면 파일의 permission에 의해 "Internal Server Error" 메시지가 나타날 것이다.
3. 상품 목록 중의 "넣기" 버튼을 눌러 상품이 추가되는 것을 확인하시오. 또한 추가할 상품 개수를 지정하고 추가해 보시오.

```
#include <stdio.h>
#include <string.h>
#include <stdlib.h>
#include "cgi-sub.c"
#define MAX_CNT 20

main( )
{
 char query[30];  /* Query 내용 변수 */
 char c[13];      /* 결과 보관용 */
 char action;     /* 프로그램의 동작 */
 FILE *fpnt;
 int  c_count = 0;             /* 카트 상품 종류 수 */
 char c_code[MAX_CNT][13];     /* 카트 상품 코드 */
 int  c_num[MAX_CNT];          /* 카트 상품 수량 */
 int  cnt_pnt;                 /* 작업 위치 카운트 */
 char q_code[10];              /* Query에 입력된 코드 */
 int  q_num;                   /* Query에 입력된 수량 */
 int  f_code;                  /* 검색용 결과 변수 */
 int count, count2;            /* 검색용 변수 카운터 */

/* Query 처리 */
```

```
strcpy(query, getenv("QUERY_STRING"));
Get_Query(query, "a=", c); action = c[0];

/* 카트 파일 읽기 */
 fpnt = fopen( "cart.dat", "r" );
 if ( fpnt != NULL )
  {
   fgets( c_code[c_count] , 10 , fpnt );
   while( !feof( fpnt ) )       /* 파일 끝? */
    {
      c_code[c_count][ strlen(c_code[c_count]) - 2 ] = '\0';
      fgets( c , 10 , fpnt );
      c_num[c_count] = atol(c);
      c_count++;                    /* 다음 코드 */
      fgets( c_code[c_count] , 10 , fpnt );
    };
   fclose(fpnt);
  };

/* 카트에서 처리할 상품 찾기 */
 switch( action )
   {
     case 'p' :
                 Get_Query(query, "c=", q_code);
                 Get_Query(query, "n=", c); q_num = atoi(c);
                 f_code = -1;
                 if (c_count > 0)
                   {
                     for( count = 0; count < c_count; count++ )
                      {
                        if (strcmp( q_code , c_code[ count ] ) == 0)
                                               { f_code = count; break; };
                      };
                   };
                 break;
     default  : break;
   };


/* 상품 처리 */
 switch( action )
```

```
   {
     case 'p' :                           /* 상품 추가 처리 */
              if ( f_code < 0 )
               {                          /* 새 상품일 때 */
                 strcpy( c_code[ c_count ], q_code ); /* 등록 */
                 c_num[ c_count ] = q_num;
                 c_count++;
               }
               else c_num[ f_code ] = c_num[ f_code ] + q_num;
/* 추가 */
              break;
     default : break;
   };

/* 파일에 기록 */
  switch( action )
    {
      case 'p' :
             fpnt = fopen( "cart.dat", "w" );
              for( count = 0; count < c_count; count++ )
               {
                 fprintf( fpnt, "%s\r\n", c_code[ count ]);
                 fprintf( fpnt, "%ld\r\n", c_num[ count ]);
               };
             fclose( fpnt );
             break;
      default : break;
    };

 /* 화면 표시 */
              :
              :
```

[리스트 4-83] 상품 추가 기능이 구현된 프로그램

(3) 상품 빼기 기능의 구현

지금까지 진행된 것은 쇼핑 카트 프로그램 중의 a=d에 대한 표시하기와 a=p에 대한 추가하기였다. 이제는 마지막으로 a=m에 대한 빼기 기능을 구현하도록 한다.

① 상품 코드의 검색

상품 추가에서와 마찬가지로 상품 빼기에서도 [그림 4-75](a)에 나타낸 바와 같이 상품의 수량을 조절하려면 해당 상품을 찾아야 한다.

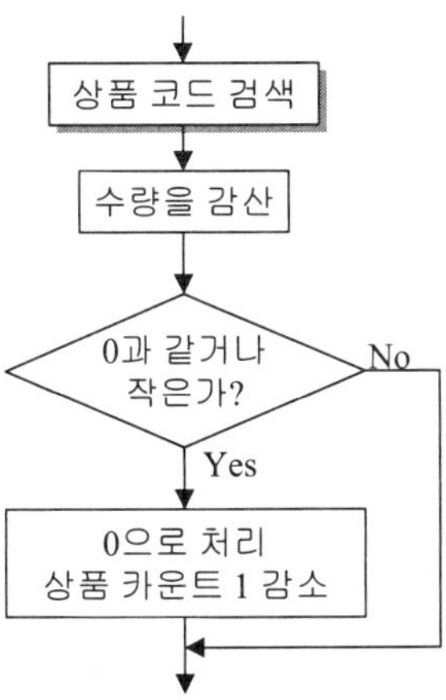

(a) 상품 빼기의 과정

```
switch( action )
  {
    case 'p' :
    case 'm' :
                  상품 찾기 부분
              : break;
    default : break;
   };
```

(b) 상품 찾기 부분의 공유

[그림 4-75] 상품 빼기 과정에 필요한 상품 찾기 부분

앞서 상품 추가 기능에서 사용했던 상품 찾기 부분을 이곳 상품 빼기 과정에서도 쉽게 공유할 수 있는데, 그 방법을 [그림 4-75](b)에 나타내었다. 즉 switch( )문의 분기점을 p일 때와 m일 때 동일하게 위치시키면 양쪽에서 모두 처리가 가능해진다.

② 데이터의 조작

상품을 빼는 과정은 [그림 4-75](a)에 나타낸 바와 같이 해당 상품의 코드를 검색하여 그 수를 줄이는데, 이 때 해당 상품이 없는 경우를 고려하지 않은 것은 상품이 카트 목록에 있었기 때문에 빼는 동작으로 올 수 있었으므로 상품이 분명히 있을 것으로 간주했기 때문이다.

사실 이러한 오류는 사용자가 임의로 쿼리를 조작해 입력한 경우 발생할 수 있으므로 이에 대한 처리를 해야 안전하지만, 여기서는 실습이 목적이므로 생략했다. 데이터를 수정하는 과정은 [리스트 4-84]에 나타낸 바와 같이 상품의 수량을 감산한 후 그 결과가 0보다 작거나 같으면 상품 수를 0으로 처리하고 상품 카운트를 하나 줄인다.

```
c_num[ f_code ] = c_num[ f_code ] - q_num;
if ( c_num[ f_code ] <= 0 )
  {
    c_num[ f_code ] = 0;
    c_count--;              /* 상품 수 감소 */
  };
```

[리스트 4-84] 상품 빼기 처리

이후에 카트 내의 상품을 저장하고 표시할 때는 상품 수가 0으로 표시된 배열 변수가 있는지 살피면서 이는 생략하고 다음으로 넘어가는 방법으로 상품 수만큼 처리해야 한다.

③ 파일에 기록하기

카트로부터 상품 빼기 처리 후 데이터를 파일에 기록하는 과정은 상품 추가 때와는 약간 다른 처리가 필요한데, 이는 상품 수량이 0이 되어 품목 자체가 삭제되는 경우가 있기 때문이다. 이와 같이 삭제된 품목은 앞서 데이터 조작 과정에서 상품 수가 0으로 설정되므로 이러한 변수는 생략하면서 파일에 저장해야 하는데 그 원리를 [그림 4-76](a)에 나타내었다.

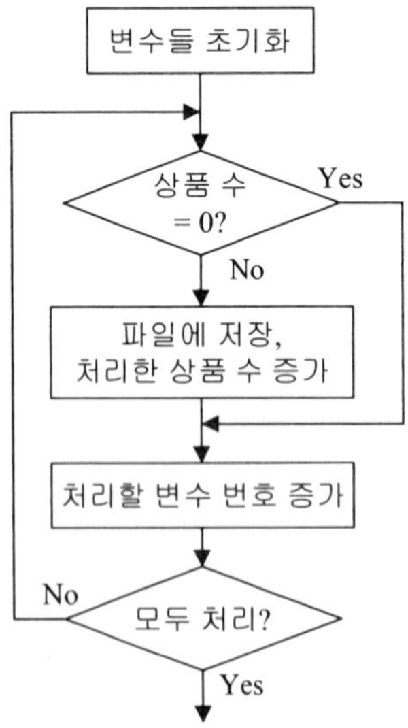

(a) 프로그램의 흐름

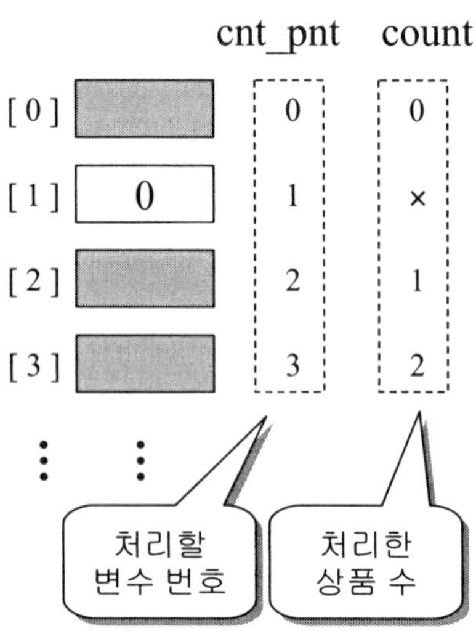

(b) 변수의 흐름

[그림 4-76] 파일에 기록하는 과정

상품 수가 0으로 처리된 배열변수는 임의의 위치에 존재하기 때문에 [그림 4-76](a)와 같이 저장 과정 중에 상품 수를 계속 감시하고 만약 상품 수가 0인 변수가 발견되면 이는 생략하고 다음 변수로 넘어가야 한다. 이러한 과정을 처리하기 위한 변수는 현재 처리 중인 배열변수의 카운터와 실제로 저장 처리한 상품 수 카운트의 2개가 필요하고, 따라서 [그림 4-76](b)에 나타낸 바와 같은 과정으로 저장을 해야 한다.

즉 예를 들어 현재 읽어 들였던 카트 파일의 상품 수가 그림과 같이 4개 ([0]부터 [3] 까지)였는데 상품 [1]이 제거되었다면 데이터 조작 과정 중에 상품 수량은 3개로 줄여놓았을 것이다. 따라서 이를 저장할 때의 저장 개수는 3개지만 그림에 나타낸 바와 같이 실제 변수는 4개에 분포되어 있기 때문에 상품 수량이 0인 [1]번 상품을 제외해 가면서 저장을 해야 한다. 이러한 과정을 통해 작성된 데이터 저장과정을 [리스트 4-85]에 나타내었다.

```
fpnt = fopen( "cart.dat", "w" );
count = 0;
 for( cnt_pnt = 0; count < c_count; cnt_pnt++ )
  {
   if ( c_num[ cnt_pnt ] != 0 )
     {
       fprintf( fpnt, "%s\r\n", c_code[ cnt_pnt ]);
       fprintf( fpnt, "%ld\r\n", c_num[ cnt_pnt ]);
       count++;     /* 저장한 갯수 증가 */
     };
  };
fclose( fpnt );
```

[리스트 4-85] 파일에 저장하는 부분

④ 카트 상태 표시 부분

카트 상태를 표시하는 부분은 상품 표시('a=d')나 상품 추가('a=p'), 그리고 상품 빼기('a=m')들 어느 경우에서나 그 기능은 모두 동일하기 때문에 앞서 사용했던 switch( )문에 의한 분리 처리는 하지 않았다. 하지만, 상품 빼기 부분에서 상품이 '0'으로 제거되는 경우가 발생하기 때문에 결과를 표시할 때도 앞서 파일에 저장하는 경우와 마찬가지로 이를 감시해 가며 표시를 해야 한다. [리스트 4-86]은 제거된 상품을 앞서 파일에 저장하는 방법과 동일한 방법을 사용해 생략하며 결과를 표시하도록 변경한 것이다.

```
count = 0;
for( cnt_pnt = 0; count < c_count; cnt_pnt++ )
 if ( c_num[ cnt_pnt ] != 0 )
  {
   printf( "<TR><TD>%s</TD>", c_code[ cnt_pnt ]);          /* 코드 */
                 :
                 :
   printf("</FORM> </TD>" );
   printf( "</TR>" );
   count++;    /* 실제 카운터 */
  };
```

[리스트 4-86] 카트 상태의 표시 부분

⑤ 상품 빼기 기능 전체의 완성

실습 예제 4-45

1. [리스트 4-87]은 지금까지 살펴본 상품 빼기 기능의 여러 부분들을 종합한 것이다. 표시된 부분들을 수정하고 컴파일 한 후 상품 빼기 단추를 눌러 기능이 동작하는지 확인하시오.
2. 상품 목록 화면의 상품 추가 기능과 지금의 상품 빼기 기능을 혼용해 사용해 보시오.

```
                        :
                        :
/* 카트에서 처리할 상품 찾기 */
 switch( action )
   {
     case 'p' :
     case 'm' :
             Get_Query(query, "c=", q_code);
             Get_Query(query, "n=", c); q_num = atoi(c);
                        :
                        :

/* 상품 처리 */
```

```
switch( action )
  {
    case 'p' :                          /* 상품 추가 처리 */
                         :
                         :
    case 'm' :                          /* 상품 감소 처리 */
            c_num[ f_code ] = c_num[ f_code ] - q_num;
            if ( c_num[ f_code ] <= 0 )
              {
                c_num[ f_code ] = 0;
                c_count--;              /* 상품 수 감소 */
              };
            break;
    default : break;
  };

/* 파일에 기록 */
  switch( action )
    {
      case 'p' :
                         :
                         :
      case 'm' :
            fpnt = fopen( "cart.dat", "w" );
            count = 0;
             for( cnt_pnt = 0; count < c_count; cnt_pnt++ )
              {
                if ( c_num[ cnt_pnt ] != 0 )
                  {
                    fprintf( fpnt, "%s\r\n", c_code[ cnt_pnt ]);
                    fprintf( fpnt, "%ld\r\n", c_num[ cnt_pnt ]);
                    count++;     /* 저장한 갯수 증가 */
                  };
              };
            fclose( fpnt );
            break;
      default : break;
    };

 /* 화면 표시 */
 printf("Content-type:text/html\n\n");
```

```
 printf("<HTML>\n<BODY>\n");
 printf("<H3> 카트 내역 </H3>");
 if ( c_count == 0 ) printf("등록된 상품이 없습니다.\n");
  else
   {
    printf("<TABLE BORDER=1>\n<TR>");
    printf("<TH>코드</TH><TH>수량</TH>");
    printf("<TH>카트에서 빼기</TH></TR>");
    count = 0;
    for( cnt_pnt = 0; count < c_count; cnt_pnt++ )
      if ( c_num[ cnt_pnt ] != 0 )
      {
        printf( "<TR><TD>%s</TD>", c_code[ cnt_pnt ]);        /* 코드 */
        printf( "<TD>%d</TD>", c_num[ cnt_pnt ]);              /* 수량 */
        printf( "<TD><BR><FORM METHOD = \"GET\" ACTION = \"cart.cgi\"
                                          TARGET = \"cart\">" );
        printf("<INPUT TYPE=\"hidden\" NAME=\"a\" VALUE=\"m\" >");
        printf("<INPUT TYPE=\"hidden\" NAME=\"c\" VALUE=\"%s\" >",
                                            c_code[cnt_pnt]);
        printf("<SELECT NAME = \"n\"> <OPTION SELECTED> 1" );
        printf("<OPTION>2  <OPTION>3  <OPTION>4  <OPTION>5  <OPTION>6" );
        printf("<OPTION>7  <OPTION>8  <OPTION>9  </SELECT>" );
        printf("<INPUT TYPE = \"SUBMIT\" VALUE = \" 빼기 \">" );
        printf("</FORM> </TD>" );
        printf( "</TR>" );
        count++;    /* 실제 카운터 */
      };
     printf("</TABLE><BR><BR>");
   };
 printf("</BODY>\n</HTML>\n");
}
```

[리스트 4-87] 상품 빼기 기능이 추가된 전체 리스트

4) 표시 방법의 개선

지금까지 작성해 온 쇼핑카트 프로그램은 기본적인 골격만을 구성한 단순한 표시로 되어 있었다. 이제는 기본 골격에 살을 붙여 모양을 내는 작업을 할 것이다.

개선할 대상으로는 우선 상품 코드와 수량만으로 구성된 단순한 카트 상황을 더 다양한 데이터를 표시해 실제 쇼핑 카트 프로그램과 유사하게 꾸미는 것과, 금액 등의 숫자 표시를 실생활에 사용되고 있는 콤마를 이용한 숫자 표시법으로 표시하는 것이다.

(1) 상품 품명 및 가격의 표시

지금까지 상품 코드와 수량만의 단순했던 쇼핑 카트의 결과 표시를 [그림 4-77]과 같이 다양한 정보를 표시하도록 변경한다.

상품 코드	상품 명	가 격	수 량	금 액
153	사과 한 상자	12000	2	24000
:	:	:	:	:

현재 총액은 53200원 입니다.

[그림 4-77] 개선할 카트 상황 표시

카트 파일에는 단지 상품 코드와 수량만이 담겨 있으며, 상품명과 가격은 목록 파일에 존재하는데, 만약 카트 파일에 상품명, 가격 데이터들을 모두 저장해 놓으면 이후에 상품의 가격이나 상품명이 변경되었을 때 목록 파일 뿐만 아니라 카트 파일도 모두 변경해야 하기 때문에 적절치 않다. 특히 실제 전자 상거래에서는 이와 같은 일이 흔히 발생하기 때문에 모든 고객의 카트 파일에 이러한 정보를 모두 저장해 두면 전체적인 변경이 곤란하다. 따라서 카트 파일에는 상품 코드와 수량 데이터만을 저장해 두고, 나머지 상품 정보들 즉 상품 명, 가격은 목록 파일에서 읽어오는 방법을 사용한다.

① 필요로 하는 변수 설정

카트 프로그램에서는 이제 카트 파일의 내용뿐만 아니라 상품 목록 파일의 내용도 모두 읽어 들여 사용해야 하므로 [리스트 4-88]과 같이 배열변수를 선언한다.

```
int  c_count = 0;            /* 카트 상품 종류 수 */
char c_code[MAX_CNT][13];    /* 카트 상품 코드 */
int  c_num[MAX_CNT];         /* 카트 상품 수량 */
int  c_gnum[MAX_CNT];        /* 목록의 위치 */
long int sum;                /* 상품 금액 계산용 */
```

```
long int c_sum = 0;          /* 카트 총액 계산용 */
int  g_count = 0;            /* 목록 상품 종류 수 */
char g_code[MAX_CNT][13];    /* 목록 상품 코드 */
char g_name[MAX_CNT][100];   /* 목록 상품 명 */
long int g_price[MAX_CNT];   /* 목록 상품 가격 */
```

[리스트 4-88] 목록 파일을 처리하기 위한 변수 선언

이 이외에도 c_gnum[]이라는 배열변수를 선언하고 있는데 이는 [그림 4-78]에 나타낸 바와 같이 카트 파일의 상품에 대한 정보가 위치한 상품 목록 배열변수의 번호를 저장하기 위한 것이다.

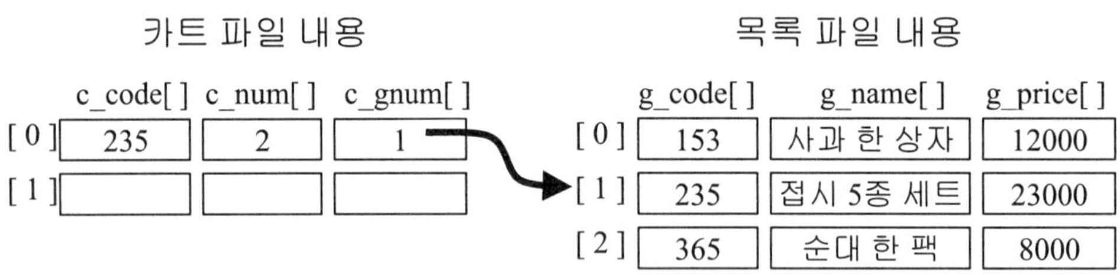

[그림 4-78] c_gnum[] 변수의 용도

② 목록 파일 읽기

앞서 선언한 목록 파일용 배열변수에 목록 파일의 내용을 읽어 들이는 부분은 [리스트 4-89]에 나타낸 바와 같이 상품 목록 프로그램에서 사용한 것과 동일한 방법으로 읽어 들이되 배열변수를 사용한 점이 다르다.

```
/* 목록 파일 읽기 */
 fpnt = fopen( "goods.dat", "r" );
 fgets( g_code[g_count] , 10 , fpnt );
 do
   {
     g_code[g_count][ strlen(g_code[g_count]) - 2 ] = '\0';
     fgets( g_name[g_count] , 100 , fpnt );
     fgets( c , 10 , fpnt );
     g_price[g_count] = atol(c);
     g_count++;                  /* 다음 코드 */
     fgets( g_code[g_count] , 10 , fpnt ) ;
    } while( !feof( fpnt ) );   /* 파일 끝? */
```

```
fclose(fpnt);
```

[리스트 4-89] 목록 파일을 읽어 들이는 부분

③ 목록에서 카트 상품 정보 찾기

카트 파일에 저장되어 있는 상품코드를 목록 파일의 내용과 비교해 동일한 코드를 찾아 앞서 나타내었던 [그림 4-79]와 같이 c_gnum[] 변수에 목록파일 변수 번호를 저장한다.

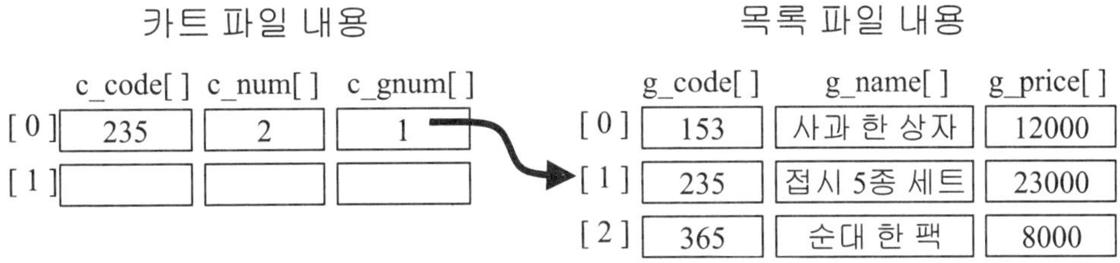

[그림 4-79] c_gnum[] 변수의 용도

이 과정은 앞서 파일에 저장하는 과정과 유사한 [그림 4-80](a)와 같은 절차를 거친다.

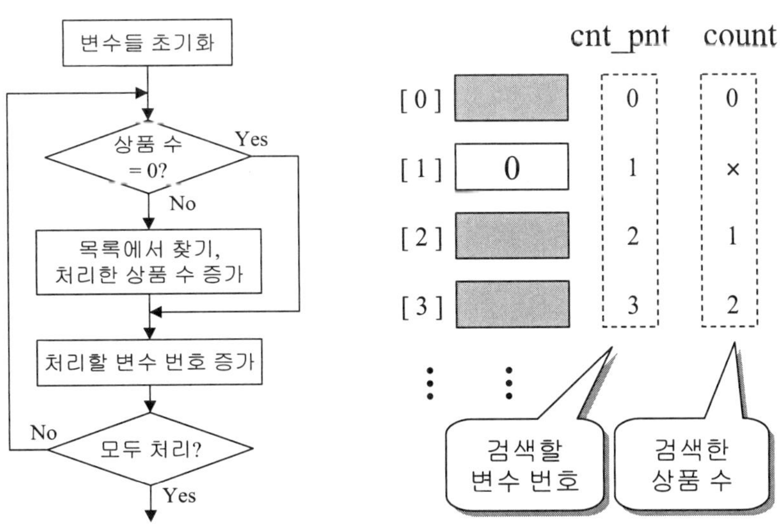

(a) 프로그램의 흐름 (b) 변수의 흐름

[그림 4-80] 카트 상품 정보 찾기

앞서 상품 빼기 과정 중 [그림 4-80](b)와 같이 상품 자체가 제거된 경우 이를 구분해 건너뛰는 조작이 필요한데, 만약 건너뛰지 않는다면 그림의 예에서는 상품 수가 3개 남아있기 때문에 배열변수는 [0], [1]. [2]를 처리해 정작 데이터가 저장되어 있는 [3]번은 처리되지 않고, 내용이 비어있는 [1]번이 처리된다. 이러한 사항들을 고려해 작성된 프로그램은 [리스트 4-90]과 같다.

프로그램에서 처음의 if()문은 카트 파일의 상품이 전혀 없을 경우 상품 정보의 검색을 하지 않는 것인데, 이 문장이 없어도 다음의 for()문 조건인 "count < c_count"에 의해서 검색 부분이 실행되지 않을 것으로 보이기는 하나, 과연 for()문이 이 조건을 먼저 살펴본 후 루프로 진입하는지, 또는 일단 실행을 한 후 이 조건을 살펴보는지를 명확히 알지 못할 경우 이를 확실히 하기위해 if()문을 사용하였다. 사실상 for()문은 반복 명령을 수행하기 전에 조건을 살펴본 후 그에 따라 진행한다.

```
/* 목록에서 카트상품 정보 찾기 */
if ( c_count > 0 )
  {
    count = 0;
    for( cnt_pnt = 0; count < c_count; cnt_pnt++ )
    {
      if ( c_num[ cnt_pnt ] != 0 )
        {
          for(count2 = 0; count2 < g_count; count2++)
            {
              if ( strcmp( c_code[ cnt_pnt ], g_code[ count2 ] ) == 0 )
               { c_gnum[ cnt_pnt ] = count2; break; };
            };
          count++;  /* 처리한 갯수 증가 */
        };
    };
  };
```

[리스트 4-90] 목록 파일을 처리하기 위한 변수 선언

또한 프로그램의 중간에 count2 변수에 의한 for()문이 있는데, 이는 카트 상품 코드를 목록의 코드와 비교하기 위한 것으로서, 만약 동일한 코드가 발견되면 그때의 목록 배열변수 번호를 c_gnum[] 변수에 대입한다.

④ 결과 표시

앞서 과정에서 상품 정보가 담긴 배열번호는 c_gnum[] 변수에 담겼다. 따라서 상품 정보는 [그림 4-81]과 같은 방법으로 얻을 수 있다.

```
상품 명 : g_name[ 배열번호 ]  ⇒ g_name[ c_gnum[ 카트 상품 번호 ] ]
단   가 : g_price[ 배열번호 ] ⇒ g_price[ c_gnum[ 카트 상품 번호 ] ]
```

[그림 4-81] c_gnum[] 변수에 의한 상품정보 추출

그러므로 카트 상품의 표시에 필요한 정보는 [리스트 4-91]과 같이 구할 수 있다.

```
printf( "%s", g_name[ c_gnum[ cnt_pnt ]]);                    /* 상품명 */
printf( "%ld 원", g_price[ c_gnum[ cnt_pnt ]]);               /* 단가 */
sum = g_price[ c_gnum[ cnt_pnt ]] * c_num[ cnt_pnt ];  /*금액계산*/
c_sum = c_sum + sum;                                          /* 총액계산 */
printf( "%ld 원", sum );                                      /* 금액 */
```

[리스트 4-91] 목록 파일을 처리하기 위한 변수 선언

⑤ 전체의 조립

이상에서 살펴본 각 부분들을 모두 조립하면 [예제 4-46]과 같이 된다. 프로그램 중에서 '목록에서 카트 상품 정보 찾기' 부분은 언뜻 생각해서는 카트 프로그램의 초기에 위치해야 할 것 같지만, '상품 추가'에 의해 새로운 품목이 카트에 담길 수 있기 때문에 카트 상품의 조작(프로그램에서는 '/* 상품 처리 */')이 모두 완료된 후, 즉 모든 처리의 마지막 단계인 파일에 저장하는 부분 전후에 위치해야 한다.

실습 예제 4-46

1. [리스트 4-92]는 상품에 관한 정보 및 가격 계산이 포함된 카트 결과를 표시하도록 변경된 것이다. 이를 추가해 실행하시오.
2. 상품 추가 및 빼기를 실행하여 금액이 변화하는 것을 확인하시오.

```
                          :
                          :
main( )
{
 char query[30];  /* Query 내용 변수 */
 char c[13];      /* 분리결과 보관용 */
 char action;     /* 프로그램의 동작 */
 FILE *fpnt;
 int  c_count = 0;             /* 카트 상품 종류 수 */
 char c_code[MAX_CNT][13];     /* 카트 상품 코드 */
 int  c_num[MAX_CNT];          /* 카트 상품 수량 */
 int  c_gnum[MAX_CNT];         /* 목록의 위치 */
 long int sum;                 /* 상품 금액 계산용 */
 long int c_sum = 0;           /* 카트 총액 계산용 */
 int  g_count = 0;             /* 목록 상품 종류 수 */
 char g_code[MAX_CNT][13];     /* 목록 상품 코드 */
 char g_name[MAX_CNT][100];    /* 목록 상품 명 */
 long int g_price[MAX_CNT];    /* 목록 상품 가격 */
 int cnt_pnt;                  /* 작업 위치 포인터용 카운트 */
 char q_code[10];              /* Query에 입력된 코드 */
 int  q_num;                   /* Query에 입력된 수량 */
 int  f_code;                  /* 검색용 결과 변수 */
 int count, count2;            /* 검색용 변수 카운터 */

/* Query 처리 */
 strcpy(query, getenv("QUERY_STRING"));
 Get_Query(query, "a=", c); action = c[0];

/* 카트 파일 읽기 */
                       :
                       :

/* 목록 파일 읽기 */
 fpnt = fopen( "goods.dat", "r" );
 fgets( g_code[g_count] , 10 , fpnt );
 do
   {
     g_code[g_count][ strlen(g_code[g_count]) - 2 ] = '\0';
     fgets( g_name[g_count] , 100 , fpnt );
     fgets( c , 10 , fpnt );
```

```
    g_price[g_count] = atol(c);
    g_count++;                     /* 다음 코드 */
    fgets( g_code[g_count] , 10 , fpnt ) ;
   } while( !feof( fpnt ) );   /* 파일 끝? */
  fclose(fpnt);

/* 카트에서 처리할 상품 찾기 */
                            :
                            :

/* 상품 처리 */
                            :
                            :
/* 파일에 기록 */
                            :
                            :
/* 목록에서 카트상품 정보 찾기 */
if ( c_count > 0 )
  {
   count = 0;
   for( cnt_pnt = 0; count < c_count; cnt_pnt++ )
   {
     if ( c_num[ cnt_pnt ] != 0 )
       {
         for(count2 = 0; count2 < g_count; count2++)
           {
             if ( strcmp( c_code[ cnt_pnt ], g_code[ count2 ] ) == 0 )
              { c_gnum[ cnt_pnt ] = count2; break; };
           };
         count++;  /* 처리한 갯수 증가 */
       };
   };
  };

 /* 화면 표시 */
 printf("Content-type:text/html\n\n");
 printf("<HTML>\n<BODY>\n");
 printf("<H3> 카트 내역 </H3>");
 if ( c_count == 0 ) printf("등록된 상품이 없습니다.\n");
  else
   {
```

```
    printf("<TABLE BORDER=1>\n<TR>");
    printf("<TH>코드</TH><TH>상품명</TH><TH>단가</TH>");
    printf("<TH>수량</TH><TH>금액</TH>");
    printf("<TH>카트에서 빼기</TH></TR>");
    count = 0;
    for( cnt_pnt = 0; count < c_count; cnt_pnt++ )
     if ( c_num[ cnt_pnt ] != 0 )
      {
       printf( "<TR><TD>%s</TD>", c_code[ cnt_pnt ]);        /* 코드 */
       printf( "<TD>%s</TD>", g_name[ c_gnum[ cnt_pnt ]]);  /* 상품명 */
       printf( "<TD>%ld 원</TD>", g_price[ c_gnum[ cnt_pnt ]]);
/* 단가 */
       printf( "<TD>%d</TD>", c_num[ cnt_pnt ]);             /* 수량 */
       sum = g_price[ c_gnum[ cnt_pnt ]] * c_num[ cnt_pnt ];
/*금액계산*/
       c_sum = c_sum + sum;                                /* 총액계산 */
       printf( "<TD>%ld 원</TD>", sum );                      /* 금액 */
       printf("<TD><BR><FORM METHOD = \"GET\" ACTION = \"cart.cgi\"
                                        TARGET = \"cart\">" );
       printf("<INPUT TYPE=\"hidden\" NAME=\"a\" VALUE=\"m\" >");
       printf("<INPUT TYPE=\"hidden\" NAME=\"c\" VALUE=\"%s\" >",
                                              c_code[cnt_pnt]);
       printf("<SELECT NAME = \"n\"> <OPTION SELECTED> 1" );
       printf("<OPTION>2  <OPTION>3  <OPTION>4  <OPTION>5  <OPTION>6" );
       printf("<OPTION>7  <OPTION>8  <OPTION>9  </SELECT>" );
       printf("<INPUT TYPE = \"SUBMIT\" VALUE = \" 빼기 \">" );
       printf("</FORM> </TD>" );
       printf( "</TR>" );
       count++;   /* 실제 카운터 */
      };
     printf("</TABLE><BR><BR>");
     printf("현재 총액은 %ld 원 입니다.", c_sum );
   };
 printf("</BODY>\n</HTML>\n");
}
```

[리스트 4-92] 상품 정보 및 가격 계산이 추가된 프로그램

(2) 숫자 표시 방법의 개선

이번에는 프로그램 동작에는 상관이 없지만 숫자를 표시할 때 우리가 실제로 사용하는 형식에 맞춰 표시하는 것에 대해 살펴본다.

① 숫자 표시 방법의 개선사항

지금까지 작성한 프로그램은 숫자, 특히 금액을 표시할 때 [그림 4-82](a)에 나타낸 바와 같이 단순히 숫자만이 표시되는데, 실재로는 숫자를 읽기 쉽도록 [그림 4-82](b)와 같이 3자리마다 콤마 기호를 사용한다. 따라서 본 프로그램에서도 이러한 처리를 해 숫자를 표시할 것인데, 이는 쇼핑 카트 프로그램 내에서는 각 상품의 단가 표시, 수량 표시, 금액 표시, 총액 표시 등 여러 부분에서 사용될 뿐만 아니라 상품 목록 프로그램에서 단가를 표시할 때도 사용되기 때문에 숫자의 콤마 처리를 위한 함수를 제작할 필요가 있다.

12000 원	12,000 원
(a) 현재의 표시 상태	(b) 개선할 숫자 표시

[그림 4-82] 숫자 표시의 개선 목표

② 숫자 표시 함수의 제작

[그림 4-82](b)에 나타낸 바와 같이 숫자 3자리마다 콤마 기호를 삽입하는 알고리즘을 생각해 본다. 우선 숫자를 1자리씩 프린트하면서 중간에 콤마를 표시하려면 숫자를 문자열로 변환하여 처리하는 것이 편하다. 문자열로 변환된 숫자에 콤마를 삽입하는 지점의 규칙성을 찾기 위해 [그림 4-83]과 같은 2가지 경우를 생각해 본다.

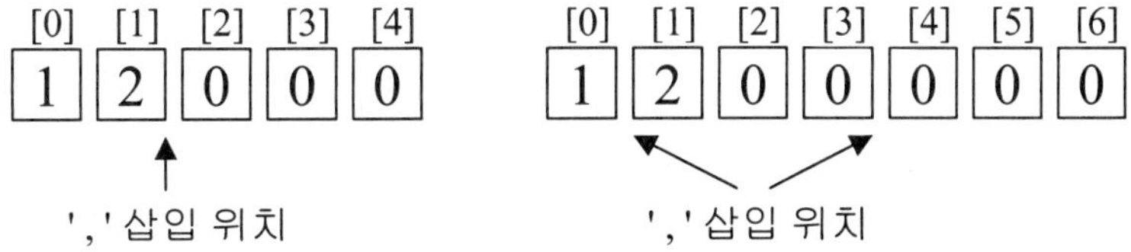

(a) 5자리 수 (b) 7자리 수

[그림 4-83] 배열 번호에 의한 관점

[그림 4-83]은 스트링변수, 즉 문자 배열에 나열된 2종류의 숫자 예로서, [그

림 4-83](a)의 경우는 배열번호 [1]과 [2] 사이에 콤마가 위치해야 하고, [그림 4-83](b)는 [0]과 [1], 그리고 [3]과 [4] 사이에 콤마들이 위치해야 한다. 이를 살펴보면 배열번호와 콤마의 위치는 전혀 연관성이 없기 때문에 규칙을 찾아낼 수 없는데, 그 이유는 우리가 사용하는 숫자체계의 경우 숫자의 오른쪽 끝이 '일의 자리'로서 정해져 있고 숫자의 왼쪽 방향으로 자릿수가 증가하는데 비해, 배열번호는 가장 왼쪽이 [0]으로 정해져 있고 오른쪽 방향으로 자릿수가 증가하도록 되어 있기 때문에 실제 숫자와 배열번호 사이에는 연관관계가 없다. 그렇다면 일반 숫자체계와 동일하도록 오른쪽 끝부터 번호를 매긴다면 이 경우는 [그림 4-84]와 같이 콤마의 위치에 규칙성을 찾을 수 있다.

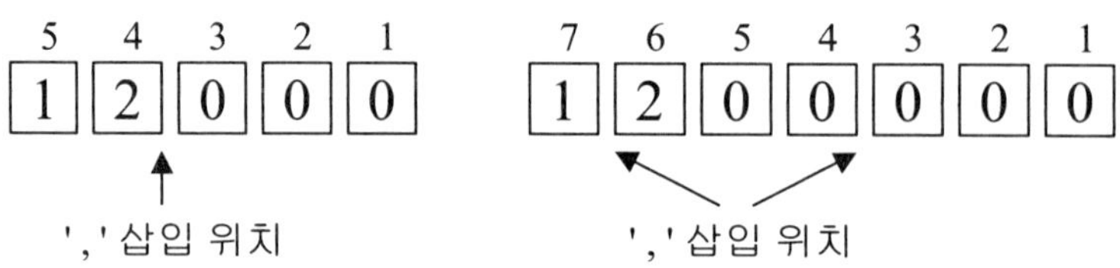

(a) 5자리 수 (b) 7자리 수

[그림 4-84] 실재 숫자 자릿수 관점

즉 [그림 4-84](a)의 경우 4번과 3번 사이에 콤마가 위치하고, [그림 4-84](b)는 7번과 6번, 그리고 4번과 3번 사이에 콤마가 위치하며, 만약 숫자 자릿수가 더 커진다면 10번과 9번, 7번과 6번, 그리고 4번과 3번 사이에 콤마가 위치하게 될 것이다. 따라서 이러한 가상 번호와 실제 배열번호 사이를 연결하기만 하면 되는데, 이 관계를 [그림 4-85]에 나타내었다.

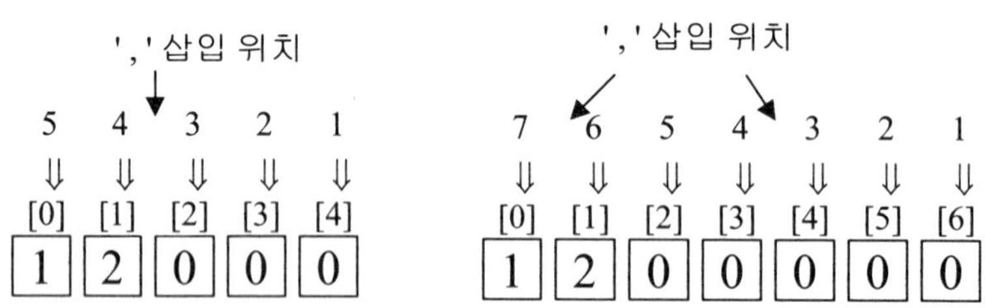

(a) 5자리 수 (b) 7자리 수

배 열 번 호 = (문자열 길이) - (가상 번호) 콤 마 프린트 : ((가상 번호) % 3 == 1) && ((가상번호) > 2)) 일 때

(c) 관계식

[그림 4-85] 숫자 자릿수와 가상번호의 관계

즉 가상번호(프로그램 상에서는 카운터이다)가 문자열 길이부터 1까지 감소하는 동안 배열번호의 문자를 프린트 하고, [그림 4-85](c)의 조건에 해당될 때 콤마를 프린트 한다. 이와 같은 과정을 구현한 함수를 [리스트 4-93]에 나타내었다.

```
void prt_num( long int input )
{
  char buff[ 12 ];
  int len, cnt;
  sprintf( buf, "%ld" , input );
  len = strlen( buff );
  for ( cnt = len; cnt > 0; cnt-- )
    {
      printf( "%c" , buf[ len - cnt ] );
      if ( ( ( cnt % 3 ) == 1 ) && ( cnt > 2 ) ) printf( "," );
    };
}
```

[리스트 4-93] 완성된 콤마 처리 함수

③ 상품 목록 프로그램에 적용

실습 예제 4-47

1. [리스트 4-94]는 앞서 작성한 콤마 처리함수를 상품 목록 프로그램에 적용한 것이다. 이를 입력하고 실행결과를 확인하시오.

```
#include <stdio.h>
#include <string.h>

void prt_num( long int );

main( )
{
           :
           :
/* 결과 표시 */
    printf("<TR>");
    printf("<TD> %s </TD>\n", code);
    printf("<TD> %s </TD>\n", name);
```

```
    printf("<TD>");  prt_num( price);  printf("</TD>₩n");
    printf("<TD> <BR> <FORM METHOD = \"GET\" ACTION = \"cart.cgi\"
                                             TARGET = \"cart\" >");
          :
          :

  printf("</BODY>\n </HTML>\n");
  fclose(fpnt);
}

void prt_num( long int input )
{
  char buff[ 12 ];
  int len, cnt;
  sprintf( buff, "%ld" , input );
  len = strlen( buff );
  for ( cnt = len; cnt > 0; cnt-- )
    {
      printf( "%c" , buff[ len - cnt ] );
      if ( ( ( cnt % 3 ) == 1 ) && ( cnt > 2 ) ) printf( "," );
    };
}
```

[리스트 4-94] 상품 목록 프로그램에 적용한 콤마 처리 함수

④ 쇼핑 카트 프로그램에 적용

실습 예제 4-48

1. [리스트 4-95]는 앞서 작성한 콤마 처리함수를 쇼핑 카트 프로그램에 적용한 것이다. 이를 입력하고 실행결과를 확인하시오.

```
#include <stdio.h>
#include <stdlib.h>
#include <string.h>
#include "cgi-sub.c"
#define MAX_CNT 20

void prt_num( long int );
```

```
main( )
{
                :
                :

 /* 화면 표시 */
 printf("Content-type:text/html\n\n");
 printf("<HTML>\n<BODY>\n");
                :
                :
    count = 0;
    for( cnt_pnt = 0; count < c_count; cnt_pnt++ )
     if ( c_num[ cnt_pnt ] != 0 )
      {
       printf( "<TR><TD>%s</TD>", c_code[ cnt_pnt ]);        /* 코드 */
       printf( "<TD>%s</TD>", g_name[ c_gnum[ cnt_pnt ]]); /* 상품명 */
       printf( "<TD>" );  prt_num( g_price[ c_gnum[ cnt_pnt ]] );
       printf( " 원</TD>" );                                  /* 단가 */
       printf( "<TD>" ); prt_num( c_num[ cnt_pnt ] );
       printf( "</TD>" );                                     /* 수량 */
       sum = g_price[ c_gnum[ cnt_pnt ]] * c_num[ cnt_pnt ];
/*금액계산*/
       c_sum = c_sum + sum;                                /* 총액계산 */
       printf( "<TD>" ); prt_num( sum ); printf( " 원</TD>" );
/* 금액 */
       printf("<TD><BR><FORM METHOD = \"GET\" ACTION = \"cart.cgi\"
                                          TARGET = \"cart\">" );
       printf("<INPUT TYPE=\"hidden\" NAME=\"a\" VALUE=\"m\" >");
       printf("<INPUT TYPE=\"hidden\" NAME=\"c\" VALUE=\"%s\" >",
                                               c_code[cnt_pnt]);
       printf("<SELECT NAME = \"n\"> <OPTION SELECTED> 1" );
       printf("<OPTION>2  <OPTION>3  <OPTION>4  <OPTION>5  <OPTION>6" );
       printf("<OPTION>7  <OPTION>8  <OPTION>9  </SELECT>" );
       printf("<INPUT TYPE = \"SUBMIT\" VALUE = \" 빼기 \">" );
       printf("</FORM> </TD>" );
       printf( "</TR>" );
       count++;   /* 실제 카운터 */
      };
     printf("</TABLE><BR><BR>");
     printf( "현재 총액은" ); prt_num( c_sum ); printf( "원 입니다." );
```

```
    };
  printf("</BODY>\n</HTML>\n");
}

void prt_num( long int input )
{
  char buff[ 12 ];
  int len, cnt;
  sprintf( buff, "%ld" , input );
  len = strlen( buff );
  for ( cnt = len; cnt > 0; cnt-- )
    {
      printf( "%c" , buff[ len - cnt ] );
      if ( ( ( cnt % 3 ) == 1 ) && ( cnt > 2 ) ) printf( "," );
    };
}
```

[리스트 4-95] 쇼핑 카트 프로그램에 적용한 콤마 처리 함수

5) 프로그램 전체 리스트

지금까지 작성했던 쇼핑 카트 시스템 프로그램의 전체 목록을 모두 나타내었다. 기본 프로그램에 조금씩 기능을 추가해 어느덧 이와 같이 긴 프로그램이 되었다. 여러분이 이렇게 긴 프로그램을 이해할 수 있다는 것이 놀랍지 아니한가!

① 전체 제어 HTML 문서

```
<FRAMESET COLS = "40%, 60%" >
  <FRAME SRC = "cgi-bin/goods.cgi" name = "goods" >
  <FRAME SRC = "cgi-bin/cart.cgi?a=d" name = "cart" >
</FRAMESET>
```

[리스트 4-96] 쇼핑 카트 시스템 구동용 HTML 문서

② 상품 목록 프로그램

```
#include <stdio.h>
#include <string.h>

void prt_num( long int );

main( )
{
  FILE  *fpnt;
  char code[13] , name[100];
  char prc[13];
  long int price;

  printf("Content-type:text/html\n\n");
  printf("<HTML>\n<BODY>\n");


/* 파일 열기 */
  fpnt = fopen("goods.dat", "r");

/* 표시 준비 */
  printf("<H3> 상품 목록 </H3>");
  printf("<TABLE BORDER = 1 BGCOLOR = \"#FFFFE0\">\n");
  printf("<TR BGCOLOR = \"#E0FFFF\">\n");
  printf("<TH>상품코드</TH><TH>상품 명</TH><TH>가격</TH>");
  printf("<TH>카트에 넣기</TH>");
  printf("</TR>\n");

/* 파일 읽기 */
  fgets( code , 10 , fpnt ) ;
  do
  {
   code[ strlen(code) - 2 ] = '\0';
   fgets( name , 100 , fpnt ) ;
   name[ strlen(name) - 2 ] = '\0';
   fgets( prc , 10 , fpnt ) ;
   price = atol(prc);

/* 결과 표시 */
   printf("<TR>");
```

```
    printf("<TD> %s </TD>\n", code);
    printf("<TD> %s </TD>\n", name);
    printf("<TD>"); prt_num( price); printf("</TD>\n");
    printf("<TD> <BR> <FORM METHOD = \"GET\" ACTION = \"cart.cgi\"
                                              TARGET = \"cart\" >");
    printf("<INPUT TYPE = \"hidden\" NAME = \"a\" VALUE = \"p\"
>");
    printf("<INPUT TYPE = \"hidden\" NAME = \"c\" VALUE = \"%s\"
>", code);
    printf("<SELECT NAME = \"n\"> <OPTION SELECTED> 1" );
    printf("<OPTION>2 <OPTION>3 <OPTION>4 <OPTION>5 <OPTION>6" );
    printf("<OPTION>7 <OPTION>8 <OPTION>9 </SELECT>" );
    printf("<INPUT TYPE = \"SUBMIT\" VALUE = \" 넣기 \">" );
    printf("</FORM> </TD>" );

    printf("</TR>\n");
    fgets( code , 10 , fpnt ) ;  /* 다음 코드 우선 읽어본다 */
  } while( !feof( fpnt ) )       /* 파일 끝이 아니라면 계속 진행 */;
  printf("</TABLE>\n");

  printf("</BODY>\n </HTML>\n");

  fclose(fpnt);
}

void prt_num( long int input )
{
  char buff[ 12 ];
  int len, cnt;
  sprintf( buff, "%ld" , input );
  len = strlen( buff );
  for ( cnt = len; cnt > 0; cnt-- )
    {
      printf( "%c" , buff[ len - cnt ] );
      if ( ( ( cnt % 3 ) == 1 ) && ( cnt > 2 ) ) printf( "," );
    };
}
```

[리스트 4-97] 상품 목록 프로그램

③ 쇼핑 카트 프로그램

```
#include <stdio.h>
#include <stdlib.h>
#include <string.h>
#include "cgi-sub.c"
#define MAX_CNT 20

void prt_num( long int );

main( )
{
 char query[30];  /* Query 내용 변수 */
 char c[10];      /* 분리결과 보관용 */
 char action;     /* 프로그램의 동작 */
 FILE *fpnt;
 int  c_count = 0;            /* 카트 상품 종류 수 */
 char c_code[MAX_CNT][13];    /* 카트 상품 코드 */
 int  c_num[MAX_CNT];         /* 카트 상품 수량 */
 int  c_gnum[MAX_CNT];        /* 목록의 위치 */
 long int sum;                /* 상품 금액 계산용 */
 long int c_sum = 0;          /* 카트 총액 계산용 */
 int  g_count = 0;            /* 목록 상품 존류 수 */
 char g_code[MAX_CNT][13];    /* 목록 상품 코드 */
 char g_name[MAX CNT][100];   /* 목록 상품 명 */
 long int g_price[MAX_CNT];   /* 목록 상품 가격 */
 char q_code[10];             /* Query에 입력된 코드 */
 int  q_num;                  /* Query에 입력된 수량 */
 int  f_code;                 /* 검색용 결과 변수 */
 int count, count2;           /* 검색용 변수 카운터 */
 int cnt_pnt;                 /* 작업 위치 카운트 */

/* Query 처리 */
 strcpy(query, getenv("QUERY_STRING"));
 Get_Query(query, "a=", c); action = c[0];

/* 카트 파일 읽기 */
 fpnt = fopen( "cart.dat", "r" );
 if ( fpnt != NULL )
  {
```

```
   fgets( c_code[c_count] , 10 , fpnt );
   while( !feof( fpnt ) )       /* 파일 끝? */
    {
      c_code[c_count][ strlen(c_code[c_count]) - 2 ] = '\0';
      fgets( c , 10 , fpnt );
      c_num[c_count] = atol(c);
      c_count++;                    /* 다음 코드 */
      fgets( c_code[c_count] , 10 , fpnt );
    };
   fclose(fpnt);
  };

/* 목록 파일 읽기 */
 fpnt = fopen( "goods.dat", "r" );
 fgets( g_code[g_count] , 10 , fpnt );
 do
   {
     g_code[g_count][ strlen(g_code[g_count]) - 2 ] = '\0';
     fgets( g_name[g_count] , 100 , fpnt );
     fgets( c , 10 , fpnt );
     g_price[g_count] = atol(c);
     g_count++;                     /* 다음 코드 */
     fgets( g_code[g_count] , 10 , fpnt ) ;
    } while( !feof( fpnt ) );   /* 파일 끝? */
  fclose(fpnt);

/* 카트에서 처리할 상품 찾기 */
 switch( action )
   {
     case 'p' :
     case 'm' :
             Get_Query(query, "c=", q_code);
             Get_Query(query, "n=", c); q_num = atoi(c);
             f_code = -1;
             if (c_count > 0)
               {
                 for( count = 0; count < c_count; count++ )
                  {
                   if (strcmp( q_code , c_code[ count ] ) == 0)
                                          { f_code = count; break; };
                  };
```

```
              };
            break;
      default  : break;
   };

/* 상품 처리 */
 switch( action )
   {
     case 'p' :                        /* 상품 추가 처리 */
            if ( f_code < 0 )
              {                      /* 새 상품일 때 */
                strcpy( c_code[ c_count ], q_code ); /* 등록 */
                c_num[ c_count ] = q_num;
                c_count++;
              }
              else c_num[ f_code ] = c_num[ f_code ] + q_num;
/* 추가 */
            break;
     case 'm' :                        /* 상품 감소 처리 */
            c_num[ f_code ] = c_num[ f_code ] - q_num;
            if ( c_num[ f_code ] <= 0 )
              {
                c_num[ f_code ] = 0;
                c_count--;             /* 상품 수 감소 */
              };
            break;
     default : break;
   };

/* 파일에 기록 */
  switch( action )
    {
      case 'p' :
            fpnt = fopen( "cart.dat", "w" );
             for( count = 0; count < c_count; count++ )
              {
                fprintf( fpnt, "%s\r\n", c_code[ count ]);
                fprintf( fpnt, "%ld\r\n", c_num[ count ]);
              };
            fclose( fpnt );
            break;
```

```
      case 'm' :
            fpnt = fopen( "cart.dat", "w" );
            count = 0;
             for( cnt_pnt = 0; count < c_count; cnt_pnt++ )
              {
               if ( c_num[ cnt_pnt ] != 0 )
                 {
                   fprintf( fpnt, "%s\r\n", c_code[ cnt_pnt ]);
                   fprintf( fpnt, "%ld\r\n", c_num[ cnt_pnt ]);
                   count++;    /* 저장한 갯수 증가 */
                 };
              };
            fclose( fpnt );
            break;
      default : break;
    };

/* 목록에서 카트상품 정보 찾기 */
if ( c_count > 0 )
  {
    count = 0;
    for( cnt_pnt = 0; count < c_count; cnt_pnt++ )
    {
      if ( c_num[ cnt_pnt ] != 0 )
        {
          for(count2 = 0; count2 < g_count; count2++)
            {
              if ( strcmp( c_code[ cnt_pnt ], g_code[ count2 ] ) == 0 )
               { c_gnum[ cnt_pnt ] = count2; break; };
            };
          count++;  /* 처리한 갯수 증가 */
        };
    };
  };

 /* 화면 표시 */
 printf("Content-type:text/html\n\n");
 printf("<HTML>\n<BODY>\n");
 printf("<H3> 카트 내역 </H3>");
 if ( c_count == 0 ) printf("등록된 상품이 없습니다.\n");
  else
```

```
    {
     printf("<TABLE BORDER=1>\n<TR>");
     printf("<TH>코드</TH><TH>상품명</TH><TH>단가</TH>");
     printf("<TH>수량</TH><TH>금액</TH>");
     printf("<TH>카트에서 빼기</TH></TR>");
     count = 0;
     for( cnt_pnt = 0; count < c_count; cnt_pnt++ )
      if ( c_num[ cnt_pnt ] != 0 )
       {
        printf( "<TR><TD>%s</TD>", c_code[ cnt_pnt ]);       /* 코드 */
        printf( "<TD>%s</TD>", g_name[ c_gnum[ cnt_pnt ]]); /* 상품명 */
        printf( "<TD>" );  prt_num( g_price[ c_gnum[ cnt_pnt ]] );
        printf( " 원</TD>" );                                 /* 단가 */
        printf( "<TD>" ); prt_num( c_num[ cnt_pnt ] );
        printf( "</TD>" );                                    /* 수량 */
        sum = g_price[ c_gnum[ cnt_pnt ]] * c_num[ cnt_pnt ];
                                                              /*금액계산*/
        c_sum = c_sum + sum;                                 /* 총액계산 */
        printf( "<TD>" ); prt_num( sum ); printf( " 원</TD>" );
                                                               /* 금액 */
        printf("<TD><BR><FORM METHOD = \"GET\" ACTION = \"cart.cgi\"
                                           TARGET = \"cart\">" );
        printf("<INPUT TYPE=\"hidden\" NAME=\"a\" VALUE=\"m\" >");
        printf("<INPUT TYPE=\"hidden\" NAME=\"c\" VALUE=\"%s\" >",
                                              c_code[cnt_pnt]);
        printf("<SELECT NAME = \"n\"> <OPTION SELECTED> 1" );
        printf("<OPTION>2  <OPTION>3  <OPTION>4  <OPTION>5  <OPTION>6" );
        printf("<OPTION>7  <OPTION>8  <OPTION>9  </SELECT>" );
        printf("<INPUT TYPE = \"SUBMIT\" VALUE = \" 빼기 \">" );
        printf("</FORM> </TD>" );
        printf( "</TR>" );
        count++;   /* 실제 카운터 */
       };
      printf("</TABLE><BR><BR>");
      printf( "현재 총액은" ); prt_num( c_sum ); printf( " 원 입니다." );
    };
  printf("</BODY>\n</HTML>\n");
}

void prt_num( long int input )
{
```

```
  char buff[ 12 ];
  int len, cnt;
  sprintf( buff, "%ld" , input );
  len = strlen( buff );
  for ( cnt = len; cnt > 0; cnt-- )
    {
      printf( "%c" , buff[ len - cnt ] );
      if ( ( ( cnt % 3 ) == 1 ) && ( cnt > 2 ) ) printf( "," );
    };
}
```

[리스트 4-98] 쇼핑 카트 프로그램

6. 간이 방명록(Guest - Book)

지금까지 학습한 지식들에 더 진보된 내용을 추가해 본격적인 CGI 응용 중 하나인 방명록을 작성한다. 그런데, 처음부터 완전한 기능을 가진 방명록을 제작하기보다는 우선 간단한 기능을 지닌 단순한 간이 방명록을 먼저 다루고, 이후에 많은 기능을 지닌 전자 게시판을 제작하기로 한다.

1) 간이 방명록의 개요

(1) 간이 방명록의 목표 및 구성

① 방명록의 구성

여기서 제작할 간이 방명록은 [그림 4-86]과 같은 단순한 기능을 목표로 한다.

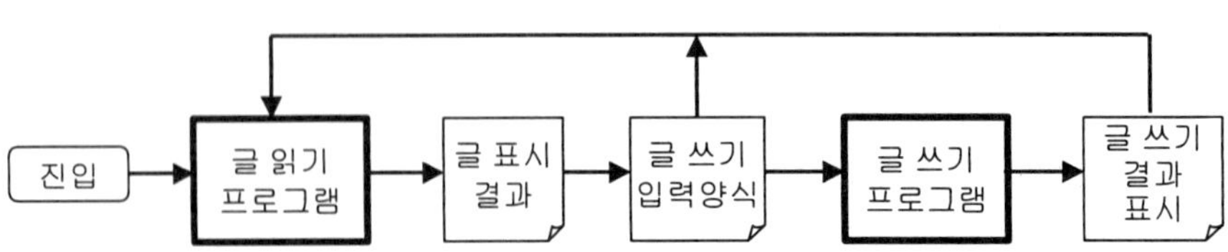

[그림 4-86] 목표로 한 간이 방명록의 흐름

전체적인 구성은 글 읽기 프로그램과 글쓰기 프로그램, 그리고 글쓰기 양식의 3개 부분으로 구성하는데, 방명록을 처음 시작할 때는 글 읽기 프로그램으로 진입하고, 여기서 글쓰기 입력양식으로 향할 수 있다. 글쓰기 입력양식에서는 다시 글 읽는 프로그램으로 되돌아오거나 또는 글 내용을 적고 전송하면 이를 글쓰기 프로그램에서 정리해 파일에 기록하고 글의 기록이 완료된 결과를 표시한 후 다시 글 읽기 프로그램으로 되돌아간다.

각 프로그램이 수행할 기능은 <표 4-12>에 나타낸 바와 같이 글을 읽는 것은 목차에 의해 글을 선택하는 것이 아니라 모든 글이 한꺼번에 표시되는 단순한 것으로 하며, 이후에 전자 게시판 제작에서 목차에 의해 글을 선택해 읽는 것으로 확장한다.

〈표 4-12〉 각 프로그램의 기능

프로그램	목표 기능
글 읽기 프로그램	- 데이터 파일로부터 데이터 읽어 화면에 표시 (결과 HTML문서 발생). - 글의 목차 없이 연속으로 모든 내용 표시.
글 쓰기 프로그램	- 입력양식으로부터 전송된 데이터를 정리 및 파일에 기록. - 기록된 데이터를 이용해 글쓰기 결과 표시문서 발생.

② 파일의 형식

기록할 파일의 형식은 [그림 4-87]에 나타낸 바와 같이 성명, 일시, 제목, 내용의 4개 필드로 구성된 단순한 것으로 한다. 또한 각 필드는 엔터 문자로 구분하도록 하며, 앞서 쇼핑 카트 제작에서도 소개한 바와 같이 작업의 편의상 PC에서 사용하는 '\r\n' 문자를 사용한다.

성명 (10문자 이내)¶
일시 (18문자 이내)¶
제목 (50문자 이내)¶
내용 (200문자 이내)¶

(a) 기록 형식

홍길동¶	6문자
05/09/01 p12:34¶	15문자
안녕하십니까?¶	13문자
이것은 테스트입니다.¶	20문자

(b) 입력 예

[그림 4-87] 파일의 형식

(2) 프로그램 구성을 위한 지식

간이 방명록 프로그램을 구성하기 위해서는 어떤 지식이 필요할 것인지 살펴본다.

① 글 읽기 프로그램

파일에 저장된 방명록 데이터를 읽어 보여주기 위해서는 <표 4-13>과 같은 기능과 지식이 필요하다.

〈표 4-13〉 글 읽기 프로그램의 기능과 필요지식

기 능	필요 지식
i) 파일로부터 데이터 읽기	fscanf( ) - 파일 데이터를 읽을 수 있는 명령
ii) 결과 HTML 문서 보내기	printf( )에 의한 HTML 발생
iii) 모든 글 표시 위해 반복문 필요	while( ) 루프
iv) 파일의 끝을 어떻게 검출할 것인가?	feof( )함수

글을 표시하기 위해서는 파일에 저장된 데이터를 읽는 것이 필수적인데, 이를 위해 fscanf( ) 함수나 fgets( ) 함수를 사용할 것이다. 이와 같이 읽어 들인 데이터를 정리해 HTML 문서를 구성하는 데는 지금까지 사용했던 printf( ) 함수가 사용된다. 글이 여러 개 있는 경우 과정 i)과 ii)가 반복돼야 하며 이러한 경우에는 for( )문이나 while( )문을 사용한다. 모든 내용이 표시되었는지 검출해 프로그램을 종료하기 위해 파일의 끝에 도달했음을 검출하는 feof( ) 함수를 활용한다.

② 글 쓰기 프로그램

입력양식으로부터 전달된 방명록 데이터를 정리해 기록하기 위해서는 <표 4-14>와 같은 기능과 지식이 필요하다.

〈표 4-14〉 글 쓰기 프로그램의 기능과 필요지식

기 능	필요 지식
i) 입력양식으로부터 전송된 데이터의 분석(데이터 추출)	쿼리 데이터의 다른 전달방법인 post 전송법
ii) 파일에 기록하기	fprintf( )에 의한 파일 기록
iii) 기록결과 HTML 문서 보내기	printf( )에 의한 HTML 발생

방명록 입력양식에서 전달되는 데이터를 추출해 분리하는 과정은 지금까지 다루었던 쿼리 데이터 추출 방법과는 다른 방법을 사용할 것이며, 분리된 데이터를 규격에 맞춰 파일에 기록하고 기록결과 문서를 발생하는 과정은 지금까지 사용해온 fprinf( ) 함수와 printf( ) 함수를 이용한다.

2) 글 읽기 프로그램

방명록이나 게시판 등은 데이터를 기록하는 부분과 읽어내는 부분으로 구성되는데, 우선 데이터를 읽어 들이는 부분부터 작성하도록 한다.

실습 준비

이후의 실습 진행을 위해 다음 내용을 "guest.dat"라는 이름으로 메모장으로 편집하고 cgi-bin 디렉토리에 이동하시오.

```
홍길동¶
05/09/01 p12:34¶
이것은 테스트¶
안녕하세요? 이것은 방명록 테스트입니다.¶
```

[리스트 4-99] 실습을 위한 준비 파일

(1) 파일 내용 읽기

① scanf( ), fscanf( ), fgets( ) 중의 선택

scanf( )나 fscanf( ) 함수는 입력된 데이터 중 스페이스 문자나 탭 문자 또는 엔터 문자를 만나면 그곳에서 입력을 종료하는 특징이 있다. 따라서 이를 사용하면 데이터는 [그림 4-59]와 같이 읽어 들여질 것이므로 여기서는 사용할 수 없다.

따라서 fgets( )함수를 사용해야 하는데, 여기 방명록에서는 앞서 쇼핑 카트에서와 같이 데이터를 비교하거나 전송하는 과정이 없기 때문이 굳이 스트링 변수의 마지막에 포함된 엔터를 제거할 필요는 없다.

```
홍길동¶

05/09/01 p12:34¶

이것은 테스트¶

안녕하세요? 이것은 방명록 테스트입니다.¶
```

(a) 데이터 파일

```
fscanf(fpnt, "%s %s", name, wr_time);
fscanf(fpnt, "%s %s", title , sentence);
```

(b) 프로그램

```
name  : 홍길동  wr_time : 05/09/01
title : p12:34 sentence : 이것은
```

(c) 실행 결과

[그림 4-88] fscanf( )함수에 의한 데이터 읽기 문제

② 프로그램의 작성

실습 예제 4-49

1. [리스트 4-100]의 방명록 읽기 프로그램을 "dsp_guest.c"라는 이름으로 입력하고 "dsp_guest.cgi"라는 이름으로 컴파일 한 후 실행하시오.
2. 나타난 결과를 브라우저의 "소스보기"를 이용해 각 데이터마다 엔터 기호가 나타난 것을 확인해 보시오.

```
#include <stdio.h>

main( )
{
  FILE  *fpnt;
  char name[16] , wr_time[18];
  char title[50] , sentence[200];

  printf("Content-type:text/html\n\n");
```

```
  printf("<HTML>\n<BODY>\n");

/* 파일 읽기 */
  fpnt = fopen("guest.dat", "r");
  fgets( name , 16 , fpnt ) ;
  fgets( wr_time , 18 , fpnt ) ;
  fgets( title , 50 , fpnt ) ;
  fgets( sentence , 200 , fpnt ) ;
/* 결과 표시 */
  printf("기록자 성명 : %s<BR>" , name);
  printf("기록 일시 : %s<BR>" , wr_time);
  printf("제목 : %s<BR>" , title);
  printf("내용 : %s<HR>" , sentence);

  printf("</BODY>\n </HTML>\n");

  fclose(fpnt);
}
```

[리스트 4-100] fgets( )함수에 의한 글 읽기 프로그램

[리스트 4-100] 프로그램 중의 fgets( )에 지정한 글자 수들은 우리가 처음 목표했던 최대 글자 수를 그대로 반영한 것으로서, 데이터는 이 글자 수보다 클 수 없다고 가정했기 때문에 엔터 문자를 만날 때까지를 모두 읽는 결과가 된다.

실습 예제 4-50

1. [리스트 4-101]은 앞서 작성한 "dsp_guest.c" 프로그램의 결과표시를 개선한 것이다. 프로그램 중의 「/* 결과 표시 */」 부분을 리스트와 같이 변경해 실행하시오.
2. 여러분이 좋아하는 색상이나 모양으로 변경해 보시오.

```
/* 결과 표시 */
  printf("<TABLE BORDER = 1 BGCOLOR = \"#FFFFF0\">\n");
  printf("<TR>\n");
  printf("<TD BGCOLOR = \"#E0FFFF\">성 명</TD>");
```

```
  printf("<TD> %s </TD>\n", name);
  printf("<TD BGCOLOR = \"#E0FFFF\">일 시</TD>");
  printf("<TD> %s </TD>\n", wr_time);
  printf("</TR><TR>");
  printf("<TD BGCOLOR = \"#E0FFFF\">제 목</TD>");
  printf("<TD COLSPAN = 3> %s </TD>\n", title);
  printf("</TR> <TR>");
  printf("<TD COLSPAN = 4>내 용<BR>%s</TD>\n", sentence);
  printf("</TR></TABLE>\n");

  printf("</BODY>\n </HTML>\n");

  fclose(fpnt);
}
```

[리스트 4-101] 결과표시 부분의 개선

(2) 반복문에 의한 연속 표시

여기서는 앞서 작성했던 글 내용 표시 프로그램을 여러 개의 글을 모두 표시할 수 있도록 변경한다.

실습 준비

이후의 실습 진행을 위해 "guest.dat" 파일에 [리스트 4-102]와 같이 내용을 추가하시오.

```
홍길동¶
05/09/01 p12:34¶
이것은 테스트¶
안녕하세요? 이것은 방명록 테스트입니다.¶
옥동자¶
05/09/02 p03:52¶
이것은 두 번째 테스트¶
이것은 두 번째 글입니다.¶
```

[리스트 4-102] 데이터의 추가

현재 작성하고 있는 방명록에서의 반복 조건은 [그림 4-89]에 나타낸 바와 같이 글 내용을 표시한 후 다음 내용이 있다면 글 내용 표시를 반복하고 아니면 종료하는 것으로서 앞서 쇼핑 카트의 물품 목록 프로그램과 동일하다.

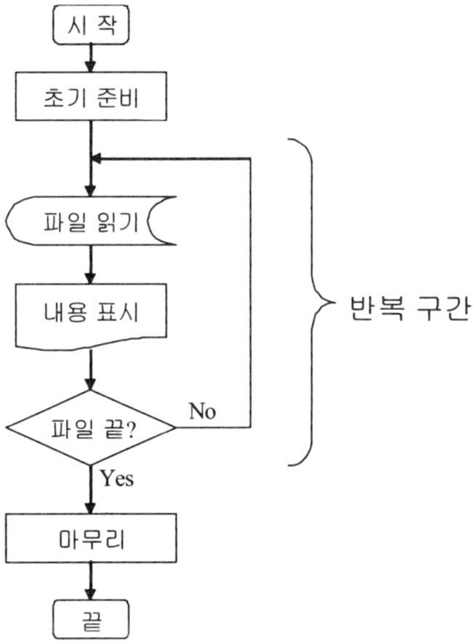

[그림 4-89] 방명록의 반복구간

그런데 우리가 작성할 글 내용 표시 프로그램은 글 내용이 하나도 없는 경우도 있을 수 있으므로 while( ) 반복문을 사용하기로 한다. 이 경우 프로그램 구조는 [그림 4-90]과 같이 구성된다.

```
while ( 파일이 끝이 아닐 때 )
  {
    파일 읽기;
    HTML로 표시하기;
  };
```

[그림 4-90] 프로그램에 사용할 구조

실습 예제 4-51

1. [리스트 4-103]은 앞서 작성한 "dsp_guest.c" 프로그램에 반복 부분을 추가한 것이다. 이를 입력하고 실행해 결과를 확인하시오.
2. "guest.dat" 파일에 글 데이터를 추가한 후 실행 결과를 확인해 보시오.

```
#include <stdio.h>

main( )
{
  FILE  *fpnt;
  char name[16], wr_time[18];
  char title[50], sentence[200];

  printf("Content-type:text/html\n\n");
  printf("<HTML>\n<BODY>\n");
  fpnt = fopen("guest.dat", "r");

  fgets( name , 16 , fpnt ) ;  /* 우선 읽어본다 */
  while( !feof( fpnt ) )        /* 파일 끝이 아니라면 계속 진행 */
  {

    /* 파일 읽기 */
    fgets( wr_time , 18 , fpnt ) ;
    fgets( title , 50 , fpnt ) ;
    fgets( sentence , 200 , fpnt ) ;

    /* 결과 표시 */
    printf("<TABLE BORDER=1 BGCOLOR=\"#FFFFE0\">\n");
    printf("<TR>\n");
    printf("<TD BGCOLOR = \"#E0FFFF\">성 명 </TD>");
    printf("<TD> %s </TD>\n", name );
    printf("<TD BGCOLOR = \"#E0FFFF\">일 시 </TD>");
    printf("<TD> %s </TD>\n", wr_time);
    printf("</TR> <TR>");
    printf("<TD BGCOLOR = \"#E0FFFF\">제 목 </TD>");
    printf("<TD COLSPAN = 3> %s </TD>\n", title);
    printf("</TR> <TR>");
    printf("<TD COLSPAN = 4> 내 용<BR>%s </TD>\n", sentence);
    printf("</TR> </TABLE>\n");
```

```
    fgets( name , 16 , fpnt ) ;  /* 다음 내용 우선 읽어본다 */
  };
  printf("</BODY>\n </HTML>\n");
  fclose(fpnt);
}
```

[리스트 4-103] 반복 기능이 추가된 방명록 프로그램

3) 글쓰기 프로그램

글쓰기 프로그램은 글쓰기 입력양식과 연동해 사용자가 기록한 방명록 데이터를 전달받아 이를 정리하고 하드 디스크에 저장한 후 결과 HTML 문서를 발생한다. 따라서 글쓰기의 가장 첫 번째 단계는 글쓰기 입력양식이다.

(1) 글쓰기 입력양식

① 입력양식에 필요한 사항

현재 작성하고 있는 방명록에서 필요한 입력데이터 종류는 성명, 제목, 내용이고 글을 작성한 날짜는 글쓰기 프로그램에서 기록해 넣는다.

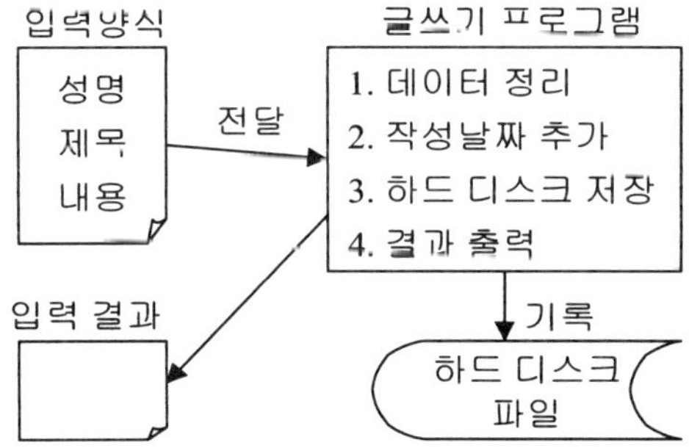

(a) 글쓰기 처리 계통

항 목	특징	사용 태그
성 명	1줄 텍스트	< INPUT TYPE = "TEXT" >
제 목	1줄 텍스트	< INPUT TYPE = "TEXT" >
내 용	여러 줄 텍스트	???

(b) 사용할 입력양식

[그림 4-91] 글쓰기 프로그램의 처리 계통

성명과 제목은 지금까지 사용한 <INPUT> 태그의 「TYPE = "TEXT"」 옵션을 사용하면 입력받을 수 있지만, 여러 줄로 구성된 글 내용은 입력받을 수 없다. 이러한 여러 줄의 텍스트 입력을 받아들일 수 있는 양식으로 "textarea"가 있다.

② <TEXTAREA> 태그

<TEXTAREA> 태그는 2줄 이상의 텍스트 입력을 받을 수 있는 양식을 생성하는 것으로서, 방명록이나 전자 게시판 등 긴 글을 입력받을 때 사용한다. 이 태그의 형식은 [그림 4-92](a)에 나타낸 바와 같이 글 상자의 줄 수와 칸수를 지정하면 [그림 4-92](c)와 같은 박스가 나타나며, 글을 입력할 때 입력 줄 수가 이 박스의 줄보다 더 많아지면 자동으로 오른쪽에 스크롤바가 생성되어 스크롤 된다.

```
<TEXTAREA NAME = "필드 명" ROWS = 줄 수 COLS = 칸수>
표시 내용
</TEXTAREA>
```

(a) 태그의 형식

```
<TEXTAREA NAME = "s" ROWS = 10 COLS = 30>
이곳에 글을 적으세요.
</TEXTAREA>
```

(b) 사용 예

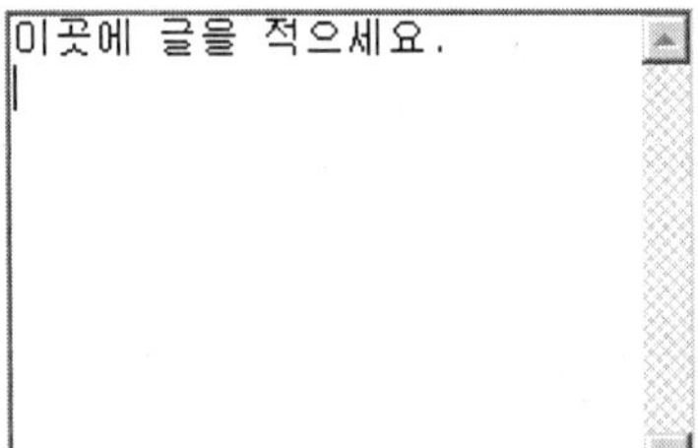

(c) 실행 결과

[그림 4-92] 〈TEXTAREA〉 태그의 형식과 사용 예.

<TEXTAREA> 태그는 홀로 사용되는 <INPUT> 태그와는 달리 </TEXTAREA> 태그와 쌍으로 네스팅을 이루며, [그림 4-92](b)와 같이 이 사이에 글자를 기입하면 [그림 4-92](c)와 같이 글 상자에 내용이 표시되고, 사용자는 이 내용을 수정하거나 추가로 입력이 가능하다.

③ 글 쓰기 입력양식

<TEXTAREA> 태그를 사용해 완성된 글 쓰기 입력양식은 [예제 4-52]와 같다.

실습 예제 4-52

1. [리스트 4-104]는 방명록에서 사용할 글쓰기 입력양식이다. 이 양식을 "wrt_guest.html"로 작성하시오.
2. 이 문서를 실행할 때, 이 문서를 호출할 문서(현재 아마도 "index2.html" 일 것이다)에서 직접 클릭하지 말고 오른쪽 마우스 단추로 클릭한 후 "새창으로 열기"로 실행하시오.
3. 양식의 내용을 채우고 전송해 그 결과를 확인하고, 이 때 브라우저의 주소 창에 나타나는 내용을 확인해 보시오.

```
<HTML>
<BODY>
  <FORM METHOD = "GET" ACTION = "cgi-bin/query-test.cgi" >
   성명 : <INPUT TYPE = "TEXT" NAME = "n" SIZE = 10 ><BR><BR>
   제목 : <INPUT TYPE = "TEXT" NAME = "t" SIZE = 50 ><BR><BR>
   내용 :<BR>
   <TEXTAREA NAME = "s" ROWS = 10 COLS = 50 ></TEXTAREA>
   <BR><BR>
   <INPUT TYPE = "SUBMIT" VALUE = "보내기" >
  </FORM>
</BODY>
</HTML>
```

결과 검토를 위해 대상 프로그램은 앞서 작성했던 query-test.cgi로 하였다.

[리스트 4-104] 글 쓰기 입력양식

실행 결과를 살펴보면 [그림 4-93]에 나타낸 바와 같이 주소 창에 이상한 문자들이 표시되고, 서버에서 접수된 쿼리 실행결과도 이상한 문자들이 접수된다. 이와 같은 문자들은 입력양식에서 입력한 데이터들이 CGI 규격에 의해 변환된 것들이다.

```
cgi-bin/query-test.cgi?n=%C0%CC%C7%F6%C3%A2&t=%C5%D7%BD%BA%C6%AE&s=+++%C0%CC
```

(a) 주소창

```
전달된 query : n=%C0%CC%C7%F6%C3%A2&t=%C5%D7%BD%BA%C6%AE&s=+++%C0%CC …
```

(b) 실행결과

[그림 4-93] 실행결과 예

따라서 이와 같이 전달되는 데이터를 글쓰기 프로그램에서 전달받아 해석해 본래의 데이터로 복원 및 저장을 위해서는 이 규격에 관한 지식이 필요하며, 이에 관해서는 다음의 "CGI 규격"에서 자세히 다룬다.

(2) POST 전달 방식

① GET 방식

지금까지 입력양식에서 사용했던 데이터 전달방식은 "GET 방식"이라는 것으로서, [그림 4-94](a)와 같이 「METHOD = "GET"」 이라 지정해 사용하였다.

```
<FORM METHOD = "GET" ACTION = "cgi-bin/query-test.cgi" >
                    :
```

(a) 입력양식에서의 지정

```
cgi-bin/query-test.cgi?n=%C0%CC&t=%C5 ……
```

(b) 주소 창에 나타난 결과

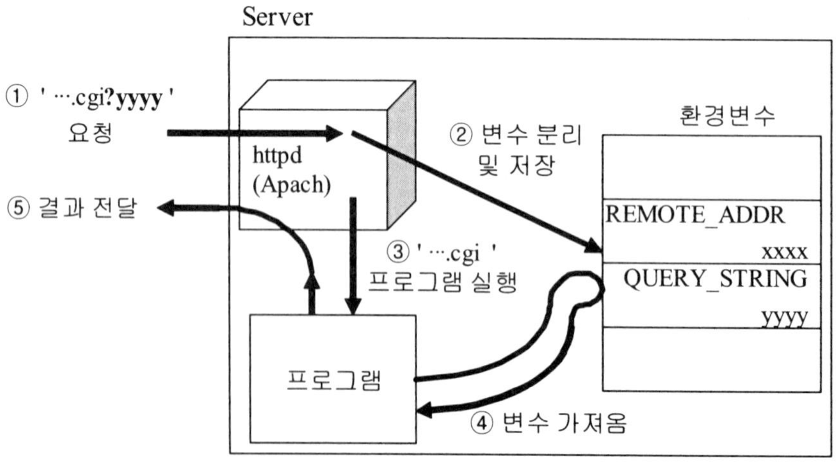

(c) GET 방식의 동작 원리

[그림 4-94] GET 방식에 의한 데이터 전달의 특징

이 방식의 특징은, [그림 4-94](b)의 실행결과에서처럼 프로그램 명 뒤에 '?' 문자를 시작으로 데이터가 따라가는 형식으로 서버에 전달되며, 서버에서는 [그림 4-94](c)와 같이 '?'문자 이후의 데이터를 "QUERY_STRING" 환경변수에 보관한다. 이 같은 GET 방식은 서버 측에서 QUERY_STRING 환경변수의 내용을 읽어 사용하므로 간편한 장점이 있지만, 환경변수의 크기가 제한되어 있어(일반적으로 약 1000바이트) 전송할 수 있는 데이터의 크기에 제한이 있다. 특히, 앞서 실행예제에서 확인한 바와 같이 파일명 뒤에 데이터가 모두 노출되기 때문에 ID나 비밀번호 등을 전송할 때 주소 창에 이들 내용이 노출되어 보안에 문제가 발생한다.

현재 우리가 사용하려는 방명록에서는 비밀번호 등을 사용하지 않기 때문에 보안에 관한 문제는 없지만, 긴 글을 전송할 경우에는 문제가 발생하기 때문에 다른 방식을 필요로 한다.

② POST 방식

i) POST 방식 입력양식

POST 방식은 앞서 GET 방식과는 달리 주소 창에 데이터가 나타나지 않고, 특히 데이터 크기에 제한을 받지 않는 장점이 있어 긴 글 등을 사용하는 방명록이나 게시판 프로그램에 유용하다. 이 방법은 데이터가 마치 키보드로 직접 입력하는 것처럼 서버에 전달되며, 따라서 서버 측의 프로그램에서는 키보드 입력을 받듯이 처리한다. 이와 같은 POST 방식에 의해 데이터를 전송하기 위한 입력양식은 [그림 4-95]와 같다.

```
<FORM METHOD = "POST"  ACTION = "프로그램 명" >
```

[그림 4-95] POST 전송을 위한 입력양식

입력양식에서 있어서 GET 방식과 다른 점은 오로지 「METHOD = "POST"」라 기록하는 것 이외에는 없으며, 나머지 사항은 지금까지 사용했던 입력양식 그대로 적용된다. 즉, 입력양식에서는 GET 방식과 POST 방식의 차이점은 거의 없고, 이를 전달받을 서버 측 프로그램에서 전혀 달라진다.

ii) 서버에서의 처리

POST 방식으로 데이터를 전달받은 서버의 http 데몬은 [그림 4-96]과 같이 "CONTENT_LENGTH"라는 환경변수에 글자 수를 기록해 놓는다(과정 ②). (브라우저에서 자동으로 GET 방식인지 POST 방식인지를 서버에게 전달하기 때문에 http 데몬도 이를 구분한다.)

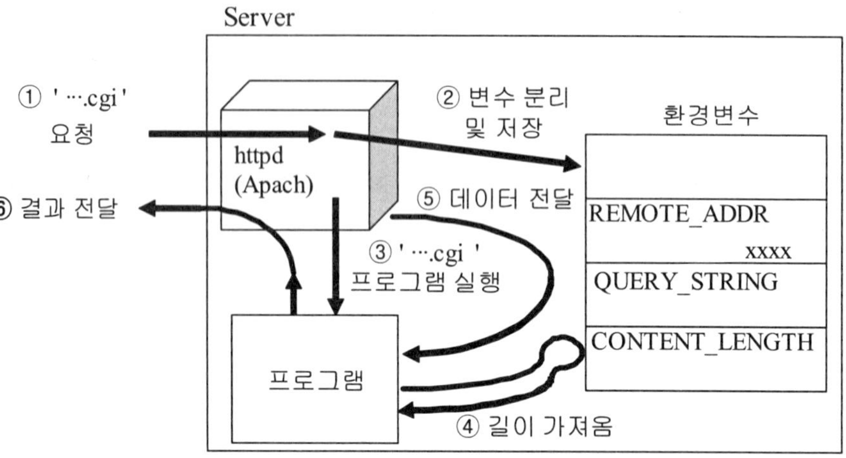

[그림 4-96] 서버의 POST 방식 처리 계통

POST 방식은 키보드로 입력하듯 데이터를 전달하기 때문에, CGI 프로그램에서는 몇 글자가 전달돼 올지를 알아야 하며, 따라서 우선 환경변수 "CONTENTS_LENGTH"로부터 글자 수를 읽어와(과정 ④) 이 글자 수만큼 데이터를 입력받는다(과정 ⑤). 즉, POST 방식은 전달받는 데이터가 환경변수에 저장되는 것이 아니므로 글자 수 제한이 없다.

실습 예제 4-53

1. 앞서 작성했던 "wrt_guest.html"을 [리스트 4-105]와 같이 POST 방식으로 변경하시오.
2. 결과 검토를 위해 이후에 post-test.cgi 프로그램을 작성할 것이므로 실행시키지는 마시오.

```
<HTML>
<BODY>
 <FORM METHOD = "POST" ACTION = "cgi-bin/post-test.cgi" >
   성명 : <INPUT TYPE = "TEXT" NAME = "n" SIZE = 10 ><BR><BR>
   제목 : <INPUT TYPE = "TEXT" NAME = "t" SIZE = 50 ><BR><BR>
   내용 :<BR>
   <TEXTAREA NAME = "s" ROWS = 10 COLS = 50 ></TEXTAREA>
   <BR><BR>
   <INPUT TYPE = "SUBMIT" VALUE = "보내기" >
```

```
  </FORM>
</BODY>
</HTML>
```

결과 검토를 위해 대상 프로그램은 post-test.cgi로 하였다.

[리스트 4-105] POST 방식에 의한 글 쓰기 입력양식

③ POST 방식 데이터의 접수방법

이상에서 배운 POST 방식의 사용법을 익히기 위해 간단한 예제를 실습해 본다.

i) 글자 수 알기

POST 방식은 마치 키보드로 입력하는 것과 동일한 방법으로 데이터를 전달하기 때문에, 이를 전송 받을 프로그램에서는 몇 글자나 전송될 지 그 길이를 알아야 입력을 받을 수 있다. 이를 위해 [리스트 4-106]과 같이 글자 길이를 알아낸다.

```
qlen = atoi( getenv( "CONTENT_LENGTH" ) );
```

[리스트 4-106] 글자 수 알기

우선 getenv( ) 함수에 의해 "CONTENT_LENGTH" 환경변수의 내용을 읽어 온 후, 이를 실제 숫자로 변환하기 위해 atoi( ) 함수를 거치면 최종적으로 글자의 수가 "qlen" 변수에 입력된다. 만약 데이터 량이 대단히 큰 경우라면 atol( )을 이용한다.

ii) 한 글자 입력

POST 방식은 키보드 입력을 통해 데이터를 전달하기 때문에, 키보드 입력용 함수들을 모두 사용할 수 있다. 즉, scanf( )를 직접 사용할 수 있는데, 이 함수는 앞서 살펴본 바와 같이 공백 문자나 탭 문자, 엔터 문자 등에 의해 입력이 중단되므로, 어떤 문자라도 입력받을 수 있는 함수가 필요하다. 이러한 것 중 대표적인 것이 getchar( ) 함수로서, 이는 키보드로부터 전달되는 어떤 글자라도(심지어 엔터 문자나 커서 이동용 화살표, 특수 function 키까지도) 한 글자씩 읽어 들인다.

```
char  getchar( );
```

(a) 기본형

```
aa = getchar( );
```

(b) 사용 예

[그림 4-97] getchar( )함수

이 함수의 사용법은 대단히 간단하며, [그림 4-97](b)와 같이 단지 getchar( ) 함수를 적어주면 이 자체에서 한 문자가 나타난다. 이 함수를 이용해 화살표 키나 function 키 등을 어떻게 접수하는지에 관한 방법은 기타 전문서적을 참조하라.

iii) POST 데이터 접수

앞서 과정에서 알아낸 글자 수만큼 getchar( )함수를 이용해 글자를 읽어내면 되므로 for( )문과 함께 사용해 [예제 4-54]와 같은 방법으로 화면에 표시한다. 프로그램의 for( )문 내용을 해석하면, 「cnt가 1부터 qlen(글자 수)보다 작은 동안 1씩 증가시켜 가며 반복하라」는 의미가 되고, 반복될 문장에서는 「getchar() 함수로 키보드의 한 글자를 읽어 이를 print하라」는 의미이다.

실습 예제 4-54

1. [리스트 4-107]은 앞서 작성했던 "wrt_guest.html"에 사용할 POST 입력 테스트 프로그램이다. 이를 "post-test.c"라는 이름으로 입력하여 컴파일하시오.
2. 입력양식을 호출할 때 "새창으로 열기"를 사용해 호출하시오.
3. 입력양식에 적당한 글자(한글 등을 섞어서)를 입력하고 실행해 보시오.

```
#include <stdio.h>
#include <stdlib.h>

main( )
{
  int  cnt , qlen ;

  qlen = atoi( getenv( "CONTENT_LENGTH" ) );
  printf("Content-type:text/html\n\n");
  printf("<HTML>\n<BODY>\n");
  printf("전달된 query : <BR>\n" );
  for( cnt = 1 ; cnt <= qlen ; cnt++ ) printf( "%c" , getchar( ) ) ;
  printf("</BODY>\n</HTML>\n");
}
```

[리스트 4-107] POST 입력 테스트 프로그램

프로그램을 실행시키면 앞서 GET 방식과는 달리 주소 창에 아무런 데이터가 나타나지 않음을 확인할 수 있다. 그럼에도 불구하고 결과는 [그림 4-98]과 같이 나타난다.

```
전달된 query : n=%C0%CC%C7%F6%C3%A2&t=%C5%D7%BD%BA%C6%AE&s=+++%C0%CC …
```

[그림 4-98] 실행결과 예

이제는 이와 같이 전달된 이상한 문자의 해독에 관해 살펴본다.

(3) CGI 규격

① CGI(Common Gateway Interface)

CGI(Common Gateway Interface)란 클라이언트로부터 서버로 데이터 전송을 위한 통신규약으로서, 브라우저에서 웹 서버 측으로 전달되는 데이터는 모두 이 규격을 통해 전송된다. 특히, 웹의 본래 규격에 클라이언트로부터 서버로 전송되는 데이터는 오직 텍스트 문자만으로 규정되어 있기 때문에(홈-페이지 주소만 전달되면 되므로) 이러한 제한 내에서 각종 데이터를 전송하기 위해 CGI 규약이 만들어졌다. 즉, 오직 텍스트 문자로만 보낼 수 있는 전송상태에서 텍스트 문자 이외의 데이터를 이떻게 전송할 것인가의 규약이다.

CGI 규약 중 문자 변환 규칙은 <표 4-15>와 같이 정의되어 있다.

〈표 4-15〉 CGI 문자 변환 규칙

보내야 할 문자	CGI 변환 규약
영문자, 숫자, '.'	그대로 전송
공백(space) 문자	'+'자로 교체해 전송
이외의 기타 문자 (엔터 문자 등 포함)	'%' 문자 다음에 16진수 2자리로 표현

영문자와 숫자, 그리고 '.'문자는 변환하지 않고 그대로 전송하는데, 여기서 '.' 문자가 포함된 것은 숫자에서 소수점 표시로 사용되기 때문이다. 따라서 지금까지 제작했던 각종 프로그램들, 예를 들어 비만도 측정, 구구단 표시, 사칙 연산 프로그램 등에서는 숫자 데이터만을 이용했기 때문에 특별한 변환 없이 데이터를 전송 받을 수 있었다.

공백(space) 문자는 '+'자로 교체해 전송하고, 이 이외에 모든 문자들은 '%' 문자와 함께 16진수 2자리로 구성된 아스키코드를 전송한다. 예를 들어 '+' 문자를 전송하면 이의 아스키코드가 16진수로 변환된 "%2B"가 전송되며, 엔터 문자를 전송하면 이의 아스키코드가 16진수로 변환된 "%0D"가 전송된다. 따라서 쿼리 데이터 중 필드 구분에서 사용하는 문자인 '&'나 '='문자는 전송하는 데이터 중에는 결코 나타날 수 없다.

이와 같이 변환된 코드의 예를 [그림 4-99]에 나타내었다.

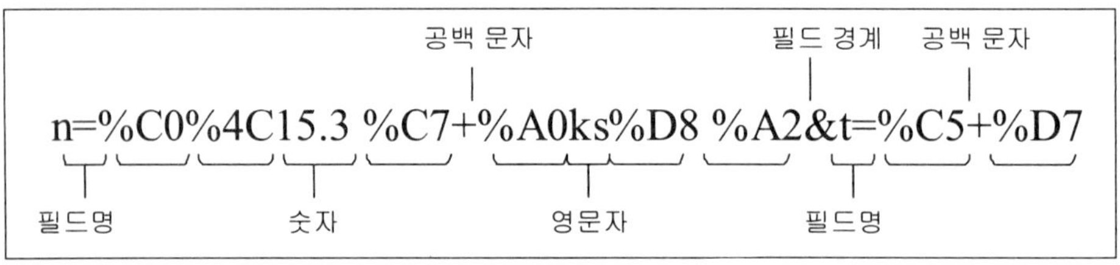

[그림 4-99] CGI 변환된 코드의 예

[그림 4-99]의 변환된 코드는 복잡해 보이지만 사실 자세히 살펴보면 육안으로도 쉽게 구분이 가능하다. 처음에 나타난 "n="은 일반 데이터에서 결코 나타날 수 없는 '='문자가 있기 때문에 필드 명임을 알 수 있고, 이후에 '%'문자로 구성된 16진수 데이터가 나열된다. 이들 중간에 끼어있는 "15.3"은 숫자 데이터이고, '+'문자는 공백이며, 이후의 '&'문자 또한 일반 데이터 중에는 나타날 수 없는 문자이므로 필드의 경계임을 알 수 있다. 따라서 이와 같은 형식으로 변환해 전달된 쿼리를 프로그램에서 다시 원래의 데이터로 복원하는 과정이 필요하다.

② 쿼리의 복원

여기서는 CGI 규격으로 변환되고 post 방법으로 전달된 쿼리를 원래의 데이터로 복원하는 간단한 함수를 작성한다. 이 함수를 호출하면 복원된 글자의 코드가 함수의 결과로서 나타나도록 하고, 만약 더 이상 글자가 없거나 필드의 끝에 도달한 경우 0(null 문자)이 나타나도록 하는데, 함수의 명칭을 앞서 get 방법에서는 "Get_Query( )"라 했으므로 여기서는 "Post_Query( )"라 하기로 한다.

```
int  Post_Query( void );
```

CGI 규약에 의해 변환된 문자는 <표 4-16>과 같이 분류될 수 있다.

〈표 4-16〉 CGI 변환문자의 처리

CGI 문자	처리 방법
'+'자	공백 문자로 교체
'&'자	필드의 끝
'%'자로 시작	다음 2글자 읽어 10진수로 변환
나머지	그대로 처리

따라서 [리스트 4-108]과 같이 한 글자를 읽은 후 switch( )문으로 분류해 각각 처리하고 그 결과(ip 변수)를 반환하도록 한다.

```
ip = getchar( );
switch( ip )
  {
    case '+' : 공백 문자로 교체;
               break;
    case '&' : 필드의 끝으로 처리;
               break;
    case '%' : 다음 2글자 더 읽어 10진수로 변환;
               break;
    default  : 그대로 통과;
  };
return( ip );
```

(a) 스위치 문의 구조

```
ip = getchar( );
switch( ip )
  {
    case '+' : ip = ' ';
               break;
    case '&' : ip = 0;
               break;
    case '%' : ????????;
               break;
    default  : break;
  };
```

```
return( ip );
```

(b) 프로그램

[리스트 4-108] switch( )문에 의한 처리

공백 문자로 교체하는 것은 간단히 「ip = ' ';」로 하여 공백 문자가 반환되도록 하고, 필드의 끝에 도달했음을 나타내는 '&'문자에서는 「ip = 0;」으로 하여 null 문자를 반환하도록 한다. 또한, 나머지 문자들은 「default :」로 비워두면 아무런 처리를 하지 않고 switch( )문을 벗어나므로 읽은 문자가 그대로 반환된다.

그런데, '%'문자로 시작된 경우 그 뒤에 따르는 2글자를 더 읽어 이들 16진수를 10진수로 복원해야 하기 때문에 다른 문자의 경우보다 더 복잡한 처리가 필요하다.

③ 16진수 변환

아스키코드로 구성된 16진수를 10진수 숫자로 변환하는 방법은 여러 가지(sscanf( )함수, sprintf( )함수 등)가 있으나, 여기서는 문자의 성질을 이해하는데 도움이 되도록 가장 단순한 방법을 사용해 보기로 한다.

여기서 사용할 방법은 아스키코드의 성질을 이용하는 것으로서, 이는 <표 4-17>과 같이 구성되어 있다. 표에서 세로로 나열된 것은 하위 16진수를, 가로로 나열된 것은 상위 16진수를 나타내며, 예를 들어 문자 'S'라면 16진수 53이다(사실, 우리는 이러한 숫자가 중요한 것은 아니므로 구체적인 번호는 신경 쓸 필요 없다). 이와 같은 아스키코드에서 우리가 살펴볼 것은 문자 '0'~'9'와 'A'~'F'인데, CGI에 의해 변환된 16진수 문자는 이들 중 하나이다. 이들은 문자 '0'~'9'의 한 그룹과 'A'~'F'의 한 그룹으로 형성되어 있고, '0'~'9' 그룹보다 'A'~'F'그룹이 뒤쪽에(즉, 코드숫자가 더 크다) 위치한다.

이러한 그룹의 성질을 이용하면 [리스트 4-109]와 같이 if( )문에 의해 두 그룹을 나눌 수 있다.

```
ip2 = getchar( );
if( ip2 < 'A' ) { '0'-'9' 그룹 처리; }
  else { 'A'-'F' 그룹 처리; };
```

[리스트 4-109] 코드 그룹의 분리

즉, getchar( ) 함수에 의해 한 글자를 읽은 후, 이 글자가 아스키코드 'A'자보다 작다면 '0'-'9' 그룹이고, 그렇지 않다면 'A'-'F' 그룹이므로 각각 별도의 처리를 한다.

〈표 4-17〉 ASCII 코드 문자표

상위 16진 / 하위 16진	0	1	2	3	4	5	6	7
0	NUL	DLE	sp	0	@	P	`	p
1	SOH	DC1	!	1	A	Q	a	q
2	STX	DC2	"	2	B	R	b	r
3	ETX	DC3	#	3	C	S	c	s
4	EOT	DC4	$	4	D	T	d	t
5	ENQ	NAK	%	5	E	U	e	u
6	ACK	SYN	&	6	F	V	f	v
7	BEL	ETB	'	7	G	W	g	w
8	BS	CAN	(	8	H	X	h	x
9	HT	EM	)	9	I	Y	i	y
A	LF	SUB	*	:	J	Z	j	z
B	VT	ESC	+	;	K	[	k	{
C	FF	FS	,	<	L	\	l	|
D	CR	GS	−	=	M	]	m	}
E	SO	RS	.	>	N	^	n	~
F	SI	US	/	?	O	_	o	DEL

i) '0'～'9' 그룹의 처리

읽은 문자가 '0'부터 '9' 사이일 경우 [리스트 4-110]과 같은 연산에 의해 실제 숫자로 변환될 수 있다.

```
ip = ip2 - '0';
```

[리스트 4-110] 0 - 9 그룹의 숫자변환

문자형 변수에 저장되는 내용은 실제로는 그 문자의 아스키코드가 저장되어 있다. 따라서 만약 변수 ip2에 문자 '0'이 기억되어 있다면 이는 실제로 '0'의 아스키코드(몇 번인지는 중요하지 않다)가 저장되어 있는데, 여기서 문자 '0'을 뺄셈하면 ip2의 내용과 '0'자의 아스키코드가 서로 같아 결과는 0이 된다. 즉, 문자 '0'이 숫자 0으로 변환된다.

같은 방법으로, <표 4-18>과 같이 만약 ip2에 문자 '1'이 기억되어 있고, 여기서 문자 '0'을 빼 주면 아스키코드 상 문자 '1'은 문자 '0'보다 코드가 하나 더 크기 때문에 결과는 숫자 1이 나타난다. 즉, 문자 '1'은 숫자 1로 변환된다.

〈표 4-18〉 '0'～'9' 그룹의 변환원리

ip2에 저장된 문자	'0'	'1'	'2'	'3'	'4'	…
문자의 아스키코드	48번	49번	50번	51번	52번	…
'0'(48번)을 뺀 결과	0	1	2	3	4	…

ii) 'A'～'F' 그룹의 처리

읽은 문자가 'A'부터 'F' 사이일 경우 [리스트 4-111]과 같은 연산에 의해 숫자로 변환될 수 있다.

```
ip = ip2 - 'A' + 10;
```

[리스트 4-111] A-F 그룹의 숫자변환

만약 ip2에 'A' 문자가 기억되어 있다면, 여기서 'A'를 빼면 0이 된다. 그런데, 16진수 A는 10진수 10에 해당되므로 다시 10을 더하면 결과적으로 문자 'A'는 숫자 10으로 변환된다. 다른 문자들에 대해서도 <표 4-19>와 같은 원리로 10진수로 변환된다.

〈표 4-19〉 'A'～'F' 그룹의 변환원리

ip2에 저장된 문자	'A'	'B'	'C'	'D'	'E'	'F'
문자의 아스키코드	65번	66번	67번	68번	69번	70번
'A'(65번)을 뺀 결과	0	1	2	3	4	5
10을 덧셈한 결과	10	11	12	13	14	15

따라서 이상을 종합하면 [리스트 4-112]와 같은 처리에 의해 10진수 변환이 가능하다.

```
ip2 = getchar( );
if( ip2 < 'A' ) ip = ip2 - '0'; else ip = ip2 - 'A' + 10;
```

[리스트 4-112] 10진 변환부분

iii) 대문자로의 변환

클라이언트로부터 CGI 변환되어 전송되는 16진수 데이터는 브라우저에 따라 대문자를 사용하기도 하고 소문자를 사용하기도 하는데, 예를 들어 "%3C"를 "%3c"로, "%D7"을 "%d7"로 전송하는 경우이다. 앞서 살펴보았던 아스키코드 표에 의하면 소문자는 대문자와 다른 코드를 가지고 있기 때문에, 앞서 작성했던 변환방법으로는 오직 대문자에 관한 처리밖에 할 수 없으며, 만약 소문자로 전송되는 경우 엉뚱한 결과를 얻을 수 있다.

따라서 소문자일 경우와 대문자일 경우를 다시 구분해 계산하거나 또는 전송된 데이터를 무조건 대문자로 변환한 후 위 프로그램을 적용시키는 방법이 있는데, 우리는 이 중 후자의 방법을 사용해 본다. 어떤 문자 데이터를 무조건 대문자로 변환하는 함수로 toupper( )함수가 있다.

```
char  toupper( 문자 );
```

[그림 4-100] 대문자 변환함수

이 함수는 입력된 문자가 소문자, 즉 'a'~'z' 사이이면 이들은 'A'~'Z'의 대문자로 변환되며, 나머지 문자, 즉 'A'~'Z'를 포함해 숫자형 문자 등 모든 문자는 변화 없이 그대로 출력된다. 따라서 읽어 들인 문자를 일단 이 함수를 통과시키면 '0'~'9'와 'A'~'F'는 그대로 통과될 것이고, 만약 'a'~'f'가 입력된다면 이는 대문자로 변환되기 때문에 우리가 작성했던 프로그램을 그대로 사용할 수 있다. 이 함수 기능을 추가한 프로그램을 [리스트 4-112]에 나타내었다.

```
ip2 = toupper( getchar( ) );  /* 대문자로 변환 */
if( ip2 < 'A' ) ip = ip2 - '0'; else ip = ip2 - 'A' + 10;
```

[리스트 4-112] 대/소문자 구분 없이 변환하는 프로그램

ⅳ) 2자리 16진수의 변환

클라이언트로부터 전송되어 오는 16진수는 2자리의 숫자이므로 앞서 작성한 변환이 2자리에 걸쳐 이루어져야 하며, 특히 앞자리의 숫자는 [그림 4-101](a)와 같이 10진수로는 16배의 의미를 가지기 때문에 16을 곱해야 완전한 10진수로 변환이 된다. 예를 들어 [그림 4-101](b)와 같이 "%10"의 16진수는 앞자리가 1, 뒷자리가 0이고, 앞자리의 1은 16진수의 윗자리이므로 16배의 의미를 가져 10진수 16으로 변환된다. [그림 4-101](c)도 같은 방법으로 "%3C"의 16진수는 10진수 60으로 변환된다.

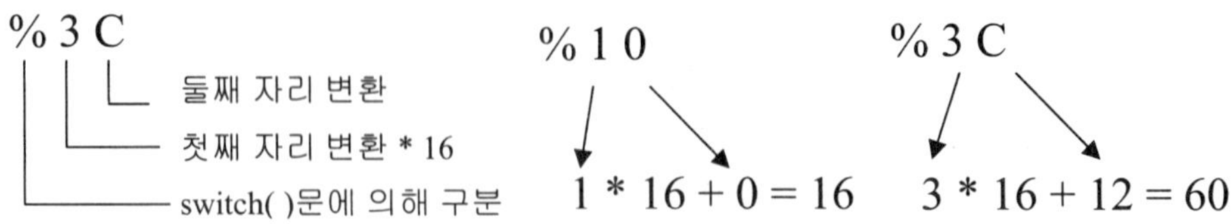

(a) 자릿수의 의미 (b) 변환 예-1 (c) 변환 예-2

[그림 4-101] 16진 코드의 자릿수 의미

이와 같이 2자리의 16진수를 10진수로 변환하기 위한 프로그램을 [리스트 4-113]에 나타내었다.

```
ip2 = toupper( getchar( ) );  /* 첫 자리 처리 */
if( ip2 < 'A' ) ip = ip2 - '0'; else ip = ip2 - 'A' + 10;
ip = ip * 16;                 /* 첫 자리의 자리숫자 */
ip2 = toupper( getchar( ) );  /* 둘째 자리 처리 */
if( ip2 < 'A' ) ip = ip + ip2 - '0'; else ip = ip + ip2 - 'A' + 10;
```

[리스트 4-113] 2자리 16진수의 변환

따라서 이상과 같은 16진 변환부분을 지금까지 작성해 온 함수에 포함시키면 [리스트 4-114]와 같이 구성된다.

```
int Post_Query( void )
{
  char ip , ip2;

  ip = getchar( );
  switch (ip)
   {
     case '%': ip2 = toupper( getchar( ) );
               if( ip2 < 'A' ) ip = ip2 - '0';
                    else ip = ip2 - 'A' + 10;
               ip = ip * 16;
               ip2 = toupper( getchar( ) );
               if( ip2 < 'A' ) ip = ip + ip2 - '0';
                    else ip = ip + ip2 - 'A' + 10;
               break;
     case '&': ip = 0; break;
```

```
      case '+': ip = ' '; break;
      default : break;
    };
  return( ip );
}
```

[리스트 4-114] 모두 구성한 데이터 변환 함수

즉, 처음 한 글자를 입력받고, 이 문자가 '%', '&', '+', 기타의 경우로 나뉘어 처리되며, '%'일 경우에는 다음의 2글자를 읽어 16진 변환한다.

④ static 변수

지금까지는 아무 제한 없이 글자를 읽어 들였지만, 사실은 클라이언트로부터 몇 글자를 보냈는지를 알고서 이 만큼만 읽어야 한다. 따라서 보내진 글자 수를 알기 위해 앞서 사용한 바와 같이 [리스트 4-115](a)와 같은 처리가 필요하다.

```
q_len = atoi( getenv( "CONTENT_LENGTH" ));
```

(a) 글자 수 알아내기

```
if ( q_len <= q_cnt ) return(0);
```

(b) 모두 읽은 경우의 종료

[리스트 4-115] 읽은 글자 수 제한을 위한 추가사항

또한, 글자를 읽을 때마다 그 수를 카운트 해 클라이언트로부터 보낸 글자 수만큼 읽었을 경우 더 이상 읽지 않고 함수를 종료하도록 [리스트 4-115](b)와 같이 조치한다. return( )문이 실행되면 함수는 여기에서 종료된다. 이에 따라, getchar( ) 함수로 한 글자를 읽을 때마다 읽은 글자 수를 증가시키는 것을 포함해 [리스트 4-116]과 같이 추가한다.

```
int Post_Query( void )
{
  char ip , ip2;
  int q_len;          /* 읽을 글자 수 보관용 */
  int q_cnt = 0;      /* 읽은 글자 수 보관용 */
```

```
  q_len = atoi( getenv( "CONTENT_LENGTH" ));  /* 읽을 글자 수 구함 */
  if ( q_len <= q_cnt ) return(0);             /* 모두 읽었으면 종료 */
  ip = getchar( ); q_cnt++;

  switch (ip)
   {
     case '%': ip2 = toupper( getchar( ) ); q_cnt++;
               if( ip2 < 'A' ) ip = ip2 - '0';
                    else ip = ip2 - 'A' + 10;
               ip = ip * 16;
               ip2 = toupper( getchar( ) ); q_cnt++;
               if( ip2 < 'A' ) ip = ip + ip2 - '0';
                    else ip = ip + ip2 - 'A' + 10;
               break;
     case '&': ip = 0; break;
     case '+': ip = ' '; break;
     default : break;
   };
  return( ip );
}
```

[리스트 4-116] 읽은 문자수를 고려한 프로그램

[리스트 4-116]의 프로그램 진행을 살펴보면, 읽을 글자 수 보관을 위해 qlen 변수를 선언하고, 읽은 글자 수 보관을 위해 q_cnt에 0을 넣으며 선언하고 있다. 그 후 읽을 글자 수를 환경변수로부터 읽어 들여 보관한다.

그러나 이 함수는 한 가지 문제점을 가지고 있는데, 다른 함수에서 이 함수를 호출하면 [그림 4-102](a)와 같이 이 함수로 진입한 후 읽은 글자 수는 0으로 설정된다. 그 후 읽은 글자 수가 하나 씩 증가하고 함수를 종료하는데, 이 때 읽은 글자 수를 보관하고 있던 "q_cnt"라는 변수는 사라져버린다. 즉, 함수가 종료되면 모든 변수의 임무가 종료되기 때문에 이 함수에서 선언했던 모든 변수도 사라진다.

이후에 다시 이 함수를 호출하면 "q_cnt" 변수가 다시 만들어지면서 0으로 설정되고, 글자를 읽으면서 증가되지만 이 함수가 종료되면 다시 사라진다. 따라서 읽은 글자 수는 함수가 호출 될 때마다 0으로 다시 설정되므로 카운트 값을 유지할 수 없다.

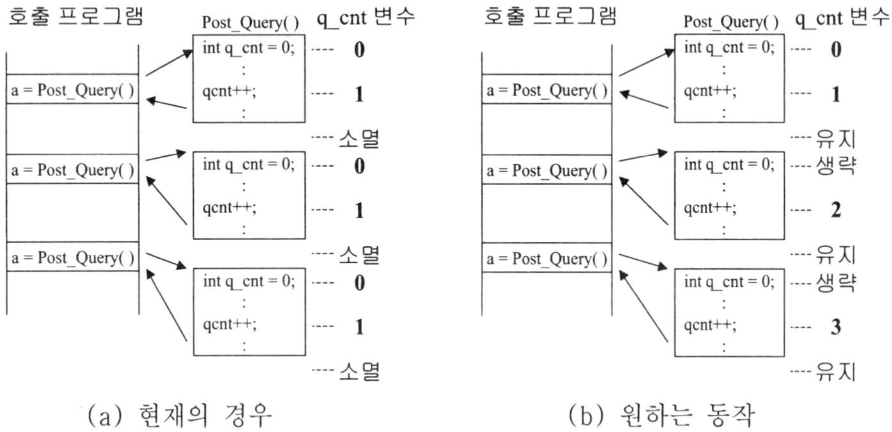

[그림 4-102] "q_cnt" 변수의 변화

우리가 원하는 동작은 [그림 4-102](b)와 같이 이 함수가 처음으로 호출됐을 때만 변수가 0으로 초기화되고, 함수의 사용이 종료되어도 그 내용은 그대로 남아 있으며, 다음 호출 시에는 초기화되지 않고 계속 진행해야 전체적으로 읽은 글자 수가 유지되어 정확한 글자 수를 파악할 수 있다. 이 변수가 가질 조건을 요약하면 [그림 4-103]과 같다.

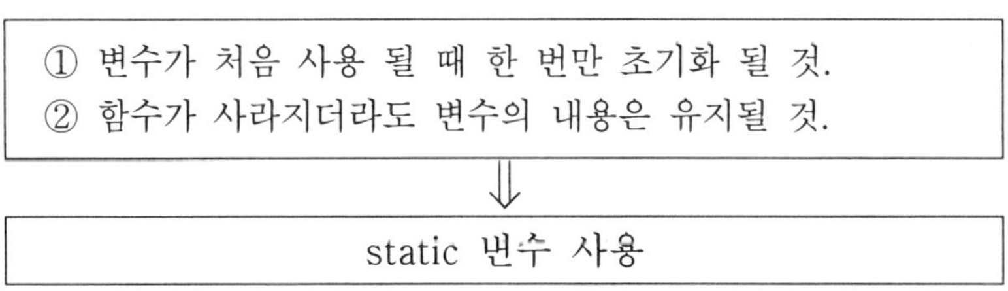

[그림 4-103] 글자 수 카운트 변수가 가져야 할 요건

변수 명 선언 시 앞에 "static"이라는 글자를 붙여주면 이상과 같은 특수한 조건을 가진 변수를 구성할 수 있다. 예를 들어 [리스트 4-118](a)와 같이 변수 abc를 선언하면, 이 변수가 처음 사용될 때 단 한번만 3으로 초기화되고, 이 함수가 종료하더라도 이 변수의 내용은 사라지지 않으며, 이후에 다시 이 함수를 호출하면 초기화는 되지 않고 앞서 값을 그대로 유지하기 때문에 계속적인 계산이 된다.

```
int  wxy( void )
{
  int abc = 3;
  abc++;  abc++;
  return( abc );
}
```

(a) 함 수

```
main ( )
{
  printf( "답 = %d\n", wxy( ) );
  printf( "답 = %d\n", wxy( ) );
  printf( "답 = %d\n", wxy( ) );
}
```

(b) 테스트 프로그램

```
답 = 5
답 = 5
답 = 5
```

(c) 실행결과

[리스트 4-117] 일반 변수의 동작 예

```
int  wxy( void )
{
  static int abc = 3;
  abc++;  abc++;
  return( abc );
}
```

(a) 함 수

```
main ( )
{
  printf( "답 = %d\n", wxy( ) );
  printf( "답 = %d\n", wxy( ) );
  printf( "답 = %d\n", wxy( ) );
}
```

(b) 테스트 프로그램

```
답 = 5
답 = 7
답 = 9
```

(c) 실행결과

[리스트 4-118] static 변수의 동작 예

따라서 우리가 작성하고 있는 함수도 [그림 4-104]와 같이 변수 선언을 변경해 함수가 호출 될 때마다 그 값이 그대로 유지되도록 할 필요가 있다.

```
int q_cnt = 0;    ⇒    static int q_cnt = 0;
```

[그림 4-104] 변수선언의 변경

⑤ 함수의 완성

이상의 모든 과정을 거쳐 POST 방법에 의해 전송된 CGI 데이터를 하나씩 읽어내는 함수를 [예제 4-55]와 같이 완성하였다.

실습 예제 4-55

[리스트 4-119]는 POST 방법에 의해 전송된 CGI 데이터를 변환하고 읽어내는 함수이다. 이를 앞서 작성했던 "cgi-sub.c"에 추가하시오.

```
int Post_Query( void )
{
  char ip , ip2;
  int q_len;
  static int q_cnt = 0;

  q_len = atoi( getenv( "CONTENT_LENGTH" ));
  if ( q_len <= q_cnt ) return(0);
  ip = getchar( ); q_cnt++;

  switch (ip)
   {
     case '%': ip2 = toupper( getchar( ) ); q_cnt++;
               if( ip2 < 'A' ) ip = ip2 - '0'; else ip = ip2 - 'A' + 10;
               ip = ip * 16;
               ip2 = toupper( getchar( ) ); q_cnt++;
               if( ip2 < 'A' ) ip = ip + ip2 - '0';
                       else ip = ip + ip2 - 'A' + 10;
               break;
     case '&': ip = 0; break;
     case '+': ip = ' '; break;
     default : break;
   };
  return( ip );
}
```

[리스트 4-119] POST query 추출함수

실습 예제 4-56

1. [리스트 4-120]은 POST query 추출함수를 테스트하기 위한 프로그램이다. 이를 "post-test2.c"라는 이름으로 입력하고 컴파일 하시오.
2. 앞서 "wrt_guest.html"에서 ACTION의 프로그램 명을 "post-test2. cgi"로 변경하시오.
3. "wrt_guest.html" 입력양식에 데이터를 채운 후 실행하고 결과를 확인하시오.

```
#include <stdio.h>
#include <stdlib.h>
#include "cgi-sub.c"

main( )
{
  char ch;

  printf("Content-type:text/html\n\n");
  printf("<HTML>\n<BODY>\n");
  printf("전달된 query : <BR>\n" );
  do
   {
    ch = Post_Query( );
    printf( "%c" , ch ) ;
   } while (ch != 0);
  printf("</BODY>\n</HTML>\n");
}
```

[리스트 4-120] POST query 추출함수 테스트 프로그램

(4) 글쓰기 프로그램의 완성

앞서 완성된 POST query를 변환하고 추출하는 함수는 필드 단위로 데이터를 추출하지 못한다. 즉, 한 글자 단위로 출력이 나타나며 이들을 스트링으로 조립하지는 않는다. 따라서 필드 단위로 데이터를 스트링으로 조립하는 함수를 제작해 사용한다.

① 필드 단위 데이터 추출

여기서 제작할 필드 단위 데이터 추출 함수는 제작의 편의성을 위해 필드 명을 한 글자로 한정한 상태에서 작성한다. 또한, GET 방식은 한꺼번에 환경변수에 저장되어 있지만, POST 전달방식은 이와 달리 한 글자씩 순서대로 전달되기 때문에, 필드 순서도 일정하게 정해진 것으로 가정하자.

함수의 기본형태는 [그림 4-105](a)와 같이 한 필드의 데이터를 전달받을 주소를 입력받아 이 주소에 데이터를 전달하는 것으로 한다. 이 때 전달되는 쿼리의 필드 명은 한 글자로 한정했으므로 [그림 4-105](b)와 같은 형식으로 데이터가

전달될 것이다.

```
void Parse_Post( char *res )
```

(a) 함수의 기본형태

```
n=홍길동&t=안녕하십니까&s=이것은 테스트
```

(b) 데이터 전달 예

```
Post_Query( ); Post_Query( );  /* 변수 명 통과 */
```

(c) 필드 명의 생략

```
do
  {
    한 글자 추출;
    한 글자씩 스트링 저장;
  } while ( (저장했던 글자) != '\0' );
```

(d) 필드 데이터의 저장

```
do
  {
    ip = Post_Query( );
    res[cnt] = ip;
    cnt++;
  } while ( ip != '\0' );
```

(e) 반복부분 프로그램

[그림 4-105] 필드 단위의 데이터 추출 과정

필드 명에 해당하는 문자들은 "n=", "t=", "s="과 같이 첫 2글자들이고, 이들은 입력양식에 의해 순서가 고정되어 있다고 가정했으므로 [그림 4-105](c)와 같이 두 글자를 읽어내기는 하되 무시하고 지나간다. 또한, 앞서 작성한 POST query 추출함수는 필드 종료문자 '&'가 나타나거나 쿼리가 종료됐을 때 0을 반환하므로 필드의 종료조건은 [그림 4-105](d)와 같이 do while( )문에 의해 쉽게 구분할 수 있으며, 프로그램을 구성하면 [그림 4-105](e)의 리스트와 같다. 이 때, 가장 마지막에 저장했던 문자가 '\0'이면 반복문이 종료되므로 스트링이 자동으로 완성된다.

실습 예제 4-57

[리스트 4-121]은 POST 방법에 의해 전송된 CGI 데이터를 필드 단위로 읽어내는 함수이다. 이를 앞서 작성했던 "cgi-sub.c"의 "Post_Query( )" 함수 다

음에 추가 배치하시오.

```
void Parse_Post( char *res )
{
  char ip;
  int cnt = 0;

  Post_Query( ); Post_Query( );  /* 변수 명 통과 */
  do
    {
      ip = Post_Query( );
      switch( ip )
        {
          case '\r' : break;
          case '\n' : res[cnt] = '<'; cnt++;
                      res[cnt] = 'B'; cnt++;
                      res[cnt] = 'R'; cnt++;
                      res[cnt] = '>'; cnt++;
                      break;
          default : res[cnt] = ip; cnt++;
                    break;
        };
    } while ( ip != '\0' );
}
```

[리스트 4-121] 필드 단위 POST query 데이터 추출 함수

실습 예제 4-58

2. [리스트 4-122]는 POST query 추출함수를 테스트하기 위한 프로그램이다. 이를 "wrt_guest.c"라는 이름으로 입력하고 컴파일 하시오.
3. 앞서 "wrt_guest.html"에서 ACTION 옵션의 프로그램 명을 "wrt_guest.cgi"로 변경하시오.
4. "wrt_guest.html" 입력양식에 데이터를 채운 후 실행하고 결과를 확인하시오.

```
#include <stdio.h>
#include <stdlib.h>
#include <string.h>
#include "cgi-sub.c"

main( )
{
 char name[16], title[50];
 char sentence[200];
/* 데이터 추출 */
  Parse_Post( name );
  Parse_Post( title );
  Parse_Post( sentence );

/* 결과 표시 */
  printf("Content-type:text/html\n\n");
  printf("<HTML>\n<BODY>\n");
  printf("성명 : %s<BR>\n", name);
  printf("제목 : %s<BR>\n", title);
  printf("내용 : %s<BR>\n", sentence);
  printf("</BODY>\n</HTML>\n");
}
```

[리스트 4-122] 필드 단위 POST query 데이터 추출함수의 테스트

② 데이터 기록

이상에서와 같은 방법으로 추출된 데이터를 파일에 기록하는 것은 지금까지 사용했던 파일조작에 관한 지식을 그대로 이용하면 완성된다.

실습 예제 4-59

1. [리스트 4-123]은 앞서 "wrt_guest.c" 프로그램에 파일 기록부분을 추가한 것이다. 이를 작성하고 컴파일 하시오.
2. cgi-bin 디렉토리에 있는 기존의 "guest.dat" 파일을 지우시오.
3. "wtr_guest.html" 입력양식에 데이터를 채운 후 실행하고 결과를 확인하시오.
4. 또한, 새로 생성된 "guest.dat" 파일의 내용을 확인하시오.
5. 앞서 작성했던 글 읽기 프로그램인 "dsp_guest.cgi"를 실행시켜 정상적으

로 내용이 표시되는지 확인하시오.

```
#include <stdio.h>
#include <stdlib.h>
#include <string.h>
#include "cgi-sub.c"

main( )
{
 char name[16], title[50];
 char sentence[200];
 FILE *fpnt ;

/* 데이터 추출 */
  Parse_Post( name );
  Parse_Post( title );
  Parse_Post( sentence );

/* 파일 열기 또는 생성 */
 fpnt = fopen("guest.dat", "a");

/* 파일에 기록 */
 fprintf(fpnt, "%s\r\n", name);
 fprintf(fpnt, "%s %s\r\n", "04/06/08", "p02:20");
 fprintf(fpnt, "%s\r\n%s\r\n", title, sentence);
 fclose(fpnt);

/* 결과 표시 */
 printf("Content-type:text/html\n\n");
 printf("<HTML>\n<BODY>\n");
 printf("다음과 같이 기록되었습니다<BR>");
 printf("성명 : %s<BR>\n", name);
 printf("제목 : %s<BR>\n", title);
 printf("내용 : %s<BR>\n", sentence);
 printf("</BODY>\n</HTML>\n");
}
```

[리스트 4-123] 파일기록 부분 추가

리스트의 파일기록 부분 중 엔터 문자를 "\r\n"으로 설정한 것은, 윈도우용 포맷에 맞춰 기록함으로서 우리가 확인하기 좋도록 하기 위함이다. 따라서 데이터 파일을 직접 확인할 필요가 없거나 유닉스 상태에서 확인하는 경우에는 '\n' 하나만으로도 충분하다.

또한, 프로그램 중간에 날짜와 시간을 기록하는 부분은 일단 임의의 데이터를 기록해 데이터 형식에 맞춰놓았다. 실제 날짜와 시간을 기록하는 것은 이후에 추가한다.

③ 날짜/시간 처리 추가

앞서 임의로 입력했던 날짜와 시간을 실제 기록 날짜와 시간이 기록되도록 앞서 사용했던 시간계산 함수를 활용한다.

실습 예제 4-60

1. [리스트 4-124]는 앞서 "wrt_guest.c" 프로그램에 날짜와 시간 기록을 추가한 것이다. 이를 작성하고 컴파일 하시오.
2. "wtr_guest.html" 입력양식에 데이터를 채운 후 실행하고 결과를 확인하시오.
3. "guest.dat" 파일에 추가된 내용 중 시간과 날짜를 확인하시오.
4. 글 읽기 프로그램 "dsp_guest.cgi"를 실행시켜 정상적으로 내용이 표시되는지 확인하시오.

```
#include <stdio.h>
#include <stdlib.h>
#include <string.h>
#include "cgi-sub.c"
#include "time.c"

main( )
{
 char name[16], title[50];
 char sentence[200];
 char cur_date[9], cur_time[7];
 FILE  *fpnt ;

/* 데이터 추출 */
```

```
  Parse_Post( name );
  Parse_Post( title );
  Parse_Post( sentence );

/* 파일 열기 또는 생성 */
 fpnt = fopen("guest.dat", "a");

/* 파일에 기록 */
 Get_Date( cur_date, cur_time );
 fprintf(fpnt, "%s\r\n", name);
 fprintf(fpnt, "%s %s\r\n", cur_date, cur_time);
 fprintf(fpnt, "%s\r\n%s\r\n", title, sentence);
 fclose(fpnt);

/* 결과 표시 */
 printf("Content-type:text/html\n\n");
 printf("<HTML>\n<BODY>\n");
 printf("다음과 같이 기록되었습니다");
 printf("성명 : %s<BR>\n", name);
 printf("일시 : %s %s<BR>\n", cur_date, cur_time);
 printf("제목 : %s<BR>\n", title);
 printf("내용 : %s<BR>\n", sentence);
 printf("</BODY>\n</HTML>\n");
}
```

[리스트 4-124] 날짜/시간 추가

④ 링크 추가

이제 마지막으로, 글쓰기가 완료된 경우 쉽게 글 읽기 프로그램으로 되돌아 갈 수 있도록 링크를 해 준다. 그런데, 서버의 환경은 경우에 따라 변화할 수 있는데, 예를 들어 [그림 4-106](a)은 현재 우리가 사용하고 있는 디렉토리 구조이고, HTML 문서가 시작되는 곳 다음에 cgi-bin 디렉토리가 위치해 있다. 그러나 [그림 4-106](b)와 (c)같이 HTML 문서가 있는 위치와 cgi-bin 디렉토리의 위치가 이름이 다르거나 위치가 다르게 구성될 수 있기 때문에 이러한 경우 프로그램에서 링크할 위치가 달라진다.

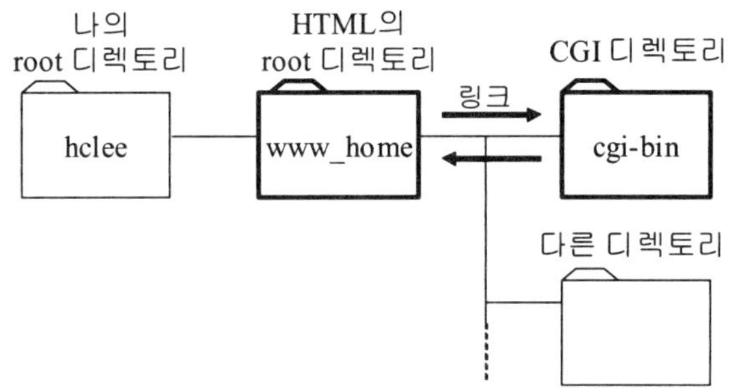

(a) 현재 우리의 디렉토리

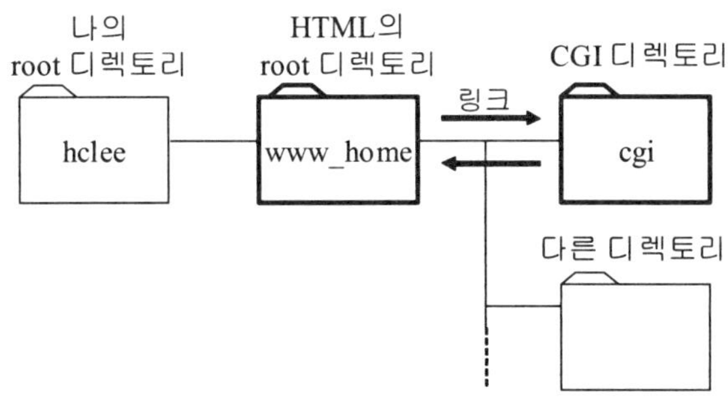

(b) 다른 디렉토리 구조의 예-1

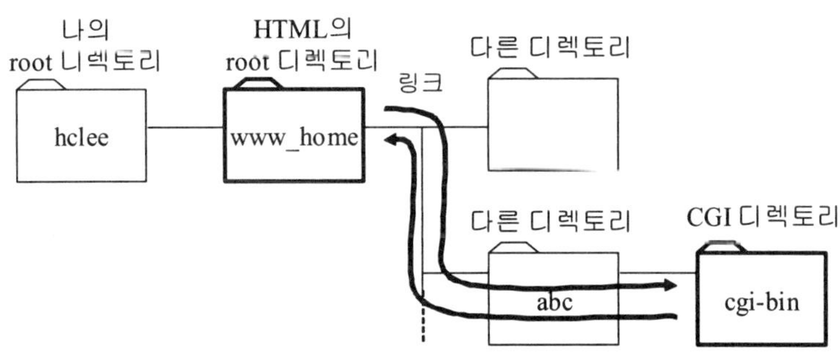

(c) 다른 디렉토리 구조의 예-2

[그림 4-106] 다양한 디렉토리 구조

또한, 현재 CGI 프로그램이 실행되고 있는데, 이 프로그램으로부터 다시 HTML 문서로 되돌아가기 위한 경로도 달라진다. 따라서 링크 위치의 가장 확실한 방법은 현재 위치로부터의 경로를 나타내는 '상대 경로'보다는 HTML root를 기준점으로 이 곳부터의 '절대 경로'를 사용하는 것이다. 예를 들어, [그림 4-82]의 각 경우에 대한 HTML 문서의 위치와 CGI 프로그램의 위치는 각각 <표

4-20>과 같이 정해진다.

〈표 4-20〉 각 경우의 절대경로

경 우	절 대 경 로	
그림 4-82(a)	HTML	/~hclee/문서명.html
	CGI	/~hclee/cgi-bin/프로그램명.cgi
그림 4-82(b)	HTML	/~hclee/문서명.html
	CGI	/~hclee/cgi/프로그램명.cgi
그림 4-82(c)	HTML	/~hclee/문서명.html
	CGI	/~hclee/abc/cgi-bin/프로그램명.cgi

이와 같이 변화하는 경우를 고려해 「#define」 문을 활용할 수 있다. 여기서, #define문으로 지정된 문장은 쌍 따옴표까지도 모두 치환됨에 유의하라.

실습 예제 4-61

1. [리스트 4-125]는 앞서 "wrt_guest.c" 프로그램의 「/* 결과 표시 */」 부분에 글 읽기 프로그램으로의 링크를 추가한 것이다. 이를 작성하고 컴파일 하시오.
2. "wtr_guest.html" 입력양식에 데이터를 채운 후 실행하고 결과를 확인하시오.
3. 글 읽기 링크를 클릭해 정상적으로 내용이 표시되는지 확인하시오.

```
      :
#include "cgi-sub.c"
#include "time.c"
#define GUEST_PATH "/~□□□/cgi-bin/"    ☜ '~'다음에 자신의 ID 기록
*/

main( )
{
      :
      :
/* 결과 표시 */
```

```
 printf("Content-type:text/html\n\n");
 printf("<HTML>\n<BODY>\n");
 printf("다음과 같이 기록되었습니다");
 printf("성명 : %s<BR>\n", name);
 printf("일시 : %s %s<BR>\n", cur_date, cur_time);
 printf("제목 : %s<BR>\n", title);
 printf("내용 : %s<BR>\n", sentence);
 printf("<A HREF = \"%sdsp_guest.cgi\">글 읽기 </A>", GUEST_PATH);
 printf("</BODY>\n</HTML>\n");
}
```

[리스트 4-125] 되돌아가기 링크 추가

실습 예제 4-62

1. 글 읽기 프로그램인 dsp_guest.c에도 「#define」 문을 이용해 "글쓰기" 링크와 "홈-페이지로 돌아가기" 링크를 추가해보시오.
2. 글쓰기 결과문서의 모양을 다듬어보시오.

※ 참고로, cgi-bin 디렉토리는 프로그램을 실행시킬 수 있는 특수한 곳이기 때문에 일반적인 서버에서는 보안을 위해 일반인이 알기 어려운 다른 곳에 위치하고 있으며, 특히 [그림 4-107]과 같이 HTML 디렉토리의 바깥에 위치해 외부인에게 비공개로 유지되고 있다.

이 위치가 어디인지 외부인은 모르며, http 데몬에게 이를 등록시켜 놓으면 프로그램을 실행할 때 "http://사이트 명/cgi-bin/프로그램.cgi"라 입력하면 비밀 위치로 가도록 되어 있다.

즉, 무조건 "/cgi-bin"이라 디렉토리 명을 입력하면 [그림 4-107](b)와 같이 http 데몬이 실제 주소로 변환해 실행하므로 외부인은 이 디렉토리가 어디 있는지 모르는 상태에서 실행된다.

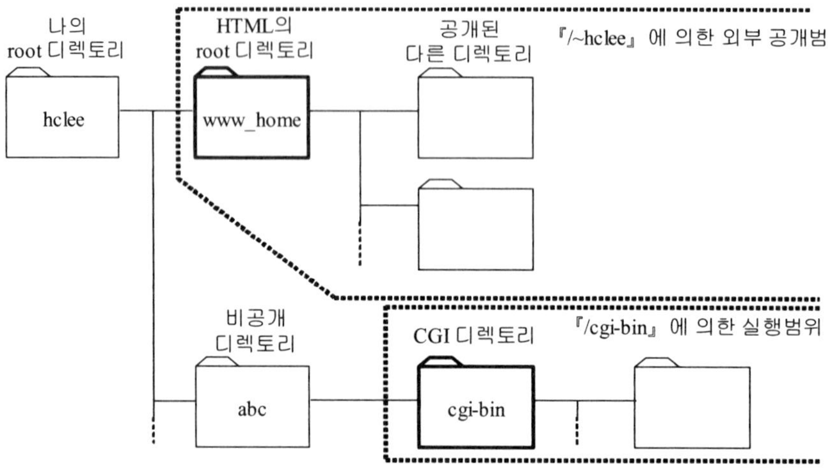

(a) 보안이 강화된 디렉토리의 구성 예

HTML	/~hclee/문서명.html
CGI	/cgi-bin/프로그램명.cgi ⇓ 데몬이 변환 /hclee/abc/cgi-bin/프로그램명.cgi

(b) 디렉토리의 사용 예

[그림 4-107] CGI 보안의 예

이와 같은 설정에 대해서는 아파치 데몬 설치를 참조하라.

현재 우리가 사용하고 있는 서버는 실험용으로 사용하기 때문에 이러한 보안이 되어있지 않은데, 이러한 경우에 나타나는 문제점을 다음 간이실험에 의해 확인할 수 있으며, 만약 인터넷 쇼핑몰 등일 경우 얼마나 심각한 문제가 발생할 것인지 짐작할 수 있을 것이다.

간이 실험

1. 브라우저의 주소창에 다음과 같이 입력해 어떤 내용이 나타나는지 살펴보라.

```
http://서버 사이트명/~자신의ID/cgi-bin/wrt_guest.c
```

7. 전자 게시판(BBS)

이 절에서는 본격적인 전자 게시판(Bulletin Board System)을 제작하고자 한다. 앞서 제작했던 방명록은 글을 입력하고 이를 모두 표시하는 단순한 것이었지만, 여기서 제작할 것은 글 목록화면을 보여주고 이들 중 선택해 임의의 글을 읽을 수 있으며, 각 글에 대한 조회 수가 기록되는 등 복잡한 기능을 수행하는 것이다. 따라서 이러한 전자 게시판을 구성할 수 있을 만큼 프로그래밍 지식이 습득된다면 다른 응용 프로그램은 쉽게 제작할 수 있을 것이다.

1) 전자 게시판의 목표

(1) 전자 게시판의 기능 및 구성

① 전자 게시판의 기능

여기서 제작할 전자 게시판은 <표 4-21>과 같은 기능들을 목표로 한다.

〈표 4-21〉 제작할 전자 게시판의 목표

프로그램	기 능
글 목록 표시 프로그램	1. 일련번호, 글 목록, 작성자 성명, 조회 수 등 표시 2. 지정된 개수만큼 페이지 단위로 표시 3. 목록에서 선택하면 해당 글을 표시하도록 링크
글 읽기 프로그램	1. 읽은 글의 조회 수 증가 2. 이전 글, 다음 글로 진행 링크
글 쓰기 양식 프로그램	1. 글 쓰기 양식을 표시 2. 접속자의 IP 주소와 현재 시간을 표시
글 접수 프로그램	1. 입력양식에 의해 작성된 데이터를 파일에 기록 2. 글 쓰기 결과를 표시

이 중에서, 글쓰기 양식 프로그램은 일단 html로 구성된 입력양식을 사용하고, 마지막에 프로그램에 의해 발생하도록 할 것이다.

② 전자 게시판 시스템의 구성

전자 게시판의 전체 구성은 [그림 4-108]과 같이 4개 프로그램이 연동하며 동작하도록 한다.

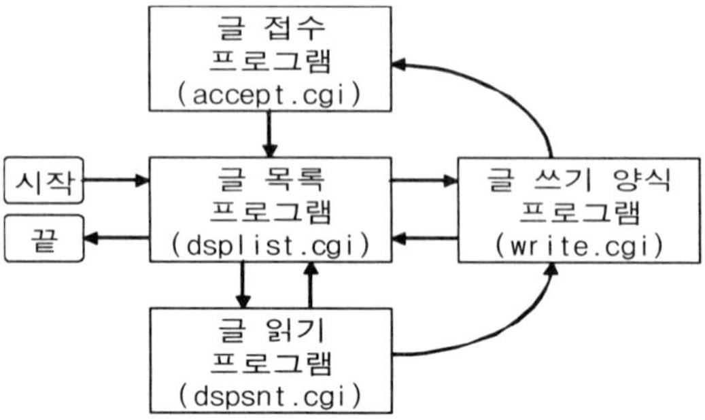

[그림 4-108] 전자 게시판 시스템의 구성

게시판이 진행될 순서는 가장 먼저 글 목록이 표시되고, 그 목록으로부터 선택된 글을 읽을 수 있으며, 곧바로 글을 기록할 수 있다. 글을 기록하기 위해서는 글쓰기 양식 프로그램으로 진행하며, 글쓰기가 완료되면 글 접수 프로그램에 의해 처리된다. 또한, 글쓰기 양식에서 취소하고 글 목록으로 되돌아 올 수 있도록 한다.

(2) 파일의 구조

파일을 이용해 구성하는 시스템은 가장 먼저 파일의 구조가 명확히 정의돼야 이에 맞춰 프로그램을 구성할 수 있다. 따라서 전자 게시판을 구성하는데 있어서 필요한 파일 구조를 먼저 살펴본다.

① 데이터 파일

게시판 데이터 파일은 앞서 방명록에서 사용하던 구조를 약간 변경해 사용한다. 즉, 앞서 방명록에서 사용하던 규격은 [그림 4-109](a)와 같은데, 여기서 글 내용만을 크게 늘려 1000문자로 한다. 사실상, 이러한 제한 없이 무한정으로 쓸 수 있도록 가능하기는 하나, 이와 같이 하려면 복잡해지므로 여기서는 간단히 이와 같이 한다.

(a) 방명록에서의 형식	(b) 게시판에서 사용할 형식
성명 (16문자 이내)¶ 일시 (18문자 이내)¶ 제목 (50문자 이내)¶ 내용 (200문자 이내)¶	성명 (16문자 이내)¶ 일시 (18문자 이내)¶ 제목 (50문자 이내)¶ 내용 (1000문자 이내)¶

[그림 4-109] 파일의 형식

그런데 방명록에서는 기록된 글을 한꺼번에 모두 표시했던 반면, 이곳 게시판에서는 임의로 원하는 글을 하나씩 읽을 수 있도록 하는 것이 목표이기 때문에 [그림 4-110](a)의 예와 같이 여러 개의 글이 있을 때 이들 중 임의의 글을 선택해 읽을 수 있는 방법이 필요하다.

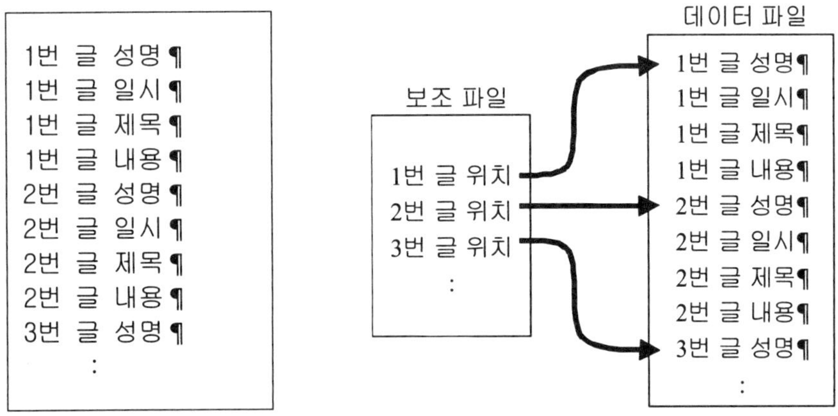

(a) 파일의 내용　　　　　(b) 임의의 글을 읽을 수 있는 방법

[그림 4-110] 파일내의 글을 임의로 읽을 수 있는 방법

이와 같이 연속된 글들이 나열되어 있을 때, 각 글은 제목이나 내용의 길이가 모두 다르기 때문에 정확한 글의 위치를 파악할 수 없으므로, [그림 4-110](b)와 같이 각 글들의 파일 위치를 기록해 놓은 별도의 보조파일이 필요하며 이러한 역할을 하는 파일을 "인덱스 파일(Index file)"이라 한다.

② 인덱스 파일

인덱스 파일은 앞서 설명한 바와 같이 데이터 파일 내의 어느 위치에 각 글들의 시작점이 있는지를 기록해 놓는 파일인데, 이 파일 내에 전체 글의 개수와 각 글들의 조회 수 등을 기록해 놓으면 편리하다.

그런데 이 인덱스 파일 또한 이 파일 내에서 각 글의 인덱스가 기록된 위치를 쉽게 찾을 수 있어야 하기 때문에 글 위치와 조회 수는 완전히 고정된 길이를 가져야 한다. 즉, [그림 4-111]과 같이 각 숫자들의 길이가 고정되어 기록되면 글의 위치가 기록된 위치를 찾을 수 있다.

전체 글 개수 [8]	엔터[2]		
1번 글 위치 [10]	공백[1]	조회 수 [7]	엔터[2]
2번 글 위치 [10]	공백[1]	조회 수 [7]	엔터[2]
3번 글 위치 [10]	공백[1]	조회 수 [7]	엔터[2]
:	:	:	:

(a) 파일의 구조

```
인덱스 위치 = (글 번호 - 1) * 20 + 10;
```

(b) 인덱스 위치를 찾는 식

[그림 4-111] 인덱스 파일

글 위치는 데이터 파일의 위치를 의미하는데, C-언어에서 파일의 위치는 long int형을 사용하고 있기 때문에 최대 10자리가 필요하다. 그리고 다음에 위치할 조회 수와의 구분을 위해 공백을 하나 삽입하고 읽은 횟수를 기록하는데, 이는 9백9십만 번까지 카운트 할 수 있도록 7자리로 할당하고, 마지막에 엔터 문자로 마감한다. 전체 글 개수는 파일의 처음에 두고, 글 개수는 최대 9천만 개까지로 예상해 8자리로 한다.

이와 같이 고정된 길이로 인덱스 파일을 구성하면 1개 글 위치를 표시하는데 20바이트가 필요하고, 각 글 위치는 20바이트마다 반복되므로 「글 번호 * 20」이 된다. 그런데, 글 번호는 1번부터 시작하므로 「(글 번호 - 1) * 20」이 되고, 파일의 가장 첫 부분에 전체 글 개수를 위한 10바이트가 위치하므로 전체 식은 [그림 4-111](b)와 같이 구성된다.

예를 들어, 1번 글의 위치를 알려면 식에 의해 10번째 위치에 1번 글의 인덱스가 있고, 이 내용을 읽으면 1번 글의 위치를 알 수 있다.

2) 글 접수 프로그램

입력양식으로부터 전달된 글 내용을 접수해 기록하는 프로그램은 앞서 방명록에서 사용한 기록 프로그램에 비해 인덱스 파일의 취급이 추가된다.

(1) 글 입력양식

글 입력양식은 최종적으로 입력양식을 발생시키는 프로그램에서 발생할 예정이

나, 우선 여기서는 html로 구성된 입력양식을 사용하기로 한다.

실습 예제 4-63

1. [리스트 4-126]은 앞서 작성했던 "wrt_guest.html"을 변경시킨 것이다. 이를 "wrt_bbs.html"의 이름으로 입력하시오.
2. 이 양식은 글 접수 프로그램에서 사용할 것이므로 실행시키지는 마시오.

```
<HTML>
<BODY>
  <H3>게시판 글 쓰기</H3>
  <FORM METHOD = "POST" ACTION = "cgi-bin/accept.cgi" >
   성명 : <INPUT TYPE = "TEXT" NAME = "n" SIZE = 10 ><BR><BR>
   제목 : <INPUT TYPE = "TEXT" NAME = "t" SIZE = 50 ><BR><BR>
   내용 :<BR>
   <TEXTAREA NAME = "s" ROWS = 10 COLS = 50 ></TEXTAREA>
   <BR><BR>
   <INPUT TYPE = "SUBMIT" VALUE = "보내기" >
</BODY>
</HTML>
```

[리스트 4-126] 게시판 글 쓰기 입력양식

(2) 파일에 데이터 저장과정

입력양식으로부터 전송되는 데이터를 저장할 때, 인덱스 파일에는 현재 기록될 데이터의 파일 위치가 저장되기 때문에 파일의 위치 개념과 이를 알아내는 함수에 관해 살펴볼 필요가 있다.

① 파일의 위치 개념

파일의 위치란 현재 사용 중인 파일 내의 조작할 위치를 의미하는데, 예를 들어 [그림 4-112](a)와 같은 파일이 있고, 이를 'r' 옵션으로 fopen( ) 함수를 사용하면 파일의 처음을 읽기 위해 [그림 4-112](a)와 같은 위치가 설정된다. (가장 처음 위치는 0이다)

이 때 fscanf( ) 함수에 의해 데이터를 읽어 들이면 이 위치부터 읽기 시작하며, 차례로 진행되어 엔터를 읽어 들이고 나면 fscanf( )함수는 동작을 정지하기 때문에 다음에 읽을 위치는 [그림 4-112](b)와 같이 파일의 처음부터 4번째 위치가 된다. (여기서, 엔터 문자는 1글자로 가정했다)

그 후 다시 fscanf( ) 함수에 의해 데이터를 읽어 들이면 4번째 위치부터 읽어 들여 [그림 4-112](c)와 같이 7번째 위치에서 정지한다.

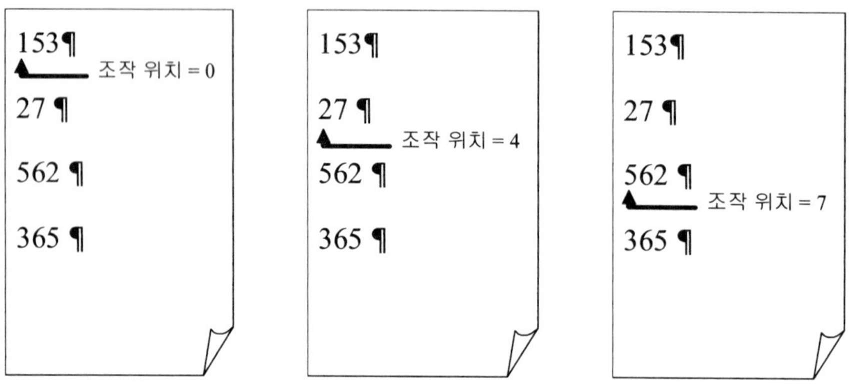

(a) 초기 위치 (b) fscanf( ) 직후 위치 (c) 다음 fscanf( ) 직후

[그림 4-112] 파일의 위치변화 예

따라서 만약 [그림 4-112](c)와 같은 상황에서 fprintf( ) 함수에 의해 파일에 데이터를 기록하면 이 위치([그림 4-112](c)의 "562"라는 데이터가 있는 위치)부터 내용이 기록된다.

이와 같이 눈에 보이지는 않지만 파일을 조작하는 위치가 항상 이동하는데, 이를 파일의 위치(파일 포인터)라 한다.

② ftell( ) 함수

ftell( ) 함수는 파일의 현재 위치를 나타내는 함수로서 [그림 4-113](a)와 같은 형식을 가지고 있으며, 사용 예는 [그림 4-113](b)와 같다.

```
long int ftell( 파일 포인터 );
```

(a) 함수의 형식

```
position = ftell( fpnt );
```

(b) 사용 예

[그림 4-113] ftell( )함수

이 함수의 괄호 내에 위치를 알고 싶은 파일의 포인터를 입력하면 그 결과로서 long int형의 출력이 나타난다.

앞서 [그림 4-112](a)와 같은 상태에서 ftell( )함수를 사용하면 '0'이 나타나고, [그림 4-112](b)와 같은 상태에서는 '4', [그림 4-112](c)와 같은 상태에서는 '7'이 나타난다.

③ Append 상태의 파일 위치

앞서 설명한 바와 같이 파일을 'r' 옵션으로 fopen( )하면 파일위치는 가장 처음, 즉 0으로 설정되는데, 만약 데이터를 추가하는 'a' 옵션으로 fopen( )하면 파일위치는 데이터를 추가하기 위해 파일의 가장 마지막으로 이동한다.

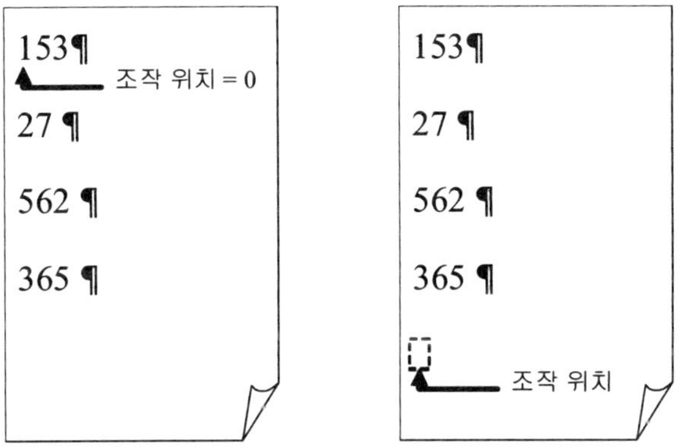

(a) 'r' 옵션 사용 시 (b) 'a' 옵션 사용 시

[그림 4-114] fopen( ) 한 직후의 파일위치

따라서 파일에 데이터를 추가하기 위해 'a' 옵션으로 fopen( )한 직후 ftell( ) 함수로 파일위치를 읽으면 그 파일의 가장 마지막 위치를 알아낼 수 있으며, 이는 또한 파일의 크기를 알아내는데 활용할 수도 있다.

(3) 파일의 저장

① 파일의 초기화

최초로 파일을 저장할 경우 파일을 생성해야 하는데, 이 때 인덱스 파일의 경우 첫 부분에 전체 글의 개수를 저장하고 있어야 하므로 이 부분을 초기화하기 위해 8자리를 확보한 0을 기록하며, 또한 데이터 파일도 생성해야 한다. [리스트 4-127]에서, "%8ld"에 의해 프린트하되 직접 숫자를 지정할 경우에는 "0L"과 같이 숫자 끝에 'L'자를 삽입해 "long int" 형임을 확실히 해야 한다.

```
if( (fpnt_inx = fopen("bbs.inx", "r+") ) == NULL)
  {
    fpnt_inx = fopen("bbs.inx", "w");
    fprintf( fpnt_inx, "%8ld\r\n", 0L);   /* 인덱스 파일 초기화 */
    fpnt = fopen("bbs.dat", "w");
    total = 0L;                            /* 글 개수는 0 */
  }
  else
  {
    fscanf( fpnt_inx, "%ld", &total );     /* 글 개수 읽음 */
    fpnt = fopen("bbs.dat", "a");
  };
```

[리스트 4-127] 파일의 초기화 과정

초기에 인덱스 파일을 'r+' 옵션으로 fopen( )한 것은, 'a' 옵션이나 'w' 옵션들은 파일이 존재하지 않는 경우 새롭게 생성시키므로 파일이 존재하지 않음을 검출할 수 없기 때문이다. 따라서 파일을 연 김에 글 개수를 읽어놓고, 파일 끝으로 이동한 후 새로 추가되는 내용을 기록하기 위해 'r+'로 하였다. 이와 같이 인덱스 파일이 이미 존재하고 있는 상태라면 데이터 파일도 존재할 것이며, 이때는 새로운 글에 관한 정보가 마지막 부분에 추가돼야 하므로 데이터 파일도 'a' 옵션으로 fopen( )해야 한다.

② 파일의 저장

입력양식으로부터 전달된 데이터를 파일에 저장하기 전에 [그림 4-115](a)와 같이 파일의 마지막 위치를 인덱스 파일에 기록해야 할 필요가 있는데, 이 위치가 바로 [그림 4-115](b)와 같이 기록될 새 글의 첫 위치가 되기 때문이다.

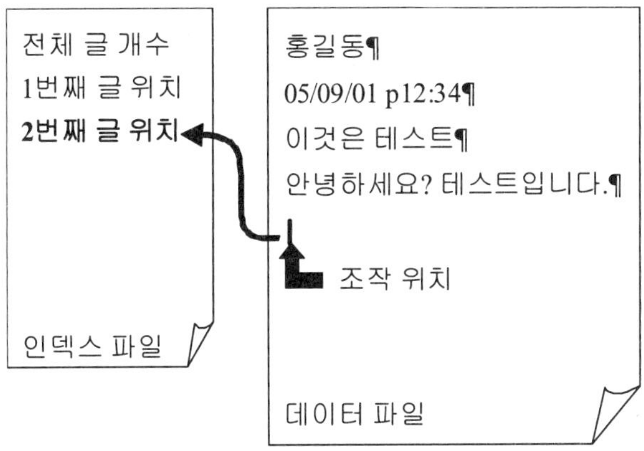

(a) 파일위치의 저장

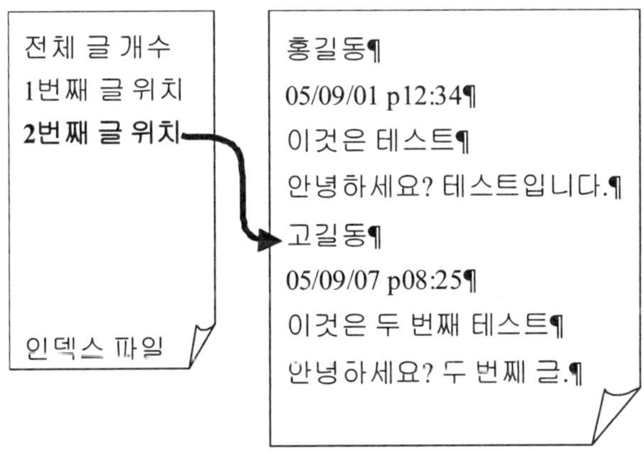

(b) 데이터의 기록

[그림 4-115] 파일위치를 인덱스로 사용하는 원리

따라서 파일을 조작하는 순서는 [그림 4-116]과 같다.

데이터 파일을 "a" 옵션으로 연다 (fopen("a") 함수)
⇓
데이터 파일의 위치를 보관한다 (ftell( )함수)
⇓
데이터를 저장한다 (fprintf( ) 함수)
⇓
인덱스 파일의 마지막 위치로 간다 (fseek( ) 함수)
⇓
인덱스 파일을 저장한다 (fprintf( ) 함수)
⇓
인덱스의 첫 위치로 간다 (rewind( ) 함수)
⇓
하나 증가된 파일 개수를 저장한다 (fprintf( ) 함수)
※ 파일의 마지막 위치로 가는 fseek( ) 함수에 관한 설명은 바로 다음에 나온다.

[그림 4-116] 파일의 조작 순서

이러한 조작 중 '첫 위치로 간다'는 기능은 [그림 4-117]과 같은 함수를 사용한다.

```
rewind ( 파일 포인터 );        /* 파일의 처음 위치로 이동 */
```

[그림 4-117] 파일의 처음 위치로 이동하는 함수

실습 예제 4-64

1. [리스트 4-128]은 앞서 방명록의 "wrt_guest.c" 프로그램에 인덱스 기능을 추가한 것이다. 이를 "accept.c"의 이름으로 작성하고 컴파일 하시오.
2. "wrt_bbs.html" 양식에 데이터를 채운 후 실행하고 인덱스 파일과 데이터 파일이 생성되는지, 그리고 그 내용이 어떠한지 확인하시오. 또한, 2~3개 글을 더 추가하고 확인해 보시오.

```
#include <stdio.h>
#include <stdlib.h>
#include <string.h>
#include "cgi-sub.c"
#include "time.c"

main( )
{
 char name[16], title[50], sentence[1000];
 char cur_date[9], cur_time[7];
 FILE  *fpnt;
 FILE  *fpnt_inx;     /* 인덱스 파일용 포인터 */
 long int  position, total; /* 파일 위치, 전체 글 갯수 */

/* 데이터 추출 */
  Parse_Post( name );  Parse_Post( title );  Parse_Post( sentence );

/* 파일 열기 또는 생성 */
 if( (fpnt_inx = fopen("bbs.inx", "r+") ) == NULL)
    {
      fpnt_inx = fopen("bbs.inx", "w");
      fprintf( fpnt_inx, "%8ld\r\n", 0L);    /* 인덱스 파일 초기화 */
      fpnt = fopen("bbs.dat", "w");
      total = 0L;                          /* 글 개수는 0 */
    }
    else
    {
      fscanf( fpnt_inx, "%ld", &total );    /* 글 개수 읽음 */
      fpnt = fopen("bbs.dat", "a");
    };

/* 파일에 기록 */
 position = ftell( fpnt );     /* 파일 위치 구해놓음 */
 Get_Date( cur_date, cur_time );
 fprintf(fpnt, "%s\r\n", name);
 fprintf(fpnt, "%s %s\r\n", cur_date, cur_time);
 fprintf(fpnt, "%s\r\n%s\r\n", title, sentence);
 fclose(fpnt);

/* 인덱스 파일 기록 */
```

```
  fseek( fpnt_inx, 0, 2 );        /* 파일의 마지막으로 이동 */
  fprintf( fpnt_inx, "%10ld %7ld\r\n", position, 0L);
                                      /* 글 위치와 조회 수 기록 */
  total++;                        /* 전체 글 개수 증가  및 기록 */
  rewind( fpnt_inx );
  fprintf( fpnt_inx, "%8ld", total );
  fclose( fpnt_inx );

/* 결과 표시 */
 printf("Content-type:text/html\n\n");
 printf("<HTML>\n<BODY>\n");
 printf("다음과 같이 기록되었습니다<BR>");
 printf("성명 : %s<BR>\n", name);
 printf("일시 : %s %s<BR>\n", cur_date, cur_time);
 printf("제목 : %s<BR>\n", title);
 printf("내용 : %s<BR>\n", sentence);
 printf("</BODY>\n</HTML>\n");
}
```

[리스트 4-128] 글 접수 프로그램

3) 글 읽기 프로그램

(1) 필요한 쿼리

앞서 방명록 프로그램에서는 글 읽기 과정에서 특별한 쿼리가 필요 없었지만, 이곳 게시판에서는 몇 가지 쿼리가 필요하며 이에 관해 살펴본다.

① 글 번호

방명록에서는 모든 글을 한꺼번에 보여주기 때문에 글 번호가 필요 없었지만, 게시판에서는 목록에서 선택한 글 하나만을 보여주도록 구성할 것이므로 글 번호의 지정이 필요하다.

글 번호는 짧고 보안이 필요한 것이 아니므로 간단하게 GET 방식을 사용하고, 하나의 글은 파일의 한 레코드(record)에 해당하므로 "r="이라 필드 명을 정한다.

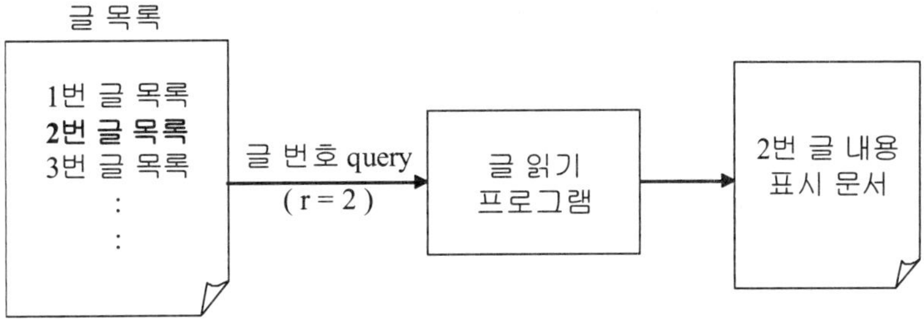

[그림 4-118] 글 목록으로부터의 쿼리

② 목록 시작번호

글 목록은 모든 글 목록이 나타나는 것이 아니라 페이지 별로 나타낼 것이므로, 현재의 글 목록이 시작될 글 번호가 필요하다. 예를 들어 현재 100개의 글이 있고, 글 목록 한 페이지 당 20개씩 표시하고 있다면, 첫 페이지는 1번 글 목록부터, 두 번째 페이지는 21번 글 목록부터 시작되어야 한다. 만약, 현재 2번째 페이지 글 목록을 열람하다가 그 중 하나의 글을 읽은 후 다시 목록으로 되돌아가면 이 때는 다시 2번째 페이지로 돌아가야 편리하므로 [그림 4-119]와 같이 글 내용 표시문서에서 글 목록으로 갈 때 시작 번호를 알려줘야 한다.

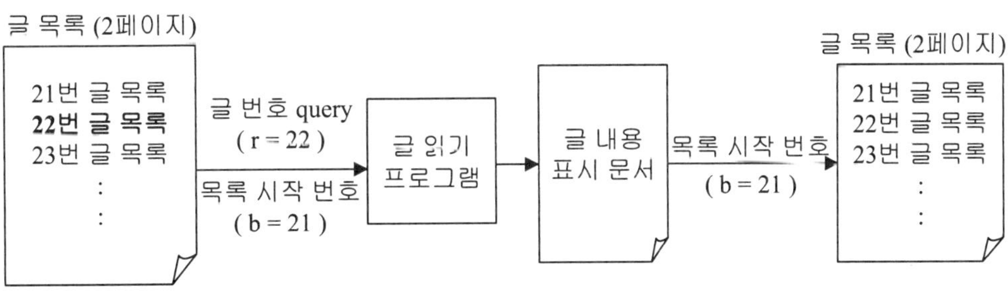

[그림 4-119] 글 목록으로 되돌아가는 방법

따라서 글 목록 또한 GET 방식으로 사용하고, 글 목록의 시작(begin)이라는 의미로 "b="이라 필드 명을 정한다.

(2) 프로그램의 구성

① 쿼리 추출

앞서 정한 바와 같이, 필요로 하는 쿼리는 글 번호를 나타내는 "r="과 글 목록의 시작번호인 "b="이다. 그리고 이들은 GET 방법에 의해 전달될 것이므로 지금까지 사용했던 쿼리 추출 함수를 이용해 [리스트 4-129]와 같이 구성할 수 있다.

```
#include <stdio.h>
#include <stdlib.h>
#include <string.h>
#include "cgi-sub.c"
        :
  strcpy( query, getenv("QUERY_STRING"));
  Get_Query( query, "r=", c );
  record = atol( c );
  Get_Query( query, "b=", c );
  begin = atol( c );
        :
```

[리스트 4-129] 쿼리의 추출

즉, GET 방법에 의한 쿼리는 환경변수 "QUERY_STRING"에 보관되므로 이를 복사하고, 이 중에서 "r=" 필드를 찾아 글 번호로, "b=" 필드를 찾아 글 목록 시작번호로 저장한다. 단, 필드 데이터를 숫자로 변환할 때 long int형으로 변환하기 위해 atoi( ) 함수와 유사한 atol( )을 대신 사용했다.

```
long int  atol( 스트링 );    /* 스트링을 long int형 숫자로 변환 */
```

[그림 4-120] atol( ) 함수

② 파일위치 구하기

앞서 구한 글 번호를 이용해 데이터 파일 내의 글 위치를 찾아야 하는데, 이를 위해 앞서 파일구조에서 인덱스 위치를 구하는 식을 [그림 4-121]과 같이 구했었다.

```
인덱스 위치 = (글 번호 - 1) * 20 + 10;
```

[그림 4-121] 인덱스 위치를 구하는 식

따라서 이 식으로 인덱스 파일 내의 위치를 구할 수 있는데, 이와 같이 구한 위치로 이동하기 위해 fseek( )함수를 사용한다. 이 함수는 파일 내의 특정 위치로 조작지점을 이동시킬 수 있는 것으로서 형식은 [그림 4-122]와 같다.

```
int fseek ( 파일 포인터 , 위치 , 이동방법 );
      결과 -   0  : 오류 없음
            이외 : 오류 발생
```

이동방법
- 0 : 파일의 처음부터
- 1 : 현재 위치로부터
- 2 : 파일의 끝부터

[그림 4-122] fseek( ) 함수의 용법

fseek( )함수는 파일 내에서의 조작위치를 3가지 방법에 의해 이동시킬 수 있는데, 파일의 처음을 기준으로, 현재 조작위치를 기준으로, 파일의 끝부터 이동시킬 수 있다. 이 때 파일의 끝 방향으로 진행할 경우에는 +숫자의 '위치'를, 파일의 처음 방향으로 진행할 경우에는 −숫자의 "위치"를 사용하며, "위치"는 long int형이다.

따라서 이러한 fseek( )함수를 이용해 [그림 4-123]과 같이 원하는 위치로 이동하고 데이터를 읽도록 구성할 수 있다.

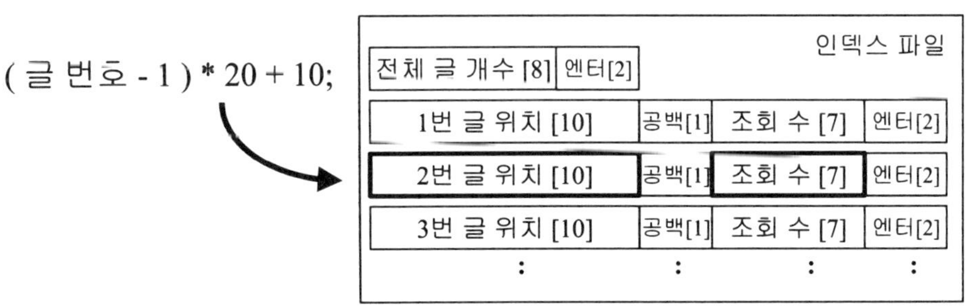

[그림 4-123] 인덱스 파일의 글 위치 찾기

즉, 인덱스 파일을 열고 해당 글 위치가 있는 곳으로 이동한 후 그곳에 기록된 글 위치와 읽은 횟수를 읽도록 구성하면 [그림 4-124](b)의 리스트와 같다.

글 위치[10]	공백[1]	조회 수[7]	엔터[2]

(a) 인덱스 파일 구조

```
fpnt_inx = fopen("bbs.inx", "r");
 inx_pos = ( record - 1 ) * 20 + 10;
 fseek( fpnt_inx, inx_pos, 0 );
 fscanf( fpnt_inx, "%ld", &position );
 fscanf( fpnt_inx, "%ld", &count );
fclose( fpnt_inx );
```

(b) 파일 위치 구하기

```
fpnt_inx = fopen("bbs.inx", "r+");
 inx_pos = ( record - 1 ) * 20 + 10;
 fseek( fpnt_inx, inx_pos, 0 );
 fscanf( fpnt_inx, "%ld", &position );
 fscanf( fpnt_inx, "%ld", &count );
 count++;  /* 조회 수 증가 및 기록 */
 fseek( fpnt_inx, inx_pos + 11, 0 );
 fprintf( fpnt_inx, "%7ld", count );
fclose( fpnt_inx );
```

(c) 읽은 수 증가 처리

[그림 4-124] 인덱스 파일의 조작

그런데, 이와 같이 글을 읽었을 경우 조회 수를 하나 증가시켜야 하므로 [그림 4-124](c)의 리스트와 같이 count 변수를 하나 증가시키고, 조회 수가 기록된 위치로 다시 이동하기 위해 글 위치로부터 11자 이후([그림 4-124](a) 참조)로 다시 이동해 그 곳에 조회 수를 기록한다. 이와 같이 인덱스 파일은 오직 읽는 조작뿐만 아니라 기록하는 조작도 병행해야 하므로 파일을 열 때 "r+" 옵션을 사용한다.

③ 데이터 읽기

앞서 인덱스 파일로부터 구한 글 위치정보를 이용해 데이터 파일에서 글 내용을 읽는 과정을 [리스트 4-130]에 나타내었다.

```
fpnt = fopen("bbs.dat", "r");           /* 파일을 연다 */
 fseek( fpnt, position, 0 );            /* 해당 위치로 이동 */
 fgets( name , 16 , fpnt );             /* 내용 읽기 */
 fgets( wr_time , 18 , fpnt );
```

```
  fgets( title , 50 , fpnt );
  fgets( sentence , 1000 , fpnt );
 fclose( fpnt );                      /* 파일을 닫는다 */
```

[리스트 4-130] 데이터 파일로부터 글 읽기

이는 앞서 방명록에서 사용했던 글 읽기와 거의 유사하며, 단지 해당 글로 이동하기 위한 fseek( ) 함수가 추가되었을 뿐이다.

④ 표시하기

이상에서 구한 글의 조회 수, 글 내용 데이터들을 표시하기 위한 과정을 [그림 4-125](a)의 리스트에 나타내었고, 나중에는 [그림 4-125](b)와 같이 표를 이용해 글이 나타나도록 작성할 것이다.

```
printf("Content-type:text/html\n\n");
printf("<HTML>\n<BODY>\n");
printf("번 호 : %d<BR>\n", record );
printf("성 명 : %s<BR>\n", name );
printf("일 시 : %s<BR>\n", wr_time);
printf("제 목 : %s<BR>\n", title);
printf("내 용<BR>%s\n", sentence);
printf("</BODY>\n </HTML>\n");
```

(a) 글 내용 표시하기

번 호	2/ 153	성 명	고길동	일 시	05/09/01 p12:34	조 회	153
제 목	이것은 두 번째 테스트						
내 용 안녕하세요? 두 번째 글.							

목록으로 가기

(b) 표시 목표

[그림 4-125] 글 읽기 결과 표시하기

그런데, [그림 4-125](b)의 아래에 표시된 것과 같이 다시 목록으로 되돌아가기 위한 링크 표시를 할 때, 단순히 「 <A HREF = "cgi-bin/ dsp_list.cgi">목록으로 가기</A> 」로 사용하면, 앞서 논한 바와 같이 이 글이 속했던 글 목록의 페이지로 되돌아갈 수 없고, 무조건 첫 페이지부터 목록이 표시된다. 따라서 앞서 위치했던 목록 페이지로 되돌아가기 위한 목적으로 "b=" 필드를 두어 글 목록의 시작번호를 전달받았는데, 이 링크에서 글 목록 프로그램에 시작번호를 알려야 한다. 이 때는 [리스트 4-131](a)의 리스트와 같이 파일명 뒷부분에 직접 쿼리를 기록하면 이는 GET 방식 데이터로 간주되어 전달된다.

거꾸로 말하면, GET 방식 데이터는 파일 명 뒤에 '?'표와 더불어 데이터가 전달되었는데, 이를 직접 이와 같이 파일명에 우리가 적어 넣어도 무방하며, 입력양식이 없어도 이와 같이 쿼리 데이터를 전달할 수 있다. 따라서 이러한 링크가 나타나도록 [리스트 4-131](b)의 리스트와 같이 프로그램을 구성한다.

```
<A HREF = "cgi-bin/dsp_list.cgi?b=21">목록으로 가기</A>
```

(a) 목록으로 가는 링크

```
printf("<A HREF = \"cgi-bin/dsp_list.cgi?b=%d \">목록으로 가기</A>",
begin);
```

(b) 링크의 표시

[리스트 4-131] 링크의 추가

⑤ 프로그램의 구성

실습 예제 4-65

1. [리스트 4-132]는 지금까지 작성한 프로그램 조각들을 바탕으로 글 번호를 전달받아 해당 글을 표시하도록 작성한 것이다. 「#define」 문의 자신의 ID를 채우고 이를 "dsp_snt.c"의 이름으로 입력해 컴파일하시오.
2. 주소창에 직접 "....../cgi-bin/dsp_guest.cgi?b=1&r=1"이라 입력해 첫 번째 글이 나타나는지 확인하시오. 또한, "r=2"로 변경해 입력하고 2번째 글이 나타나는지 확인하시오.
3. 이와 같은 조작을 행한 후 "bbs.inx" 파일 내의 조회 수 변화를 확인하시오.

```
#include <stdio.h>
#include <stdlib.h>
#include <string.h>
#include "cgi-sub.c"
#define CGI_PATH "/~자신의ID/cgi-bin/"
```

```
main( )
{
  FILE  *fpnt, *fpnt_inx;
  long int position, inx_pos, count;
  char name[16], wr_time[18];
  char title[50], sentence[1000];
  char query[15], c[10];
  long begin, record, total;

 /* Query 추출 */
  strcpy( query, getenv("QUERY_STRING"));
  Get_Query( query, "r=", c );
  record = atol( c );
  Get_Query( query, "b=", c );
  begin = atol( c );

 /* 파일위치 구하기 */
  fpnt_inx = fopen("bbs.inx", "r+");
   fscanf( fpnt_inx, "%ld", &total );
   inx_pos = ( record - 1 ) * 20 + 10;
   fseek( fpnt_inx, inx_pos, 0 );
   fscanf( fpnt_inx, "%ld", &position );

  /* 조회 수 증가 및 기록 */
   fscanf( fpnt_inx, "%ld", &count );
   count++;
   fseek( fpnt_inx, inx_pos + 11, 0 );
   fprintf( fpnt_inx, "%7ld", count );
  fclose( fpnt_inx );

 /* 데이터 파일 읽기 */
  fpnt = fopen("bbs.dat", "r");
   fseek( fpnt, position, 0 );
   fgets( name , 16 , fpnt );
   fgets( wr_time , 18 , fpnt );
   fgets( title , 50 , fpnt );
   fgets( sentence , 1000 , fpnt );
  fclose( fpnt );

 /* 결과 표시 */
```

```
  printf("Content-type:text/html\n\n");
  printf("<HTML>\n<BODY>\n");
  printf("<TABLE BORDER=1 BGCOLOR=\"#FFFFE0\" CELLPADDING=4>\n");
  printf("<TR>\n");
  printf("<TD BGCOLOR = \"#E0FFFF\">번 호</TD>");
  printf("<TD> %d / %d </TD>\n", record, total );
  printf("<TD BGCOLOR = \"#E0FFFF\">성 명</TD>");
  printf("<TD> %s </TD>\n", name );
  printf("<TD BGCOLOR = \"#E0FFFF\">일 시</TD>");
  printf("<TD> %s </TD>\n", wr_time);
  printf("<TD BGCOLOR = \"#E0FFFF\">조 회</TD>");
  printf("<TD> %d </TD>\n", count);
  printf("</TR> <TR>");
  printf("<TD BGCOLOR = \"#E0FFFF\">제 목</TD>");
  printf("<TD COLSPAN = 7> %s </TD>\n", title);
  printf("</TR> <TR>");
  printf("<TD COLSPAN = 8><B>내 용</B><BR>%s </TD>\n", sentence);
  printf("</TR> </TABLE><BR>\n");
  printf("<A HREF = \"%sdsp_list.cgi?b=%d\">목록으로 가기</A>", begin,
CGI_PATH);
  printf("</BODY>\n </HTML>\n");
}
```

[리스트 4-132] 작성된 글 표시 프로그램

4) 글 목록 프로그램

앞서 작성했던 방명록과 지금 작성하고 있는 게시판의 가장 큰 차이점 중 하나가 글 목록을 표시하는 것으로서, 글 제목과 작성자 성명 등 간단한 내용을 표시한 후 이 중 하나를 선택하면 앞서 작성했던 글 읽기 프로그램으로 연결되어 해당 글의 내용을 표시한다. 또한, 글 목록을 페이지 별로 정리해 보여주기도 하고, 글 쓰기 메뉴로도 진입할 수 있는 등 게시판 시스템 전체에 있어 중심적 역할을 하는 것이 글 목록이다.

(1) 기본 글 목록

'기본 글 목록'이라 표현한 것은, 여기서 제작하는 글 목록은 제작의 편의상 실제 글 목록과는 약간 다르기 때문이며, 이후에 실제 글 목록과 유사하도록 개선하고자 한다.

제작하려는 글 목록은 [그림 4-126]과 같은 사항들이 나열되도록 한다.

글 번호	작성자 성명	일시	조회 수	제 목

[그림 4-126] 글 목록 표시사항

① 한 글에 대한 목록 표시

하나의 글 목록을 표시하기 위한 프로그램을 우선 작성하고, 이러한 글 목록이 여러 개가 되도록 확장하는 순서로 진행한다.

i) 글 목록 표시 부분

하나의 글에 대해 [그림 4-126]과 같은 내용들이 나열되려면 [그림 4-127]과 같이 앞서 글 읽기와 유사한 과정이 필요하다.

인덱스 파일의 인덱스 위치를 구하고 위치로 이동한다 (fseek( )함수)
⇓
인덱스 파일에서 글 위치와 조회 수를 읽는다 (fscanf( )함수)
⇓
데이터 파일에서 해당 글을 찾는다 (fseek( ) 함수)
⇓
필요한 데이터(성명, 일시, 제목)를 읽어들인나 (fgets( ) 함수)

[그림 4-127] 파일의 조작 순서

현재 작성하고자 하는 글 번호가 "record"라는 변수에 저장되어 있다면, [리스트 4-133]과 같이 작성된다.

```
/* 파일위치 구하기 */
 inx_pos = ( record - 1 ) * 20 + 10;
 fseek( fpnt_inx, inx_pos, 0 );
 fscanf( fpnt_inx, "%ld", &position );
 fscanf( fpnt_inx, "%ld", &count );
```

```
/* 데이터 파일 읽기 */
 fseek( fpnt, position, 0 );
 fgets( name , 16 , fpnt );
 fgets( wr_time , 18 , fpnt );
 fgets( title , 50 , fpnt );

/* 결과 표시 */
 printf("<TR>\n>");
 printf("<TD> %ld/ %ld </TD>\n", record, total);
 printf("<TD> %s </TD>\n", name );
 printf("<TD> %s </TD>\n", wr_time);
 printf("<TD> %ld </TD>\n", count);
 printf("<TD> %s </TD>\n", title);
 printf("</TR>\n");
```

[리스트 4-133] 하나의 글에 대한 목록표시 부분

단, 이 리스트는 [그림 4-128]과 같이 여러 글 목록 중 하나만을 표시하는 부분이므로 글 목록 표는 이미 시작되고 그 중간에 위치해야 하기 때문에 <TABLE> 태그는 이전에 시작됐을 것으로 가정한다.

글 번호	작성자 성명	일시	조회 수	제 목	
:	:	:	:	:	
번호	**성명**	**일시**	**조회**	**제목**	☜ **이 지점**
:	:	:	:	:	

[그림 4-128] 리스트의 글 목록 위치

ii) 링크 표시

글 목록을 표시한 이유는 이들 목록 중 어느 것을 선택하면 그 글이 표시되는 페이지로 전환하기 위함이기 때문에 글 읽기 프로그램으로의 링크가 필요하다. 링크는 [그림 4-129]와 같은 형식을 가지고 있어야 한다.

```
<A HREF = "cgi-bin/dsp_snt.cgi?b=페이지 시작번호&r=글번호"> 표시 내용
</A>
```

[그림 4-129] 글 목록의 링크 부분

이 형식은 해당 글 목록의 모든 항목, 예를 들어 글 번호를 눌러도, 작성자 성명을 눌러도, 글 제목을 눌러도 글을 읽을 수 있도록 하기 위해 모든 글 목록 항

목에 사용해야 하므로, 앞서 리스트의 결과표시 부분을 [리스트 4-134]와 같이 추가한다. 단, 여기서 "CGI_PATH" 레이블은 나중에 "#define"문에 의해 선언할 것이다.

```
/* 결과 표시 */
sprintf(link, "<A HREF=\"%sdsp_snt.cgi?b=%ld&r=%ld\">", CGI_PATH,
begin, record);
 printf("<TR>\n");
 printf("<TD>%s %ld/ %ld </A></TD>\n", link, record, total);
 printf("<TD>%s %s </A></TD>\n", link, name );
 printf("<TD>%s %s </A></TD>\n", link, wr_time);
 printf("<TD>%s %ld </A></TD>\n", link, count);
 printf("<TD>%s %s </A></TD>\n", link, title);
 printf("</TR>\n");
```

[리스트 4-134] 글 읽기로의 링크 추가

따라서 이 목록에 의해 [그림 4-130]과 같은 목록이 표시되며, 목록의 어느 항목을 클릭해도 해당 글을 읽을 수 있도록 링크된다.

[그림 4-130] 모든 항목의 링크

② 여러 글 목록으로 확장

전체 글 목록은 앞서 작성한 글 목록들이 연속으로 나열된 것이므로 for( )문을 이용해 순서대로 반복한다. 이 때 목록의 시작점은 목록 페이지의 시작 글 번호부터, 종료는 한 페이지에 20개 목록을 표시한다면 (시작 글 번호 + 20)보다 작은 동안이 될 것이다. 따라서 [리스트 4-135]와 같은 프로그램이 구성된다.

```
for ( record = begin; record < (begin + 20); record++ )
  {
    파일위치 구하기;
    데이터 파일 읽기;
    결과 표시;
  };
```

[리스트 4-135] 반복문에 의한 여러 목록의 표시-1

그런데 만약 현재 표시하고 있는 페이지 중에서 글 목록이 모두 표시되었다면, 즉 for( )문이 반복되고 있는 도중에 글 목록이 종료되면 그 이후는 데이터가 없기 때문에 오류가 발생한다.

따라서 반복문이 종료될 시점을 먼저 검사한 후 이 페이지 내에서 글 목록이 종료될 것이라면 마지막 글 목록을 종료 시점으로 잡아야 하므로 [리스트 4-136]과 같이 if( )문을 이용해 종료 시점을 조절할 필요가 있다. 또한, 한 페이지 당 글 목록 수는 변경하기 쉽도록 #define 문을 이용해 지정하고, 이 곳에서는 레이블(ONE_PAGE)를 사용하기로 한다.

```
if ( total < ( begin + ONE_PAGE ) ) ending = total + 1;
   else  ending = begin + ONE_PAGE;
for ( record = begin; record < ending ; record++ )
  {
    파일위치 구하기;
    데이터 파일 읽기;
    결과 표시;
  };
```

[리스트 4-136] 반복문에 의한 여러 목록의 표시-2

③ 글 목록의 마무리

모든 글에 대한 표시가 되었으므로, 표의 처음과 끝을 마무리하도록 [리스트 4-137]과 같이 표를 완성한다.

```
printf("<TABLE BORDER=1 BGCOLOR=\"#FFFFE0\" CELLPADDING=4>\n");
printf("<TR BGCOLOR = \"#E0FFFF\">");
printf("<TH>번 호</TH><TH>성 명</TH><TH>일 시</TH><TH>조 회</TH><TH>제목</TH>");
printf("</TR>\n");

  여러 목록의 표시 부분;

printf("</TABLE>\n");
```

[리스트 4-137] 표의 완성

실습 예제 4-66

1. [리스트 4-138]은 글 목록을 표시하는 프로그램이다. #define문에 자신의 ID를 채우고 이를 "dsp_list.c"의 이름으로 입력해 컴파일 하시오.
2. 이 프로그램을 여러분의 첫 홈-페이지에 "게시판" 이름으로 "cgi-bin/dsp_list.cgi?b=1"이라 링크하고 실행시켜 보시오.

```
#include <stdio.h>
#include <stdlib.h>
#include <string.h>
#include "cgi-sub.c"
#define CGI_PATH "/~자신의ID/cgi-bin/"
#define HTML_PATH "/~자신의ID/"

main( )
{
 FILE  *fpnt, *fpnt_inx;
 long int position, inx_pos, count;
 char name[16], wr_time[18], title[50];
 char query[15], c[10], link[50];
 long record, total, page, begin, ending;

/* 파일 열기 */
 fpnt_inx = fopen("bbs.inx", "r+");
 fpnt = fopen("bbs.dat", "r");
 fscanf( fpnt_inx, "%ld", &total );

/* Query 추출 */
 strcpy( query, getenv("QUERY_STRING"));
 Get_Query( query, "b=", c );
 begin = atol( c );

/* 표시 시작 */
 printf("Content-type:text/html\n\n");
 printf("<HTML>\n<BODY>\n");

/* 글 목록 표시 */
 printf("<TABLE BORDER=1 BGCOLOR=\"#FFFFE0\" CELLPADDING=4>\n");
 printf("<TR BGCOLOR = \"#E0FFFF\">");
 printf("<TH>번 호</TH><TH>성 명</TH><TH>일 시</TH><TH>조 회</TH><TH>제
```

```
목</TH>");
 printf("</TR>\n");

 ending = total + 1;
 for ( record = begin; record < ending ; record++ )
  {
   /* 파일위치 구하기 */
    inx_pos = ( record - 1 ) * 20 + 10;
    fseek( fpnt_inx, inx_pos, 0 );
    fscanf( fpnt_inx, "%ld", &position );
    fscanf( fpnt_inx, "%ld", &count );

  /* 데이터 파일 읽기 */
    fseek( fpnt, position, 0 );
    fgets( name , 16 , fpnt );
    fgets( wr_time , 18 , fpnt );
    fgets( title , 50 , fpnt );

  /* 결과 표시 */
    sprintf( link, "<A HREF = \"%sdsp_snt.cgi?b=%ld&r=%ld\">",
CGI_PATH, begin, record);
    printf("<TR>\n");
    printf("<TD>%s %ld/ %ld </A></TD>\n", link, record, total);
    printf("<TD>%s %s </A></TD>\n", link, name );
    printf("<TD>%s %s </A></TD>\n", link, wr_time);
    printf("<TD>%s %ld </A></TD>\n", link, count);
    printf("<TD>%s %s </A></TD>\n", link, title);
    printf("</TR>\n");
  };
 printf("</TABLE>\n");
 printf("</BODY>\n</HTML>\n");
}
```

[리스트 4-138] 글 목록 표시 프로그램

④ 페이지 넘기기 링크

글 목록의 페이지를 앞으로 또는 뒤로 진행하는 링크가 필요한데, 이에 관해 살펴보기로 한다.

i) 앞 페이지로 가기

현재 페이지의 앞 페이지는 현재 페이지보다 ONE_PAGE 레이블에 지정된(예를 들어 20개) 글 개수만큼 앞부터 시작해야 한다. 예를 들어 [그림 4-131](a)와 같이 현재 페이지가 40번 글부터 시작하고 있다면, 앞 페이지는 20번 글부터 시작해야 한다. 그런데 무조건 현재 페이지에서 20을 뺐을 경우 만약 현재 페이지가 10번 글부터 시작하고 있었다면 앞 페이지는 -10번이 되므로 안 되고, 또한 [그림 4-131](c)와 같이 현재 페이지가 1번부터 시작하고 있었다면 앞 페이지는 없는 것이 된다.

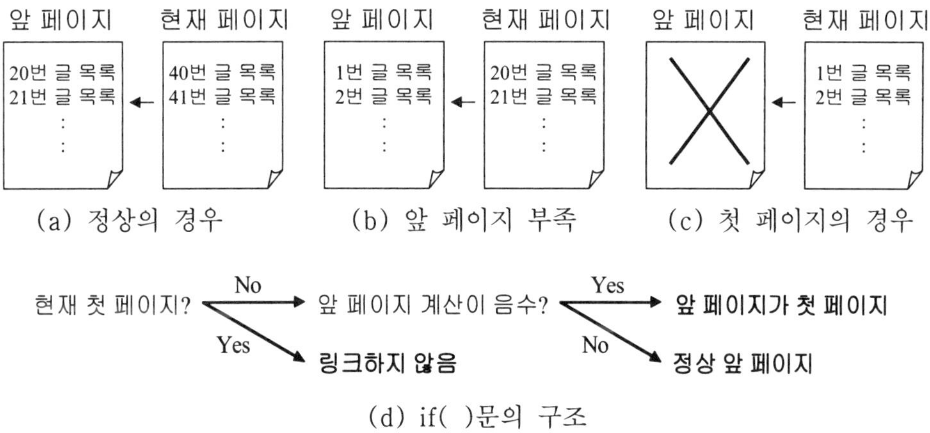

[그림 4-131] 앞 페이지의 여러 경우

따라서 이와 같은 경우들을 감안해 [그림 4-131](d)와 같이 if( )문을 사용해야 하며 이를 프로그램화하면 [리스트 4-139]와 같다.

```
if ( begin != 1L )
  {
    page = begin - ONE_PAGE;
    if ( page < 0 ) page = 1L;
    printf("<A HREF=\"%sdsp_list.cgi?b=%ld\">", CGI_PATH, page );
  };
printf( "앞 페이지</A>" );
```

[리스트 4-139] 앞 페이지로 가는 링크의 발생

이 리스트에 의하면, 현재 페이지가 1인 경우 "<A HREF=>" 태그가 발생되지 않아 "앞 페이지"라는 글자는 링크 없이 글자만 나타나도록 되는데, 이때 링크를 닫는 "</A>" 태그가 있어도 무시된다. 따라서 앞 페이지가 없는 경우 [그림 4-132](a)와 같이 링크 없이 글자만 나타나고, 앞 페이지가 존재할 경우 [그림 4-132](b)와 같이 링크가 된 글자가 나타난다.

(a) 링크 없음　　　(b) 링크 있음

[그림 4-132] 태그의 표시 예

ii) 다음 페이지로 가기

다음 페이지로 넘어가는 경우도 앞 페이지로 진행하는 경우와 유사한데, 다음 페이지는 2가지 경우만 존재한다. 즉, [그림 4-133]에 나타낸 바와 같이 정상적인 다음 페이지가 존재하는 경우와, 현재 페이지에서 목록이 종료된 경우인데, 이는 다음 페이지의 첫 글 목록인 (현재 페이지 + ONE_PAGE) 연산결과가 글 전체 수보다 크다면 다음 페이지는 존재하지 않는다.

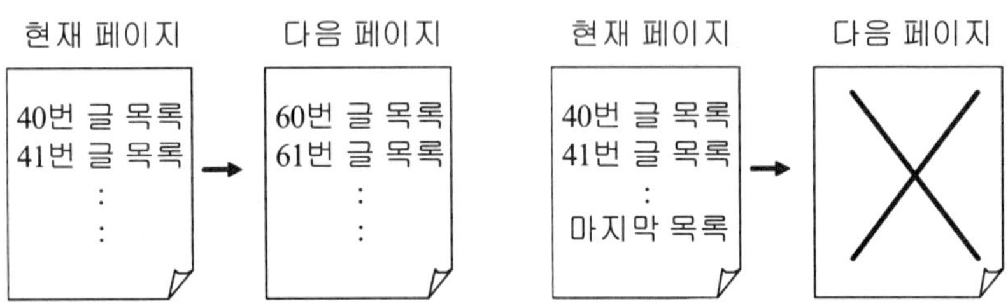

(a) 정상의 경우　　　(b) 마지막 페이지인 경우

[그림 4-133] 다음 페이지의 경우

따라서 [리스트 4-140]과 같이 프로그램을 구성할 수 있다.

```
if ( ( begin + ONE_PAGE ) <= total )
  printf("<A HREF=\"%sdsp_list.cgi?b=%ld\">", CGI_PATH,
                                              begin + ONE_PAGE );
printf( "다음 페이지</A>" );
```

[리스트 4-140] 다음 페이지로 가는 링크의 발생

iii) 전체의 구성

글 목록은 앞서 설명한 바와 같이 많은 링크가 연결되어 있는 게시판 시스템의 핵심 요소이다. 여기에는 각 글을 읽는 링크 이외에도 "앞 페이지"나 "다음 페이지"로 진행하는 링크, 그리고 "글쓰기"로 진입하는 링크와 홈-페이지로 "돌아가기" 링크들이 존재한다. 게시판에서는 이와 같이 많은 링크들을 페이지의 이곳저곳에 산재시키지 않고 한 곳에 일목요연하게 모아놓는 것이 사용상 편리하기 때문에 이들 링크들을 [그림 4-134]와 같이 모양 있게 배치하려 한다.

[그림 4-134] 구성하려는 링크의 집합

이와 같이 링크들을 집합으로 구성하기 위해 <TABLE> 태그를 활용하고 표 내부의 색상과 표시 글자색상을 조절하면 [리스트 4-141](a)와 같다. 단, 이 리스트는 아직 링크 부분이 추가되지 않은 것이고, 이 원문에 앞서 작성했던 링크들, 즉 "앞 페이지" 링크, "다음 페이지" 링크 등을 추가해 프로그램을 구성하면 [리스트 4-141](b)와 같다. 단, 여기서 "CGI_PATH"와 "HTML_PATH" 레이블들은 나중에 "#define"문에 의해 선언할 것이다.

```
<TABLE BGCOLOR="#FFFF00" CELLPADDING=4 CELLSPACING=4>
 <TR>
  <TH BGCOLOR="#0000C0"><FONT COLOR="#FFFF00">앞 페이지</FONT></TH>
  <TH BGCOLOR="#0000C0"><FONT COLOR="#FFFF00">돌아가기</FONT></TH>
  <TH BGCOLOR="#0000C0"><FONT COLOR="#FFFF00">글 쓰기</FONT></TH>
  <TH BGCOLOR="#0000C0"><FONT COLOR="#FFFF00">다음 페이지</FONT></TH>
 </TR>
</TABLE>
```

(a) 링크 집합의 테이블

```
 printf("<TABLE BGCOLOR=\"#FFFF00\" CELLPADDING=4 CELLSPACING=4>\n");
 printf(" <TR>\n");

/* 앞 페이지 */
 printf("  <TH BGCOLOR=\"#0000C0\">");
```

```
  if ( begin != 1 )
   {
     page = begin - ONE_PAGE;
     if ( page < 0 ) page = 1L;
     printf("<A HREF=\"%sdsp_list.cgi?b=%ld\">", CGI_PATH, page );
   };
 printf("<FONT COLOR=\"#FFFF00\">앞 페이지</FONT></A></TH>");

/* 돌아가기 */
 printf("  <TH BGCOLOR=\"#0000C0\"><A HREF=\"%sindex2.html\">",
HTML_PATH);
 printf("<FONT COLOR=\"#FFFF00\">돌아가기</FONT></A></TH>");

/* 글 쓰기 */
 printf("  <TH BGCOLOR=\"#0000C0\"><A HREF=\"%swrt_bbs.html\">",
HTML_PATH);
 printf("<FONT COLOR=\"#FFFF00\">글 쓰기</FONT></A></TH>");

/* 다음 페이지 */
 printf("  <TH BGCOLOR=\"#0000C0\">");
 if ( ( begin + ONE_PAGE ) <= total )
   printf("<A HREF=\"%sdsp_list.cgi?b=%ld\">", CGI_PATH, begin +
ONE_PAGE );
 printf("<FONT COLOR=\"#FFFF00\">다음 페이지</FONT></A></TH>");
 printf(" </TR>\n</TABLE>\n");
```

(b) 링크의 추가

[리스트 4-141] 링크 집합의 발생

이와 같은 표 내용 중 "돌아가기"에는 홈-페이지의 첫 페이지를 링크하고, "글쓰기"에는 글쓰기 양식으로 링크하였으며, <A HREF=> 태그 내에 <FONT COLOR=> 태그를 두어 링크에 나타나는 글자색상이 아닌 우리가 지정한 글자색상이 나타나도록 하였다.

실습 예제 4-67

[리스트 4-142]는 글 목록 표시 프로그램 "dsp_list.c"에 링크 집합을 추가한 것이다. 글 개수를 10개 이상 등록했을 경우 "다음 페이지" 링크의 동작

을 확인하시오.

```
#include <stdio.h>
#include <stdlib.h>
#include <string.h>
#include "cgi-sub.c"
#define CGI_PATH "/~자신의ID/cgi-bin/"
#define HTML_PATH "/~자신의ID/"

#define ONE_PAGE 10L

main( )
{
                :
/* 표시 시작 */
 printf("Content-type:text/html\n\n");
 printf("<HTML>\n<BODY>\n");

/* 링크 집합 */
 printf("<TABLE BGCOLOR=\"#FFFF00\" CELLPADDING=4 CELLSPACING=4>\n");
 printf(" <TR>\n");
 printf("  <TH BGCOLOR=\"#0000C0\">");
 if ( begin != 1 )
  {
    page = begin - ONE_PAGE;
    if ( page < 0 ) page = 1L;
    printf("<A HREF=\"%sdsp_list.cgi?b=%ld\">", CGI_PATH, page );
  };
 printf("<FONT COLOR=\"#FFFF00\">앞 페이지</FONT></A></TH>");

 printf("      <TH  BGCOLOR=\"#0000C0\"><A  HREF=\"%sindex2.html\">",
HTML_PATH);
 printf("<FONT COLOR=\"#FFFF00\">돌아가기</FONT></A></TH>");
 printf("     <TH  BGCOLOR=\"#0000C0\"><A  HREF=\"%swrt_bbs.html\">",
HTML_PATH);
 printf("<FONT COLOR=\"#FFFF00\">글 쓰기</FONT></A></TH>");
 printf("  <TH BGCOLOR=\"#0000C0\">");
 if ( ( begin + ONE_PAGE ) <= total )
   printf("<A  HREF=\"%sdsp_list.cgi?b=%ld\">",  CGI_PATH,  begin  +
ONE_PAGE );
 printf("<FONT COLOR=\"#FFFF00\">다음 페이지</FONT></A></TH>");
```

```
 printf(" </TR>\n</TABLE>\n");

/* 글 목록 표시 */
 printf("<TABLE BORDER=1 BGCOLOR=\"#FFFFE0\" CELLPADDING=4>\n");
 printf("<TR BGCOLOR = \"#E0FFFF\">");
 printf("<TH>번 호</TH><TH>성 명</TH><TH>일 시</TH><TH>조 회</TH><TH>제
목</TH>");
 printf("</TR>\n");

 if ( total < ( begin + ONE_PAGE ) ) ending = total + 1;
     else ending = begin + ONE_PAGE;
 for ( record = begin; record < ending ; record++ )
  {
   /* 파일위치 구하기 */
                :
```

[리스트 4-142] 글 목록 표시 프로그램

(2) 글 목록 프로그램의 개선

현재 작성한 글 목록 프로그램은 나름대로 쓸모가 있지만 한 가지 큰 문제점이 있다. 현재의 글 목록은 [그림 4-135](a)와 같이 새로운 글이 추가되면 마지막에 나타나는데, 일반적인 게시판은 [그림 4-136](a)와 같이 가장 마지막에 등록된 글이 가장 먼저 나타나도록 구성되어야 새로운 글을 먼저 읽을 수 있어 편리하다.

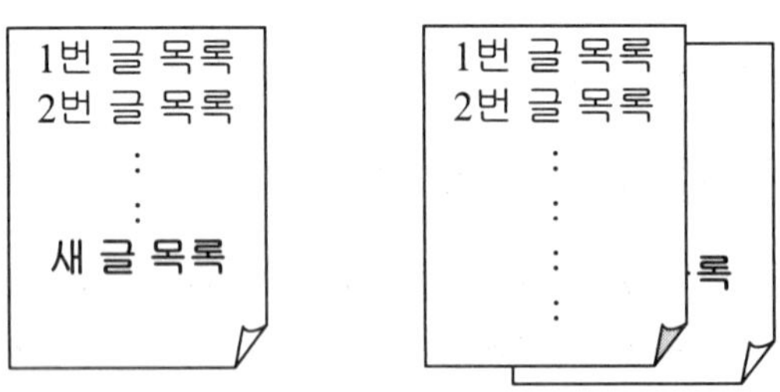

(a) 한 페이지　　　(b) 여러 페이지

[그림 4-135] 현재 작성된 글 목록

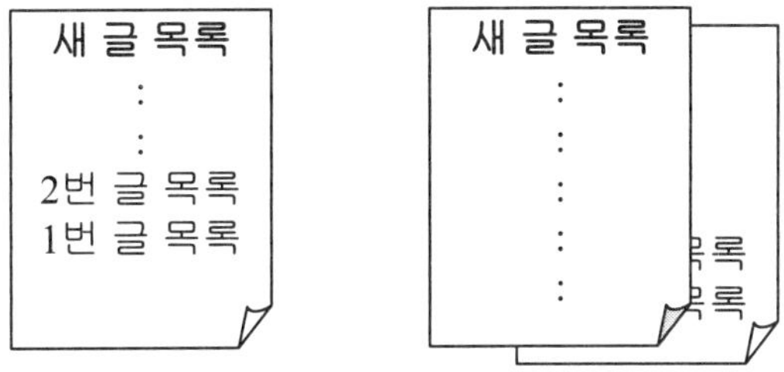

(a) 한 페이지 (b) 여러 페이지

[그림 4-136] 일반 게시판의 글 목록

이는 특히 글 목록이 여러 페이지일 경우 더욱 두드러지는데, 이를 개선해 글 목록이 반대로 나타나도록 변경해보도록 한다.

① 목록의 시작번호

우리가 작성했던 글 목록 프로그램은 처음에 1번 글부터 시작했기 때문에 번호를 확실히 알고 있었다. 그러나 반대의 순서로 나열할 경우에는 처음 나타날 글 목록의 번호는 전체 글의 개수를 알아야 하기 때문에 정하기 곤란하다. 따라서 시작번호를 위한 필드 명인 "b="에 실제 글 번호에는 없는 숫자인 0을 기록하면, 프로그램에서는 이를 "마지막 번호"로 변환하도록 구성할 수 있다.

〈표 4-22〉 "b=" 필드의 의미 추가

"b=" 필드의 숫자	의 미
0	마지막 글 번호
나머지 숫자	지정된 글 번호

또한, 만약 글 목록 프로그램을 호출할 때 필드 자체가 존재하지 않아도 자동으로 마지막 번호로 처리한다면 더욱 편리할 것이다. 그런데, 우리가 현재 작성해 사용하고 있는 "cgi-sub.c" 내의 Get_Query( ) 함수는 찾는 필드가 없을 경우 오류가 발생하기 때문에 이에 대한 개선부터 필요하다.

간이 실험

주소창에 다음과 같이 입력해 그 결과를 확인해보시오. 필드 명이 존재하지 않기 때문에 오류가 발생할 것이다.

```
http://서버 사이트명/~자신의 ID/cgi-bin/dsp_list.cgi
```

② 필드 명 없는 경우의 처리

이전에 작성했던 Get_Query( ) 함수의 경우 이를 크게 변경하면 다른 프로그램에서도 문제가 되므로, 이러한 지장이 없는 범위 내에서 처리하는 것이 바람직하다. 이 함수를 살펴보면 출력이 없는 void형으로 구성되어 있기 때문에 이 출력을 필드 명이 있는 경우와 없는 경우의 보고용으로 사용한다면, 이 함수를 사용했던 다른 프로그램에서는 출력을 사용하고 있지 않으므로 영향을 주지 않으면서 변경이 가능하다. 즉, [그림 4-137](a)와 같이 변경하기로 한다.

```
void Get_Query(  );
```

⇓

int Get_Query( );	결과가 0 : 해당 필드 없음 0 이외의 수 : 필드분리 성공

(a) 함수의 변경

```
if ( Get_Query( query, "b=", c ) )
      { 필드 데이터 있을 경우의 처리; }
      else
      { 필드 데이터 없을 경우의 처리; };
```

(b) 개선된 함수의 이용방법

[그림 4-137] Get_Query( ) 함수의 변경

이와 같이 함수를 개선한 경우 [그림 4-137](b)와 같이 처리가 가능하다. 여기서, if( )문 내에 '=='이나 '!='의 기호가 생략되었는데, if( )문의 조건판단은 결과가 0일 때와 그렇지 않을 때로 구분해 분리하기 때문에 직접 이와 같이 적어도 무방하다. 즉, (153 > 200)의 조건문은 그 결과가 '참'임을 알리는 0 이외의 숫자로 나타나고, (153 == 200)은 '거짓'의 의미로 0의 결과가 나타난다. 우리가 사용할 Get_Query( )함수는 그 자체에서 0 아니면 나머지 숫자가 나타날 것이므로 이를 직접 이용하는 것이다.

Get_Query( ) 함수 내에서 필드 명을 찾는 함수로는 strstr(str1, str2)을 사용하고 있는데, 이 함수는 str1 스트링 내에 str2 스트링과 동일한 것이 있을

경우에는 그 포인터를 출력하고, 해당 내용이 없을 경우에는 NULL을 출력한다. 또한, 애초에 쿼리가 없이 전달되는 경우도 있기 때문에 이를 고려해 Get_Query( ) 함수를 [리스트 4-142]와 같이 변경한다.

실습 예제 4-68

[리스트 4-143]은 "cgi-sub.c" 프로그램 내의 Get_Query( ) 함수를 변경한 것이다. 이와 같이 편집하시오.

```
int Get_Query( char *buf, char *field, char *result )
{
  int cnt;
  char *find;

  if ( strlen( buf ) == 0 ) return( 0 );  /* Query 데이터가 없을 때 */
  find = strstr( buf , field );
  if ( find == NULL ) return( 0 );              /* 해당 필드명 없을 때 */
  find = find + strlen(field);
  for (cnt = 0; (find[cnt] != '&') && (find[cnt] != '\0'); cnt++)
    result[cnt] = find[cnt];
  result[cnt] = '\0';
  return( 1 );                    /* 필드 분리 성공 */
}
```

[리스트 4-143] 개선된 Get_Query( ) 함수

③ 목록 시작번호의 변경

앞서 Get_Query( )함수의 개선이 되었으므로 이를 이용해 글 목록 프로그램을 [리스트 4-144]와 같이 변경한다.

```
/* Query 추출 */
 strcpy( query, getenv("QUERY_STRING"));
 Get_Query( query, "b=", c );
 begin = atol( c );
```

(a) 원 문

```
/* Query 추출 */
 strcpy( query, getenv("QUERY_STRING"));
 if ( Get_Query( query, "b=", c ) )
   begin = atol( c );
else
  begin = total;
  if ( begin == 0 ) begin = total;
```

(b) 변경 후

[리스트 4-144] 쿼리 추출부의 변경

즉, 필드 명이 발견되지 않아도, 또는 필드 명이 있되 값이 0이라도 모두 마지막 글 번호부터 시작하도록 한 것이다.

④ 링크 번호의 변경

글 번호의 순서가 모두 반대로 되었기 때문에, "앞 페이지", "다음 페이지"로 진행하는 링크의 번호도 변경되어야 한다.

i) 앞 페이지 진행 링크

앞 페이지로 진행하는 경우를 살펴보면 [그림 4-138](a)와 같이 글 번호가 한 페이지 분(그림에서는 20개) 증가해야 한다.

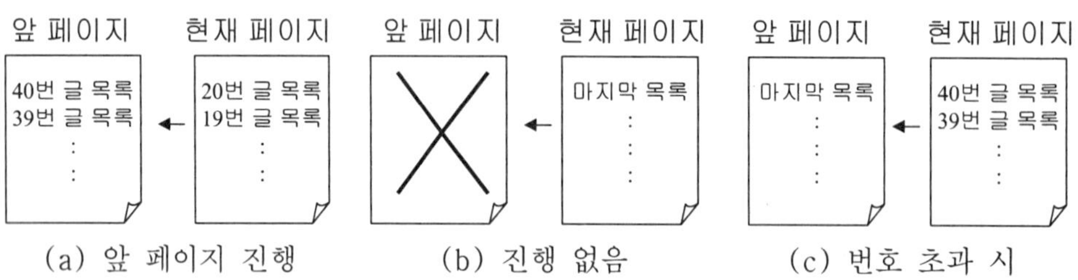

[그림 4-138] 앞 페이지로의 진행조건

그런데, 만약 [그림 4-138](b)와 같이 이미 현재 페이지가 마지막 글로부터 시작하고 있다면 이전의 페이지는 존재하지 않으므로 링크가 없어야 한다. 또한, [그림 4-138](c)에서 마지막 글 번호가 만약 43번이었다면 현재 페이지에 한 페이지 분량을 덧셈할 경우 번호가 초과되므로 이 때의 앞 페이지는 마지막 번호부터 시작되어야 한다. 따라서 이러한 사항들을 고려해 [리스트 4-145]와 같이 변경되어야 한다.

```
if ( begin != 1 )
 {
   page = begin - ONE_PAGE;
   if ( page < 0 ) page = 1L;
   printf("<A HREF=\"%sdsp_list.cgi?b=%ld\">", CGI_PATH, page );
 };
```

(a) 원 문

```
if ( begin != total )
 {
   page = begin + ONE_PAGE;
   if ( page > total ) page = total;
   printf("<A HREF=\"%sdsp_list.cgi?b=%ld\">", CGI_PATH, page );
 };
```

(b) 변경 후

[리스트 4-145] "앞 페이지" 진행 링크

ii) 다음 페이지 진행 링크

다음 페이지의 진행시에는 [그림 4-139](a)에 나타낸 바와 같이 글 번호가 한 페이지 분(그림에서는 20개) 감소해야 한다.

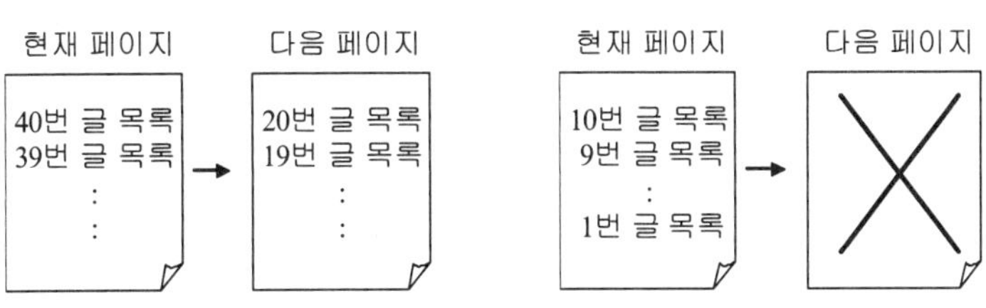

(a) 다음 페이지 진행　　　　(b) 번호 초과 시

[그림 4-139] 다음 페이지로의 진행조건

그런데, 만약 [그림 4-139](b)와 같이 현재 페이지 내에 이미 1번 글이 존재한다면 현재 페이지 시작번호를 한 페이지 분 감소시켰을 경우 음수가 나타나므로 링크를 시키지 말아야 한다. 따라서 [리스트 4-146]과 같이 변경되어야 한다.

```
if ( ( begin + ONE_PAGE ) <= total )
  printf("<A HREF=\"%sdsp_list.cgi?b=%ld\">", CGI_PATH,
                                     begin + ONE_PAGE );
```

(a) 원 문

```
if ( ( begin - ONE_PAGE ) > 0 )
  printf("<A HREF=\"%sdsp_list.cgi?b=%ld\">", CGI_PATH,
                                     begin - ONE_PAGE );
```

(b) 변경 후

[리스트 4-146] "다음 페이지" 진행 링크

⑤ 글 목록 표시의 변경

마지막으로 전체 글 목록을 표시하는 부분은 글 번호가 감소하는 형태로 진행돼야 한다. 그런데, 현재 표시하는 페이지가 진행되면서 첫 번째 문서가 나타나면 그 곳에서 멈춰야 하고, 그렇지 않다면 한 페이지 분량만이 나타나야 할 것이므로 이를 고려해 [리스트 4-147]과 같이 변경되어야 한다.

```
if ( total < ( begin + ONE_PAGE ) ) ending = total + 1;
   else ending = begin + ONE_PAGE;
for ( record = begin; record < ending ; record++ )
 {
   글 목록 표시;
 };
```

(a) 원 문

```
if ( 1 > ( begin - ONE_PAGE ) ) ending = 0L;
   else ending = begin - ONE_PAGE;
for ( record = begin; record > ending ; record-- )
 {
   글 목록 표시;
 };
```

(b) 변경 후

[리스트 4-147] 글 목록 표시부분의 변경

⑥ 파일 없을 때의 처리

본 게시판은 항상 처음에 글 목록 프로그램으로 진입하도록 되어있다. 따라서 처음으로 이 시스템에 진입한 경우에는 글이 하나도 없는, 즉 데이터 파일 자체가 존재하지 않는 경우가 발생하는데, 파일의 생성은 글쓰기 프로그램에서 실행하기 때문에 여기서는 단지 파일이 없을 경우 아무런 표시가 되지 않도록 만 조치하면 된다. 따라서 [리스트 4-148]과 같이 변경한다.

```
/* 파일 열기 */
 fpnt_inx = fopen("bbs.inx", "r+");
 fpnt = fopen("bbs.dat", "r");
 fscanf( fpnt_inx, "%ld", &total );
```

(a) 원 문

```
/* 파일 열기 */
 if ((fpnt_inx = fopen("bbs.inx", "r+")) != NULL)
  {
    fpnt = fopen("bbs.dat", "r");
    fscanf( fpnt_inx, "%ld", &total );
  }
  else total = 0L;
```

(b) 변경 후

[리스트 4-148] 파일이 없을 경우의 처리

이와 같이 전체 글 개수를 0으로 처리하면, 이후의 글 표시를 위한 for( )문은 작동되지 않아 화면에 아무런 표시가 되지 않는다.

⑦ 전체의 종합

실습 예제 4-69

1. [리스트 4-149]는 앞서 "dsp_list.c" 프로그램을 역순으로 글 목록이 표시되도록 변경한 것이다. 해당 사항들을 변경해 컴파일 하시오.
2. 이 프로그램을 여러분의 첫 홈-페이지에 "게시판" 이름으로 "cgi bin/dsp_list.cgi"이라 링크하고 실행시켜 보시오. (즉, 필드 명이 없음)
3. "이전 페이지", "다음 페이지" 링크의 동작을 확인하시오.

4. "bbs.dat", "bbs.inx" 파일들을 지우고 실행해 보시오.

```
            :
/* 파일 열기 */
 if( (fpnt_inx = fopen("bbs.inx","r+")) != NULL )
 {
    fpnt = fopen("bbs.dat", "r");
    fscanf( fpnt_inx, "%ld", &total );
 }
 else total = 0L;

/* Query 추출 */
 strcpy( query, getenv("QUERY_STRING"));
 if ( Get_Query( query, "b=", c ) )
    begin = atol( c );
 else begin = total;
  if ( begin == 0 ) begin = total;

/* 표시 시작 */
 printf("Content-type:text/html\n\n");
 printf("<HTML>\n<BODY>\n");
/* 링크 집합 */
 printf("<TABLE BGCOLOR=\"#FFFF00\" CELLPADDING=4 CELLSPACING=4>\n");
 printf(" <TR>\n");
 printf("  <TH BGCOLOR=\"#0000C0\">");
 if ( begin != total )
  {
    page = begin + ONE_PAGE;
    if ( page > total ) page = total;
    printf("<A HREF=\"%sdsp_list.cgi?b=%ld\">", CGI_PATH, page );
  };
 printf("<FONT COLOR=\"#FFFF00\">앞 페이지</FONT></A></TH>");
 printf("  <TH BGCOLOR=\"#0000C0\"><A HREF=\"%sindex2.html\">",
HTML_PATH);
 printf("<FONT COLOR=\"#FFFF00\">돌아가기</FONT></A></TH>");
 printf("  <TH BGCOLOR=\"#0000C0\"><A HREF=\"%swrt_bbs.html\">",
HTML_PATH);
 printf("<FONT COLOR=\"#FFFF00\">글 쓰기</FONT></A></TH>");
 printf("  <TH BGCOLOR=\"#0000C0\">");
 if ( ( begin - ONE_PAGE ) > 0 )
   printf("<A HREF=\"%sdsp_list.cgi?b=%ld\">", CGI_PATH, begin -
```

```
ONE_PAGE );
 printf("<FONT COLOR=\"#FFFF00\">다음 페이지</FONT></A></TH>");
 printf(" </TR>\n</TABLE>\n");

/* 글 목록 표시 */
 printf("<TABLE BORDER=1 BGCOLOR=\"#FFFFE0\" CELLPADDING=4>\n");
 printf("<TR BGCOLOR = \"#E0FFFF\">");
 printf("<TH>번 호</TH><TH>성 명</TH><TH>일 시</TH><TH>조 회</TH><TH>제
목</TH>");
 printf("</TR>\n");

 if ( 1 > ( begin - ONE_PAGE ) ) ending = 0L;
    else ending = begin - ONE_PAGE;
 for ( record = begin; record > ending ; record-- )
 {
   /* 파일위치 구하기 */
           :
```

[리스트 4-149] 글 목록 표시 프로그램

5) 글쓰기 양식 프로그램

글쓰기 입력양식에 입력자의 IP주소와 현재 날짜가 표시되도록 하려면 프로그램에 의해 입력양식이 발생되어야 가능하다. 따라서 글쓰기 입력양식을 발생하는 프로그램을 제작하기로 한다.

(1) 입력자 IP 주소 및 일시 표시

글쓰기 양식은 [그림 4-140]과 같이 <TABLE> 태그를 활용한다. 이 때 IP 주소와 일시를 표시하는 것은 방문자 카운터의 방문자 기록 부분에서 다루었던 것을 사용한다.

[그림 4-140]에서, 다른 게시판들에서 흔히 볼 수 있는 "재 입력"이라는 것이 있는데, 이는 전체의 입력을 다시 할 수 있도록 입력양식을 초기화하는 것으로서, [그림 4-141]과 같은 <INPUT> 태그에 "RESET" 옵션을 사용한 것이다.

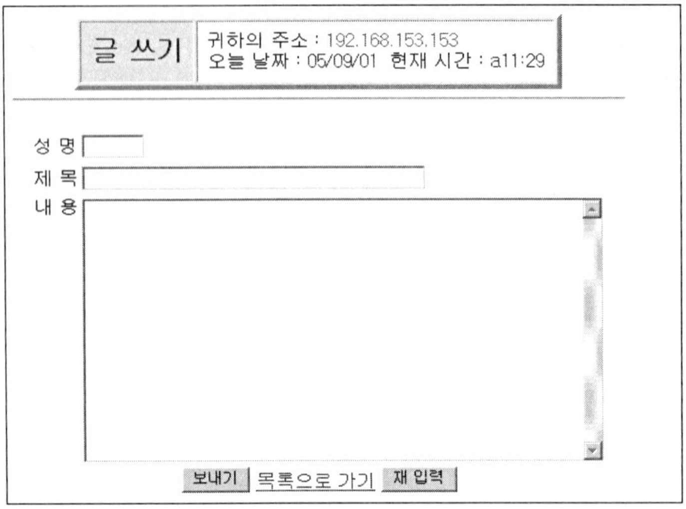

[그림 4-140] 작성할 글 쓰기 입력양식

```
<INPUT TYPE="RESET" VALUE="재 입력">
```

[그림 4-141] 〈INPUT〉 태그의 "RESET" 옵션

실습 예제 4-70

1. [리스트 4-150]은 그림과 같은 입력양식을 구성하는 프로그램이다. "자신의ID" 자리를 채우고 이를 "wrt_bbs.c"의 이름으로 입력해 컴파일 하시오.
2. 브라우저의 주소창에 다음과 같이 입력해 실행시켜보시오.

```
http://서버명/~자신의주소/cgi-bin/write.cgi
```

3. 내용을 입력한 후 "재 입력" 단추를 눌러 기능을 확인해보시오.

```
#include <stdio.h>
#include <string.h>
#include <stdlib.h>
#include "time.c"

#define CGI_PATH "/~자신의ID/cgi-bin/"
```

```
main( )
{
  char ipadr[16];
  char cur_date[9], cur_time[7];
 /* 환경변수 처리 */
  strcpy(ipadr, getenv("REMOTE_ADDR"));
  Get_Date( cur_date, cur_time );

 /* 표시 시작 */
  printf("Content-type:text/html\n\n");
  printf("<HTML>\n");
  printf("<BODY BGCOLOR = \"#FFFFEE\">\n");
  printf("<CENTER>\n");
  printf("<TABLE BORDER=4 CELLPADDING=8 BGCOLOR=\"#C0FFFF\">\n");
  printf(" <TR><TD><FONT SIZE=+2>글 쓰기</FONT></TD>\n");
  printf(" <TD BGCOLOR=\"#FFFFFF\">\n");
  printf("귀하의 주소 : <FONT COLOR = \"#FF0000\">%s</FONT><BR>\n",
ipadr);
  printf("오늘 날짜 : <FONT COLOR = \"#0000FF\">%s</FONT>  ",
cur_date);
  printf("현재 시간 : <FONT COLOR = \"#0000FF\">%s</FONT><BR>\n",
cur_time);
  printf("</TD></TR></TABLE>\n<HR>\n");
  printf("<FORM METHOD=\"POST\" ACTION=\"%saccept.cgi\">\n",
CGI_PATH);
  printf("  <TABLE BORDER=0><TR><TD>성 명</TD>\n");
  printf("  <TD><FONT SIZE=+1>");
  printf("    <INPUT TYPE=\"TEXT\" NAME=\"n\" size=\"6\"
MAXLENGTH=\"8\">");
  printf("  </FONT></TD></TR>\n<TR><TD>제 목</TD>\n");
  printf("  <TD><FONT SIZE=+1>");
  printf("    <INPUT TYPE=\"TEXT\" NAME=\"t\" size=\"40\"
MAXLENGTH=\"40\">");
  printf("  </FONT></TD></TR>\n");
  printf("  <TR><TD VALIGN=TOP>내 용</TD><TD COLSPAN=2>");
  printf("    <TEXTAREA NAME=\"s\" ROWS=\"15\"
COLS=\"60\"></TEXTAREA>");
  printf("  </TD></TR>\n</TABLE>\n");
  printf("  <INPUT TYPE=\"SUBMIT\" VALUE=\"보내기\">\n");
  printf("  <A HREF=\"%sdsp_list.cgi\">목록으로
가기</A>\n",CGI_PATH);
```

```
    printf("  <INPUT TYPE=\"RESET\" VALUE=\"재 입력\">\n");
    printf("</FORM>\n</CENTER>\n");
    printf("</BODY>\n</HTML>\n");
}
```

[리스트 4-150] 글 쓰기 양식 프로그램

실습 예제 4-71

1. 글쓰기 프로그램을 사용하기 위해 앞서 작성했던 글 목록 프로그램(dsp_list.c)의 [리스트 4-151] 부분을 수정하시오.
2. 글 목록과 글쓰기 부분을 오가며 글을 입력해보시오.
3. 글쓰기 양식의 "목록으로 가기"을 눌러 어느 목록으로 가는지 확인해보시오.

```
 printf("  <TH BGCOLOR=\"#0000C0\"><A HREF=\"%swrt_bbs.cgi\">",
CGI_PATH);
 printf("<FONT COLOR=\"#FFFF00\">글 쓰기</FONT></A></TH>");
```

[리스트 4-151] 글 목록 프로그램(dsp_list.c)에서의 수정부분

(2) 링크의 개선

앞서 작성한 글쓰기 양식 프로그램은 글 읽기 프로그램 때와 마찬가지의 문제점이 있는데, 예를 들어 [그림 4-142]와 같이 현재 2번째 페이지 글 목록을 열람하다가 글쓰기로 진입한 후 취소하기 위해 다시 목록으로 되돌아가면 앞서 실습예제에서 확인한 바와 같이 글 목록의 가장 첫 번째로 되돌아간다. 물론, 글을 쓰고 등록이 완료된 경우에는 첫 페이지의 첫 번째로 등록된 자신의 목록을 보는 것이 편리하지만, 취소를 한 경우는 다시 본래의 페이지로 돌아가야 편리하므로 [그림 4-142]에서 같이 글 내용 표시문서에서 글쓰기로 갈 때 시작 번호를 알려줘야 한다.

따라서 글 목록에서 글쓰기로 진입할 때, 글 목록의 시작(begin)이라는 의미로 "b="이라 필드 명을 사용하고, 글 목록으로 되돌아가는 메뉴에도 이를 기록한다.

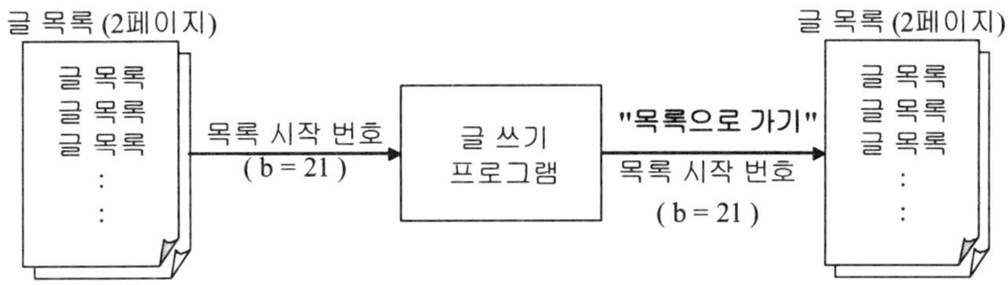

[그림 4-142] 글 목록으로 되돌아가는 방법

실습 예제 4-72

1. [리스트 4-151]은 글 목록 프로그램(dsp_list.c)에서 글 쓰기 프로그램으로 진입할 때 시작번호를 알려주도록 변경한 것이다. 이를 입력하고 컴파일 하시오.

```
 printf("  <TH BGCOLOR=\"#0000C0\"><A
HREF=\"%swrt_bbs.cgi?b=%ld\">", CGI_PATH, begin);
 printf("<FONT COLOR=\"#FFFF00\">글 쓰기</FONT></A></TH>");
```

[리스트 4-152] 글 목록 프로그램(dsp_list.c)에서의 수정부분

2. [리스트 4-152]는 글쓰기 프로그램(wrt_bbs.c)에 시작번호 기능을 추가한 것이다. 이와 같이 변경한 후 컴파일 하시오.
3. 글 목록과 글쓰기 부분을 오가며 동작을 확인하시오.

```
#include <stdio.h>
#include <string.h>
#include <stdlib.h>
#include "time.c"
#include "cgi-sub.c"

#define CGI_PATH "/~자신의ID/cgi-bin/"

main( )
{
  char ipadr[16];
  char cur_date[9], cur_time[7];
```

```
  char query[20], c[10];
  long int begin;

 /* 환경변수 처리 */
  strcpy(ipadr, getenv("REMOTE_ADDR"));
  Get_Date( cur_date, cur_time );
  strcpy(query, getenv("QUERY_STRING"));
  Get_Query(query, "b=", c );
  begin = atol( c );

 /* 표시 시작 */
  printf("Content-type:text/html\n\n");
         :
         :
         :
  printf("  <INPUT TYPE=\"SUBMIT\" VALUE=\"보내기\">\n");
  printf("  <A HREF=\"%sdsp_list.cgi?b=%ld\">목록으로 가기</A>\n",
CGI_PATH, begin);
  printf("  <INPUT TYPE=\"RESET\" VALUE=\"재 입력\">\n");
         :
         :
```

[리스트 4-152] 글 쓰기 프로그램(wrt_bbs.c)에서의 수정부분

부 록

웹-서버의 설치
(하드웨어 설치)

여기서는 이 책을 진행하는 데 있어서 필요한 웹-서버의 설치에 관해 간단히 소개한다. OS로 사용하는 리눅스는 버전이 다양하고 각 버전마다 설치법이 다르므로 다음 주소의 저자 홈-페이지 중 저서 코너에 소개한다.

http://upgrade.kongju.ac.kr

이 절에서는 웹-서버를 설치하는 데 필요한 하드웨어 및 실습용 컴퓨터의 설정에 관해 간단히 설명한다. 여기서 설명하는 대로 따라하면 특별한 어려움은 없으리라 생각되지만 혹시 잘 안되는 경우 주위에 컴퓨터를 잘하는 분의 도움을 받는다.

1. 하드웨어의 준비

구성할 전체적인 하드웨어의 구성은 [그림 1](a)에 나타낸 바와 같이 웹-서버용 컴퓨터와 실습용 컴퓨터, 그리고 네트워크 장비들이다. 여기서 '실습용 컴퓨터'란 여러분이 현재 사용하고 있는 일반 컴퓨터를 의미하며 윈도우가 실행되고 있으면 된다.

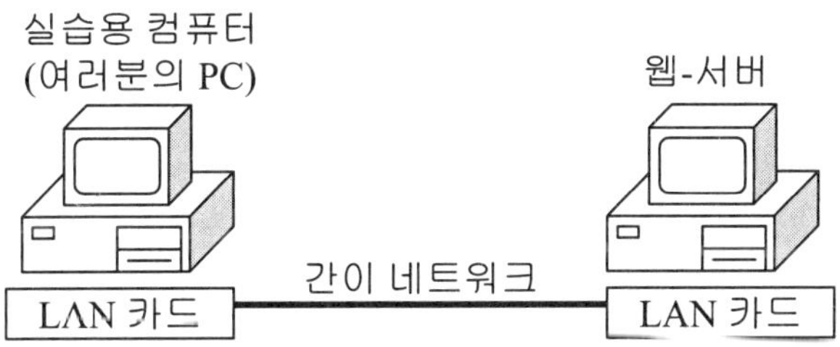

(a) 인터넷이 없는 경우

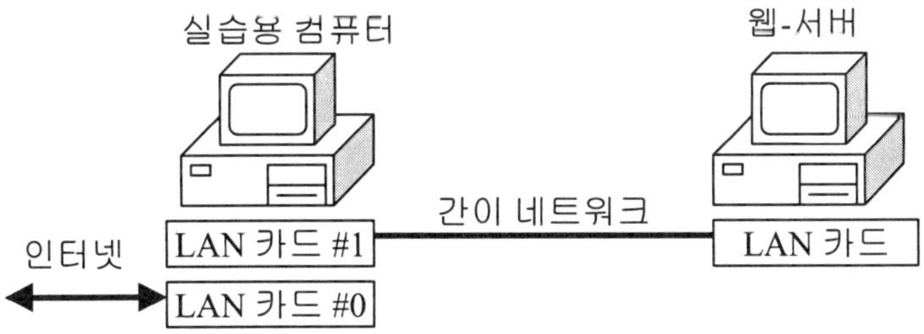

(b) 인터넷이 접속되어 있는 경우

[그림 1] 전체 하드웨어의 구성도

만약 여러분의 PC가 인터넷에 접속되어 있는 경우에는 [그림 1](b)와 같이 LAN 카드가 2개가 되며, 인터넷을 사용할 때는 자동으로 외부로(그림의 경우 LAN 카드 #0) 접속되고, 실습할 때는 자동으로 간이 네트워크로(그림의 경우 LAN 카드 #1) 접속되도록 설치할 것이다.

(1) 웹-서버 구성에 사용 가능한 하드웨어

① 컴퓨터

웹-서버에 사용할 수 있는 컴퓨터는 이론적으로 386-PC 이상 급이면 충분하나 단지 '설치를 편하게 하기 위해' 펜티엄-II 정도면 가장 적당하다. 사실 이 이하라도 CD로 부트할 수 있는 것이라면 386, 486, 펜티엄-I 등 어떤 것이라도 상관없다. 주위에서 버리는 PC를 주워 대충 청소한 후 동작만 하면 된다.

② 메모리 용량

웹-서버를 가동하는데 필요로 하는 메모리는 결코 큰 용량이 필요치는 않다. 대략 8M에서 16M 이상이면 충분하리라 본다. 물론 크면 클수록 좋은 것은 당연하다.

③ 하드 디스크

웹-서버로 사용할 컴퓨터에 부착하는 하드 디스크는 3G 이상이면 충분하다. 2G 하드디스크 2개도 된다. 필자의 경우 80명이 동시에 수업을 진행해도 4.3G 하드디스크로 충분하고도 남았다. 주위에서 버리는 하드 디스크 등을 이용해도 좋다.

④ CD-드라이브

CD-드라이브는 동작되는 것이라면 아무 것이나 상관없다. 웹-서버 설치 시 단 한번만 사용할 것이므로 여러분 컴퓨터에 부착된 CD-드라이브를 잠시 떼어 웹-서버에 붙여 설치 때만 사용한 후 다시 복귀시켜도 된다.

⑤ 모니터

모니터는 웹-서버 설치 때, 그리고 시스템을 off 시킬 때만(사실 이 때도 필요없다) 사용하기 때문에 거의 필요하지 않아 설치 때만 여러분의 모니터를 접속해 사용하고 이후에는 없어도 된다. 참고로, 필자는 구형 흑백 모니터(일명 허클레스 모니터)를 장착해 보았는데, 문제없이 동작했고 나름대로 운치도 있는 듯 했다.

⑥ 키보드 / 마우스

키보드는 시스템을 off할 때 필요하기는 하나 사실상 시스템 설치 때 이외에는 거의 필요가 없으므로 앞서 모니터와 마찬가지로 시스템 설정 시 잠시만 접속해도 된다. 물론 있으면 더욱 좋다.

마우스는 전혀 필요 없다.

⑦ 네트워크 장비

LAN을 사용치 않고 여러분의 PC와 웹-서버 간을 RS-232C로 접속해 사용할 수도 있지만, 이는 시스템 설정이 약간 복잡하므로 간단한 이더넷 LAN을 사용하기로 한다. 이때 필요한 네트워크 장비로는 여러분 PC에 추가할 LAN 카드 하나와 웹-서버에 장치할 LAN 카드 하나, 그리고 이들을 연결할 케이블 하나면 된다. LAN 카드의 종류는 여러분 PC와 웹-서버의 슬롯에 맞는 것이면 아무 것이나 (구형도)가능하다.

⑧ 기타 장비

서버로서 동작하므로 사운드 카드 등은 전혀 필요 없다.

(2) 네트워크의 접속

여기서는 이더넷 LAN을 이용하기로 했으므로 이에 관해 설명한다. 이더넷 LAN을 접속하는 방법은 [그림 2]에 나타낸 바와 같이 3종류의 커넥터가 있다. 이 중 현재는 RJ-45커넥터를 사용하지만 구형의 경우에는 나머지 커넥터가 부착되어 있기도 하다.

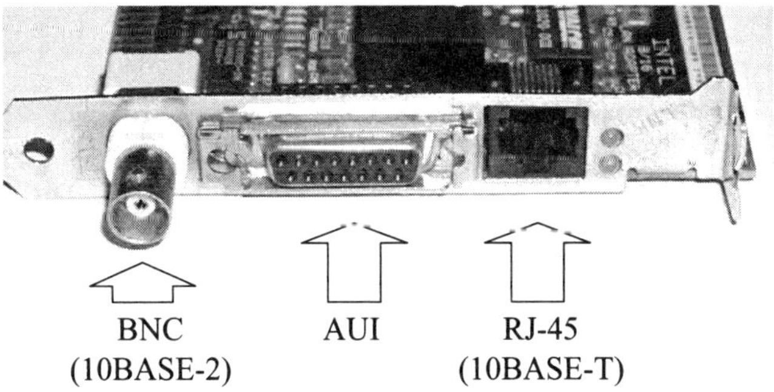

[그림 2] 이더넷 LAN의 출력들

① 10BASE-2의 경우

10BASE-2 이더넷 LAN(동축 케이블 LAN이라고도 한다)은 비록 구형이지만 10BASE-T 보다 설치가 간단하다. [그림 3]에 이에 필요한 부품들을 나타내었다.

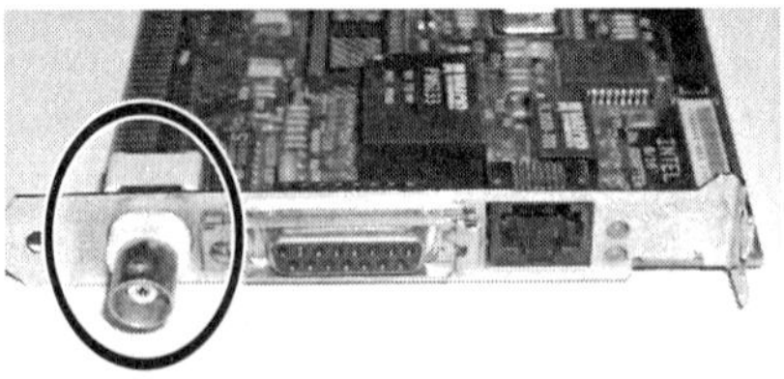

(a) LAN 카드의 접속점

(b) BNC 커넥터 케이블

(c) 중계 커넥터(T자 커넥터)

(d) 터미네이터

[그림 3] 10BASE-2 이더넷 LAN에 필요한 부품들

10BASE-2는 동축 케이블을 이용해 컴퓨터를 접속하는 것으로서, 부품은 [그림 4]와 같이 접속되어 두 컴퓨터를 연결한다.

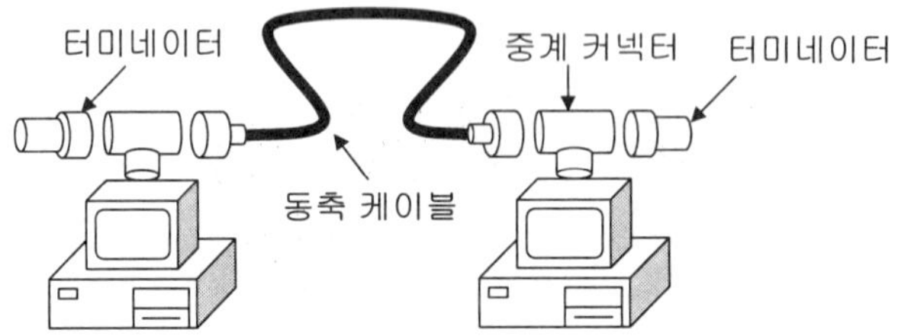

[그림 4] 이더넷 LAN의 출력들

만약 여러분의 컴퓨터가 이미 인터넷을 사용하고 있어 다른 LAN 카드가 장착된 경우라면 [그림 5]와 같이 접속된다.

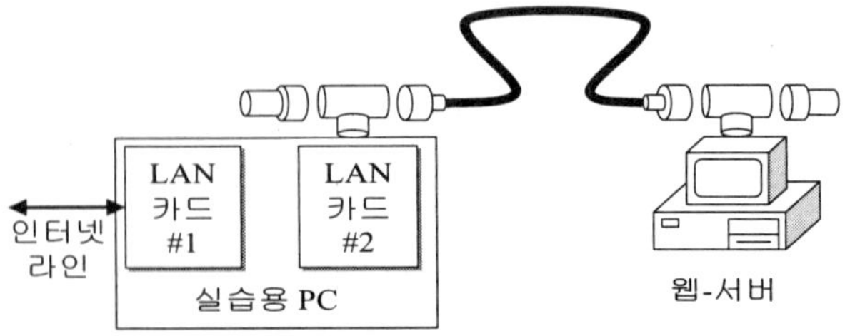

[그림 5] 두 개의 LAN 카드 설치

② 10BASE-T의 경우

10BASE-T는 현재 이더넷 LAN의 대부분을 차지하는 것으로서, 기본 구성은 [그림 6]과 같이 허브(HUB) 장치를 경유해 모든 컴퓨터가 접속된다.

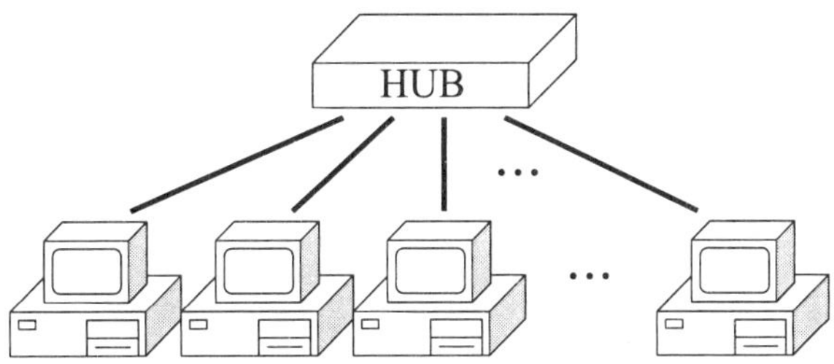

[그림 6] 10BASE-T LAN의 접속 예

10BASE-T는 트위스트-페어 케이블을 [그림 7]에 나타낸 RJ-45 커넥터를 이용해 접속한다.

(a) LAN 카드의 접속점 (b) 커넥터와 결합된 케이블

[그림 7] RJ-45 커넥터의 접속점

참고로 RJ-45 커넥터의 핀 배치를 [그림 8]에 나타내었다.

(a) RJ-45 잭 (b) RJ-45 커넥터

[그림 8] 10BASE-T LAN의 접속 예

i) HUB를 이용한 접속

10BASE-T는 기본적으로 HUB 장치를 경유해 접속하는 것이며, 이 때 컴퓨터와 HUB 사이의 접속 케이블은 [그림 9](a)와 같이 양쪽 커넥터 핀이 1대 1로 접속된 것을 사용한다.

이 케이블을 이용해 실습 시스템을 구성할 때는 [그림 9](b)와 같이 접속해야 하기 때문에 HUB 장치는 물론 케이블도 2개가 필요하다. 이 때 사용하는 HUB는 아무 것이나 상관없고, 2개 컴퓨터만을 접속할 것이므로 포트 수가 작아도 된다.

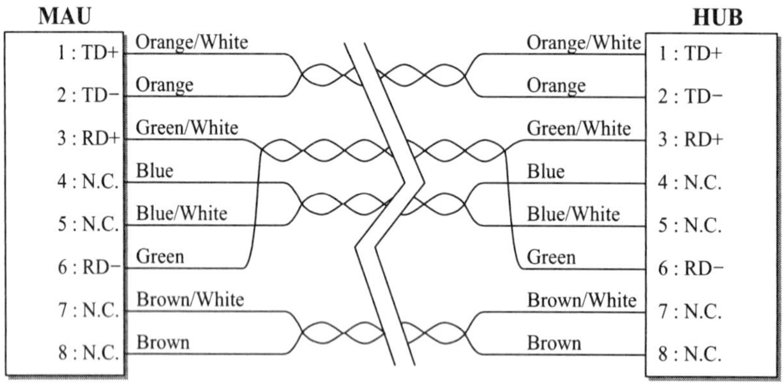

(a) 표준 케이블(스트레이트 케이블)

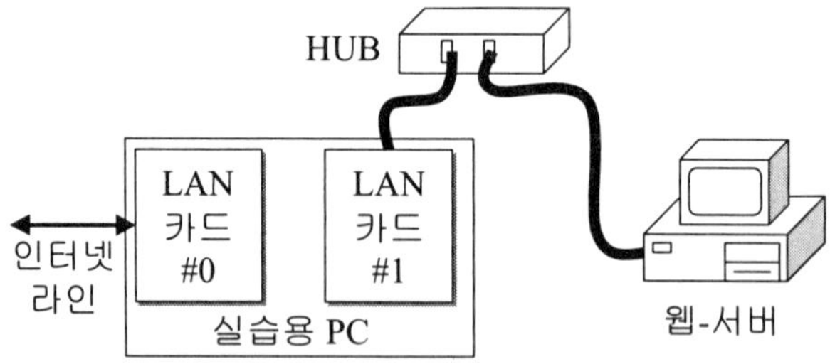

(b) 표준 케이블을 이용한 전체 접속

[그림 9] 10BASE-T LAN의 전체 예

ii) 크로스 케이블을 이용한 접속

우리가 사용할 시스템은 사용자 PC와 웹-서버만이 접속되기 때문에 굳이 HUB 장치를 사용할 필요 없이 [그림 10](a)와 같은 크로스 케이블을 조립해 사용할 수 있다.

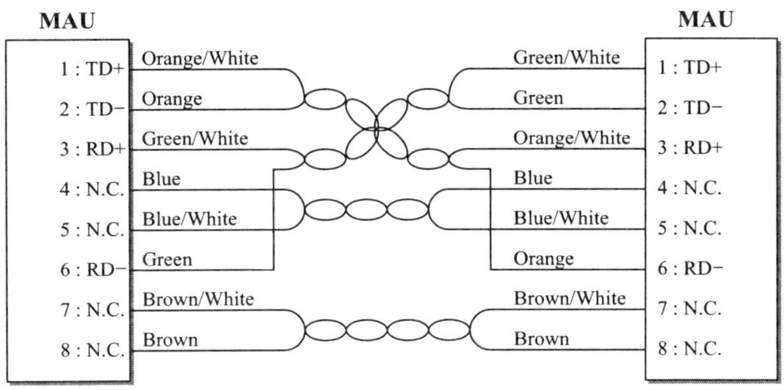

(a) 크로스 케이블의 구성

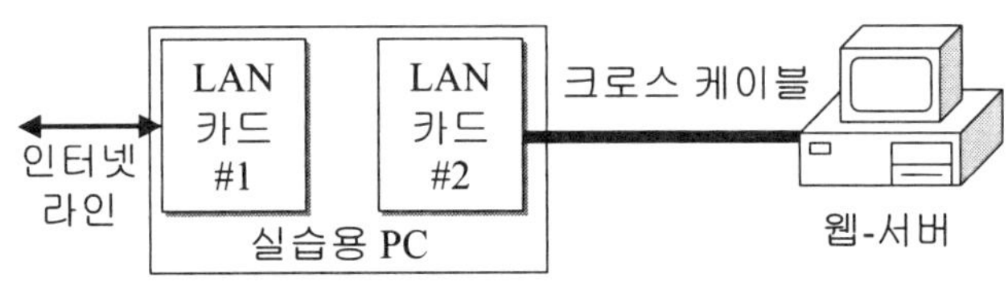

(b) 크로스 케이블을 이용한 전체 접속

[그림 10] 10BASE-T LAN의 접속 예

③ AUI를 사용하는 경우

드문 경우지만 LAN 카드 중에는 AUI 커넥터만이 인출된 것이 가끔 있는데, 이 경우는 AUI 끼리 크로스 케이블을 조립해 접속해도 짧은 거리는 충분히 동작한다. 이러한 경우는 거의 없기 때문에 이에 관한 설명은 생략한다.

2. 컴퓨터의 설정

이상과 같이 컴퓨터들을 접속한 후 여러분의 PC를 켜면 윈도우에서 자동으로 LAN 카드 설정을 한다. 그 후 다음과 같이 설정한다.

(1) 네트워크 설정

① 윈도우 95/98 계열의 경우

ⅰ) [시작] 메뉴의 [설정]에서 [제어판]을 선택하면 [그림 11](a)와 같은

아이콘들이 나타나며, 이 중 [네트워크]를 열면 [그림 11](b)와 같은 설정 화면이 나타난다.

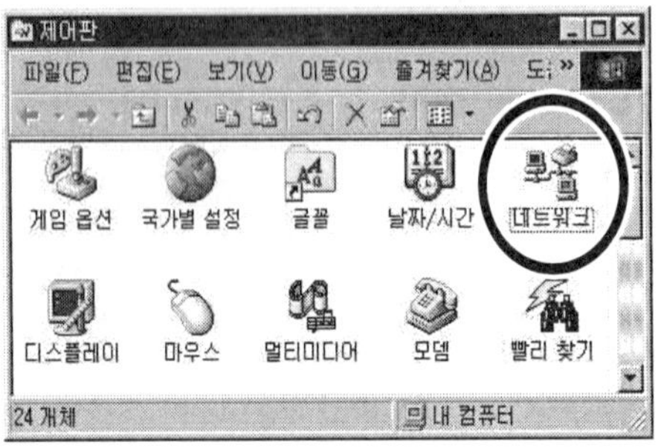

(a) 제어판 윈도우

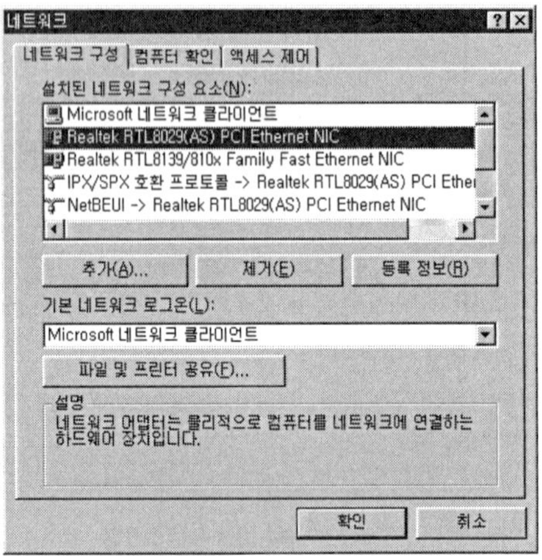

(b) 네트워크 설정 화면

[그림 11] 제어판 및 네트워크 설정

ii) [그림 11](b)와 같이 네트워크 카드가 2종류 나타나면 그 중 새로 설치한 실습용의 명칭을 기억해 둔다.

iii) 아래로 스크롤 하면 [그림 12](a)와 같이 'TCP/IP' 설정 부분이 2개 나타나는데, 이 중 새로 설치한 네트워크 카드의 것을 선택하고 [등록정보] 단추를 누른다.

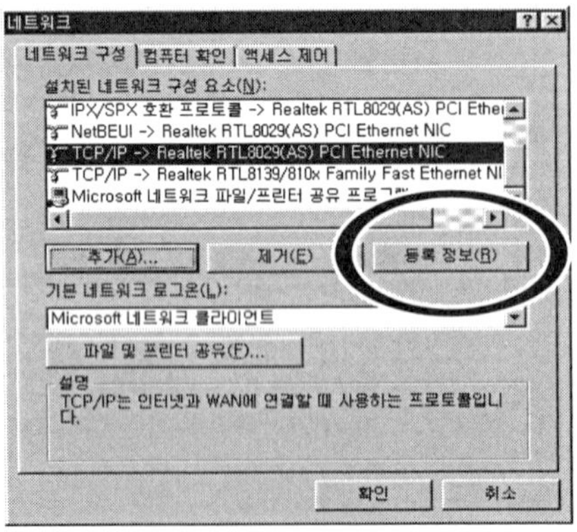

(a) TCP/IP 설정 메뉴의 선택

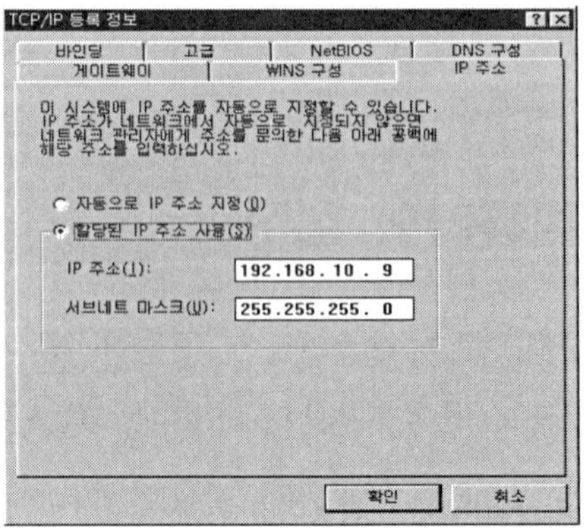

(b) IP 주소의 입력

[그림 12] 네트워크 설정

iv) [그림 12](b)와 같이 윗쪽의 [IP 주소] 탭을 선택하고 "할당된 IP 주소 사용"을 선택한 후 다음과 같이 공용 IP 주소를 기록한다.

IP 주소 :	192.168.10.9
서브네트 마스크 :	255.255.255.0

"192.168.10.9"의 주소 중 10.9는 여러분이 좋아하는 숫자를 마음대로 사용해도 좋다. 즉 "192.168.0.1" 부터 "192.168.255.254" 사이의 숫자를 사용한다. 만약 IP 공유기를 사용하고 있어 위 주소가 충돌이 날 경우에는 "172.16.0.1"에서 "172.32.255.254" 사이의 주소를 사용한다. 단, 지금 이 주소는 별로 중요하지 않고, 이후에 사용할 웹-서버의 주소가 중요하기 때문에 기억하기 좋은 번호는 웹-서버에서 사용하고 여기 주소는 웹-서버 주소의 끝자리 숫자보다 하나 크거나 작게 해 두는 편이 좋다. (이 책에서는 기억하기 쉽도록 웹-서버의 주소를 192.168.10.10으로 사용할 예정이다)

v) 모든 설치가 완료되면 컴퓨터가 재부트 된다.

② 윈도우 XP 계열의 경우

i) [시작] 메뉴의 [설정]에서 [제어판]을 선택하면 [그림 13](a)와 같은 아이콘들이 나타나며, 이 중 [네트워크]를 열면 [그림 13](b)와 같은 설정 화면이 나타난다.

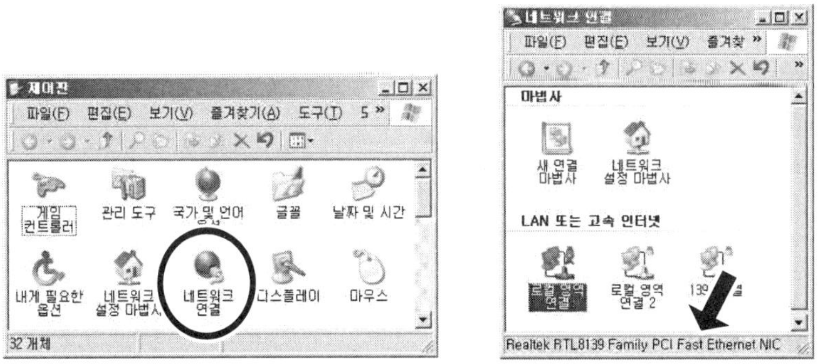

(a) 제어판 윈도우 (b) 네트워크 설정 화면

[그림 13] 제어판 및 네트워크 설정

ii) [그림 13](b)와 같이 네트워크 카드가 나타나면 그 중 새로 설치한 실습용을 찾아 클릭 한다. 어느 것이 새로 설치한 것인지 모르면 [그림 13](b)와 같이 아이콘을 선택하면 화살표 부분에 네트워크 카드의 명칭이 나타난다.

iii) 네트워크 카드의 아이콘을 열면 여러 선택 사항들이 나타나는데, 아래로 스크롤 해 [그림 14](a)와 같이 'TCP/IP' 설정 부분을 선택하고 [속성] 단추를 누른다.

iv) [그림 14](b)와 같이 "다음 IP 주소 사용"을 선택한 후 다음과 같이 공용 IP 주소를 기록한다.

IP 주소 :	192.168.10.9
서브네트 마스크 :	255.255.255.0

"192.168.10.9"의 주소 중 10.9는 여러분이 좋아하는 숫자를 마음대로 사용해도 좋다. 즉 "192.168.0.1" 부터 "192.168.255.254" 사이의 숫자를 사용한다. 만약 IP 공유기를 사용하고 있어 위 주소가 충돌이 날 경우에는 "172.16.0.1"에서 "172.32.255.254" 사이의 주소를 사용한다. 단, 지금 이 주소는 별로 중요하지 않고, 이후에 사용할 웹-서버의 주소가 중요하기 때문에 기억하기 좋은 번호는 웹-서버에서 사용하고 여기 주소는 웹-서버 주소의 끝자리 숫자보다 하나 크거나 작게 해 두는 편이 좋다.

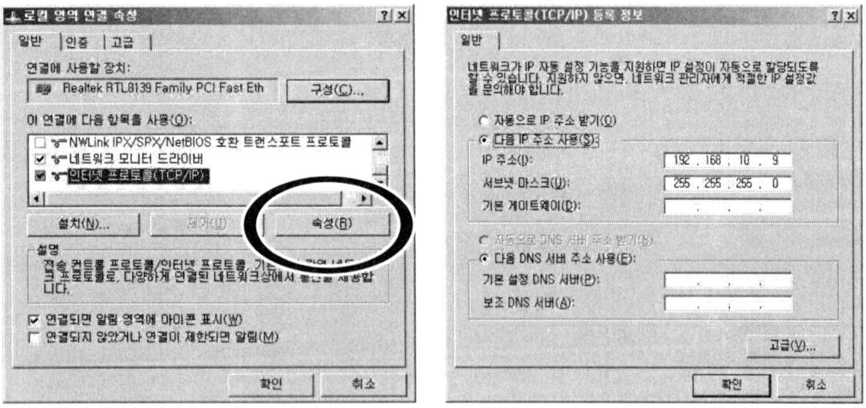

(a) TCP/IP 설정 메뉴의 선택 (b) IP 주소의 입력

[그림 14] 네트워크 설정

v) 윈도우 95나 98계열은 설치가 완료되면 재부트 하나 XP 계열은 재부트하지 않고 설치가 완료된다.

(2) 필요한 소프트웨어 준비

본서를 진행하는 데 있어서 필요로 하는 PC 측의 소프트웨어는 웹-브라우저, 텔넷, FTP, 간단한 에디터이다. 이 중 웹-브라우저는 익스플로러를 사용하고, 에디터는 윈도우에 내장된 메모장으로 충분하나, 더 편리하게 사용하려면 인터넷에서 구할 수 있는 EasyPad나 유료인 EditPlus 등을 사용해도 좋다. 그리고 이 프로그램들을 계속적으로 사용할 것이므로 여러분의 작업 디렉토리를 정한 후 그곳에 이 프로그램들의 바로가기 아이콘을 모아 놓는 것도 편리한 방법이다.

① 텔넷

텔넷은 윈도우에 부속된 것을 사용하는데, 자주 사용하는 프로그램이므로 여러분의 작업 디렉토리에 바로가기 아이콘을 복사해 놓고 사용하는 것이 편리하다. 윈도우 95/98 계열은 [Windows] 디렉토리 내에 Telnet.exe라는 파일이고, 윈도우 XP 계열은 [Wondows] 디렉토리 내의 [System32] 디렉토리의 Telnet.exe 파일이다.

② FTP

FTP는 윈도우 내에 있는 것을 사용하면 대단히 불편하기 때문에 인터넷 상에서 WS-FTP의 LE 버전, 또는 Cute FTP나 DaFTP 등을 구해 사용한다. 필자의 홈-페이지(http://upgrade.kongju.ac.kr 의 "저서 소개" 코너)에도 WS-FTP LE 버전을 탑재해 놓았다.

찾아보기

◆ **C-언어**

CGI로 C-언어 정복

2019년 2월 25일 1판 5쇄 발행

저 자 이현창 · 이종언
발행인 남 승 우

발행처 도서출판 상尙 학學 당堂
서울특별시 동작구 사당로9가길 6
TEL : 02) 595-1692～4
FAX : 02) 595-1394
E-mail : namdoo6@unitel.co.kr
신고 : 2-155호 (1968. 11. 29)

징가 27,000원

ISBN 978-89-85437-81-3 93000